BUCHNUMMER: | 117271

DK: 304 (430.2)

STANDORT: HB Roßwin/FBF

304 (430.2)

Konsens, Konflikt und Kompromiß

Zeithistorische Studien

Herausgegeben vom Forschungsschwerpunkt
Zeithistorische Studien Potsdam

Band 3

Peter Hübner

Konsens, Konflikt und Kompromiß

Soziale Arbeiterinteressen und Sozialpolitik
in der SBZ/DDR 1945–1970

Akademie Verlag

Der Forschungsschwerpunkt Zeithistorische Studien Potsdam ist eine Einrichtung der Förderungsgesellschaft Wissenschaftliche Neuvorhaben mbH München, die von der Max-Planck-Gesellschaft zur Förderung der Wissenschaften e.V. zur Betreuung von sieben geisteswissenschaftlichen Forschungsschwerpunkten gegründet wurde.

Gedruckt mit Unterstützung der Förderungsgesellschaft Wissenschaftliche Neuvorhaben mbH

Die Deutsche Bibliothek – CIP-Einheitsaufnahme

Hübner, Peter:
Konsens, Konflikt und Kompromiß: soziale Arbeiterinteressen und Sozialpolitik in der SBZ/DDR 1945–1970 / Peter Hübner. – Berlin : Akad. Verl., 1995
  (Zeithistorische Studien ; Bd. 3)
  ISBN 3-05-002683-9
NE: GT

Gedruckt auf chlorfrei gebleichtem Papier.
Das eingesetzte Papier entspricht der amerikanischen Norm ANSI Z.39.48 – 1984 bzw. der europäischen Norm ISO TC 46.

Satz: Dörlemann-Satz, Lemförde
Druck: GAM Media GmbH, Berlin
Bindung: Dieter Mikolai, Berlin

Printed in the Federal Republic of Germany

Inhalt

Einleitung

Industriearbeiter bildeten in der DDR eine der quantitativ stärksten sozialen Gruppen. In den gesellschaftspolitischen Projektionen der SED nahmen sie eine zentrale Position ein. Sie erschienen darin als Kern der Arbeiterklasse, um den sich wiederum die anderen sozialen Klassen und Schichten formierten.[1] Dieses Modell fand auch in der DDR-Geschichtsschreibung Anwendung und wurde erst im Verlaufe der 1980er Jahre zögernd hinterfragt.[2] Wenn hierbei eine wissenschaftliche Korrekturbewegung erkennbar war, so blieb sie kurz – auch eher reflektorisch – und geriet 1989/90 in den Strudel des Regime-Zusammenbruchs.

Mehr als der relativ späte Anfang sozial- und alltagshistorischer Bemühungen um die Arbeitergeschichte der SBZ/DDR[3] verwundern die in diesem Bereich anzutreffenden großen Forschungsdefizite.[4] Diese müssen um so seltsamer anmuten, als die formal zentrale Stellung der Arbeiterklasse im deutschen „Arbeiter-und-Bauern-Staat" eigentlich besonders intensive historische Untersuchungen hätte erwarten lassen. Doch die sehr umfangreichen Aktivitäten auf dem Feld der Arbeiterbewegungsgeschichte, die in der DDR engstens mit der Parteigeschichtsschreibung der SED verbunden waren, blendeten Fragen der Sozialstruktur, der Lebensverhältnisse und der alltäglichen Lebensbewältigung weitgehend aus. Offenkundig gab es hierfür konzeptionelle Gründe, die parteipolitischen Erwägungen folgten. Zumindest in der Endphase der DDR aber wurde das Problem auch in der offiziellen SED-Geschichtsschreibung gesehen. So hieß es 1989 in einer Betrachtung zum Erscheinen des ersten Bandes der Geschichte der SED: „Bei der Erforschung der Geschichte der Klasse als sozialer

---

[1] Vgl. Horst Berger/Herbert F. Wolf unter Mitarbeit von Arndt Ullmann (Hg.), Handbuch der soziologischen Forschung. Methodologie, Methoden, Techniken, Berlin 1989, S. 1–8.

[2] Vgl. Gottfried Dittrich u.a., Probleme einer Sozialgeschichte der Arbeiterklasse der DDR (1945–1985), in: Wissenschafliche Zeitschrift der Karl-Marx-Universität Leipzig, Gesellschaftswissenschaftliche Reihe 38 (1989), 5, S. 468–526; Georg G. Iggers (Hg.), Ein anderer historischer Blick. Beispiele ostdeutscher Sozialgeschichte, Frankfurt/M. 1991; Peter Hübner, Sozialgeschichte in der DDR – Stationen eines Forschungsweges, in: Beiträge zur Geschichte der Arbeiterbewegung (BzG) 34 (1992), 3, S. 43–54; Wolfgang Küttler, Zum Platz der DDR-Sozialgeschichtsforschung in der internationalen Wissenschaftsentwicklung, in: ebenda, S. 55–66.

[3] Vgl. Harald Dehne, Dem Alltag ein Stück näher?, in: Alf Lüdtke (Hg.), Alltagsgeschichte. Zur Rekonstruktion historischer Erfahrungen und Lebensweisen, Frankfurt/M. 1989, S. 137–168.

[4] Vgl. Klaus Tenfelde, Vorwort, in: ders. (Hg.), Arbeiter im 20. Jahrhundert (Industrielle Welt. Schriftenreihe des Arbeitskreises für moderne Sozialgeschichte. Hg. von Reinhart Koselleck und M. Rainer Lepsius; 51), Stuttgart 1991, S. 12.

Grundlage der Geschichte der Arbeiterbewegung und speziell auch der Geschichte der Partei haben wir immensen Nachholebedarf."[5]

Wie dieses Defizit entstand, welche Gründe innerhalb und außerhalb der historischen Forschung hierbei eine Rolle spielten, wird noch eingehender Untersuchungen bedürfen. Zunächst bleibt festzuhalten, daß das Wissen um die Geschichte der Arbeiterschaft in SBZ und DDR bislang ausgesprochen lückenhaft geblieben ist. Jürgen Kockas Feststellung, wonach „keine soziale Gruppe der neueren deutschen Geschichte" besser erforscht sei „als die gewerbliche Arbeiterschaft"[6], gilt ausgerechnet für die DDR-Periode nicht.

Das Ausmaß dieses Defizits scheint sich auch in jüngster Zeit nicht verringert zu haben. Die eindeutigen Schwerpunkte der Arbeitergeschichte liegen nach wie vor – geographisch gesehen – in Westeuropa bzw. in Westdeutschland.[7] Hierzu gibt es detaillierte Analysen und Forschungsberichte, die über den neueren Forschungsstand Auskunft geben.[8] Allerdings sind auch hier die thematischen Gewichte ungleich gesetzt. So ist Paul Erker durchaus zu folgen, wenn er schreibt, daß die Rekonstituierung von Belegschaften, damit zusammenhängende Sozialisierungsprozesse, das Arbeiterverhalten unter den Bedingungen des Kalten Krieges und auch die mentale Entwicklung von Arbeitern innerhalb der westdeutschen Nachkriegsgesellschaft „noch wenig Aufmerksamkeit" gefunden haben.[9]

Das im aktuellen Forschungsstand sichtbare Ungleichgewicht der Kenntnisse von der deutschen Arbeitergeschichte in ihrer doppelten Nachkriegsgestalt erweist sich als wissenschaftliche Herausforderung eigener Art. Diese Geschichte ist in ihrer Ost- und Westversion zugleich als gespaltene, immer aber aufeinander bezogene Einheit zu untersuchen.[10] Nicht zuletzt unter dem von Josef Mooser schon vor Jahren formulierten Gesichtspunkt, daß „der Übergang in die Konsumgesellschaft die Bundesrepublik gegenüber deutschen Traditionen mehr als die fundamentalen institutionellen Eingriffe in der DDR" verändert hat, bleibt diese komparative Perspektive wichtig.[11] Um sie jedoch produktiv machen zu können, geht es in weiten Bereichen der SBZ/DDR-Geschichte um nachholende Forschung, wobei sich – darauf macht Anselm Doering-Manteuffel aufmerksam – sozialgeschichtliche Prioritäten abzeichnen: „Die zeitgeschichtliche Forschung in Deutschland steht vor neuen Aufgaben. Dazu gehört gewiß, die Sozialgeschichte der DDR aufzuarbeiten und zu der der Bundesrepublik in Beziehung zu setzen, denn eine Fortentwicklung von der industriellen zur postindustriellen Gesellschaft und den damit verbundenen Wertewandel gab es in der DDR strukturell und

---

[5] Annelies Laschitza, Zum Erscheinen des 1. Bandes der „Geschichte der SED", in: BzG 31 (1989), 1, S. 14.

[6] Jürgen Kocka, Lohnarbeit und Klassenbildung. Arbeiter und Arbeiterbewegung in Deutschland 1800–1875, Berlin 1983, S. 11.

[7] Vgl. Hartmut Kaelble, Vergleichende Sozialgeschichte des 19. und 20. Jahrhunderts: Forschungen europäischer Historiker, in: Jahrbuch für Wirtschaftsgeschichte, Teil 1, Berlin 1993, S. 173–200; Dietrich Oberwittler, Die Historische Sozialforschung in den achtziger Jahren. Quantitative Analyse eines Forschungsgebietes, in: Historische Sozialforschung 18 (1993), 4, S. 76–108.

[8] Unter den jüngeren Veröffentlichungen siehe bes. Alf Lüdtke, Eigen-Sinn. Fabrikalltag, Arbeitererfahrungen und Politik vom Kaiserreich bis in den Faschismus, Hamburg 1993, S. 358–370.

[9] Paul Erker, Zeitgeschichte als Sozialgeschichte. Forschungsstand und Forschungsdefizite, in: Geschichte und Gesellschaft (GG), 19 (1993), 2, S. 202–238, hier S. 228.

[10] Vgl. Christoph Kleßmann, Verflechtung und Abgrenzung. Aspekte der geteilten und zusammengehörigen deutschen Nachkriegsgeschichte, in: Aus Politik und Zeitgeschichte (APZ), B 29–30/1993, S. 30–41.

[11] Josef Mooser, Arbeiterleben in Deutschland 1900–1970. Klassenlagen, Kultur und Politik, Frankfurt/M. 1984, S. 10.

konzeptionell nicht, sondern allenfalls in der Form des verzerrten Nachvollzugs westdeutscher Konsum- und Verhaltensmuster. Überhaupt ist es notwendig, die innere Geschichte der DDR und die Eigenart ihres politischen Systems intensiv anhand der nunmehr verfügbaren Archivalien zu untersuchen. Es geht hier sehr stark darum, daß erst einmal das Ungleichgewicht der Kenntnisse über den westlichen und östlichen Teil Deutschlands verringert wird."[12]

Vieles spricht dafür, gerade wenn es um die Beantwortung der zahlreichen offenen Fragen zur Geschichte der Arbeiter in der SBZ/DDR geht, „von den großen Möglichkeiten der historischen Komparatistik Gebrauch (zu) machen".[13] Dies gilt nicht nur für Themenfelder und Sachaussagen, sondern auch für Fragestellungen und methodische Ansätze. Unabdingbare Voraussetzung für die sinnvolle Anwendung der komparativen Methode auf die deutsche „Doppelgeschichte" zwischen 1945 und 1989/90 bleibt es freilich, die empirischen Kenntnisse von der Arbeitergeschichte in der SBZ/DDR zu vertiefen und zu präzisieren. Dazu will die folgende Studie beitragen.

Der Forschungsstand ist auch auf diesem Feld wesentlich durch die erwähnten Defizite bestimmt, wenn auch nicht zu übersehen ist, wie allmählich Bewegung in die verschiedenen Diskurse kommt. Dabei tun sich Historiker, so hat es den Anschein, vielleicht schwerer als Sozialwissenschaftler, die sich vehement den im Osten ablaufenden Transformationsprozessen zugewandt haben.[14] Die von ihnen ausformulierten Fragestellungen und Thesen, so etwa zu den sozialen Voraussetzungen für das „Funktionieren" der DDR-Gesellschaft wie für ihren Zusammenbruch, für die Wirkungen der Transformationsvorgänge seit 1990 u.a.m., sind für die zeithistorische Forschung durchaus von Belang.[15] Doch so wichtig die aus sozialwissenschaftlicher Richtung kommenden Anregungen auch sein mögen, ein Blick auf den derzeitigen Stand der Quellenerschließung mahnt zu vorsichtigen und zurückhaltenden Urteilen. Denn erst seit relativ kurzer Zeit verfügt die Geschichtsschreibung über einen weiten Zugang zu den archivalischen Quellen der SBZ/DDR-Geschichte. Umfangreiche Quellenbestände vermögen auch über die Arbeitergeschichte Auskunft zu geben. Dennoch werden die auf diesem Forschungsfeld bestehenden Defizite nur schrittweise und längerfristig abzubauen sein.

Vor diesem Hintergrund verstehen sich die einzelnen Kapitel der folgenden Untersuchung als Annäherungen an einen komplexen Gegenstand, nicht aber als dessen zusammenfassende Darstellung. Es geht um einige, wenn auch zentrale, Aspekte der Lebensverhältnisse und des Verhaltens von Industriearbeitern in der staatlichen Industrie der DDR; unberücksichtigt bleiben die private und die „halbstaatliche" Industrie. Das erste Kapitel behandelt die Entwicklung der Löhne und der Normen in der DDR-Industrie; im zweiten geht es um die

---

[12] Anselm Doering-Manteuffel, Deutsche Zeitgeschichte nach 1945. Entwicklung und Problemlagen der historischen Forschung zur Nachkriegszeit, in: Vierteljahreshefte für Zeitgeschichte (VfZ), 41 (1993), 1, S. 28.

[13] Jürgen Kocka, Die Geschichte der DDR als Forschungsproblem. Einleitung, in: ders. (Hg.), Historische DDR-Forschung. Aufsätze und Studien (= Zeithistorische Studien, 1), Berlin 1993, S. 15.

[14] Vgl. Peter Hübner, Sozialgeschichte der Industriearbeiterschaft in der SBZ/DDR. Bemerkungen zu Forschungstendenzen in Deutschland seit 1989, in: Jahrbuch für Historische Kommunismusforschung 1993, Berlin 1993, S. 284–289.

[15] Vgl. u.a. Wolf Lepenies, Folgen einer unerhörten Begebenheit. Die Deutschen nach der Vereinigung, Berlin 1992; Hans Joas/Martin Kohli (Hg.), Der Zusammenbruch der DDR, Frankfurt/M. 1993; Sigrid Meuschel, Legitimation und Parteiherrschaft. Zum Paradoxon von Stabilität und Revolution in der DDR 1945–1989, Frankfurt/M. 1992.

Arbeitszeit. Konsumtion und Wohnen im Industriearbeitermilieu sind Gegenstand des dritten Kapitels. Das vierte behandelt die Frage, welche Formen die sozialen Konflikte in Industriebetrieben annahmen und wie sich Arbeiter dabei verhielten. Im fünften Kapitel wird der Versuch unternommen, die Mechanismen alltäglicher Arrangements zu beleuchten.

Ein Hauptanliegen war es, möglichst dicht am empirischen Material bleibend, Lebenslagen der Industriearbeiterschaft und deren Alltagsverhalten im Zusammenhang mit der Arbeiter- und Sozialpolitik des SED-Regimes zu zeigen. Die Befunde sind zwiespältig. Soziale Entdifferenzierungsprozesse begegneten neuen Differenzierungen, der Bewahrung industrieller Arbeitermilieus standen die aufweichenden Wirkungen einer nivellierenden Lohn- und Sozialpolitik gegenüber, der politisch verursachte Niedergang von Organisationsstrukturen der Arbeiterklasse „produzierte" fragmentarische Ersatzstrukturen an der Basis, Alltagsopportunismus ging mit kritischer Distanz gegenüber dem Regime einher, Zustimmung zu diesem mit privatem „Eigensinn".

Die Untersuchung richtet sich im wesentlichen auf Interessen, die mit der materiellen Lebenslage zusammenhingen. Eine derartige Begrenzung der Perspektive mag problematisch erscheinen, doch die Anwendung eines weitergefaßten Interessenbegriffs hätte nicht nur den Rahmen dieser Arbeit gesprengt, sie hätte auch den Kenntnisstand des Autors überfordert. Gewiß wäre aus der Not eine Tugend zu machen, folgte man einem Vorschlag von Heidrun Abromeit, die dafür plädierte, den Begriff des Interesses lediglich für materielle Interessen zu reservieren, weil hier das Moment des Rationalen vornehmlich anzutreffen sei.[16] Doch mit Blick auf die Situation der Industriearbeiterschaft – und der DDR-Gesellschaft überhaupt – wäre ein solches Interessenverständnis wahrscheinlich zu sehr verkürzt. Zumindest scheint es notwendig zu sein, ein (Meta-) Interesse der Arbeiter an der Artikulation und Durchsetzung ihrer eigenen Interessen zu thematisieren. Ohne den Begriff des Interesses[17] mit dem des Bedürfnisses gleichzusetzen, werden im weiteren lediglich Lohn, Arbeitszeit, Konsumtion und Wohnen als Gegenstände sozialer, bedürfnisorientierter Interessen behandelt.

Eine wesentliche Schwierigkeit der DDR-Gesellschaft lag in der Interessenvermittlung. Sicher wird man Abromeit darin folgen können, wenn sie diese allgemein als Transfer von der Gesellschaft ins politische System beschreibt und zugleich als selektiven und asymmetrisch ablaufenden Prozeß versteht, der mit seinen Anpassungen, Kompromissen und dem „Überstimmen" von Einzelinteressen keine unverfälschte Vermittlung von Basisinteressen zuläßt.[18] Doch bei allen nötigen Relativierungen unterschied sich solche Interessenvermittlung in der SBZ/DDR erheblich von jener in pluralistisch organisierten Gesellschaften. Interessentransfer blieb unter dem politischen Regime der SED weit weniger formalisiert, als das etwa in Westdeutschland der Fall war.[19] Was diesen Transfer anging, bestand für die einzelnen sozialen Gruppen und Schichten wie auch für Individuen ein permanenter ungedeckter Bedarf. Immer wieder kam es zu improvisierten Versuchen, Interessentransfers auf offiziellen und inoffiziellen Wegen zu bewerkstelligen. Diese gewissermaßen vorgeschaltete Interessenlage bildete ein Grundelement auch der auf materielle Punkte fixierten Erwartungen und Forderungen.

---

[16] Heidrun Abromeit, Interessenvermittlung zwischen Konkurrenz und Konkordanz. Studienbuch zur Vergleichenden Lehre politischer Systeme, Opladen 1993, S. 20 f.

[17] Vgl. Beat Huber, Der Begriff des Interesses in den Sozialwissenschaften, Winterthur 1958.

[18] Abromeit, a.a.O., S. 21.

[19] Vgl. Ulrich v. Alemann, Organisierte Interessen in der Bundesrepulik, Opladen 1987; Ursula Hoffmann-Lange, Eliten, Macht und Konflikt in der Bundesrepublik, Opladen 1992.

„. . . Interesse ist nur vorhanden, wo Gegensatz ist"[20], bemerkte G. W. F. Hegel in seinen Vorlesungen über die Philosophie der Weltgeschichte. In den gesellschaftspolitischen Vorstellungen der SED, die sich selbst ja theoriegeschichtlich in Hegelscher Tradition sah, fand dieser Gedanke durchaus dort seinen Niederschlag, wo nach Klasseninteressen und Klassenkämpfen gefragt wurde. Hingegen blieb die Frage nach der Rolle individueller oder Gruppeninteressen, vor allem aber nach Interessengegensätzen innerhalb einer sich als sozialistisch definierenden Gesellschaft in markanter Weise unterbelichtet.

Das war weder zufällig noch unbeabsichtigt. Hier kam ein Theorieansatz zum Tragen, der von der Existenz und Dominanz sozial strukturierter Interessenhierarchien ausging und diese in gesellschaftspolitische Zielfunktionen übersetzte. Man konnte sich dabei auf Marx und Engels berufen, die im „Kommunistischen Manifest" von 1848 davon gesprochen hatten, daß die Kommunisten im Unterschied zu anderen proletarischen Parteien „stets das Interesse der Gesamtbewegung vertreten".[21] Die Relativität von individuellen und Gruppeninteressen unterstreichend, sah Marx im Ergebnis seiner ökonomischen Studien 1857 die „Pointe" darin, „daß das Privatinteresse selbst schon ein gesellschaftlich bestimmtes Interesse ist und nur innerhalb der von der Gesellschaft gesetzten Bedingungen und mit den von ihr gegebenen Mitteln erreicht werden kann, also an die Reproduktion dieser Bedingungen und Mittel gebunden ist".[22] Eine „Übersetzung" in politische Entscheidungs- und Handlungsmuster wurde gerade deshalb problematisch, weil der anvisierte sozialistische Zukunftsstaat nicht mehr die Interessenkonkurrenz verschiedener Gesellschaftsgruppen, sondern eine in zentralisierten Planungen sich durchsetzende – auf ein sozialökonomisches Endziel fixierte – Interessenmonopolisierung vorsah. Eine 1873 von Friedrich Engels formulierte und seither oft zitierte Sentenz, wonach „die ökonomischen Verhältnisse einer gegebenen Gesellschaft . . . sich zunächst . . . als Interessen (darstellen)",[23] erfuhr in der DDR de facto eine Umkehrung, indem ökonomische Verhältnisse als Ziel formuliert wurden, auf das „gesellschaftliche" und „persönliche" Interessen nach Möglichkeit auszurichten waren. Mit der Formulierung von den „objektiven Interessen der Arbeiterklasse", denen die kurzfristigen Tagesinteressen unterzuordnen waren, fand ein entsprechendes Verständnis seinen Ausdruck.[24] Besonders die ständigen Auseinandersetzungen um Löhne, Normen und Arbeitszeiten zeigten, wie gründlich dieses Konzept versagte, bevor es im „Neuen ökonomischen System" der 1960er Jahre einen Korrekturversuch gab, der von der partiellen Legitimität individueller und Gruppeninteressen ausging.[25]

Wenn für die Bundesrepublik festgestellt wurde, daß sich nach dem Zweiten Weltkrieg die Ungleichheitsrelationen zwischen den großen Gesellschaftsgruppen nicht wesentlich verän-

---

[20] Georg Wilhelm Friedrich Hegel, Die Vernunft in der Geschichte. Hg. von Johannes Hoffmeister, Berlin 1980, S. 68.

[21] Karl Marx/Friedrich Engels, Manifest der Kommunistischen Partei, in: Marx-Engels-Werke (MEW), Bd. 4, Berlin 1972, S. 474.

[22] Karl Marx, Grundrisse der Kritik der politischen Ökonomie (Rohentwurf) 1857–1858, Berlin 1974, S. 74.

[23] Friedrich Engels: Zur Wohnungsfrage. Dritter Abschnitt, in: MEW, Bd. 18, Berlin 1973, S. 274.

[24] Vgl. Walter Süß, Die Arbeiterklasse als Maschine. Ein industrie-soziologischer Beitrag zur Sozialgeschichte des aufkommenden Stalinismus (Osteuropa-Institut an der Freien Universität Berlin. Philosophische und soziologische Veröffentlichungen. Hg. von René Ahlberg/Hellmuth Bütow und Hans-Joachim Lieber; 22), Wiesbaden 1985, S. 6–11.

[25] Vgl. Sigrid Meuschel, Legitimation und Parteiherrschaft in der DDR. Zum Paradoxon von Stabilität und Revolution in der DDR 1945–1989, Frankfurt/M. 1992, S. 183–192.

dert haben, sich gleichzeitig aber Ungleichheitsfragen sozial entschärften[26], so kann man für die DDR zwar nicht unbedingt eine direkte Umkehrung dieses Sachverhalts, aber vielleicht doch eine gegenläufige Tendenz konstatieren: Die soziale Nivellierung der Gesellschaft verstärkte Interessenspannungen zwischen einzelnen Gruppen und Schichten der Bevölkerung sowie zwischen dieser und dem Regime.

Es ist im folgenden von Arbeitern oder auch von Arbeiterschaft die Rede. Damit sind laufende Diskurse über soziale Klassen im allgemeinen und die Arbeiterklasse im besonderen[27] nicht ausgeblendet, wenn auch, bedingt durch den methodischen Ansatz der folgenden Studie, vor allem soziale Basisstrukturen der Industriearbeiterschaft, insbesondere Arbeitsgruppen und -brigaden, im Mittelpunkt stehen. Arbeiter in der SBZ/DDR befanden sich durchaus in einem sozialen Zusammenhang, der jene Definition ausfüllte, mit der Max Weber den Begriff der „Klassenlage" bestimmte, nämlich als „typische Chance" im Hinblick auf die Versorgung mit Gütern und Dienstleistungen, als Gemeinsamkeit der äußeren und inneren Lebensverhältnisse.[28] Andererseits erwies es sich für die Arbeiterschaft durchaus nicht als Selbstverständlichkeit, aus solcher Klassenlage heraus kollektive (Klassen-)Interessen zu artikulieren, womit ein wesentliches Kriterium des marxistischen Klassenbegriffs entfiel, für den ja soziale und politische Artikulations- und Konfliktfähigkeit wesentlich war.[29] Dies hätte die Existenz von eigenständigen Organisationen der Arbeiter und von Vertretungskörperschaften vorausgesetzt, als die weder der FDGB noch die SED gelten konnten.[30] Aber trotz aller Differenzierungen und Fragmentierungen blieb die sozialen Lage der Arbeiter in beachtlichem Maße homogen und konsistent. Für ihre Untersuchung und Beschreibung kann ein sozialer Klassenbegriff sinnvoll sein, wie ihn Mooser vorschlägt, der Arbeiter „als eine auf der Grundlage ähnlicher bzw. ähnlicher werdender ökonomischer und sozialer Lagen sich vergesellschaftende Großgruppe" definiert, „die sich durch annähernd gleiche Interessen, Lebensformen, Verhaltensweisen, eine spezifische Interaktionsdichte und ähnliche Wertorientierungen auszeichnet".[31] Die auch in der DDR nicht abbrechende „longue durée" von Arbeiterkultur, Klassenhabitus und proletarischem Wir-Bewußtsein bietet ein weiteres Argument gegen eine vorschnelle Aufgabe des sozialen Klassenbegriffs.[32]

Dieser Hintergrund ist nicht unwichtig, um das in den einzelnen Studien untersuchte Verhalten von Industriearbeitern in seinen gesellschaftlichen Zusammenhängen zu verorten. Inwieweit sich Arbeiter dieses Bezuges bewußt wurden, ist eine andere Frage. Von „Klassenbewußtsein" wird man hier kaum sprechen können, wohl aber von einer gemeinsamen

---

[26] Vgl. Ulrich Beck, Risikogesellschaft. Auf dem Weg in eine andere Moderne, Frankfurt/M. 1986, S. 121.
[27] Hierzu ausführlicher Hans-Jürgen Krysmanski, Entwicklung und Stand der klassentheoretischen Diskussion, in: Kölner Zeitschrift für Soziologie und Sozialpsychologie, 41 (1989), 1, S. 149–167.
[28] Max Weber, Wirtschaft und Gesellschaft, Tübingen 1922, S. 177–179.
[29] Vgl. Horst Stuke, Bedeutung und Problematik des Klassenbegriffs. Begriffs- und sozialgeschichtliche Überlegungen im Umkreis einer historischen Klassentheorie, in: Ulrich Engelhardt/Volker Sellin/ Horst Stuke, Soziale Bewegung und politische Verfassung. Beiträge zur Geschichte der modernen Welt (= Industrielle Welt. Schriftenreihe des Arbeitskreises für moderne Sozialgeschichte; Sonderbd.), Stuttgart 1976, S. 46–82, bes. S. 63–79.
[30] Vgl. Meuschel, Legitimation und Parteiherrschaft, a.a.O., S. 22–28.
[31] Vgl. Mooser, Arbeiterleben, S. 25 f.
[32] Vgl. Wolfgang Kaschuba, Volkskultur und Arbeiterkultur als symbolische Ordnungen. Einige volkskundliche Anmerkungen zur Debatte um Alltags- und Kulturgeschichte, in: Alf Lüdtke (Hg.), Alltagsgeschichte. Zur Rekonstruktion historischer Erfahrungen und Lebensweisen, Frankfurt/M. 1989, S. 215.

„mentalen Identität" der Arbeiter.[33] Dieser Umstand blieb handlungsrelevant. Es gab eine mentale Folie mit erfahrungsgeschichtlichen Orientierungspunkten, an die man sich halten konnte, wenn es um die Artikulation, Durchsetzung und Wahrnehmung von Interessen ging. Als Subjekte traten dabei zumeist einzelne Arbeiter oder Arbeitergruppen in Erscheinung, nie aber eine Arbeiterklasse oder sie repräsentierende Großorganisationen. Insofern liegt es schon bei der Begriffswahl nahe, dem Eindruck entgegenzuwirken, Arbeiterklasse sei als gesellschaftlich handelndes Subjekt zu verstehen. Aus diesem Grunde ist in der folgenden Studie von „Arbeiterschaft" die Rede – nicht nur weil es im engeren Sinne lediglich um die Industriearbeiterschaft geht, sondern auch, um den losen, teilweise stark fragmentierten Charakter ihres sozialen Zusammenhaltes zu betonen. Als Arbeiter werden hier Industriebeschäftigte verstanden, die direkt im industriellen Arbeitsprozeß tätig waren und nach den Lohngruppen I bis VIII bezahlt wurden. Diese Kriterien können als Orientierungsrahmen dienen, wenngleich auch sie – wie der industriebetriebliche Alltag in der DDR immer wieder zeigt – nicht frei von Unschärfe sind.

Die in der Bevölkerungsstatistik der DDR gewöhnlich undifferenziert ausgewiesene Gruppe der Arbeiter und Angestellten überdeckte soziale Strukturen mehr, als daß sie diese sichtbar machte. Genauere Anhaltspunkte lieferten allerdings Volkszählungen und vor allem die Industrieberichterstattung. Nach den Volkszählungsergebnissen von 1981, den letzten verfügbaren, waren in der DDR 54,4% der Erwerbstätigen Arbeiter, darunter nach Prozentpunkten 31,7 in Produktionsberufen und 22,7 in anderen Arbeiterberufen.[34] Nach denselben Kriterien lag der Arbeiteranteil bei den Erwerbstäigen Ende 1990 immer noch bei 52,3%, davon fast zwei Drittel Männer.[35] Zu beachten ist, daß bereits 1939 für das Gebiet der späteren DDR ein Arbeiteranteil von 50,9% ausgewiesen worden war[36], was auf eine erstaunliche Strukturkontinuität schließen läßt. Wenn auch – zu recht – darauf aufmerksam gemacht wurde, daß in der Spätphase der DDR lediglich 32% der Erwerbstätigen „echte" Arbeiterberufe ausübten[37], so bleibt doch ein im Vergleich zu westlichen Industrieländern bemerkenswert hoher Arbeiteranteil unter den beruflich Tätigen. Wichtiger für die im weiteren behandelten Fragen waren allerdings die industriellen Belegschaftsstrukturen, wo der Gesamtarbeiteranteil häufig langfristig stabil bei 80% lag. Im Mittelpunkt des Interesses stehen die in den Produktionsabteilungen der Werke und Betriebe beschäftigten Arbeiter.

Um Irritationen vorzubeugen, sollte auch nicht unerwähnt bleiben, daß im Text dort, wo es notwendig erschien, definitiv zwischen Arbeitern und Arbeiterinnen unterschieden wird. Allerdings findet, wo sich das anbot, auch die reine Pluralform Verwendung: „die Arbeiter", womit arbeitende Frauen und Männer gemeint sind. Dagegen mögen Argumente einer feministisch orientierten „Frauengeschichtsforschung" stehen[38], doch erweist sich dieser

---

33 Vgl. Peter Schöttler, Mentalitäten, Ideologien, Diskurse. Zur sozialgeschichtlichen Thematisierung der „dritten Ebene", in: Lüdtke, Alltagsgeschichte, a.a.O., S. 93.

34 Gunnar Winkler (Hg.), Sozialreport 1990. Daten und Fakten zur sozialen Lage in der DDR, Stuttgart 1990, S. 71.

35 Datenreport 1992, Zahlen und Fakten über die Bundesrepublik Deutschland. Hg. Statistisches Bundesamt, Bonn 1992, S. 101.

36 SBZ-Handbuch. Staatliche Verwaltungen, Parteien, gesellschaftliche Organisationen und ihre Führungskräfte in der Sowjetischen Besatzungszone Deutschlands 1945–1949. Hg. von Martin Broszat und Hermann Weber, München 1990, S. 1074.

37 Winkler, Sozialreport, a.a.O., S. 73.

38 Vgl. Annette Kuhn, Frauengeschichtsforschung. Zeitgemäße und unzeitgemäße Betrachtungen zum Stand einer neuen Disziplin, in: APZ, B 34–35/1990, S. 3-15.

Plural nicht nur grammatisch, sondern auch – häufig genug – als sozialhistorisch sinnvoll, weil etwa in bezug auf hier untersuchte Arbeitsaufgaben, Interessenlagen usw. nicht zwischen Arbeitern und Arbeiterinnen differenziert werden muß.[39] Auch erlaubten die empirischen Daten nicht immer eine geschlechtsspezifische Differenzierung.

Die Untersuchung stützt sich weitgehend auf archivalische Quellen. Forschungsarbeiten liegen nur in sehr begrenztem Umfang vor. Archivalische Quellen wurden vor allem aus Beständen der Stiftung Archiv der Parteien und Massenorganisationen der DDR im Bundesarchiv, der Außenstelle Potsdam des Bundesarchivs und des Brandenburgischen Landeshauptarchivs in Potsdam herangezogen. Für die aufmerksame Unterstützung habe ich den Mitarbeitern dieser Archive zu danken.

Die im folgenden behandelte Fragestellung ist nicht neu. Bereits Mitte der 1980er Jahre waren die sozialen Interessenlagen von Arbeitern Gegenstand einer dann 1988 am Institut für deutsche Geschichte der Akademie der Wissenschaften der DDR verteidigten Dissertation des Verfassers.[40] Diese Arbeit wirkt aus heutiger Sicht gewiß zwiespältig. Abgesehen davon, daß der damalige Kenntnisstand – nicht zuletzt wegen des begrenzten Quellenzugangs – noch sehr lückenhaft war, blieb der Text in wesentlichen Bezügen den offiziellen Darstellungen der Arbeiterbewegungsgeschichte wie auch dem in der Gesellschaftspolitik der SED verwendeten Modell der sozialen Klassenstruktur verpflichtet. Andererseits war die Frage nach den realen sozialen Interessen von DDR-Arbeitern nicht eben konventionell. Doch wäre es unredlich zu argumentieren, es sei planvolle Absicht gewesen, vielleicht hier und da am Lack des offiziellen „Geschichtsbildes" kratzen zu können. Absicht war es aber, bestimmten Ungereimtheiten des gesellschaftlichen Phänomens „Arbeiterklasse" nachzugehen. Die Frage nach den „eigentlichen" sozialen Interessen der Arbeiter führte in diese Richtung und förderte Ergebnisse zutage, die in der DDR nicht öffentlich zu diskutieren waren. Dabei handelte es sich um die Differenz zwischen den Interessenlagen der Arbeiterschaft und denen der SED, um Konfliktverläufe und um die alltäglichen Arrangements. An manchen Stellen des 1988er Textes wurde deshalb bewußt eine „doppelte Sprache" gewählt, „weil einerseits die Vorgaben der Politik nicht negiert werden konnten, sie andererseits auch nicht unkritisch zu reproduzieren waren".[41]

Wenn ich mich trotz solcher problematischen Voraussetzungen der Arbeitergeschichte der SBZ/DDR in einem „neuen Anlauf" nähere, so sind dafür mehrere Gründe ausschlaggebend: Erstens gehört das Themenfeld noch immer zu den erwähnten Defizitbereichen der deutschen Nachkriegsgeschichte. Zweitens macht die entscheidend verbesserte Quellensituation einen Neuansatz der Forschung unumgänglich. Drittens erwiesen sich wichtige Ergebnisse der 1988er Untersuchung als trag- und ausbaufähig. Viertens schließlich mangelte es nicht an ermunternden Aufforderungen, das Wagnis einer Neufassung einzugehen.

Daß dieser „neue Anlauf" überhaupt möglich wurde, verdanke ich in erster Linie der sich nach der Evaluierung des ehemaligen Akademieinstitutes ergebenden Chance, als Mitarbei-

---

[39] Zur Diskussion vgl. Jürgen Kocka, Kontroversen um Frauengeschichte, in: ders., Geschichte und Aufklärung, Göttingen 1989, S. 52.

[40] Vgl. Peter Hübner, Soziale Interessen im Arbeiteralltag der Übergangsperiode. Fallstudien zur Sozialgeschichte der Arbeiterklasse in der DDR, Diss. B Berlin 1988.

[41] Albrecht Göschel, Verlassene „Strecke" und enttäuschendes „Erlebnis": Kulturelle Perspektiven im vereinten Deutschland, in: Mitteilungen aus der kulturwissenschaftlichen Forschung 17 (1994), 34, S. 65.

ter des Potsdamer Forschungsschwerpunktes „Zeithistorische Studien" der Förderungsgesellschaft Wissenschaftliche Neuvorhaben mbH die Neufassung der Arbeit voranbringen zu
können. Viele Anregungen haben mir die dort im Kollegenkreis und mit Gästen geführten
Diskussionen vermittelt.

Der ursprüngliche Forschungsansatz blieb in der hier vorgelegten Untersuchung beibehalten, erkennbar auch an ihrem nahezu unveränderten Aufbau. Der Text selbst wurde völlig
überarbeitet und erweitert. Wandel von Kenntnissen und Erkenntnissen wird durch direkte
Vergleiche der neuen mit der älteren Fassung sichtbar, so etwa bei der unterschiedlichen
Beurteilung der sozialen Konsistenz der Industriearbeiterschaft damals und heute. Auch war
mir 1988 die Rolle von Basisstrukturen, wie z.B. die der Arbeitsbrigaden, noch nicht in dem
Maße transparent, wie sie heute im Lichte neuerer Forschungen zu erkennen ist. Dafür fand
ich wesentliche Tendenzen in der Lohnentwicklung und des Prämiensystems bestätigt.
Waren bestimmte Momente des Leistungsverhaltens von Arbeitern in der älteren Fassung
vor allem vor dem Hintergrund der Aktivisten- und Wettbewerbskampagnen zu linear auf
einen politischen Grundkonsens hin projiziert worden, so stellte sich vor allem nach umfang-
reicherer Auswertung betrieblicher Quellen die Motivstruktur wesentlich differenzierter und
widersprüchlicher dar. Bestätigung fanden hingegen Aussagen zu Funktionen und Verläufen
innerbetrieblicher Arrangements. Doch gerade in dem Zusammenhang sah ich mich veranlaßt, die für die DDR typische Übernahme sozialer Funktionen durch Industriebetriebe
deutlicher zu akzentuieren. Überhaupt handelt es sich hier um einen Bereich, den ich
gegenüber der „zentralen" Politik stärker herausgearbeitet habe, weil er für das alltägliche
Leben der Arbeiter wesentlich relevanter war. In dem Zusammenhang mußten auch Annahmen über die innere Kohärenz der SED-Arbeiterpolitik deutlich relativiert werden.

In der 1988er Fassung habe ich den Begriff „Arbeiterklasse" allein schon wegen der
definitorischen und statistischen Schwierigkeiten bewußt zurückhaltend verwendet, allerdings ohne ihn eingehender zu problematisieren. Im Unterschied dazu wird im folgenden die
Industriearbeiterschaft vor dem Hintergrund eines sozialen Klassenbegriffs gesehen, der in
seiner abstrahierenden Funktion die realen Strukturen der Arbeiterschaft zwar gegenüber
anderen Gesellschaftsgruppen definitorisch bündelt, aber nicht verdeckt. Vor allem messe ich
heute den Basisstrukturen der Arbeiterklasse, insbesondere den Arbeitsbrigaden, wesentlich
größere Bedeutung bei. Als ein zentraler „Ort" des Arbeiterlebens in der DDR sind sie in der
Neufassung Gegenstand eines gesonderten Kapitels geworden.

Wenn diese jetzt vorgelegte Untersuchung in ihren Sachaussagen wie anhand ihrer Vorgeschichte zu einem produktiven Diskurs im Sinne, wie es Hans Günter Hockerts formulierte,
„eine(r) Art innerer Wiedervereinigung der Zeitgeschichte"[42] beisteuern könnte, hätte sie ihr
Ziel nicht verfehlt.

Die Mühe, das Manuskript in Gänze oder in Teilen zu lesen und dem Verfasser mit
Bemerkungen und kritischen Hinweisen behilflich zu sein, nahmen Clemens Burrichter,
Christoph Kleßmann, Jürgen Kocka, Lutz Niethammer und Almut Rietzschel auf sich. Ute
Eisenreich löste die Aufgabe souverän, die verblassenden Seiten von 1988 in eine computer-
gerechte Textdatei zu verwandeln. Christa Hübner unterstützte mich beim Korrekturlesen.
Ihnen allen danke ich sehr herzlich.

---

[42] Hans Günter Hockerts, Zeitgeschichte in Deutschland. Begriffe, Methoden, Themenfelder, in: APZ, B
29–30/1993, S. 19.

KAPITEL 1

Löhne und Normen:
Im Spannungsfeld industriepolitischer
Schwerpunktprogramme

1. Zur Konstituierung sozialpolitischer Ausgangspositionen des Lohnsystems in der Industrie der SBZ.

Lapidar hieß es in der „Mitteilung über die Berliner Konferenz der drei Mächte" vom 2. August 1945: „Während der Besatzungszeit ist Deutschland als eine wirtschaftliche Einheit zu betrachten." Davon ausgehend sei eine gemeinsame Politik festzulegen, die sich neben generellen wirtschaftlichen und Reparationsfragen auch auf Löhne, Preise und Rationierung erstrecke.[1] Dieser Vorsatz konnte freilich nicht verhindern, daß sich schon im Sommer 1945 angesichts der sich anbahnenden „chaotischen Zustände . . . in der Lohn- und Preisgestaltung"[2] für die Besatzungsmächte dringender lohnpolitischer Handlungsbedarf abzeichnete. Wie die Dinge lagen, erschien ein vorläufiger Lohnstopp durchaus als eine im Alliierten Kontrollrat konsensfähige und zweckrationale Lösung.

Ein Lohnstopp entsprach auch den Intentionen der Sowjetischen Militäradministration in Deutschland (SMAD). Diese legte bereits in ihrer Anordnung Nr. 01 vom 23. Juli 1945 fest: „Lohnsätze und Gehälter für Arbeiter und Angestellte in Körperschaften und Organisationen, in Unternehmungen der Stadt- und Bezirksverwaltungen, sowie in Privatunternehmungen, die vor dem Kriegsende bestanden haben, müssen bestehen bleiben."[3] Allerdings ließ die Kontrollrats-Direktive Nr. 14 vom 12. Oktober 1945 erkennen, daß sich die Alliierten auch lohnpolitische Hintertüren offenhielten. Zwar unterstrich die Direktive den Grundsatz des Lohnstopps, doch enthielt sie zusätzlich den wichtigen Passus: „Die Einführung neuer Lohnsätze ist zulässig, wenn wegen einer Aenderung in einem Fertigfabrikat oder in den zu seiner Herstellung gebrauchten Rohstoffen oder aus ähnlichen Gründen ein solches Verfahren zweckmäßig erscheint. Die neuen Lohnsätze sind soweit wie möglich den bestehenden Lohnsätzen für gleichwertige Arbeit anzupassen. Der ehemalige normale Verdienst der in

---

[1] Die Potsdamer (Berliner) Konferenz der höchsten Repräsentanten der drei alliierten Mächte UdSSR, USA und Großbritannien. Dokumentensammlung, Moskau/Berlin 1986, S. 406.

[2] Hans Thalmann, Löhne und Preise, in: Arbeit und Sozialfürsorge. Jahrbuch von 1945 bis 31. März 1947, Berlin 1947, S. 112.

[3] Anordnung Nr. 01 des Stellvertreters des Obersten Chefs der SMAD vom 23. 7. 1945, zit. nach: ebenda, S. 289.

Frage kommenden Arbeiter soll auch berücksichtigt werden."[4] In diesem Rahmen war es den neugegründeten Gewerkschaften erlaubt, mit Arbeitgebern oder Arbeitgeberverbänden über die Änderung von Lohnsätzen zu verhandeln. Abschlüsse setzten jedoch die Zustimmung der deutschen Arbeitsämter voraus, und neue Lohnsätze durften den durchschnittlichen Lohnsatz nicht erhöhen – angesichts des Lohnstopps ein Widerspruch in sich, es sei denn, man kompensierte Lohnanhebungen durch Entlassungen.

Mit dem Befehl Nr. 100 vom 16. Oktober 1945 bekräftigte die SMAD diese Linie und wies die weitere Gültigkeit aller bisherigen Gehaltssätze für Angestellte sowie der Zuschläge für Wohnungsgelder und Dienstjahre an.[5] Glaubte man sich mit solcher Regelung vor allem des unverzichtbaren qualifizierten mittleren kaufmännischen und technischen Personals sowie auch der als wichtig betrachteten deutschen Führungskräfte zu versichern, so zeigte sich doch bald, daß die Lohnstopp-Politik am ehesten im Bereich der Arbeitslöhne, nicht so sehr der Gehälter, aufgegeben werden würde. Der Grund hierfür lag auf der Hand: Immense Reparationsleistungen und Demontagearbeiten[6] veranlaßten die SMAD zunächst zu rigorosen Arbeitseinsatzpraktiken, um eine rasche und ihren Bedürfnissen angemessene Mobilisierung des deutschen Arbeitskräftepotentials zu erreichen.[7] Um vor allem die raren Facharbeiter zu extensiver Steigerung ihrer Arbeitsleistung anzuhalten, begann die SMAD bereits Ende 1945 mit einer stärkeren Lohndifferenzierung.[8]

Ein erstes Zeichen setzte der Befehl Nr. 168 vom 12. Dezember 1945, mit dem die Präsidenten der Zentralverwaltungen für Verkehr sowie für Arbeit und Sozialfürsorge beauftragt wurden, innerhalb von zwei Monaten eine neue Tarifordnung für die Arbeiter und Angestellten der Reichsbahn auszuarbeiten. Sie hatten sich dabei nach Vorgaben zu richten, die besonders auf lohnpolitische Leistungsanreize für Arbeiter abzielten. Es ging dabei im wesentlichen um Akkordlöhne bei der Instandsetzung des rollenden Materials und der Gleisanlagen, um Neuordnung der Tarifsätze für Arbeiter nach dem Tätigkeitsprofil sowie um die Festsetzung von Leistungsnormen. Doch sollte, so wurde im Sinne der Kontrollratsvereinbarungen unterstrichen, auch weiterhin „die Neuordnung des Systems der Arbeitsentgeltung . . . keine Vergrößerung des durchschnittlichen Verdienstes hervorrufen."[9]

Auch der wenig später folgende SMAD-Befehl Nr. 180 hielt diese Linie der Kontrollratsdirektive Nr. 14 noch ein; allerdings verschob sich bereits hier der Akzent in die Richtung einer leistungsbezogenen Entlohnung, die ein Eckpunkt für die in der SBZ angestrebte einheitliche

---

[4] Kontrollrats-Direktive Nr. 14, zit. nach: ebenda, S. 377.

[5] Befehl Nr. 100 des Stellvertreters des Obersten Chefs der SMAD vom 16. 10. 1945, zit. nach ebenda, S. 292.

[6] Ausführlicher hierzu Rainer Karlsch, „Allein bezahlt?" Die Reparationsleistungen der SBZ/DDR 1945–53, Berlin 1993, S. 138–144.

[7] Die Basis hierfür boten der SMAD-Befehl Nr. 65 vom 15. September 1945, der die Erfassung der Arbeitskräfte regelte, und in dessen Ergänzung der Befehl Nr. 153 vom 29. November 1945, der vor allem auf die Befriedigung des Arbeitskräftebedarfs in den wichtigsten Industriezweigen abzielte. Der Kontrollratsbefehl Nr. 3 vom 17. Januar 1946 enthielt die gleichen Vorschriften. Vgl. Arbeit und Sozialfürsorge. Jahrbuch von 1945 bis 31. März 1947, a.a.O., S. 34f., 289f., 296f.

[8] Zur Industriepolitik in der SBZ vgl. Werner Matschke, Die industrielle Entwicklung in der Sowjetischen Besatzungszone Deutschlands (SBZ) von 1945 bis 1948 (= Wirtschaft und Gesellschaft im geteilten Deutschland; 2. Hg. von der Forschungsstelle für gesamtdeutsche wirtschaftliche und soziale Fragen, Berlin), Berlin 1988.

[9] Befehl Nr. 168 des Obersten Chefs der SMAD vom 12. 12. 1945, zit. nach: Arbeit und Sozialfürsorge. Jahrbuch von 1945 bis 31. März 1947, a.a.O., S. 298f.

Lohnpolitik war. Man griff dabei ohne weiteres auf bisherige Regelungen zurück. Freilich geschah das unter einer wichtigen Voraussetzung: Wie der Kontrollrat es vorgesehen hatte, wies der Oberste Chef der SMAD im Befehl Nr. 180, unter Aufhebung aller „Ausnahmebestimmungen betr. Rasse, Nationalität, Religion, politischer Überzeugung oder Zugehörigkeit zu einer antifaschistischen Organisation" an, daß „alle vor dem 1. Mai 1945 geltenden Lohnsätze, einschließlich der Akkord- und Überstundenlöhne, sowie alle zur Anspornung eingeführten Lohnsysteme [. . .] bestehen" bleiben.[10]

Die dennoch weitgehende Übernahme nationalsozialistischer Lohnregelungen war schon deshalb bemerkenswert, weil sich die Besatzungsmächte ansonsten um eine radikale Aufhebung von NS-Gesetzen, Verordnungen u.ä. bemühten.[11] Trotz der Beseitigung NS-typischer Ausnahmebestimmungen galten Lohnrelationen fort, die kriegswirtschaftlichen Erfordernissen angepaßt waren. So wurden auch die verschiedensten Sonderzulagen konserviert, durch die die „Treuhänder der Arbeit" die eigenen Tarifordnungen allmählich durchlöchert hatten.[12] Damit wurde eine außertarifliche Grauzone beibehalten, die für Außenstehende schwer durchschaubar war, aber flexible Regelungen zuließ und in der Perspektive auch für leistungsfördernde Zuschlags- und Prämensysteme bestens geeignet schien.

Die Rolle des Lohnes wurde freilich durch die Auszahlung in rasch entwerteter Reichsmark relativiert. Denn tatsächlich erwies sich die Hoffnung der SMAD, durch Lohnstopp und Festhalten am Preisspiegel von 1944 einen inflationären Schub zu verhindern, als „eine gefährliche Fiktion", da nicht nur auf dem Schwarzmarkt, sondern auch bei rationierten Gütern die Preise davonliefen.[13] Genau hier akkumulierten sich soziale Härten. Soweit es möglich war, wichen daher viele Betriebe auf Naturallöhne und -prämien aus.

Die Übernahme lohnpolitischer Regelungen aus der NS-Zeit entsprach recht weitgehend den Bedürfnissen der Besatzungsmacht. Wichtig war auch, daß die SMAD Arbeiter und Angestellte durch diese Kontinuität zu beruhigen hoffte und sich selbst zumindest in den ersten Nachkriegsmonaten schwer zu kontrollierende lohnpolitische Konflikte ersparte. Wenn die Besatzungsbehörden zunächst nominale Lohnsicherung in den Vordergrund stellten, zeigte das allerdings auch an, daß sie nicht bereit waren, sich in dieser Frage auf Experimente einzulassen. Daran hielten sie auch im Jahre 1946 fest. In erster Linie ging es der SMAD dabei um die maximale Nutzung des deutschen Arbeitsvermögens, wozu – durchaus im Interesse der Beschäftigten – auch Maßnahmen zu dessen physischer Stabilisierung zählten. In dieser Hinsicht war die Einführung des achtstündigen Arbeitstages oder der 48-Stunden-Woche nach Befehl Nr. 56 vom 17. Februar 1946 ein wichtiger Punkt.[14] Auch die Bestätigung der nach geltenden Tarifen bestehenden Ansprüche auf bezahlten Urlaub durch den Befehl Nr. 147 vom 16. Mai 1946 gehörte dazu.[15] Auch im Befehl Nr. 253 vom 17. August 1946 „Über gleiche Entlohnung der Frauen, der jugendlichen Arbeiter und der erwachsenen

---

[10] Befehl Nr. 180 des Obersten Chefs der SMAD vom 23. 12. 1945, zit. nach: ebenda, S. 299.
[11] Ausführlicher dazu Matthias Etzel, Die Aufhebung von nationalsozialistischen Gesetzen durch den Alliierten Kontrollrat (1945–1948), Tübingen 1992.
[12] Dazu ausführlicher Rüdiger Hachtmann, Industriearbeit im „Dritten Reich". Untersuchungen zu den Lohn- und Arbeitsbedingungen in Deutschland 1933–1945 (= Kritische Studien zur Geschichtswissenschaft; 82), Göttingen 1989.
[13] Thalmann, Löhne und Preise, a.a.O., S. 113.
[14] Befehl Nr. 56 des Obersten Chefs der SMAD vom 17. 2. 1946, in: Arbeit und Sozialfürsorge. Jahrbuch von 1945 bis 31. März 1947, a.a.O., S. 307f.
[15] Befehl Nr. 147 des Obersten Chefs der SMAD vom 16. 5. 1946, in: ebenda, S. 313.

Männer für gleiche Arbeit" war neben seiner deutlichen sozialen Komponente die Absicht unverkennbar, zur Konsolidierung des Arbeitskräftepotentials beizutragen. Er sollte ausdrücklich „der Beseitigung des Unterschiedes in der Entlohnung nach Geschlecht und Alter und gleichfalls zur Schaffung günstigerer Bedingungen bei der Verwendung der Arbeitskraft der Frauen und Jugendlichen in der Industrie, im Transportwesen, im Handel, in der Landwirtschaft und in Behörden" dienen.[16]

Gab es schon für die Reichsbahn und den Bergbau Sonderregelungen, die einen allmählichen Bedeutungsverlust des Tarifsockels erkennen ließen, so verstärkte der Befehl Nr. 253 diese Tendenz noch weiter. War die Lohnpolitik bisher von einer nivellierenden Tendenz gekennzeichnet, eröffneten sich jetzt Möglichkeiten, bei ungenügender Qualifikation, physisch leichter Arbeit oder bei unterdurchschnittlicher Arbeitsproduktivität die Tarife abzusenken, was durchaus als indirekter Leistungsanreiz verstanden werden konnte.[17] Die Abkehr vom Lohnstopp, der sich zunehmend als Hindernis für die Installation finanzieller Leistungsanreize erwies, beschleunigte der Alliierte Kontrollrat im Herbst 1946. Eine Art Leitfunktion übernahm dabei der Kohlenbergbau, für den die Kontrollratsdirektive Nr. 41 vom 17. Oktober 1946 eine Erhöhung der Durchschnittslöhne um bis zu 20 % anordnete, „um die Löhne in der Kohlenindustrie denen in der Metall- und chemischen Industrie und im Baugewerbe anzugleichen".[18] Hintergrund war ein Engpaß in der Kohlenversorgung, der für den bevorstehenden Winter schlimme Folgen erwarten ließ. Die SMAD übernahm diese Direktive noch im November 1946 in ihren Befehl Nr. 323, der allerdings auch mit strengen Auflagen für den Präsidenten der Deutschen Verwaltung der Brennstoffindustrie, die Präsidenten der Länder und Provinzen sowie für die Direktoren der Kohlenindustrie verbunden war. Sie wurden nämlich für die Durchsetzung „energische(r) Maßnahmen gegen Bummelanten und Störer der Arbeitsdisziplin" verantwortlich gemacht.[19]

Auch wenn dieser Befehl die Gewerkschaften zum Abschluß von Tarifverträgen mit der Kohlenindustrie ermächtigte, blieben die Parallelen zur nationalsozialistischen Arbeitseinsatzpolitik unübersehbar. Tatsächlich unterschied sich die Lage nicht sehr von den kriegswirtschaftlichen Bedingungen: Auch diesmal ging es um maximale Produktion einer Auswahl von Gütern bei gleichzeitiger leistungsabhängiger Verteilung des Mangels. Kaum anders als die SMAD verfuhren z.B. die Amerikaner und Briten bei der Einführung von „Ansporn maßnahmen" im westdeutschen Steinkohlenbergbau.[20] Auch in diesem Falle bestätigte sich übrigens der hohe Stellenwert einer Naturalprämierung, etwa in Form von Speck für die Untertagearbeiter.

Im Jahre 1947 traten die Grenzen der bisherigen Lohnpolitik deutlich hervor. Das hing auch mit gewissen Änderungen in der Reparationspraxis der SMAD zusammen. Ein entsprechender Kurswechsel zeichnete sich bei den Beratungen zum Wirtschaftsplan der SBZ für 1947 ab. Er war als Reaktion darauf zu verstehen, daß sich die wirtschaftlichen Schwächesymptome der Besatzungszone mehrten. Im Kern ging es darum, vorhandene Produktionskapazitäten besser zu nutzen, nicht zuletzt im Hinblick auf die schwieriger werdenden Bezie-

---

[16] Befehl Nr. 253 des Obersten Chefs der SMAD vom 17. 8. 1946, zit. nach: ebenda, S. 317.

[17] Vgl. Hans Thalmann, Zur Entwicklung der Lohnpolitik in der Ostzone, in Arbeit und Sozialfürsorge 4 (1949), 18, S. 421.

[18] Kontrollrats-Direktive Nr. 41 vom 17. 10. 1946, zit. nach: ebenda, S. 398.

[19] Befehl Nr. 323 des Obersten Chefs der SMAD vom 20. 11. 1946, zit. nach: ebenda, S. 322.

[20] Vgl. Werner Abelshauser, Der Ruhrkohlenbergbau seit 1945. Wiederaufbau, Krise, Anpassung, München 1984, S. 36–43.

hungen zu den westlichen Alliierten. An den überzogenen Reparationsforderungen, die von 1946 bis 1949 zwischen 20 und 100 % der Nettoproduktion der einzelnen Industriezweige ausmachten, hielt man indessen fest.[21] Doch auch wenn sich die SMAD ganz entschieden von der Absicht leiten ließ, die Produktionsleistungen vor allem für Reparationszwecke zu steigern, kam sie im Winter 1946/47 nicht umhin, die Belastungen für die Beschäftigten insbesondere durch die Freigabe von Nahrungsmitteln und Kleidung etwas zu mildern.

Der Hauptgrund lag in einer im Dezember 1946 beginnenden und bis zum Februar 1947 anhaltenden strengen Frostperiode. Ihre Auswirkungen auf die Bevölkerung der SBZ veranlaßten die beiden SED-Vorsitzenden Otto Grotewohl und Wilhelm Pieck, gemeinsam mit ihren beiden Stellvertretern Max Fechner und Walter Ulbricht Anfang Januar 1947 beim Obersten Chef der SMAD, Wassili D. Sokolowski, vorstellig zu werden, um die sowjetische Seite zu sofortigen Hilfsmaßnahmen zu bewegen. Es mag dabei eine Rolle gespielt haben, daß die SED-Führung nicht nur im Bewußtsein der auf sie zurückfallenden politischen Risiken, sondern auch aufgrund ihrer Verwurzelung in der deutschen Arbeiterbewegung zu größerer sozialer Sensibiltät neigte. Diese jedenfalls ließ die SMAD in der gegebenen Situation vermissen.

Ob die Forschung dazu ihr letztes Wort schon gesprochen hat, erscheint zweifelhaft. Doch für die Frage nach der direkten und indirekten Lohnpolitik der SMAD blieben die äußeren Handlungsabläufe maßgebend. Ohne Zweifel geriet die Besatzungsmacht nicht zuletzt angesichts der physischen Verelendung großer Bevölkerungsgruppen unter Handlungsdruck; vor allem aber waren ihre eigenen Interessen berührt. Denn die Winterkatastrophe verursachte nicht nur im allgemeinen dramatische Produktionseinbrüche[22], sie beeinträchtigte auch die sowjetischen Entnahmen aus der laufenden Produktion. Schließlich verringerte die ohnehin unzureichende Versorgung der Bevölkerung mit Nahrungsmitteln und Brennstoffen das Arbeitsvermögen überhaupt.

Die Situation der SMAD war etwa mit der eines Kutschers vergleichbar, dessen Pferd vor Hunger zusammenbrach, derweil auf dem Wagen Hafersäcke lagen. Um weiterzukommen mußte der Kutscher etwas davon opfern. In der SBZ ging es darum, aus den Reparationsgütern Ressourcen in die Bevölkerungsversorgung umzulenken. Am 11. Januar 1947 erklärte sich die SMAD bereit, die Demontagen auslaufen zu lassen – was allerdings noch lange währte –, Reparationen aus der laufenden Produktion zugunsten des Warenangebots in der SBZ zu verringern und die Lebensmittelkarte IV abzuschaffen. Das hatte für immerhin rund fünf Millionen Menschen, vor allem Frauen und Rentner, eine Anhebung der Rationen zur Folge.[23] Die SED-Führung bemühte sich, diese Entscheidung auch als eigenen Erfolg zu verbuchen.[24]

---

[21] Rainer Karlsch, Das „Selbmann-Memorandum" vom Mai 1947. Fritz Selbmann und die Reparationslasten der sächsischen Industrie, in: Beiträge zur Geschichte der Arbeiterbewegung (BzG) 35 (1993), 2, S. 91.

[22] In Sachsen etwa sank der Umfang der Industrieproduktion von 308 Mio. RM im Oktober 1946 auf 184 Mio. RM im Februar 1947. Rolf Badstübner u.a., Deutsche Geschichte, Bd. 9, Berlin 1989, S. 261.

[23] Ebenda, S. 262; siehe auch Heinz Deutschland u.a., Geschichte des Freien Deutschen Gewerkschaftsbundes, Berlin 1982, S. 242.

[24] Vgl. Dokumente der Sozialistischen Einheitspartei Deutschlands. Beschlüsse und Erklärungen des Zentralsekretariats und des Parteivorstands (im folgenden: Dokumente der SED), Bd. I, Berlin 1951, S. 149f.

Im folgenden Sommer verursachte große Trockenheit eine Mißernte.[25] Schwerwiegende Verschlechterungen in der Lebenslage nahezu aller Bevölkerungsschichten waren die Folge. Mit besonderer Sorge beobachteten sowjetische und deutsche Dienststellen die Entwicklung in der Industrie, wo Arbeitsleistung und Produktivität deutlich zurückgingen. Wenngleich Löhne und Tarifverträge für die Beschäftigten wichtige Themen blieben, stand die Versorgung mit Nahrung und Kleidung doch viel mehr im Vordergrund.[26]

In dieser Phase verlegte sich die SMAD auch in der Lohnpolitik stärker auf soziale Grundsicherungen. Dazu gehörte die Einführung von Mindestlöhnen von 104 RM monatlich ebenso wie die Abschaffung aller Löhne von unter 0,50 RM pro Stunde.[27] Auch die am 1. April 1947 erfolgte Reduzierung der Ortsgrößenklassen, bei denen je nach Größe und Bedeutung des Arbeitsortes unterschiedliche Stundenlöhne und Akkordsätze galten und die ebenfalls mit dem alten Tarifsystem übernommen worden waren[28], verstärkte die nivellierende Tendenz.[29] Letztere dürfte für die angestrebte Sicherung des physischen Arbeitsvermögens nicht ohne Wirkung geblieben sein. Daß zwischen dieser Sicherung und dem Versuch leistungsorientierter Differenzierung in der Lohnpolitik ein Widerspruch bestand, zeitigte zwar deutliche Bremseffekte für die Ansporn mechanismen, doch solange diese sehr stark durch Natural-Prämien bedient wurden, hielten sich solche Wirkungen in Grenzen.

Im Bereich der Geldlöhne zeichnete sich indes immer deutlicher eine Entwicklung ab, die der Lohnrealität in der NS-Kriegswirtschaft nicht unähnlich war. Galt es für letztere gemeinhin als typisch, daß die Tariflöhne allmählich durch ein Gewirr von Sonderregelungen bis zur Unkenntlichkeit überlagert wurden, so monierte auch die SMAD im Juni 1947 „willkürliche Änderungen der geltenden Lohnsätze und Lohnbedingungen, Unstimmigkeiten beim Abzug von Steuern bei den Arbeitern und Angestellten" und beauftragte die Deutsche Verwaltung für Arbeit und Sozialfürsorge sowie die Landes- und Provinzialregierungen der SBZ mit strengen Kontrollen.[30]

2. Lohnpolitische Dimensionen des SMAD-Befehls Nr. 234

Die Nivellierung des Tarifgefüges von unten her erwies sich im Grunde als Teil eines sozialpolitischen Krisenmanagements, wie es auch später in der DDR wiederholt anzutreffen war. Aus der Kombination von leistungsdämpfenden Versorgungsmängeln und großen Produktionseinbrüchen ergab sich sowohl für die SMAD wie für SED unmittelbarer Handlungs-

---

[25] Vgl. Horst Barthel, Die wirtschaftlichen Ausgangsbedingungen der DDR. Zur Wirtschaftsentwicklung auf dem Gebiet der DDR 1945–1949/50, Berlin 1979, S. 158f.

[26] Vgl. Stiftung Archiv der Parteien und Massenorganisationen der DDR im Bundesarchiv (SAPMO-BA), ZGA FDGB-Bundesvorstand (BV) 6801, unpag.: Berichte der FDGB-Landesvorstände über die Gewerkschaftswahlen am 21. 3. 1947, S. 1–11.

[27] Vgl. Gunnar Winkler (Hg.), Geschichte der Sozialpolitik der DDR 1945–1985, Berlin 1989, S. 49.

[28] Vgl. Hachtmann, Industriearbeit, a.a.O., S. 144–147.

[29] Vgl. Winkler, Sozialpolitik, a.a.O., S. 49.

[30] Befehl Nr. 159 des Obersten Chefs der SMAD vom 27. 6. 1947, zit. nach: Arbeit und Sozialfürsorge. Jahrbuch 1947/1948, Berlin 1948, S. 364f.

bedarf. Ihm entsprang im Oktober 1947 der SMAD-Befehl Nr. 234.[31] Der allerdings war nicht nur eine ad-hoc-Reaktion auf eine zweifellos problematische wirtschaftliche und soziale Lage in der SBZ. Seine Bedeutung reichte weit darüber hinaus und verlieh ihm die Qualität einer entscheidenden gesellschaftspolitischen Weichenstellung. Dem Befehl lag der Gedanke zugrunde, in den als Sowjetische Aktiengesellschaften (SAG) oder als Volkseigene Betriebe (VEB) geführten Unternehmen soziale Verbesserungen direkt an die Einhaltung vorgegebener Leistungsniveaus, vor allem aber an Leistungszuwächse zu koppeln.[32]

Im Lohnbereich schrieb der Befehl Nr. 234 im Grunde schon früher erkennbare Tendenzen fort: „4. Die Anwendung von Stück- und Akkordlohn als Mittel zur Steigerung der Arbeitsproduktivität und für die Erhöhung des Lohnes für die Arbeiter ist zu erweitern, vor allem im Erzbergbau, in der Kohlen- und Metallindustrie, im Maschinenbau, in der elektrotechnischen Industrie und im Eisenbahntransportwesen. Bei der Berechnung der Akkordlöhne sind die in den Tarifverträgen garantierten Mindestlöhne zugrunde zu legen.

5. Die Lohnsätze in der Textil- und Bekleidungsindustrie sind zu überprüfen und alle niedrigeren Sätze für Frauenarbeit entsprechend dem in der sowjetischen Besatzungszone festgelegten Grundsatz ‚Gleicher Lohn für gleiche Arbeit' abzuschaffen."[33]

Doch diese Regelungen, mit denen der Lohnstopp auch in seinen Restbestandteilen endgültig aufgegeben wurde, erlangten ihre reale Bedeutung erst in Verbindung mit jenen Teilen des Befehls, die konkret benannte Sozialleistungen an Leistungs- und Qualifikationsvoraussetzungen banden. Es handelte sich besonders um die Verlängerung des Urlaubs für Beschäftigte mit schädlicher und schwerer Arbeit (Pkt. 7), um die Ausgabe von täglich einer warmen Mahlzeit über die auf den Hauptkarten enthaltenen Rationen hinaus für Arbeiter und Angestellte „der führenden Industriezweige und des Transportwesens" (Pkt. 9) und um die Ausgabe von knappen Industriewaren an Beschäftigte der „führenden" Betriebe, wenn diese gute Produktionsleistungen erzielten (Pkt. 10).[34] Maßnahmen zur Verbesserung des Unfallschutzes und zur wirksameren medizinischen Betreuung der Arbeitskräfte, aber auch zur genaueren Kontrolle von Ärzten und Patienten bei Krankschreibung gehörten ebenso zum sozialpolitischen Katalog. Insgesamt zielte der Befehl Nr. 234 viel eindeutiger und weitgehender als alle bisherigen Vorgaben auf leistungsfördernde Entlohnung und Prämierung sowie auf die Sicherung des Arbeitsvermögens und die Disziplinierung besonders der industriellen Belegschaften.

Die Begründung des Befehls teilte sich in eine eher technokratische und in eine mehr politische Komponente: Zum einen war davon die Rede, daß die Wiederherstellung der Industrie und des Verkehrswesens eine Erhöhung der Arbeitsproduktivität und eine Festigung der Arbeitsdisziplin erfordere. Beides befände sich „noch auf einem niedrigen Niveau", was nicht nur als Folge des Krieges gesehen, sondern wenigstens teilweise auch Managementfehlern angelastet wurde. Zum anderen wurden dann die Arbeiter als „Hauptkraft der

[31] Steigerung der Arbeitsproduktivität und Verbesserung der materiellen Lage der Arbeiter und Angestellten. Befehl Nr. 234 und Ausführungsbestimmungen, Berlin 1947, S. 5–10.

[32] Ausführlicher dazu Klaus Ewers, Einführung der Leistungsentlohnung und verdeckter Lohnkampf in den volkseigenen Betrieben der SBZ (1947–1949), in: Deutschland Archiv (DA) 13 (1980), 3, S. 612–633.

[33] Zit. nach: Zur Sozialpolitik in der antifaschistisch-demokratischen Umwälzung 1945 bis 1949. Dokumente und Materialien, Berlin 1984, S. 195.

[34] Vgl. ebenda, S. 196f.

Demokratisierung" gekennzeichnet, woran ein Schlüsselsatz des Dokuments anschloß: „Es wäre falsch, anzunehmen, daß die neue Demokratie, bei der die Schlüsselpositionen der Wirtschaft sich in den Händen des Volkes befinden, eine Senkung der Arbeitsproduktivität und eine Verschlechterung der Arbeitsdisziplin im Vergleich zu der alten Ordnung bedeute."[35] Diese Verbindung des Produktivitätsarguments mit dem Topos der „neuen Demokratie" war zwar nicht ganz neu, doch wurde sie im Befehl Nr. 234 erstmals massiv mit lohn- und sozialpolitischen Schritten konkretisiert. Noch nicht klar, aber doch als Tendenz erkennbar, zeichnete sich in der Arbeitswelt der SBZ eine Dominanz politischer Steuerungsinstrumente ab.

Bereits am 13. Oktober 1947 erließ die der DWK unterstehende Deutsche Verwaltung für Arbeit und Sozialfürsorge per Verordnung eine auch von der SMAD genehmigte „Arbeitsordnung für volkseigene, SAG- und andere Betriebe".[36] Deren Hauptanliegen war die Festigung der Arbeitsdisziplin. Arbeitslohn war nur für tatsächlich geleistete Arbeitszeit, für Stück- und Zeitlohnarbeit zu berechnen. Arbeiter mit besonders hoher Arbeitsdisziplin und -leistung sollten im Betrieb durch öffentliche Danksagung geehrt werden, sie waren bei der Vergabe von Plätzen in Kur- und Erholungsheimen sowie bei der Beschaffung von Kleidung, Schuhen und Industriewaren bevorzugt zu berücksichtigen.

Daß bei alledem die „führenden Industriezweige" im Mittelpunkt standen, konnte kaum verwundern, handelte es sich doch um jene, deren Erzeugnisse als Reparationen für die UdSSR von großem Interesse waren, oder um solche, die für eine relativ geschlossene Industriestruktur der SBZ unverzichtbar erschienen. Objektiv wies der Befehl Nr. 234 Querbezüge zur amerikanischen Marshall-Plan-Initiative auf.[37] Wahrscheinlich wäre es falsch, im Vorgehen der SMAD eine direkte Reaktion auf das „European Recovery Program" der Amerikaner zu sehen, doch hatte dessen Ablehnung durch die sowjetische Regierung mit einer gewissen Zwangsläufigkeit zur Folge, daß diese in ihrer Besatzungspolitik neue wirtschaftspolitische Akzente setzen mußte. Der Befehl Nr. 234 wäre hier einzuordnen. Daß die SED ihn vehement unterstützte, läßt sich freilich nicht allein auf ihr Abhängigkeitsverhältnis gegenüber Moskau reduzieren. Sie verfolgte durchaus originäre Interessen, die in einer direkten Kontinuität zur politischen und sozialen Programmatik der KPD während der Weimarer Republik standen[38] und denen der Befehl nur entgegenkam. Andererseits dürfte die SED-Führung in dem Befehl ein Zeichen dafür gesehen haben, daß die UdSSR schon aus Eigeninteresse bereit war, einen am sowjetischen Gesellschaftsmodell orientierten deutschen Teilstaat und dessen zentralistisch organisierte Planwirtschaft zu stützen. Erst kurz zuvor hatte der SMAD-Vertreter, Sergej Tulpanow, auf dem II. Parteitag von der faktisch vollzogenen Teilung Deutschlands gesprochen.[39] Und für die DWK erschien es ausgemacht, daß

---

[35] Ebenda, S. 192.

[36] Zentralverordnungsblatt (ZVOBl.) 1948, Nr. 1, S. 6.

[37] Zur neueren Forschung siehe Charles S. Maier/Günter Bischof (Eds.), The Marshall Plan and Germany. West German Development within the Framework of the European Recovery Program, New York/Oxford 1991.

[38] Vgl. Siegfried Rädel, Proletarische Sozialpolitik, in: Proletarische Sozialpolitik 1 (1928), 1, S. 1–3; Elfriede Fölster: Die Arbeitsgemeinschaft sozialpolitischer Organisationen (Arso) von 1927–1929. Zur Geschichte des Sozialpolitik der KPD, in: BzG 20 (1978), 2, S. 222–236.

[39] Vgl. Protokoll der Verhandlungen des 2. Parteitages der Sozialistischen Einheitspartei Deutschlands, 20. bis 24. September 1947 in der Deutschen Staatsoper zu Berlin (Protokoll des 2. Parteitages der SED), Berlin 1947, S. 16.

ordnungspolitisch auf die „völlige Ausschaltung des Marktautomatismus" Kurs zu nehmen war, also auf „eine totale Planung".[40]

Wenn die SMAD im wirtschaftlichen Einzelfall auch flexiblen Pragmatismus zeigte, änderte das allerdings wenig daran, daß sie mit ihren Produktions- und Reparationszielen die Leistungsfähigkeit der Arbeiterschaft in höchstem Maße forderte und vielfach überforderte. Dadurch geriet die SED in eine höchst prekärene Lage, konnte sie sich doch in Konkurrenz zur westdeutschen Entwicklung nur politische Chancen ausrechnen, wenn es ihr gelang, einen größeren Teil der Arbeiterschaft durch wirtschaftliche und soziale Verbesserungen von der Realisierbarkeit und mehr noch von der Attraktivität ihrer Politik zu überzeugen.

In ihren gesellschaftspolitischen Vorstellungen hatten es die KPD 1945 und seit Frühjahr 1946 die SED zunächst zwar vermieden, Sozialismus als direktes Ziel zu formulieren, doch eine sozialistische Option war in den verschiedensten Dokumenten schon erkennbar. Vor allem mehrten sich Aussagen über die entscheidende Rolle der Arbeiterklasse bei den in Gang gesetzten politischen, sozialen und wirtschaftlichen Veränderungen. So benannten die wirtschaftspolitischen Richtlinien der KPD vom Januar 1946 die einige Arbeiterschaft als Hauptträger einer neuen demokratischen Ordnung.[41] Deutlicher wurden die „Grundsätze und Ziele", in denen die soeben gegründete SED im April 1946 vom Sozialismus als Ziel sprach und „die Eroberung der politischen Macht durch die Arbeiterklasse" als Voraussetzung dafür bezeichnete.[42] Kaum minder wichtig für die soziale Entwicklung sollten die ziemlich frühen und eindeutigen Festlegungen auf eine staatlich gelenkte Planwirtschaft werden. Entsprechende Überlegungen gab es in allen von der SMAD zugelassenen Parteien[43], doch waren planwirtschaftliche Vorstellungen in der SED weiter definiert, stärker von marktwirtschaftlichen Bezügen abgehoben, und von vornherein auch auf Sozialpolitik ausgerichtet. So faßte das Zentralsekretariat der SED Ende 1946 einen Beschluß über sozialpolitische Richtlinien, deren weitgehend mit gewerkschaftlichen Forderungen kongruente Einzelheiten hier nicht referiert werden können, bei denen aber bereits eine starke planwirtschaftliche Komponente auffällt.

Die Basis hierfür war bereits durch die nach dem Volksentscheid in Sachsen über die SBZ hinwegrollende Enteignungswelle in der Industrie entstanden.[44] Zu den Löhnen hieß es in den Richtlinien: „Steigerung der Produktion zur Behebung der Mangellage und zur Herstellung eines richtigen Verhältnisses zwischen Preisen und Löhnen. Ausdehnung der Wirtschaftsplanung auf das Preisgefüge und die Lohngestaltung, wobei ein gesundes soziales Verhältnis zwischen Löhnen und Preisen herzustellen ist. Bewirtschaftung des lebensnotwendigen Bedarfs mit gebundenen Preisen als Teil der Wirtschaftsplanung. Ausgangspunkt der Lohngestaltung ist der gesellschaftliche Wert der Arbeit. Beseitigung zu großer Lohn-

---

[40] Bundesarchiv. Abteilung Potsdam (BA), E-1 264: DWK-Material „Zielsetzung und Methodik der volkswirtschaftlichen Gesamtplanung", 1948. Zit. nach: Jörg Roesler, Ideologie und Pragmatismus in Transformationsperioden der ostdeutschen Wirtschaft. Ein Vergleich am Beispiel von Eigentumsordnung und Wirtschaftsverfassung, in: BzG 35 (1993), 1, S. 21.

[41] Vgl. Richtlinien der KPD zur Wirtschaftspolitik. 7. 1. 1946, in: Dokumente und Materialien zur Geschichte der deutschen Arbeiterbewegung. Reihe III, Bd. 1, Berlin 1959, S. 386–388, 393f.

[42] Dokumente der SED, Bd. I, a.a.O., S. 9.

[43] Vgl. Jörg Roesler, Die Haltung der ostdeutschen Parteien zur Planwirtschaft und Marktwirtschaft 1945–1949, in: Deutsche Studien 28 (1990), 112, S. 360–377.

[44] Vgl. Hans-Hermann Lochen, Grundlagen der Enteignungen zwischen 1945 und 1949, in: Deutschland Archiv (DA) 24 (1991), 10, S. 1025–1938; Werner Mußler, Die Volkseigenen Betriebe. Entstehung, Organisation, Aufgaben, Berlin 1948, S. 20.

spannen. Für gleiche Arbeit gleicher Lohn, jedoch Mindestlöhne und Mindestgehälter unter Berücksichtigung der Ausbildung und überdurchschnittlicher Leistungen. Wegfall der Unterschiede in der Entlohnung nach Alter und Geschlecht und nach der Größe der Familie. Mindestlöhne für besonders schutzbedürftige Werktätige. Gesetzliche Regelung der Löhne für Überzeitarbeit und Nachtarbeit."[45]

Unter den Industriearbeitern der SBZ fanden diese Forderungen – soweit dies die archivalische Überlieferung zu erkennen gibt – eine zwiespältige Aufnahme. Positiv registrierten sie zwar die Mindestlöhne, wie überhaupt auf soziale Grundsicherungen angelegte Vorschläge der Zustimmung gewiß sein konnten. Doch andererseits vermochte es die SED nicht zu verhindern, daß ihre „Sozialpolitischen Richtlinien" angesichts der widersprüchlichen und vielfach bedrückenden Besatzungspraxis und zahlreicher Einwände und Vorbehalte gegen die eigene Politik bei der Bevölkerung auf Kritik stießen. Auch wenn die Einheitspartei in einer ganzen Reihe sozialpolitischer Sachfragen nach wie vor auf Zustimmung hoffen konnte, gelang es ihr kaum, die bestehenden Legitimationsdefizite zu überbrücken. Gerade deshalb betrachteten die Führungskreise der Partei trotz manch anderer Meinungsdifferenzen[46] sozialpolitische Angebote als Aktivposten. Zwischen dem für die SED enttäuschenden Ausgang der Landtagswahlen vom Oktober 1946[47] und der sozialpolitischen Initiative am Ende des Jahres dürfte ein solcher Zusammenhang bestanden haben. Aber auch in diesen Wahlen selbst trug wohl nicht zuletzt ihr propagandistisch deutlich herausgestelltes sozialpolitisches Engagement der SED immerhin noch fast die Hälfte der abgegebenen Stimmen ein.[48]

Im Zeitraum zwischen den auch als eigener Erfolg gewerteten SMAD-Entscheidungen vom Januar 1947 und dem Befehl Nr. 234 unternahmen SED und FDGB noch mehrere sozialpolitische Initiativen, die geeignet schienen, die Leistungsmotivation der Industriebeschäftigten zu stärken und die Arbeiter gleichzeitig auf ihre neue, von der SED postulierte gesellschaftliche Führungsrolle einzustimmen. Als ein Hauptargument kristallisierte sich heraus, daß nur über Mehrarbeit eine Verbesserung der Lebenslage zu erreichen sei. Die bisherige sowjetische Reparationspolitik machte das zwar nicht sehr überzeugend, doch schien sich nach den Entscheidungen vom Januar 1947 eine Wende zum Besseren abzuzeichnen.

Nachdem eine am 9. und 10. April 1947 in Berlin stattgefundene sozialpolitische Tagung der SED, wirtschafts- und sozialpolitische Positionen in entsprechender Weise präzisierte, war es kurz darauf der vom 17. bis zum 19. April 1947 tagende 2. FDGB-Kongreß, der in diese Richtung weiteragitierte: „Mehr produzieren, richtig verteilen und besser leben!"[49] Theoretisch schlüssig, sollte sich diese Devise in der Praxis, und nicht zuletzt im Lohn- und Normenbereich, aber als überaus sperrig erweisen. Unabweisbar blieb nämlich, daß die Menschen ausreichend ernährt sein mußten, um mehr zu arbeiten. Angesichts dieser Tatsache blieb die Beziehung zwischen Arbeitsleistung und Versorgung solange gespannt, wie der Mangel noch elementare Züge trug. Das machte eine problematische Seite der Lohnpolitik

45 Sozialpolitische Richtlinien, in: Dokumente der SED, Bd. I, a.a.O., S. 140.
46 So beispielsweise die Kontroverse um den „deutschen Weg zum Sozialismus", hinter der aber kaum ein gravierender Zielkonflikt stand. Vgl. Dietrich Staritz, Der besondere deutsche Weg zum Sozialismus, in: Studien und Materialien. Hg. vom Arbeitsbereich Geschichte und Politik der DDR am Institut für Sozialwissenschaften der Universität Mannheim, Bd. 1, Mannheim 1982, S. 202.
47 Vgl. Hermann Weber, DDR – Grundriß der Geschichte 1945–1990, Hannover 1991, S. 24.
48 Statistisches Jahrbuch der DDR (StJB) 1955, Berlin 1956, S. 87.
49 Protokoll des 2ten Kongresses des Freien Deutschen Gewerkschaftsbundes, o.O. (Berlin) 1947, S. 59.

sichtbar: Sie behandelte nämlich den Geldlohn als eine relativ eigenständige Größe mit Anreizfunktionen, die er angesichts dieses Mangels jedoch nicht zu erfüllen vermochte.

Es entbehrte nicht einer gewissen Rationalität, wenn die SED diesem Dilemma durch den ständigen Verweis auf die in ihrer politischen Programmatik festgeschriebene Führungsrolle der Arbeiterklasse „bei der Schaffung neuer Grundlagen für die Demokratisierung und eine friedliche Entwicklung"[50] zu entrinnen suchte. Aus der Sicht ihrer Führungsgruppe, die über die entsprechende „Definitionsmacht" verfügte, war es ein legitimer Ansatz, das ganze Problem vom Primat der politischen Machtfrage her zu begreifen. Die sich zu jener Zeit erst konstituierende Machtelite verstand sich in der Regel selbst als Teil der Arbeiterklasse, und daran richtete sich ihr Denkmodell aus.[51]

Auf ihrem 2. Parteitag, der vom 20. bis 24. September 1947 in Berlin stattfand, bekräftigte die SED ihren Kurs einschneidender gesellschaftspolitischer und wirtschaftlicher Veränderungen. Im Bericht des Parteivorstandes hieß es dazu u.a.: „Der Kampf der Partei ist natürlich in der Hauptsache darauf eingestellt, den demokratischen Neuaufbau der Wirtschaft zu sichern. Es geht der Partei nicht etwa, wie oft geglaubt wird, nur um hohe Politik, sondern sie wendet sich mit aller Aufmerksamkeit der Aufgabe zu, die werktätigen Massen aus der Notlage zu befreien, in die sie durch den Hitlerkrieg gekommen sind."[52] Tatsächlich erwies sich diese Aufgabe als conditio sine qua non für alle weitergespannten deutschlandpolitischen und revolutionär gemeinten Absichten. Dem Parteivorstand dürfte bewußt gewesen sein, daß die Arbeiterschaft durch eine auf längere Sicht vertagte Besserung ihrer Lebenslage nicht zu motivieren war. Kurz- und mittelfristige Vertröstungen schienen deshalb unabdingbar: Sehr viel hinge davon ab, wurde auf dem 2. Parteitag formuliert, wie weit es der SED gelinge, „die Arbeiterschaft in den Betrieben davon zu überzeugen, daß es in ihrem eigenen Interesse liegt, die Produktion in den Betrieben durch eine gesteigerte Arbeitsleistung und Hebung der Arbeitsdisziplin maximal zu erhöhen".[53]

Das war gewissermaßen das Binnenargument für den Befehl Nr. 234; es gab jedoch – wie erwähnt – noch die unabweisbare äußere Herausforderung durch den Marshall-Plan. Dieser setzte die SMAD und die SED unter erheblichen wirtschafts- und sozialpolitischem Erfolgsdruck. Seitdem die politische Führung in Moskau für die UdSSR und den sowjetischen Machtbereich eine Annahme des Marshall-Planes ausgeschlossen hatte, ging es nicht nur um eine wirksame Alternative dazu; es galt auch, die politische Stimmung in der SBZ gegen die westlichen Einflüsse zu immunisieren. Das schien um so dringender, als es nach Ansicht des Parteivorstandes selbst in der Mitgliedschaft der SED „ernste Schwankungen und Abweichungen von unserer grundsätzlichen Linie" gab, „die sich aus den wirtschaftlichen Schwierigkeiten, aber auch aus dem Verwirrungsmanöver der Gegner" herleiteten.[54]

Eine Stabilisierung der Situation durch sozialpolitischen Flankenschutz schien das Gebot der Stunde zu sein. In diesem Sinne war der Befehl Nr. 234 von Funktionären des FDGB, der SED und der SMAD vorbereitet worden. Wenn ihn die politische Propaganda mit einiger Berechtigung als arbeits- und sozialpolitischen Wendepunkt kennzeichnete, gab er zugleich einen indirekten Hinweis darauf, daß weder die Januarbeschlüsse der SMAD, noch die im

---

[50] Ebenda, S. 219.
[51] Vgl. Die ersten Jahre. Erinnerungen an den Beginn der revolutionären Umgestaltungen. Eingeleitet und zusammengestellt von Ilse Schiel, Berlin 1979.
[52] Protokoll des 2. Parteitages der SED, a.a.O., S. 86.
[53] Ebenda, S. 88.
[54] Ebenda, S. 94.

Frühjahr und Sommer 1947 folgenden Produktionskampagnen die Erwartungen ihrer Initiatoren erfüllt hatten. Tatsächlich konstituierte der Befehl wesentliche Rahmenbedingungen für die Wirtschafts- und Sozialpolitik der SED. Seine Regelungen erwiesen sich als wichtige konstitutive Elemente der Beziehungen zwischen Arbeiterschaft und Betriebsleitungen. Im Zusammenhang mit ihm und in seinem Umfeld entstand auch jenes Lohn- und Normensystem, das während der 1950er und ersten 60er Jahre Bestand hatte. Sein entscheidendes Merkmal war die Bündelung nach Industriezweigen gestaffelter, relativ niedriger und insgesamt gering differenzierter Tarifsockel mit einem aus Geld- und Sachleistungen bestehenden, ziemlich flexiblen System von Leistungsanreizen, das allerdings eine gefährlich offene Flanke zur Arbeitsnormung aufwies. Nach Folgen und Wirkungen dieser Weichenstellung soll im folgenden anhand der Beispiele der Leistungslohnkampagne um 1950 und des Kohle- und Energieprogramms von 1957 gefragt werden. Es kann dabei nur um exemplarische Befunde gehen, nicht um eine Geschichte der Industrielöhne.

3. Die Leistungslohn-Kampagne 1947–1950/51

Die mit dem Befehl Nr. 234 im Zusammenhang stehende Lohnproblematik hat in der Literatur vielfach Niederschlag gefunden. Vor allem in Studien von Klaus Ewers[55] und Jörg Roesler[56] finden sich zahlreiche Details ausgebreitet, die hier nicht wiederholt werden müssen. Auf dieser Grundlage ist im folgenden vor allem nach den Interessenlagen im lohnpolitischen Bereich zu fragen.

In einer aufwendigen Propaganda-Kampagne publizierten und erläuterten SMAD, SED und FDGB seit Oktober 1947 den Befehl Nr. 234, der in der Folge auch als „Aufbauplan 234" bezeichnet wurde.[57] Die zahlreichen in der Presse der SBZ abgedruckten Zustimmungsbekundungen wirkten teilweise gewiß aufgesetzt und bestellt, doch viele konstatierten auch sehr direkt soziale Erwartungen. Vor allem aber blieb eine erhebliche Unsicherheit darüber, daß sich die Regelungen im wesentlichen auf „volkseigene Betriebe" (VEB) erstrecken sollten, was einer tarif- und sozialpolitischen Zweiteilung der Arbeitswelt gleichkam. Für die Privatwirtschaft und ihre Beschäftigten zeichneten sich deutliche Nachteile ab. Doch auch in den VEB rückte der „Aufbauplan 234" Versorgungs- und vor allem Lohnfragen in ein neues Licht. Die Belegschaften begannen dort zu spüren, wie die Gewerkschaften in eine höchst problematische Doppelrolle gerieten: Während viele ihrer Basisfunktionäre versuchten, Beschäftigteninteressen zu vertreten, erweckte der hauptamtliche Gewerkschaftsapparat zunehmend den Eindruck, dieses originäre gewerkschaftliche Anliegen gar nicht mehr so sehr im Blick zu haben, sondern im Sinne der SMAD und der von der SED beherrschten deutschen Verwaltungen, das neue System aus Akkord, Leistungsprämien, Sonderzuteilungen und Disziplinarmaßnahmen in Gang zu setzen und zu halten.[58]

---

55 Vgl. Ewers, Einführung, a.a.O.

56 Jörg Roesler, Vom Akkordlohn zum Leistungslohn, in: Zeitschrift für Geschichtswissenschaft (ZfG) 32 (1984), 9, S. 778–795.

57 Dazu ausführlicher Gottfried Dittrich, Die Anfänge der Aktivistenbewegung, Berlin 1987, S. 46–49.

58 Vgl. Siegfried Suckut, Die Betriebsrätebewegung in der Sowjetisch Besetzten Zone Deutschlands (1945–48), Franfurt/M. 1982, S. 493.

Solche Fragen waren auch Gegenstand einer unmittelbar vor der Bekanntgabe des Befehls, am 7. und 8. Oktober 1947, durchgeführten Sitzung des FDGB-Bundesvorstandes. Auf ihr hielt Walter Ulbricht, stellvertretender SED-Vorsitzender und auch Mitglied des gewerkschaftlichen Spitzengremiums, eine Rede, in der er sich grundsätzlich über die Rolle der Gewerkschaften und der Lohnpolitik äußerte und langfristig geltende Eckpositionen der SED formulierte: Bisher würden Gewerkschaftsforderungen aus Opposition gegenüber den Wirtschaftsorganen gestellt, doch das sei „nicht der normale Zustand".[59] In den Betrieben stelle man Forderungen ohne Rücksicht auf die wirtschaftliche Lage. Das mochte für Ulbricht ein Argument sein, die Betriebsräte allmählich beiseite zu schieben. Er meinte: „Ich neige eher dazu die Gewerkschaftsleitungen in den Vordergrund zu stellen. Ich glaube, in dieser Beziehung ist eine gewisse Änderung der Arbeit in den Betrieben notwendig."[60] Der FDGB müsse in dem Zusammenhang seine Funktionärsschicht stärken: „Wenn das in einzelnen Ländern nicht klappt, dann kommt nur zu uns, wir werden schon nachhelfen."[61]

Der FDGB wurde so auf eine Funktion festgelegt, mit deren Hilfe die Arbeiter für die gesellschafts- und vor allem wirtschaftspolitischen Ziele der SED aktiviert werden sollten.[62] Daß sich daraus nicht allein politische, sondern auch soziale Konsequenzen ergaben, machte Ulbricht an der Lohnfrage deutlich: „Vor allen Dingen ist die Frage der Löhne und der Versorgung der Werktätigen in der Ostzone unmittelbar verbunden mit den Wirtschaftsplänen und der Erfüllung der Pläne".[63] Es gelte über den Zusammenhang von Versorgung und Verbesserung der Arbeit aufzuklären. Auch sei der traditionelle gewerkschaftliche Kampf gegen die Akkordarbeit so nicht fortzuführen. „Wir haben jetzt eine andere Lage, wir haben jetzt volkseigene Betriebe, und jetzt steht die Frage, daß wir mit Hilfe von Prämien die Produktion steigern und fördern müssen. [. . .] Wer die Arbeit erfüllt, bekommt mehr Gegenstände als die, die nicht arbeiten."[64]

In einer „Entschließung zur Gewerkschaftsarbeit in den volkseigenen Betrieben" nahm der Bundesvorstand diese Linie direkt auf. Die volkseigenen Betriebe hätten „im Kampf gegen das Monopolkapital sowie innerhalb der demokratisierten Wirtschaft ... hervorragende Aufgaben zu erfüllen. ... Es ist daher eine bedeutsame Aufgabe der Gewerkschaften und Betriebsräte, ständig an der weiteren Entfaltung der Produktion dieser Betriebe mitzuwirken. Die Weckung der Belegschafts-Initiative, die Hebung der Arbeitsmoral und in Verbindung damit der Organisierung von Vorschlägen aus den Reihen der Belegschaft zur Verbesserung der Produktionstechnik und zur Vermeidung von Leerlauf im Arbeitsprozeß, die Belohnung solcher Vorschläge, die Organisierung von Wettbewerben zwischen den Betrieben bei ständiger Informierung der Belegschaften über die betriebliche Planerfüllung, und mit steigender Rentabilität auch die Besserung der Arbeitsbedingungen und sozialen Einrichtungen sind wichtige Aufgaben der Gewerkschaften und Betriebsräte besonders in den volkseigenen

---

[59] SAPMO-BA, ZGA FDGB-BV 6802, unpag.: Diskussionsrede Walter Ulbrichts auf der BV-Sitzung vom 7./8. 10. 1947, unkorr. Stenogramm, S. 1.
[60] Ebenda, S. 4.
[61] Ebenda, S. 6.
[62] Vgl. Ulrich Gill, Der Freie Deutsche Gewerkschaftsbund (FDGB), Opladen 1989, S. 139.
[63] SAPMO-BA, ZGA FDGB-BV 6802, unpag.: Diskussionsrede Walter Ulbrichts auf der BV-Sitzung vom 7./8. 10. 1947, unkorr. Stenogramm, S. 2.
[64] Ebenda, S. 3.

Betrieben. Die bessere Versorgung der Belegschaften soll durch die Schaffung von Verkaufsstellen in den Betrieben gesichert werden."[65]

Die Gewerkschaft rückte sich mit dieser Entschließung selbst in die Rolle einer Mobilisie-
rungsinstanz für die betriebliche Produktion. Doch wäre es eine verkürzte Sicht, darin eine
vorsätzliche Aufgabe des gewerkschaftlichen Anspruchs auf Interessenvertretung zu sehen.
In ihrer Mehrheit waren die FDGB-Spitze wie auch die SED-Führung davon überzeugt, daß
sie so und in erster Linie die politischen und sozialen Interessen der Arbeiterklasse vertraten.
Das entsprach ihren Vorstellungen von sozialistischer Gesellschaft. Freilich zeigten sie sich
realistisch genug, um zu sehen, daß die Arbeiterschaft in ihrer Mehrheit diesen Vorstellungen
ablehnend oder doch zumindest reserviert und unsicher gegenüberstand, daß sie „nicht
mitgehen in unserem Arbeitseinsatz zur Wirtschafts- und Sozialpolitik".[66] Wenig beachtet
blieb zunächst die Haltung gewerkschaftlicher Basisfunktionäre, von denen viele dem „umge-
polten" Verständnis von Interessenvertretung nicht ohne weiteres folgen wollten. Ihnen ging
es nach wie vor um klassische Fragen der Interessenvertretung gegenüber den Betriebsleitungen. In diesem Punkt sahen sie sich auch in späteren Jahren immer wieder der Kritik „von
oben" ausgesetzt.

Im Kontext der nicht beendeten Diskussionen um die Rolle der Gewerkschaften erschien
aber auch die in der Entschließung enthaltene Vorstellung, durch die Einrichtung von
Verkaufsstellen in SAG- und VE-Betrieben die Versorgung verbessern zu können, in einem
besonderen Licht. Wenigstens Teile der Arbeiterschaft sollten möglichst rasch von der
sozialen Effizienz der neuen Gewerkschaftspolitik überzeugt werden. Zugleich deutete es
sich als Tendenz an, diesen Betrieben zunehmend soziale Aufgaben zu übertragen. Hier ging
es um einen langfristigen Trend, der aber keineswegs als eine Entstaatlichung des Sozialwe-
sens zu verstehen war, sondern vielmehr zunehmenden staatlichen Interventionismus in der
Wirtschaft ankündigte.

Die erklärte Mobilisierungsabsicht rückte die Lohnfrage in den Vordergrund. Schon im
Januar 1948 diskutierte der FDGB-Bundesvorstand lohnpolitische Ziele, wobei er sich auf
folgende Punkte konzentrierte:

„1. Weitere Einführung des Stücklohnes und des Leistungslohnes und Entwicklung eines
    einheitlichen leistungsorientierten Prämiensystems.
2. Sicherung und Erhöhung des Reallohnes.
3. Allgemeine Verbesserung der Arbeitsmoral, wobei die neue Arbeitsordnung als eine
   wichtige Waffe zur Erreichung dieses Zieles erkannt werden muß.
4. Verbesserung und verstärkte Kontrolle der Produktions-, Verteilungs- und Sortenpläne
   und der Qualität der Erzeugnisse.
5. Eine stetige Verbesserung der Versorgung der Werktätigen."[67]

Der in diesen Punkten enthaltenen Probleme schienen sich die Gewerkschaftsfunktionäre
bewußt gewesen zu sein. Nicht ohne Grund plädierten sie nämlich für eine Erhöhung des

---

[65] SAPMO-BA, ZGA FDGB-BV 6802, unpag.: Beschlußprotokoll der BV-Sitzung vom 7./8. 10. 1947.
Entschließung zur Gewerkschaftsarbeit in den volkseigenen Betrieben.
[66] SAPMO-BA, ZGA FDGB-BV 6894: Beschlußprotokoll der BV-Sitzung vom 5.–7. 10. 1948. Anlage:
Referat Bernhard Görings, S. 10.
[67] SAPMO-BA, ZGA FDGB-BV 6803, unpag.: Beschlußprotokoll der BV-Sitzung vom 12./13. 1. 1948,
S. 6.

Reallohnes vor allem durch Verhinderung einer inflationistischen Preisentwicklung und
gegen Mehrleistung auf Kosten der Arbeitskraft oder durch Verlängerung der Arbeitszeit.[68]
Das konnte nicht prophylaktisch gemeint sein, denn diese Zielsetzung war eine Reaktion auf
bereits bestehende Schwierigkeiten, mit denen sich Betriebsleitungen und Belegschaften
konfrontiert sahen.

Auch der Bundesvorstand ging – wenn auch indirekt – in einer lohnpolitischen Entschließung auf diese Problemlage ein, indem er die Sicherung bzw. Erhöhung der Reallöhne als Ziel
in den Mittelpunkt stellte. Um das zu erreichen, wurde allerdings die Steigerung der Arbeitsproduktivität als entscheidende Voraussetzung benannt. Genau hier aber lag das Haupthin-
dernis, denn sowohl die enormen Engpässe in der Material- und Energieversorgung der
Betriebe wie die durch Mangelernährung verursachte physische Schwäche eines Großteils
der Arbeitskräfte setzten solcher Absicht enggezogene Grenzen. Daher erschien es theoretisch zwar nicht unlogisch, praktisch aber fragwürdig, wenn die Entschließung den Rat
enthielt: „Die durch den Akkord bewirkte Leistungssteigerung soll anstelle physischer An-
strengung erreicht werden durch technische und organisatorische Verbesserungen des Ar-
beitsvorganges. Änderungen der Akkordbasis sind nur statthaft bei grundlegender Änderung
der Produktionsweise."[69]

Die hauptsächlichen Leistungsanreize sollten über den Geldlohn geschaffen werden. Aus
diesem Grunde wandte sich der FDGB-Bundesvorstand gegen die „um sich greifende Unsitte
der Warenlöhne", in denen er eine „schwere Gefährdung der gewerkschaftlichen Lohn- und
Tarifpolitik und damit der Gewerkschaften selbst" erblickte.[70] Diese Warnung war nicht
unbegründet. Vielfach wurden nämlich in der Indutrie, über die üblichen Deputatregelungen
hinausgehend, Erzeugnisse des jeweiligen Betriebes als Teil des Lohnes an die Beschäftigten
ausgegeben. Aber Arbeiter und Angestellte der Verkehrsbetriebe, des Post- und Fernmelde-
wesens, auf dem Bau und in Verwaltungen, bei Banken und Versicherungen, der öffentlichen
Versorgungsbetriebe, auch Lehrer und Wissenschaftler blieben von solchen Vergünstigungen, die wenigstens zum Teil Quellen des grauen und des schwarzen Marktes wurden,
ausgeschlossen. An dieser Situation änderte auch die erwähnte Warnung wenig, zumal sich
sogar die vom FDGB mitgetragene Naturalprämierung in den VEB selbst nahtlos an die
Praxis der Warenlöhne anschloß.

Noch bevor der Befehl Nr. 234 in Kraft trat, waren durch die 1946 für die Land- und
Forstwirtschaft sowie für den Bergbau und 1947 für die Bereiche der IG Eisenbahn, Post- und
Fernmeldewesen, Bau, Metall, Textil, Chemie und für die Zuckerindustrie abgeschlossenen
Tarifverträge die bisherigen Tarife aufgehoben worden. Das betraf immerhin 3,1 von insgesamt 5,8 Millionen Beschäftigten.[71] Durch diese Neugestaltung der Tariflandschaft reduzierte
sich der Akkordlohnanteil an den Industrielöhnen drastisch. Damit sollte vermieden werden,
daß eine Beibehaltung des Akkords bei der vor allem physisch bedingten Leistungsschwäche
vieler Arbeiter zu Lohnminderungen führte. Wie Jörg Roesler gezeigt hat, bewog das jene
Industriezweige, in denen rasche Produktionssteigerungen nicht unbedingte Voraussetzungen für die Wiederingangsetzung oder Aufrechterhaltung der Produktion waren, Akkord- in

---

[68] Ebenda, S. 6f.
[69] SAPMO-BA, ZGA FDGB-BV 6803, unpag.: Entschließung zur Lohnpolitik des FDGB, ungez., undat.,
      wahrscheinlich Vorlage zur BV-Sitzung vom 12./13. 1. 1948, S. 1.
[70] Ebenda, S. 2.
[71] Ebenda, S. 1.

Zeitlöhne zu überführen. Der Anteil der Akkordlöhner verminderte sich von ca. 50 % auf etwa 25 %; er blieb jedoch in den „führenden Industrien", besonders im Bergbau, relativ hoch.[72] Dort war man zwar nicht so sehr von Materialengpässen betroffen, doch blieb die Normerfüllung trotzdem deutlich hinter dem Vorkriegsstand zurück bzw. wurden die Normen herabgesetzt. Sie verloren auch hier ihre Funktion als Leistungsanreiz.[73] Die vom 2. SED-Parteitag und dem Befehl Nr. 234 ausgehenden lohnpolitischen Impulse änderten hieran zunächst kaum etwas.

Obwohl SED und FDGB offensiv für Leistungslöhne warben, nahmen sie sich der Normenfrage, wenn auch nicht mit nachdrücklicher, so doch mit unverkennbarer Vorsicht an, immer in der Erwartung, die Arbeiter würden den politischen Postulaten von einer neuen gesellschaftlichen Rolle der Arbeiterklasse Glauben schenken. Charakteristisch hierfür war ein am 9. April 1948 in der Parteizeitung „Neues Deutschland" veröffentlichter Artikel Walter Ulbrichts. Nach seiner Auffassung waren sich viele Arbeiter und Angestellte erst mit der Schaffung der Verwaltungen der volkseigenen Betriebe und dem Übergang zu einer eigenen Planung richtig bewußt geworden, „daß der Werktätige eine andere Stellung in der Wirtschaft hat als früher". Ein neues Verhältnis des Arbeiters zur Arbeit habe sich herausgebildet. „Der Arbeiter, Angestellte, Ingenieur sind jetzt unmittelbar an der Steigerung der Produktion interessiert, denn nur die Steigerung der Produktion und die richtige Planung führt zu einem besseren Leben."[74] Zwar sei, gefördert durch die Losung „Mehr produzieren, besser leben", ein Produktionsanstieg zu verzeichnen, doch bliebe noch immer die Arbeitsqualität unbefriedigend. Trotzdem habe man die unteren Lohngruppen „vor allem für die Arbeiterinnen" anheben können; jetzt aber sei eine breitere Anwendung des Leistungslohnes erforderlich. „Das ist erst teilweise geschehen und dabei hat sich erwiesen, daß die Einführung des Leistungslohns Lohnerhöhungen mit sich bringt."[75] Für eine richtige Berechnung der Normen seien Zeitstudien erforderlich, die aber müßten, da in den Betrieben eine kapitalistische Ausbeutung nicht mehr bestünde, „grundsätzlich anders beurteilt werden als früher".[76]

Diesem Argument mochte eine große Mehrheit der Arbeiter, für die Leistungslohn und Normenerhöhungen akut wurden, nicht folgen. Ulbricht selbst hatte – anders als in dem veröffentlichten Text – darüber offenbar keine Illusionen. Auf einer Sitzung des FDGB-Bundesvorstandes im Juli 1948 machte er deutlich, daß der Wirtschaftsplan für das zweite Halbjahr zwar eine Steigerung der Arbeitsproduktivität um 30 % vorsehe, doch stehe man gegenwärtig bei 50 % der Vorkriegszeit. Das Baugewerbe liege teilweise noch darunter. Als Ursachen seien nicht nur abgenutzte Maschinen, Mangel an Werkzeug, Verwendung von Ersatzstoffen, sondern auch schlechte Arbeitsmoral auszumachen. Ein großer Teil der „Werktätigen" mache sich nicht bewußt, „daß sich jetzt eine neue Ordnung entwickelt". Auch seien die vielen „Umsiedler", die in manchen Großbetrieben bis zu 50 % der Belegschaft stellten, nicht überzeugt, „daß es das beste für sie ist, wenn sie dort, wo sie jetzt sind, durch ehrliche Arbeit eine neue Heimat schaffen".[77]

---

[72] Vgl. Roesler, Vom Akkordlohn zum Leistungslohn, a.a.O., S. 784.
[73] Ebenda.
[74] Walter Ulbricht, Wir bauen auf im Osten – aus eigener Kraft, in: ders., Zur sozialistischen Entwicklung der Volkswirtschaft seit 1945, Berlin 1959, S. 95.
[75] Ebenda, S. 97.
[76] Ebenda, S. 98.
[77] SAPMO-BA, ZGA FDGB-BV 6804, unpag.: Referat Walter Ulbrichts auf der 7. BV-Tagung am 6./7. 7. 1948, S. 23.

Solche Überlegungen ließen den wesentlichen Umstand außer Betracht, daß erhebliche Teile der SBZ-Bevölkerung weder die „neue Ordnung", wie die SED sie meinte, noch den Verlust der Ostgebiete akzeptieren wollten. Wenn sich solche grundsätzlich voneinander abweichenden Positionen auch in der Leistungslohndiskussion auswirkten, war das nur ein Zeichen dafür, wie schnell die politische Aufladung wirtschaftlicher Prozesse in der SBZ erfolgte. Für Industriearbeiter stand hinter der verbreiteten Ablehnung des Leistungslohnes zwar primär die Befürchtung, Lohneinbußen hinnehmen zu müssen, doch oft kam ein mehr oder minder klar begründeter politischer Vorbehalt hinzu.

Der FDGB bemühte sich inzwischen mit neuen Richtlinien zur Lohnpolitik um eine gewisse Entkrampfung der Debatte. Vor allem sollten Besorgnisse über die Gefahr eines Lohnabbaus zerstreut werden: „Im gegenwärtigen Zeitpunkt kommt es insbesondere darauf an, den Reallohn der Arbeiter und Angestellten zu heben. Eine der wichtigsten Voraussetzungen hierfür ist eine Steigerung der Arbeitsproduktivität . . .".[78] Die Mehrproduktion müsse - bei einer Herabsetzung des Bedarfs der Besatzungsmacht - „den Werktätigen zugute kommen". Auch seien Preissenkungen zu prüfen. „Das Hauptmittel zur Produktionssteigerung und zur Erzielung höherer Löhne ist die weitestgehende Einführung des Leistungslohnes."[79]

Das Ganze sollte durch progressive Akkordlöhne für besonders leistungsfähige Arbeiter zusätzlich attraktiv gemacht werden: „Der progressive Leistungslohn gestattet eine bessere Bezahlung der besseren Leistung. Progressiver Akkordlohn bedeutet eine im Verhältnis der Leistungssteigerung wachsende Bewertung des Stück- und Gedinge-Lohnes."[80] Solche Mehrverdienste wurden steuerlich bevorzugt oder sogar völlig von der Lohnsteuer befreit.

Neben der Sachaussage dieser Richtlinien war eine formale Unstimmigkeit bemerkenswert: Die Verfasser des Papieres, das vom Bundesvorstand mit nur einer Stimmenthaltung angenommen wurde, verwendeten die Begriffe „Leistungslohn" und „Akkordlohn" synonym. Darin blieben sie durchaus zeitgenössischer Praxis verhaftet. Doch hatte diese begriffliche Unschärfe eine unverkennbar praktische Wirkung. In der Arbeiterschaft nämlich wurde der Leistungslohn mit dem bekannten Akkord identifiziert und weitgehend abgelehnt.[81] Insofern war verständlich, wenn die Tendenz der Begriffsverwendung - weg vom Akkord und hin zum Leistungslohn - im öffentlichen Sprachgebrauch gefördert wurde. Doch blieb die Hervorkehrung des Leistungslohn-Begriffs als Indiz für eine neue gesellschaftliche Rolle der Arbeiterklasse nicht ohne - unfreiwillige - Ironie: Bereits in der Weimarer Zeit wurde nämlich aus vergleichbaren Gründen, wie es jetzt SED und FDGB taten, von Leistungslöhnen gesprochen.[82] Eine besondere Rolle spielte der Leistungslohn jedoch in der NS-Lohnpolitik.[83] Rund zehn Jahre vor der Leistungslohnkampagne der SED und des FDGB hatte z.B. das Arbeitswissenschaftliche Institut (AWI) der DAF konstatiert, „daß fast ausnahmslos der Wunsch

---

[78] SAPMO-BA, ZGA FDGB-BV 6803, unpag.: Beschlußprotokoll der 7. BV-Sitzung am 6./7. 7. 1948, Richtlinien zur Lohnpolitik des FDGB, S. 10.
[79] Ebenda, S. 11.
[80] Ebenda.
[81] Vgl. Roesler, Vom Akkordlohn zum Leistungslohn, a.a.O., S. 785f.
[82] Ausführlicher dazu: Rudi Schmiede/Edwin Schudlich, Die Entwicklung der Leistungsentlohnung in Deutschland, Frankfurt/M. ³1978.
[83] Vgl. Hachtmann, Industriearbeit, a.a.O., S. 161–167.

nach einer Leistungsentlohnung vorherrschend" sei. „Der Leistungslohn als solcher entspricht nationalsozialistischem Leistungsdenken."[84]

Ein solcher historischer Hintergrund beeinträchtigte die Leistungslohndiskussion in der SBZ jedoch nicht in erkennbarer Weise. Auch Arbeiter nahmen daran keinen Anstoß. Für sie blieb ausschlaggebend, daß der Unterschied des neuen Leistungslohnes gegenüber dem Akkordlohn nicht überzeugend klar wurde. So richtete sich die alte Parole „Akkord ist Mord" ungebrochen auch gegen den Leistungslohn.[85]

Bis zum Sommer 1948 freilich hatte die ablehnende Haltung noch einen weiteren Grund: Die Lohnzahlung erfolgte nach wie vor in stark entwerteter Reichsmark, und eine Währungsreform lag förmlich in der Luft. Das galt für alle Zonen. Hier trat eine Änderung ein, als die Militärgouverneure der drei Westzonen für den 18. Juni 1948 eine Währungsreform anordneten, die sich auch auf die Berliner Westsektoren erstreckte.[86] Am 21. Juni folgte die DWK mit einer Anordnung über den Geldumtausch in der SBZ, der in der Zeit vom 24. bis zum 28. Juni durchgeführt wurde.[87] Im Unterschied zu den Westzonen änderte die Währungsumstellung auf die DMark (Ost) in der sowjetischen Zone kaum etwas an der schwierigen Versorgungslage, wenn man vielleicht von einer erkennbaren Einschränkung des Schwarzmarktes absieht.

Weder der Befehl Nr. 234 noch der Geldumtausch lösten hinreichend starke wirtschaftliche Effekte aus, um den Leistungslohn attraktiv zu machen. Ihn durchzusetzen, bedurfte es offenbar solcher Methoden, die Lohnminderungen ausschlossen und die kurzfristig zur Verbesserung der Einkommens- bzw. Versorgungslage der betreffenden Arbeiter beitrugen. Eine gewisse Öffnung in diese Richtung vollzog die DWK im Herbst 1948. Am 29. September erließ sie eine „Richtlinie zur Lohngestaltung in den volkseigenen und SAG-Betrieben"[88], die im wesentlichen auf eine erweiterte Anwendung von Leistungslöhnen abzielte. Darin argumentierte die DWK erneut mit dem veränderten Charakter des Leistungslohnes, der nun nicht mehr kapitalistischen Profitinteressen, sondern dem beschleunigten Neuaufbau der Wirtschaft diene. Mit der Forderung, den Leistungslohn auf realitätskonforme Normen zu gründen, bewahrte sie sich Handlungsspielraum. Auch indem sich die DWK für eine Normierung auf der Grundlage von Arbeitsstudien aussprach, die die besten praktischen Erfahrungen berücksichtigten und „die auf die Dauer von der Mehrzahl der für die jeweilige Arbeit geeigneten Kräfte bei normaler Beanspruchung erzielt werden können"[89], versuchte sie sich gleichzeitig vom Refa-System abzugrenzen. Den Betriebsbelegschaften sollte ein Mitspracherecht in Lohn- und Normenangelegenheiten eingeräumt werden. Dazu war die Bildung von Lohnausschüssen vorgesehen, die sich paritätisch aus je drei von der Betriebsgewerkschaftsleitung (BGL) und von der Betriebsleitung zu benennenden Vertretern zusammensetzen sollten. Ihnen oblag es, „alle Fragen der betrieblichen Lohngestaltung zu behandeln, Arbeits-

---

[84] Jahrbuch 1937. Hg. vom Arbeitswissenschaftlichen Institut der Deutschen Arbeitsfront, Berlin 1937, S. 182.
[85] Vgl. Ewers, Einführung, a.a.O., S. 622f.
[86] Vgl. Christoph Kleßmann, Die doppelte Staatsgründung. Deutsche Geschichte 1945–1955 (Schriftenreihe der Bundeszentrale für politische Bildung; 193), Bonn 1982, S. 240; Hans Möller, Die westdeutsche Währungsreform von 1948, in: Währung und Wirtschaft in Deutschland 1876–1975, hg. von der Deutschen Bundesbank, Frankfurt/M. 1976, S. 433–483.
[87] Vgl. ZVOBl. 1948, Nr. 20, S. 220.
[88] ZVOBl. 1948, Nr. 46, S. 476f.
[89] Ebenda, S. 476.

normen zu ermitteln und weitere lohngestaltende Maßnahmen als Voraussetzung für Leistungssteigerung vorzuschlagen".[90]

Außerdem sah die Richtlinie keine Akkordgrenze vor. Ausdrücklich hieß es: „Bei der Übererfüllung festgelegter Arbeitsnormen darf die Verdienststeigerung nicht begrenzt werden."[91] Praktisch ging es dabei um einen mit dem Grad der Normenübererfüllung progressiv zunehmenden Lohnzuwachs, den „progressiven Leistungs- bzw. Stücklohn". Er eröffnete für qualifizierte Spitzenkräfte enorme Verdienstmöglichkeiten, ließ aber auch große Lohndiskrepanzen erwarten. Insgesamt erfuhr der zum Leistungslohn führende Trend hierdurch einen kräftigen Impuls. Arbeiter konnten sich in ihrem persönlichen Lohninteresse direkt angesprochen fühlen, wenngleich sie immer noch mißtrauisch blieben. Auf den wohl entscheidenden Punkt hat Klaus Ewers hingewiesen: „Wo der Zug der Leistungsentlohnung nicht mehr aufgehalten werden konnte, mußte eine gewisse Verlagerung der innerbetrieblichen Auseinandersetzungen stattfinden – nämlich hin zu einem verdeckten Lohnkampf gegen den Wirtschaftsapparat, zu einem Kampf, nun innerhalb des von oben verordneten Leistungsprinzips die ‚Leistungspolitik' der Arbeiter zur Geltung zu bringen."[92]

Roesler, der sich ausführlich mit der DWK-Richtlinie befaßte, sah in ihr die entscheidende wirtschaftspolitische Maßnahme für die weitere Durchsetzung des Leistungslohnes und die Überprüfung der Normen.[93] Formal mochte das richtig sein, doch zugleich verwies Roesler auf die Schwierigkeiten der Umsetzung, wobei besondere Aufmerksamkeit verdient, wie stark sich in den Betrieben – und völlig verquer zur Richtlinie – die Forderung nach Nominallohnerhöhungen ausbreitete.[94] Diese Reaktion bezog sich auf den Befehl Nr. 234 und die Richtlinie gleichermaßen, denn beide waren auf VEB und SAG-Betriebe hin angelegt, und auch dort blieben größere Tätigkeitsbereiche, in denen es zum Zeitlohn keine Alternative ab. Ein offenbar nicht unbeträchtlicher Kreis der Industriebeschäftigten fühlte sich deshalb benachteiligt.[95]

Diesem Gesichtspunkt wurde wenig Augenmerk gewidmet, obwohl er bereits die in SED- und FDGB-Führungskreisen später immer wieder beklagten egalitaristische Tendenzen signalisierte. Er deutete zumindest an, daß die Haltung der Arbeiterschaft in der Leistungslohnfrage nicht fest gefügt war. Relative Offenheit ging mit mißtrauischer Distanz einher. Im Oktober 1948 erfolgte der wohl wichtigste Versuch, den gegen Leistungslöhne gerichteten Vorbehalten ein überzeugendes Beispiel entgegenzusetzen. In Anlehnung an die sowjetische Stachanow-Bewegung[96] bereitete am 9. Oktober 1948 eine aus der Direktion des Oelsnitzer Steinkohlenwerks „Gottes Segen", Vertretern anderer Gruben, Funktionären der Landes- und Kreisvorstände der SED und des FDGB sowie Mitarbeitern der SMAD-Zeitung „Tägliche Rundschau" bestehende Arbeitsgruppe eine solche Aktion vor.[97] Teilnehmer der Runde war auch der Häuer Adolf Hennecke, SED-Mitglied und seit dem 1. September 1948 als

---

90 Ebenda, S. 477.
91 Ebenda, S. 476.
92 Ewers, Einführung, a.a.O., S. 625.
93 Vgl. Roesler, Vom Akkordlohn zum Leistungslohn, a.a.O., S. 785.
94 Ebenda, S. 790.
95 Vgl. Dittrich, Die Anfänge der Aktivistenbewegung, a.a.O., S. 48 f.
96 Siehe dazu Robert Maier, Die Stachanow-Bewegung 1935–1938. Der Stachanowismus als tragendes und verschärfendes Moment der Stalinisierung der sowjetischen Gesellschaft (= Quellen und Studien zur Geschichte des östlichen Europa; 31), Stuttgart 1990.
97 Vgl. Dittrich, Die Anfänge der Aktivistenbewegung, a.a.O., S. 68.

Arbeitsinstrukteur tätig. Er leistete am 13. Oktober im „Parteiauftrag" eine arbeitsorganisatorisch und technisch extra vorbereitete Hochleistungsschicht, als deren Ergebnis 24,4 m³ Steinkohle abgerechnet wurden. Das entsprach einer Normerfüllung von 387 % und sollte die Möglichkeiten produktiver Leistungssteigerung demonstrieren.

Der ganze Vorgang ist in der Literatur vielfach behandelt worden, so daß sich an dieser Stelle ein näheres Eingehen auf diese Episode erübrigt.[98] Nicht so sehr die „Hennecke-Schicht" als singuläres Ereignis soll hier interessieren, vielmehr verdient der politische Kontext Aufmerksamkeit, weil er die mehrheitliche Reaktion der Arbeiterschaft verständlicher macht. Hennecke bekam sie umgehend zu spüren: „Als ich am nächsten Tag auf den Schacht kam, haben mich die Kumpel nicht mehr angesehen. Das ist alles andere als ein schönes Gefühl, wenn du ihnen in die Augen siehst und sagst ‚Glückauf' und sie nicken zwar noch, aber du hörst nichts mehr. Früher war das eben der Adolf, ein Kumpel wie jeder andere. Jetzt aber stand eine Wand zwischen uns."[99] Solcherart Erfahrungen wiederholten sich in ähnlich gelagerten Fällen bis weit in die 1950er Jahre hinein.

Die ablehnende Reaktion der meisten Arbeiter läßt sich freilich nicht auf das klassische Abwehr- und Isolationsverhalten gegenüber Normenbrechern reduzieren, obwohl sie auch so interpretiert werden muß. Ein anderer Grund für die massive Ablehnung, auf die Hennecke stieß, war der Umstand, daß die ganze Aktion als Verrat an der mehr oder minder festen Allianz der Leistungslohngegner erschien, und zwar zu einem Zeitpunkt, an dem diese verstärkt mit der Forderung nach allgemeinen Lohnerhöhungen aufwarteten. Und ein dritter Grund bestand in der nicht unbegründeten Erwartung, mit einer drastischen Ablehnung der Hennecke-Aktion auch Kritik an der SED-Politik zu demonstrieren.[100]

Indirekt lieferte sogar die SED-Führung den Kritikern Argumente, als Wilhelm Pieck und Otto Grotewohl im Namen des Zentralsekretariats ein offenes Dankschreiben an Hennecke richteten, in dem davon die Rede war, daß es jetzt darum gehe, „neben den Spitzenleistungen die Durchschnittsproduktion pro Kopf zu steigern, damit eine weitgehende Übererfüllung des Plansolls im deutschen Bergbau erreicht wird". Damit gebe man auch das Beispiel für andere Wirtschaftszweige.[101] Solche Sätze nährten die in vielen Betrieben zu hörenden Befürchtungen, die „Hennecke-Schicht" sei das Startzeichen zu einer allgemeinen Normentreiberei.

Der FDGB selbst konnte zu dieser Zeit nur eingeschränkt im Sinne der SED aktiv werden, befand er sich doch in einer akuten Identitätskrise. Unmittelbar vor Henneckes Aktion kam es am 5.–7. Oktober 1948 auf der 8. Bundesvorstandssitzung zu heftigen Auseinandersetzungen über die künftige Rolle der Gewerkschaften. Vor allem Ernst Lemmer wandte sich mit dem Bemerken, die Gewerkschaft sei keine Partei, gegen den stärker werdenden Trend.[102] Wäh-

---

[98] Siehe u.a. Horst Barthel, Adolf Hennecke. Beispiel und Vorbild (= illustrierte historische hefte; 16), Berlin 1979; Dittrich, Die Anfänge der Aktivistenbewegung, a.a.O.; Klaus Ewers, Aktivisten in Aktion. Adolf Hennecke und der Beginn der Aktivistenbewegung 1948/49, in: DA 14 (1981), 9, S. 947–970; Eberhard Wächtler/Heinz Stützner, Die historische Leistung des Bergarbeiters Adolf Hennecke, in: BzG 20 (1978), 5, S. 743–747.

[99] Adolf Hennecke, Der Durchbruch aus dem Teufelskreis, in: Aufbruch in unsere Zeit, Berlin 1975, S. 197.

[100] Vgl. Ewers, Aktivisten, a.a.O., S. 955–965.

[101] Dokumente der Sozialistischen Einheitspartei Deutschlands. Beschlüsse und Erklärungen des Parteivorstands, des Zentralsekretariats und des Politischen Büros, Band II (Dokumente der SED, Bd. II), Berlin 1952, S. 139.

[102] SAPMO-BA, ZGA FDGB-BV 6804, unpag.: 8. BV-Sitzung am 5.–7. 10. 1948, (Anlage zum Beschlußprotokoll): Diskussionsbeitrag Ernst Lemmers.

rend sich der FDGB-Vorsitzende Hans Jendretzky in Erwiderung darauf zwischen einem Bekenntnis zur Toleranz und parteipolitischen Neutralität einerseits und der Forderung, die Gewerkschaften sollten sich für das Ziel des Sozialismus einsetzen, andererseits verhedderte[103], konstatierte der 2. FDGB-Vorsitzende, Bernhard Göring, unter Hinweis darauf, „daß noch große Teile der Werktätigen in den Betrieben nicht mitgehen mit unserem Arbeitseinsatz zur Wirtschafts- und Sozialpolitik" und „geistig daneben stehen", ein fast völliges Versagen der BGL und der Betriebsräte.[104] Alle Bemühungen, die lohnpolitischen Richtlinien „zum Allgemeingut in den Betrieben zu machen, haben nicht den Erfolg gehabt".[105] Daß der FDGB selbst dazu beigetragen hatte, schien Göring nicht bemerkt zu haben. Seine Forderung, man müsse die Produktion steigern, „ohne daß wir an eine Ausbeutung der Arbeitskraft denken", schloß nämlich mit der Argumentationsfigur: „Ausbeutung der Arbeitskraft geht auch deshalb nicht, weil wir es uns nicht leisten können, bereits in 5 oder 6 Jahren vor der Tatsache zu stehen, daß die Zahl der arbeitseinsatzfähigen Kräfte durch eine Ruinierung der gesundheitlichen Grundlage verringert ist, denn das ist ja die zweite wesentliche Aufgabe, die vor uns steht, die Arbeitsproduktivität zu erhöhen durch Verbesserung der Betriebstechnik usw., durch eine Intensivierung der Arbeit des Einzelnen, aber auch durch den zweckentsprechenden Arbeitseinsatz."[106] Daß sich damit Lohnkonflikte einer neuen Qualität anbahnten, lag auf der Hand.

4. Formierung und Konsolidierung lohnpolitischer Interessenlagen

In der Auseinandersetzung um Leistungslöhne und Normen begannen sich 1947/48 in der SBZ Interessenlagen zu formieren, in denen sich bereits – wenn auch in grobem Raster – wesentliche Strukturen der künftigen DDR-Gesellschaft spiegelten. Schon jetzt ging eine deutliche Trennlinie durch die betrieblichen Hierarchien, die Vertreter der neuen Funktionseliten oder auch der „Dienstklasse"[107] von den Lohnempfängern scheidend. In der Praxis zeigte sich jedoch, daß diese Linie nicht absolut war und besonders durch die nicht selten indifferente Position von Betriebsfunktionären auch zu oszillierenden Bewegungen neigte. Auch die Durchsetzung des Leistungslohnes blieb davon nicht unbeeinflußt, wie seine zögernde Durchsetzung zeigte.[108]

Daran vermochten auch die Hennecke-Aktion und die daran anschließende Aktivistenkampagne kaum etwas zu ändern. In der Literatur sind deren Folgen in all ihrem Für und Wider ausführlich beschrieben worden. Als Grundzüge wurden ein allmähliches Zerbröckeln der ablehnenden Positionen und parallel dazu die Formierung einer Schicht von Produktions-

---

103 Ebenda, Diskussionsbeitrag Hans Jendretzkis, S. 1.
104 Ebenda, Referat Bernhard Görings „Sozialpolitische Aufgaben im Rahmen der Wirtschaftspläne", S. 10.
105 Ebenda.
106 Ebenda, S. 14.
107 Vgl. Rainer Geißler, Die ostdeutsche Sozialstruktur unter Modernisierungsdruck, in: Aus Politik und Zeitgeschichte (APZ), B 29–30/1992, S. 19.
108 Vgl. Eberhard Arlt, Die Rolle des Leistungslohnes bei der Steigerung der Arbeitsproduktivität, in: Einheit 6 (1951), 4, S. 273.

aktivisten herausgestellt.[109] Um die Vielschichtigkeit der Problematik zu zeigen, mit der sich die handelnden Personen und Gruppen wirklich konfrontiert sahen, soll hier eine Quelle im Auszug vorgestellt werden, die Ende 1948 relativ nah an der Basis entstand und erste Auswirkungen des Befehls Nr. 234 wiedergibt.

Sie berichtet über eine Sitzung, die am 24. Dezember 1948 in der sowjetischen Kommandantur des größten brandenburgischen Industriekreises, Calau, in Senftenberg stattfand.

Der zuständige Landrat erstattete bei dieser Gelegenheit einen ausführlichen Bericht über die wirtschaftliche, soziale und politische Lage im Kreise. Ein anwesender Oberstleutnant der SMAD löste den folgenden Frage-Antwort-Reigen aus:

„Obstlt. Pa.:   Wie schätzen Sie die Arbeit des FDGB im Kampf um die Erfüllung des Planes ein?

Landrat: Die Gewerkschaftsleitungen sind zweifellos so eingestellt, daß sie die richtigen Gedankengänge in die Massen tragen können. Es gab allerdings einige Schwierigkeiten, die auch heute noch nicht ganz überwunden sind. Ich werde diese Schwierigkeiten im einzelnen noch kurz beleuchten. Insbesondere als der Befehl 234 zur Geltung gebracht wurde und als die Forderung aufgestellt wurde ,mehr produzieren, um besser leben zu können', als der Gedanke des Leistungslohnes verbreitert wurde, da hatten es die Arbeiterorganisationen der SED und die Funktionäre des FDGB nicht leicht.

Obstlt. Pa.:   Die Arbeiter waren also der Ansicht ,erst den Lebensstandard heben, dann mehr produzieren'?

Landrat: Ja, gegen diese Parolen Front zu machen und gegenteilige Meinungen in die Massen zu tragen, war schwer. Hinzu kommt die Forderung des Akkordlohnes und des Leistungslohnes. Im kapitalistischen Zeitalter hatten die Gewerkschaften das Wort geprägt ,Akkord ist Mord'.

Obstlt. Pa.:   Hat sich in diesem Zustand jetzt eine Änderung gezeigt?

Landrat: Die Auffassung hat sich wesentlich gebessert. Die Massen sind allerdings noch nicht restlos überzeugt. Es gibt noch gewisse Widerstände, die zum großen Teil aber überwunden sind.

Obstlt.[Pa.]   Wie schätzen Sie die Auffassung der Leiter der Betriebe, der Verwaltungen usw. zu dieser Frage ein?

Landrat: Die leitenden Leute der Betriebe, insbesondere soweit sie SED-Angehörige sind, sind überzeugt, daß der vorerwähnte Gedankengang richtig ist – Leistungslohn ist eine Notwendigkeit –. Die Zahl der Leute, die diese Gedanken in die Masse tragen, wird immer größer.

Obstlt. Pa.:   Wie ist die Auffassung der Betriebsleiter in den Betrieben?

Landrat: Die Betriebsleiter in den Betrieben haben zum großen Teil gewechselt. Die Direktoren und ein großer Teil der leitenden Ingenieure waren geflüchtet, die Arbeiterschaft hat aber Kräfte aus sich heraus entwickelt, so daß nach kurzer Zeit schon in vielen Betrieben aus ihren Reihen sich die Betriebsführer und Vorarbeiter herangebildet hatten. Dies gilt nicht nur für den Bergbau, sondern auch für viele andere volkseigene Betriebe.

---

[109] Vgl. Ewers, Aktivisten, a.a.O., S. 960–968.

Obstlt. Pa.: Wie ist die Einstellung dieser Leiter zur Hennecke- Bewegung und zum Be-
　　　　　fehl 234?
Landrat:　Diese Leute sind ja entsprechend ausgewählt und stehen diesen Fragen positiv
　　　　　gegenüber.
Obstlt. Pa.: Gab es Fälle, wo Sie die Frage der Hennecke-Bewegung und des Leistungs-
　　　　　lohnes behandelt haben?
Landrat:　Ja, sehr oft, aber zum großen Teil sind die Funktionäre des FDGB und der SED-
　　　　　Organisationen darauf eingegangen. Aber wiederholt auf Konferenzen, weil die
　　　　　Fragen aus der Zuhörerschaft kamen, habe ich diese Fragen behandeln müssen,
　　　　　insbesondere in einer Zeit, als die Ernährungslage nicht ganz einfach war."[110]

Wenigstens drei Punkte dieses Dialogs, der in seiner Tendenz durch viele andere Quellen
Bestätigung findet, verdienen Beachtung: Erstens bezogen sich offenbar die meisten Einwände gegen den Leistungslohn und die Hennecke-Kampagne in irgendeiner Weise auf die
schlechte Versorgungslage. Zweitens dürften die angedeuteten argumentativen Schwierigkeiten besonders unter solchen FDGB-Funktionären anzutreffen gewesen sein, die ihre Probleme mit dem neuen Rollenverständnis der Gewerkschaften hatten. Drittens wurde die
Werbung für Hennecke und Leistungslohn am intensivsten mit politischen Parolen betrieben.
　Vor allem die einseitige Politisierung der Lohn- und Normenfrage durch SED und FDGB
dürfte die ablehnende Haltung großer Teile der Arbeiterschaft eher gestärkt als vermindert
haben. Parallel dazu machten sie aber die Erfahrung, daß es sich zur Verbesserung des
persönlichen Einkommens lohnen konnte, die materiellen Anreize der Leistungsentlohnung
zu nutzen. Die Situation war zwiespältig und eine Orientierung darin wurde für Arbeiter noch
dadurch erschwert, daß sie nicht über effiziente Möglichkeiten verfügten, ihre Interessen
abzustimmen, zu bündeln und gegen die Betriebsleitungen zu verteidigen und durchzusetzen. Zwar bestanden in vielen Industriebetrieben Betriebsräte und Gewerkschaftsleitungen,
die sich – gar nicht so selten gemeinsam, oft aber auch in einer gewissen Konkurrenz – um die
Anliegen von Arbeitern bemühten, doch diesem Dualismus machte der FDGB-Bundesvorstand am 25./26. November 1948 auf einer Funktionärs-Konferenz in Bitterfeld ein Ende.
Angeblich hätten „immer mehr Betriebsgewerkschaftsleitungen, vor allem aber auch ganze
Betriebsbelegschaften und viele Funktionärkonferenzen der Industriegewerkschaften" den
Bundesvorstand ersucht, „den zur Zeit noch bestehenden Dualismus in der Tätigkeit der
Betriebsgewerkschaftsleitungen und der Betriebsräte zu beseitigen".[111] Die Konferenz be-
schloß darauf, den Bundesvorstand zu beauftragen, „entsprechende Schritte zu unterneh-
men, daß die Vertretung der Interessen der Arbeiter und Angestellten in Betrieben und
Verwaltungen und die Verwirklichung der Rechte und Pflichten, die aus dem Kontrollratsge-
setz Nr. 22 hervorgehen, den Betriebsgewerkschaftsleitungen übertragen werden"[112]

[110] Brandenburgisches Landeshauptarchiv Potsdam (BLHA), Ld. Br. Rep. 250, Landratsamt Calau/
　　Senftenberg 95, Bl. 254f.: Niederschrift über die Sitzung am 24. 12. 1948 bei der Kreiskommandantur
　　Calau in Senftenberg.
[111] Beschluß der Konferenz des Bundesvorstandes des FDGB in Bitterfeld zur Übertragung aller Rechte
　　und Pflichten der Betriebsräte an die Betriebsgewerkschaftsleitungen. 25./26. November 1948, in: Aus
　　der Arbeit des Freien Deutschen Gewerkschaftsbundes 1947–1949. Hg. vom Bundesvorstand des
　　FDGB, Berlin 1950, S. 419.
[112] Ebenda, S. 420.

Vor dem Hintergrund dieses Beschlusses mußten die auf derselben Konferenz umrissenen Hauptziele der Gewerkschaften, nämlich eine rasche Verbreitung der Aktivisten- und Wettbewerbsbewegung, die Durchführung innerbetrieblicher Wettbewerbe und die Einführung des Leistungslohnes in den VEB, bei den Betroffenen Besorgnis auslösen. Der in Bitterfeld vollzogene Bruch mit den angeblich „überholten gewerkschaftlichen Traditionen in der Lohn- und Tarifpolitik"[113] erwies sich als Verzicht des FDGB, auf diesem Feld selbständig aktiv zu werden.

Die Entwicklung begann sich seit Ende 1948 in zwei Komponenten zu teilen: Einerseits war der Hennecke-Kampagne ein allmählicher und gewiß auch recht begrenzter Erfolg beschieden; andererseits verfing sich die Leistungslohn-Initiative zunehmend in den für sie ungünstigen wirtschaftlichen und sozialen Rahmenbedingungen, vor allem in der Normenfrage. Vor allem angesichts der von Klaus Ewers vorgelegten Untersuchung[114] dürfte es genügen, beide Komponenten an dieser Stelle nur knapp zu skizzieren, um die darin angelegten Handlungsräume und -dispositionen sichtbar zu machen.

Schon vor Henneckes spektakulärer Aktion waren in einigen Großbetrieben der SBZ einzelne Arbeiter oder kleinere Gruppen mit besonderen Arbeitsleistungen hervorgetreten. Unverkennbar gab es bei diesem Personenkreis politische Motive, wobei bewußt das sowjetische Beispiel der Stoßbrigaden und der Stachanow-Aktivisten aus den 1920er und 30er Jahren rezipiert wurde.[115] Doch erlangten Sach- und Geldprämien als Anreiz für die Teilnahme an Aktivistenaktionen und Wettbewerben zunehmendes Gewicht. So überrascht es kaum, wenn eine Reihe junger Arbeiter während des am 10. und 11. April 1948 in Zeitz tagenden Jungaktivistenkongresses der FDJ öffentlichkeitswirksam mit Sachprämien ausgezeichnet wurden, darunter mit so raren Artikeln wie Radios, Fahrrädern, Stoffen und Schuhen.[116] Zu dieser Zeit wurde gezielt versucht, vorhandene politische Leistungsmotive und materielle Stimulanzen zu kombinieren. So hatte das Mitglied des FDGB-Bundesvorstandes, Herbert Warnke, schon Anfang 1948 erklärt: „Die Aktivistenbewegung wird noch vielmehr als bisher zu fördern sein: Durch Prämiierung, durch Beförderung besonders fähiger Aktivisten zu Vorarbeitern und Meistern, durch Entsendung besonders entwicklungsfähiger Jungaktivisten auf technische Hochschulen, durch Bevorzugung der Aktivisten bei der Einweisung in Ferien- und Erholungsheime, durch enge Zusammenarbeit der Aktivisten mit den Technikern."[117]

Ein Teil der in VEB und SAG Beschäftigten war sicher auf diese Weise zu höherer Arbeitsleistung anzuregen. Doch da die begehrten Sachprämien knapp blieben und ihre Verteilung nicht selten dem Gerechtigkeitsstandard von Lotterieauslosungen entsprach, erfüllten die Auswirkungen dieser Bemühungen die in sie gesetzten Erwartungen zunächst kaum, auch zeigten sie sich wenig geeignet, einen beiderseits akzeptablen Leistungslohn-Kompromiß zu befördern. Als ein entscheidender Punkt war hingegen auszumachen, daß die

113 Ebenda.
114 Vgl. hierzu bes. Klaus Ewers, Der Konflikt um Lohn und Leistung in den volkseigenen Betrieben der SBZ/DDR. Ein historisch-soziologischer Beitrag zur innerbetrieblichen Lohngestaltung – von 1945/46 bis zu den langfristigen Folgewirkungen des 17. Juni 1953, sozialwiss. Diss. Osnabrück 1987.
115 Vgl. Dittrich, Die Anfänge der Aktivistenbewegung, a.a.O., S. 23.
116 Vgl. Karl Heinz Jahnke (u.a.), Geschichte der Freien Deutschen Jugend, Berlin 1982, S. 147.
117 Herbert Warnke, Aufbauplan 234 wird verwirklicht, Berlin 1948, S. 19.

Verwaltung des Mangels durch ein umfassendes Rationierungssystem wirksame finanzielle Leistungsanreize in ihrer Wirkung deutlich einschränkte.

In diesem Zusammenhang verdient die Gründung einer staatlichen Handelsorganisation (HO)[118] im November 1948 Beachtung. Die HO umfaßte staatliche Läden und Gaststätten; sie führte Lebensmittel und Industriewaren zu Preisen, die über dem Kartenniveau, aber unter dem Schwarzmarktniveau lagen. Dieses teuere, aber nicht rationierte Warenangebot hätte theoretisch Anreize für besondere Aktivistenleistungen oder auch für den Leistungslohn schlechthin bieten können.[119] Das scheint jedoch nicht das primäre Ziel der „Freien Läden" gewesen zu sein. Ohne hier darauf eingehen zu können, inwieit ihre Einrichtung auf die Initiative der Deutschen Notenbank zurückging, den Abbau des auch nach der Währungsreform vorhandenen Geldüberhanges durch einen schnelleren Bargeldrückfluß zu beschleunigen, und inwieweit es darum ging, die für 1949 erwarteten Steuermindereinnahmen abzudecken, muß wohl ein Bündel finanzwirtschaftlicher Argumente angenommen werden.[120] Sicher ist Horst Barthel zuzustimmen, wenn er generell die Notwendigkeit einer Stabilisierung der Staatsfinanzen nach der Währungs- und Steuerreform von 1948 hervorhebt und darin auch das „auslösende und entscheidende Moment" der HO-Gründung sieht.[121] Auch sein Hinweis, daß das Warenangebot der HO allein schon quantitativ nicht ausreichte, um das Kaufverhalten sofort entscheidend zu beeinflussen, erscheint angesichts der ausgebreiteten Daten überzeugend.[122] Insofern dürften Erklärungen, wonach die wachsende Akzeptanz des Leistungslohnes und die Bevorzugung von Geldprämien mit der Einführung der HO-Läden und des damit verbundenen doppelten Preissystems direkt verbunden gewesen seien, nur unter Vorbehalt und eingeschränkt gelten.[123]

Lohnpolitik wurde auch durch Leistungsanreize flankiert, die außerhalb des Lohn- und Geldprämiensystems angesiedelt waren. Hierher gehörte etwa die in Großbetrieben installierte Direktversorgung mit Lebensmitteln und Industriewaren. Auch ein wachsendes Angebot von Urlaubsplätzen in Betriebsferienheimen zählte dazu. Welche Bedeutung man ihm beimaß, zeigte sich beispielsweise Mitte Juni 1949, als der FDGB-Bundesvorstandes eine Million Mark – aus Mitgliedsbeiträgen – bereitstellte, um 20.000 Ferienreisen verbilligt an Arbeiter zu vermitteln, die sich durch besondere Leistungen hervorgetan hatten.[124]

Die Gründe, weshalb der Leistungslohn trotz vielfacher Widerstände an Boden gewann, müssen also auch anderswo zu suchen sein. Denn selbst wenn seine Einführung nicht den hohen Erwartungen der verantwortlichen SED-, FDGB- und DWK-Gremien entsprach, war seine Entwicklung seit 1948 durchaus kein Mißerfolg. Immerhin lag unter den Industriebe-

---

[118] ZVOBl. 1948, Nr. 51, S. 523.
[119] So wurde es auch in der Geschichtsschreibung der DDR gewöhnlich wahrgenommen. Vgl. Geschichte des FDGB, a.a.O. S. 314.
[120] Vgl. Horst Barthel, Die Einführung des doppelten Preissystems für Einzelhandelsverkaufspreise in der DDR durch die Schaffung der HO-Läden von 1948 bis 1950/51 als komplexe Maßnahme der Wirtschaftspolitik, in: Jahrbuch für Geschichte, Bd. 31, Berlin 1984, S. 276f.; Peter Schmidt, Die Rolle der Banken, des Kredits und des Geldes bei der Schaffung der Grundlagen des Sozialismus in der DDR, Diss. A Berlin 1979, S. 129; Gudrun Büttner, Die historische Entwicklung des sozialistischen Staatshaushaltes der DDR und seine Rolle beim sozialistischen Aufbau, Diss. A, Berlin 1981, S. 37.
[121] Barthel, Die Einführung des doppelten Preissystems, a.a.O., S. 277.
[122] Ebenda, S. 282f.
[123] Vgl. Dittrich, Die Anfänge der Aktivistenbewegung, a.a.O., S. 139; Ewers, Einführung, a.a.O., S. 620.
[124] Vgl. Geschichte des FDGB. Chronik 1945–1982, Berlin 1985, S. 47.

schäftigten der Anteil der Leistungslöhner Ende 1948 bei einem Drittel, 1949 bei rund 40 %, und 1951 wurde er mit über 65 % ausgewiesen.[125] Mindestens drei Aspekte dürften für eine Erklärung heranzuziehen sein:

- Mit dem Befehl Nr. 234 und durch mit ihm im Zusamenhang stehende Verbesserungen der Versorgung mit Nahrungs-, Genußmitteln, Kleidung und Haushaltswaren verschob sich das relative Gewicht von Naturallöhnen und -prämien wieder in Richtung auf den Geldlohn bzw. die Geldprämie. Die Aktivistenkampagne hat diese Tendenz in einem schwer zu bestimmendem Maße wohl auch gefördert. Seit 1950 erlangte auch das Angebot der HO-Läden größere Bedeutung als Anreiz für Leistungslohnempfänger.
- Im Zuge des Abschlusses von Tarifverträgen kam es in einigen Industriezweigen schon bis 1948 zu teils kräftigen Lohnerhöhungen. Lagen z.B. die Stundenlöhne in der metallverarbeitenden Industrie 1944 bei 92,8 Pf., so stiegen sie 1948 auf 120,8 Pf.; in der Chemieindustrie kletterten sie in diesem Zeitraum von 80,5 Pf. auf 127,5 Pf., in der Bauwirtschaft von 85,7 Pf. auf 125,3 Pf. und in der Bekleidungsindustrie von 64,5 Pf. auf 111,8 Pf.[126] Abgesehen davon, daß solche Lohnanhebungen unter bestimmten Voraussetzungen auch den Leistungslohn attraktiver machten, übten die tarifpolitischen Vorreiter auf andere Industrie- bzw. Wirtschaftszweige sowohl im Hinblick auf die Arbeitskräfte wie auf die Löhne und Lohnzuschläge eine Sogwirkung aus. Auch hierbei gewann der Geldlohn an Gewicht.
- Während Zeit- und Leistungslöhne in den einzelnen Zweigen in unterschiedlichem Maße stiegen, gelang die angestrebte Überprüfung und Anpassung der Arbeitsnormen bei weitem nicht. Es kam zu einer teilweisen Entkoppelung des Lohn-Normen-Zusammenhanges. Wirtschaftlich gesehen, war das ein höchst problematischer Vorgang, doch er entlastete die Leistungslohndiskussion offenbar erheblich von den Auseinandersetzungen um die Normen. In dieser Konstellation wich die bislang vorherrschende Ablehnung der Leistungslöhne jeweils dann einer vorsichtigen Zustimmung, wenn die Normen einen garantierten Lohnzuwachs zuließen.

Der letztgenannte Punkt macht auf einen Handlungsspielraum aufmerksam, den Industriearbeiter sehr genau registrierten. Er hing mit der ungelösten Normenfrage zusammen. Während der ersten Nachkriegsjahre war es in vielen Fällen zu Normenaufhebungen oder -absenkungen gekommen. Das Normensystem der Kriegswirtschaft existierte nur noch in Rudimenten. Um so schwieriger wurde die Einführung neuer Normen. Roesler hat diese Schwierigkeiten treffend beschrieben.[127] Insbesondere waren es wohl die häufig unqualifizierten Zeitstudien oder gar der völlige Verzicht auf sie, der die Arbeitsnormer und ihre Ergebnisse suspekt wirken ließen. Daß es bei „einer qualitativ vielfach unzureichenden Basis für die Berechnung der Vorgabezeiten"[128] nicht nur zu schwach begründeten Normenerhöhungen, sondern in den einzelnen Betrieben auch zu stark voneinander abweichenden Normen kam, war zwar wenig verwunderlich, erregte in der Regel aber den verständlichen Widerspruch der betroffenen Arbeiter.

Zwei Extreme traten dabei in Erscheinung: Zum einen sahen sich viele Belegschaften mit offener lohnbedrohender Zeitdrückerei konfrontiert, zum anderen bewirkte die ablehnende

[125] Vgl. Harry Matthes, Das Leistungsprinzip als Grundlage der Entwicklung in der volkseigenen Wirtschaft, Berlin 1954, S. 59.
[126] Vgl. Arbeit und Sozialfürsorge, 4 (1949), 17, S. 393.
[127] Vgl. Roesler, Vom Akkordlohn zum Leistungslohn, a.a.O., S. 791–795.
[128] Ebenda, S. 792.

Haltung der Arbeiter auch, daß vorsichtigere oder auch stärker sozial orientierte Arbeitsnormer „weiche" Normen schrieben.[129] Damit aber wurde der umstrittenen, doch wirtschaftlich unverzichtbaren Arbeitsnormung ein „genetischer Defekt" eingebaut, der bis in die Endphase der DDR-Industrie virulent bleiben sollte.

Wenn es in größeren Teilen der Industriearbeiterschaft zu einem Stimmungsumschwung kam und Leistungslöhne nun mehr auf Zustimmung als Widerspruch trafen, so verbarg sich dahinter die Erfahrung, daß sich der Einsatz der Arbeitskraft einkommensfördernd dosieren ließ. Oft wurde bei der Festlegung von Normen Arbeitszurückhaltung gewahrt, um dann mit Hilfe des Leistungslohnes – sei er nun proportional oder progressiv – um so höhere Erfüllungsquoten zu erzielen.[130] In der Regel bemühten sich Betriebsleitungen um Konfliktvermeidung und ließen auch offenkundig „weiche" Normen gelten. Wenn ihnen das auch den Vorwurf einer „kompromißlerischen Lohnpolitik"[131] eintrug, so deutete sich mit dieser Entwicklung doch bereits an, daß der einzelne Industriebetrieb zur relativ eigenständigen Arena für soziale Interessentransfers in Form von Konflikten und Arrangments wurde. Eine unvermeidlich Folge war die zunehmende Diskrepanz zwischen Produktivitäts- und Lohnwachstum, der die SED seit Mitte 1949 mit intensiveren Bemühungen um Normenkorrekturen entgegenzuwirken suchte.

5. Kurswechsel im Lohn- und Normenbereich

Am 21. Juli 1949 verabschiedete der SED-Parteivorstand die Entschließung „Maßnahmen zur Erhöhung der Arbeitsproduktivität und zur Verbesserung der Lebenslage der Bevölkerung"[132], mit der nochmals ein massiver Doppelvorstoß zur Durchsetzung von Leistungslöhnen und Normenerhöhungen unternommen wurde. Nachdem darin von einer ungleichmäßigen Durchsetzung des Leistungslohnes und ungenügenden Fortschritten bei der Produktivitätsentwicklung die Rede war, forderte die Entschließung, den Mindestanteil der im Leistungslohn Arbeitenden noch im zweiten Halbjahr 1949 im Bergbau auf 55 %, in der Braunkohlenindustrie auf 25 %, in der metallurgischen Industrie auf 50 %, im Maschinenbau und in der Metallverarbeitung auf 60 %, in der holzbe- und -verarbeitenden Industrie auf 40 %, in der Textilindustrie auf 60 %, in der zellulose- und papiererzeugenden Industrie auf 35 % und im Bauwesen auf 55 % anzuheben.[133]

Damit sollten diese Beschäftigten „Gelegenheit zur Erhöhung ihres Einkommens durch den direkten Leistungslohn erhalten". Freilich hatte das seinen Preis, der auch gleich im folgenden Satz genannt wurde: „Die breite Einführung des Leistungslohnes macht erforderlich, auf die Gefahren der weiteren Verzögerung bei der Ausarbeitung von technisch begründeten Arbeitsnormen und der ungenügenden Aufmerksamkeit in den Fragen der Arbeitsvorbereitung hinzuweisen."[134] Deshalb seien noch im dritten Quartal 1949 in allen Verwaltungen, in den Ver-

[129] Ebenda, S. 793.
[130] Vgl. Ewers, Einführung, S. 627.
[131] Rudi Kirchner, Zu einigen Grundfragen unserer Lohn- und Tarifpolitik, in: Die Arbeit, 4 (1950), 7, S. 295.
[132] Dokumente der SED, Bd. II, a.a.O., S. 268–278.
[133] Vgl. ebenda, S. 273.
[134] Ebenda.

einigungen Volkseigener Betriebe (VVB) und in den VEB „Arbeitsvorbereitungsbüros für die Erstellung technisch begründeter Arbeitsnormen zu bilden". Die DWK solle den VEB-Direktoren die Verantwortung für die Festsetzung der Normen übertragen. Das entscheidende Argument lautete jedoch: „Die jetzt gültigen Arbeitsnormen entsprechen nicht mehr dem Willen und dem Leistungsvermögen der fortschrittlichen Arbeiter." Sie seien deshalb bis zum Ende des dritten Quartals zu überprüfen und in folgenden Stufen anzuheben:
– im Erzbergbau bis zu 20 %,
– in der metallurgischen Industrie bis zu 25 %,
– in der Maschinenbau- und metallverarbeitenden Industrie bis zu 25 %,
– in der Elektroindustrie bis zu 15 %,
– in der optischen Industrie und Feinmechanik bis zu 15 %,
– in der chemischen Industrie bis zu 20 %,
– in der holzbe- und verarbeitenden Industrie bis zu 25 %,
– in der Textilindustrie bis zu 30 %,
– in der übrigen Leichtindustrie bis zu 25 %.[135]
Der Brisanz dieser Forderungen glaubten die Verfasser der Entschließung begegnen zu können, indem sie sich für die „aktive Mitarbeit der Arbeiter selbst" bei der Festlegung neuer Normen aussprachen. Neuzeitliche Erfahrungen der Arbeits- und Zeitstudien, „insbesondere die der Hennecke-Aktivistenbewegung", seien dabei zu berücksichtigen. Die SED-Betriebsgruppen „müssen dafür in ständiger ideologischer Aufklärungsarbeit die gesamte Belegschaft gewinnen und damit eine neue Einstellung der Arbeiter, Angestellten, Techniker, Ingenieure und Betriebsleitung zur Arbeit schaffen".[136] Obwohl dieser Vorstoß „keinen wesentlichen Fortschritt in der Normenarbeit"[137] zur Folge hatte, de facto also im Sande verlief, blieb er doch Ausdruck einer lohn- und normenpolitischen Disposition, die bis zur Krise von 1953 für die SED auf der Tagesordnung stand.

In einem weiteren Sinne ließe sich die Verordnung der Ministerien für Industrie und Finanzen vom 10. Dezember 1949 über die Bildung eines Direktorenfonds in den VEB zu den Versuchen rechnen, für die Beschäftigen Produktionsanreize zu bieten. Drei Prozent der Lohn- und Gehaltssumme und 20 % der jeweiligen Selbstkostensenkung sollten der sozialen und kulturellen Betreuung in den Betrieben zugute kommen.[138] Wie diese Verordnung hielten sich auch das im April 1950 von der Provisorischen Volkskammer verabschiedete „Gesetz der Arbeit zur Förderung und Pflege der Arbeitskräfte, zur Steigerung der Arbeitsproduktivität und zur weiteren Verbesserung der materiellen und kulturellen Lage der Arbeiter und Angestellten"[139], die Verordnung über die Kollektivverträge vom 8. Juni 1950[140] und auch die Verordnung zur Förderung der Aktivisten- und Wettbewerbsbewegung vom 27. Juli[141] in Lohn- und Normenfragen auffällig zurück.

Auch der in dieser Zeit stattfindende 3. Parteitag der SED (20.–24. Juli 1950) bot nicht mehr als eine allgemeine Forderung nach verstärkter Einführung des Leistungslohnes auf der

135 Ebenda, S. 273f.
136 Ebenda, S. 274.
137 Roesler, Vom Akkordlohn zum Leistungslohn, a.a.O., S. 795.
138 Winkler, Geschichte der Sozialpolitik, a.a.O., S. 267.
139 Gesetzblatt der Deutschen Demokratischen Republik (GBl.) 1950, Nr. 46, S. 349–355.
140 GBl. 1950, Nr. 66, S. 493.
141 GBl. 1950, Nr. 84, S. 715.

Grundlage technisch begründeter Arbeitsnormen.[142] Überraschenderweise ging bei dieser Gelegenheit der FDGB-Vorsitzende Warnke selbst darauf nicht ein, wohl aber bezeichnete er das „Nur-Gewerkschaftertum" als „vielleicht größte Schwäche der Gewerkschaftsarbeit".[143] Diese Kritik bezog sich nicht zuletzt auf die unter Basisfunktionären des FDGB verbreitete Haltung, den Lohninteressen der Arbeiter Vorrang einzuräumen. Der Vorwurf, auf diese Weise führe der Leistungslohn zu einer „illegale(n) Lohnerhöhung"[144] war in der Sache zwar nicht abwegig, doch eine Lösung bot auch er nicht.

In seinem Referat zum Fünfjahrplan hingegen akzentuierte Ulbricht das Lohnthema neu und relativierte damit zugleich die Diskussion zu den Leistungslöhnen: Das vorhandene Lohngefüge entspreche nicht den volkswirtschaftlichen Notwendigkeiten. Es müsse „prinzipiell so gestaltet werden, daß in den lebenswichtigen Industrien die Löhne am höchsten sind, einmal, weil die Arbeit am schwersten ist oder eine besonders hohe Fachkenntnis erfordert, aber auch deshalb, um durch höhere Löhne einen Anreiz zu geben, damit in diesen Industrien die Zahl der Arbeitskräfte erhöht werden kann". Also müsse das Lohngefüge nach der Bedeutung der einzelnen Wirtschaftszweige festgelegt werden. Auch sei innerhalb der Industriezweige der Lohn zugunsten der schweren und qualifizierten Arbeiten zu differenzieren, so daß ein Durchschnittsverhältnis der untersten zur obersten Lohngruppe von eins zu zwei entstehe.[145]

Schon mit der „Verordnung über die Verbesserung der Entlohnung der Arbeiter und Angestellten in den volkseigenen Betrieben" vom 17. August 1950 wurde versucht, zugunsten der VEB regulierend in die Arbeitskräftebewegung einzugreifen und in den als volkswirtschaftlich wichtig geltenden Bereichen durch stärkere Lohndifferenzierungen das Qualifikations- und Leistungsverhalten der Arbeiter zu stimulieren.[146] Doch Ulbrichts Argument zielte noch weiter und meinte vor allem eine Lohnstruktur, die Arbeitsplätze in den schon im Zweijahrplan als Schlüsselindustrien definierten Zweigen attraktiver machen konnte. Vor allem an die Grundstoffindustrie war hierbei gedacht, durch deren forcierten Ausbau sich die DDR dem sowjetischen Industrialisierungsmodell anschloß und zugleich den wirtschaftlichen Folgen der deutschen Teilung Rechnung tragen wollte. Die entsprechenden (Teil-) Autarkiebestrebungen[147] erstrecken sich neben Bergbau und Stahlerzeugung auch auf die Umstellung von Teilen des Maschinenbaus auf Schwermaschinenbau sowie auf die Werftindustrie und sorgten dort besonders während der ersten Fünfjahrplanperiode 1951 bis 1955 für erhöhten Arbeitskräftebedarf. Um diesen zu decken und zugleich Leistungsanreize bereitzuhalten, wurden die betreffenden Tarifsätze durch die erwähnte Verordnung vom 17. August 1950 angehoben. Das industrielle Umstellungsprogramm konzentrierte sich zunächst auf

---

[142] Protokoll der Verhandlungen des III. Parteitags der Sozialistischen Einheitspartei Deutschlands. 20. bis 24. Juli 1950 in der Werner-Seelenbinder-Halle zu Berlin. 4. und 5. Verhandlungstag (Protokoll des III. Parteitages der SED, Bd. 2), Berlin 1951, S. 298.

[143] Ebenda. 1.bis 3. Verhandlungstag, (Bd. 1), Berlin 1951, S. 145.

[144] Hans Thalmann, Organisierung der Maßnahmen zur Leistungssteigerung. in: Arbeit und Sozialfürsorge, 4 (1949), 11, S. 251.

[145] Protokoll des III. Parteitages der SED, Bd. 1, a.a.O., S. 351.

[146] GBl. 1950, Nr. 93, S. 839.

[147] Vgl. Gert Leptin, Veränderungen in der Branchen- und Regionalstruktur der deutschen Industrie zwischen 1936 und 1962. Versuch einer statistischen Zusammenfassung der Entwicklung in Mittel- und Westdeutschland (= Berichte des Osteuropa-Instituts an der Freien Universität Berlin; 68), Berlin 1965.

ungefähr 200 große Betriebe.[148] Dadurch erhielt das gesamte Lohn- und Normensystem eine markante Schlagseite, die verhinderte, daß künftige Lohn- oder auch Normenregelungen in einer längerfristigen stabilen, von den realen betriebs- und volkswirtschaftlichen Leistungen her bestimmten Balance zu halten waren.

Gerade diese Instabilität mochte – neben einer allmählichen Verbesserung des Warenangebots – zur rascheren Durchsetzung des Leistungslohnes beigetragen haben. Besonders für Arbeiter der Grundstoffindustrie boten sich deutlich bessere Verdienstmöglichkeiten, die viele gern wahrnahmen. Doch in Kontrast dazu blieben die Bemühungen um ein System technisch begründeter Arbeitsnormen („TAN")[149] in einem ebenso unausgewogenen wie unfertigen Zustand stecken. Teils fehlten schlicht die technischen Voraussetzungen dafür, teils wurde aber auch die häufig hohe Übererfüllung von „Erfahrungs"-Normen bereits als Standard betrachtet und der daran gekoppelte Lohn als Tariflohn wahrgenommen.

Daß in dieser Situation ein nicht nur wirtschaftliches und soziales Spannungspotential angelegt war, sondern daß sich darin auch gesellschafts- und ordnungspolitische Verwerfungen andeuteten, muß den politisch Verantwortlichen in der SED-Spitze zu diesem Zeitpunkt schon recht deutlich gewesen sein. Zumindest dürften entsprechende Besorgnisse beigetragen haben, mit erneutem Anlauf im Juni 1951 auf der 6. Tagung des Zentralkomitees den Versuch zu wiederholen, technisch begründete Arbeitsnormen in den VEB und ihnen rechtlich gleichgestellten Betrieben durchzusetzen.

Unter Bezug auf einen Zusammenhang von technischen Normen und zentraler Planung („so lehrt uns Genosse Stalin") hieß es in der Entschließung: „Technisch begründete Normen sind die Voraussetzung für die Planung der Produktion, für die richtige Organisation der Arbeit und des Arbeitslohnes in den volkseigenen und ihnen gleichgestellten Betrieben . . . Die zur Zeit in vielen . . . Betrieben angewandten Arbeitsnormen stützen sich zum größten Teil auf statistische Erfahrungen oder auf provisorische Berechnungen. Infolge des breiten Arbeitsaufschwungs und des ständigen technischen Fortschritts bedürfen diese Normen einer Veränderung, da sie in ihrem gegenwärtigen Stand die Erfüllung der Aufgabe der weiteren Verbesserung der Arbeitsproduktivität und in unlösbarer Verbindung damit die Erhöhung des Reallohnes aller Werktätigen hemmen."[150] Vielleicht gerade weil man durchaus objektive Grenzen „unvollkommener, technologisch zurückgebliebener Produktionsbedingungen" wahrnahm und darin – nicht unberechtigt – Gründe für „hohe Verlustzeitzugaben, niedrige Maschinenleistungen und mangelhafte Betriebsmittelausnutzung" erblickte[151], richteten sich große Hoffnungen auf subjektives Engagement, „auf die aktiven Kräfte und auf die große Initiative der Neuerer"[152].

Vorsichtiger als noch 1949 vermied das ZK der SED allerdings feste quantitative Normenvorgaben, dafür wurde die mobilisierende Rolle der betrieblichen Parteiorganisationen stär-

---

[148] Vgl. Bruno Leuschner, Die Hauptaufgaben des Volkswirtschaftsplanes 1951 – das erste Jahr des Fünfjahrplanes, in: Einheit, 6 (1951), 3, S. 176.

[149] Der Schwerpunkt lag nicht zufällig in der Kohlenindustrie. Vgl. Gustav Sobottka, Die Kohleindustrie in der sowjetischen Besatzungszone, Berlin 1948, S. 16.

[150] Dokumente der Sozialistischen Einheitspartei Deutschlands. Beschlüsse und Erklärungen des Parteivorstandes, des Zentralkomitees sowie seines Politbüros und seines Sekretariats, Bd. III (Dokumente der SED, Bd. III, Berlin 1952, S. 521.

[151] Ebenda.

[152] Ebenda, S. 522.

ker betont. Doch in der Konsequenz wich es nicht von der bisherigen Konzeption ab: „Die Ausarbeitung technisch begründeter Arbeitsnormen ist dem gesamten ingenieur-technischen Personal der Produktionsabteilungen des Werkes unter Mitarbeit aller Aktivisten und Neuerer, unter der verantwortlichen Leitung des Werkleiters, zu übertragen. Die Arbeit ist so zu organisieren, daß mit Sicherheit zu Beginn des Jahres 1952 von den erfahrungsstatistischen Normen ab- und zu den technisch begründeten Arbeitsnormen übergegangen wird."[153] Dazu sollten in den zuständigen Industrieministerien, im Ministerium für Arbeit und in den Betrieben technische Arbeitsnormenabteilungen geschaffen werden.

Ohne den Fortgang solcher Bemühungen an dieser Stelle weiter zu verfolgen, bleibt doch zu erwähnen, daß die ungelöste Normenfrage für SED, FDGB und die gesamte DDR-Wirtschaft auf lange Sicht als gravierendes Problem fortbestand, das geradezu zwangsläufig immer erneut auf die Lohnentwicklung durchschlug. Schon frühzeitig deutete es sich an, wie sehr das Verhältnis der Arbeiterschaft zu den politischen Macht- und Funktionseliten – und umgekehrt – vom Geschehen im Lohn-Normen-Bereich beeinflußt werden würde. Das Problematische an dieser Dualität war besonders, daß normative und effektive Regulierungs-mechanismen fehlten, um unvermeidliche Konflikte auszutragen und auf einem offiziellen Wege Lösungen zwischen den beiderseitigen Interessen zu vermitteln. Wer dies anstrebte, blieb auf die Kunst der Improvisation und des – zumeist – inoffiziellen Arrangements verwiesen.

In diesem Kontext war das immer erneute Festfahren der technischen Arbeitsnormung ein bemerkenswertes Phänomen. Seine Gründe und Hintergründe offenzulegen und vor allem seiner Wahrnehmung durch Industriearbeiter nachzugehen, legt einen Perspektivenwechsel von der volkswirtschaftlichen Makro- auf die betriebliche Mikroebene nahe. Dazu werden im folgenden zwei Beispiele vorgestellt, beide zeitlich Ende der 1940er Jahre angesiedelt, deren wirtschaftliche Lage sich aber deutlich unterschied: ein großes Treibstoff-Synthesewerk und ein Braunkohlenrevier.

6. Erste Leistungslohn- und Normenkampagnen im betrieblichen Alltag

War bisher davon die Rede, unter welchen Voraussetzungen, mit welchen Erwartungen und Methoden SED und FDGB in der SBZ bzw. in der frühen DDR die Einführung leistungssti-mulierender Löhne und Normen durchzusetzen gedachten, geht es im folgenden um die lohnpolitische Realität in staatlichen Industriebetrieben. Dabei bleibt freilich zu berücksichti-gen, daß die Industrie im Hinblick auf Löhne und Normen beträchtliche Differenzierungen aufwies. Lohneinstufungen reproduzierten die industriellen Zweigstrukturen ebenso wie die Staffelung der Betriebsgrößengruppen mit ihren sehr verschiedenartigen Belegschaftszusam-mensetzungen, und sie spiegelten nicht zuletzt die seit 1945/46 durch Sequestrierungen und Enteignungen gravierend veränderten Eigentumsverhältnisse wider.

Zunächst ist am Beispiel des im Niederlausitzer Industriegebiet gelegenen SAG-Betriebes „Synthesewerk Schwarzheide" zu fragen, welche Haltung die dort beschäftigten Arbeiter gegenüber den oben beschriebenen lohn- und normenpolitischen Initiativen einnahmen.

---

[153] Ebenda, S. 524.

Kaum überraschen kann, wenn trotz einschneidender Eingriffe der Besatzungsmacht in die industriellen Eigentums- und Besitzverhältnisse die Arbeiterschaft unmittelbar nach Kriegsende zwei Hauptoptionen verfolgte: die Sicherung der noch vorhandenen Arbeitsplätze und die Gewährleistung einer Mindestversorgung mit Lebensmitteln. Keine Einzelerscheinung war es, wenn die Belegschaft des Synthesewerkes Schwarzheide, eines Großbetriebes mit über 4.000 Beschäftigten, während der ersten Nachkriegsmonate arbeitete, „ohne einen Pfennig Geld zu erhalten".[154] Welche Opfer die Werksangehörigen auf sich nahmen, um in dem unter sowjetischer Regie wieder in Gang gesetzten „Beutebetrieb" überhaupt arbeiten zu können, geht aus einem werksgeschichtlichen Rückblick hervor: „Die anfangs ungünstigen Verkehrsverhältnisse bedingten eine zwölfstündige Arbeitszeit. Die Arbeiter waren 16 und mehr Stunden unterwegs. Die Ernährung war ungenügend. Daraus ergaben sich die beiden Hauptprobleme. Sicherstellung der Ernährung und Lösung des Verkehrsproblems."[155]

Eindeutig stand die Naturalversorgung im Vordergrund, weshalb im Werk seit Anfang 1946 rationierte Lebensmittel, später auch Gebrauchsgüter und Textilien verkauft bzw. zugeteilt wurden. Geldlohn spielte bei alledem eine zweitrangige Rolle. Das wirkte sich auch darin aus, daß - wie die zitierte Quelle erwähnt - viele Belegschaftsmitglieder ohne Rücksicht auf Lohnausfall dazu neigten, „auf eigene Faust ihre Ernährungsschwierigkeiten und familiären Sorgen zu bannen".[156] Um dem gegenzusteuern, beschaffte die Betriebsleitung von 1946 bis 1948 für rund 2,5 Millionen RM Lebensmittel und Textilien, um sie an die Belegschaft zu verteilen.[157]

Von Anreizen zur Steigerung von Produktionsleistungen war bei diesem Vorgehen zwar keine Rede, doch geben die Protokolle der Betriebsratssitzungen deutlich zu erkennen, daß die Verteilung von Lebensmitteln und Verbrauchsgütern auf die Stabilisierung der Arbeitsdisziplin abzielte und durch Ausschluß von der Verteilung Sanktionswirkungen erreicht wurden.[158] Die Produktionsdaten des Werkes bestätigten, daß ein solches Vorgehen seine Wirkung nicht verfehlte.

Auch der Befehl Nr. 234 wurde in Schwarzheide als Leistungsanreiz wahrgenommen. Der Betriebsrat berichtete von einem vorbildlichen Arbeitseinsatz und vielen Vorschlägen zur besseren Ausnutzung der Produktionsanlagen. Als Stimulanz bewährten sich hier u.a. 500 Portionen Sonderverpflegung bei schwerer und gesundheitsschädigender Arbeit und zwischen Januar und Mai 1948 die Ausgabe von Saatkartoffeln, Pflanzen, Sämereien, Schuhen, Textilien, Arbeitskleidung, Tabak, Seife, Zündhölzern und Schnaps im Gesamtwert von 812.500 RM, was immerhin rund 200 RM je Belegschaftsmitglied ausmachte.[159] Als im März 1948 eine SMAD-Kommission die Auswirkungen des Befehls im Werk untersuchte, erwiesen sich diese als „produktionsseitig zufriedenstellend".[160] Allerdings scheint dieser Besuch den

[154] BLHA, Rep. 903, Synthesewerk Schwarzheide 259, unpag.: Beitrag zur Betriebsgeschichte des VEB Synthesewerk Schwarzheide 1945-1949. Von Wilhelm Schwerdtfeger, Typoskript, S. 21.

[155] Ebenda.

[156] Ebenda, S. 37.

[157] Ebenda, S. 36.

[158] BLHA, Rep. 903, Synthesewerk Schwarzheide 242, Bl. 59-115: Protokolle der Betriebsratssitzungen von 1946 bis 1948.

[159] BLHA, Rep. 903, Synthesewerk Schwarzheide 241, unpag.: Rechenschaftsbericht des Betriebsrates für Januar bis Mai 1948, undat., S. 2-5.

[160] BLHA, Rep. 903, Synthesewerk Schwarzheide 242 Bl. 77: Protokoll der Betriebsratssitzung vom 9. 3. 1948.

ersten massiven Anstoß gegeben zu haben, die Verteilungspraxis stärker auf Leistung hin anzulegen. Der Betriebsrat hielt fest: „Von der Kommission wurde darauf hingewiesen, daß bei Verteilung von Textilien usw. das Leistungsprinzip in den Vordergrund gestellt werden muß. Sie haben uns empfohlen, daß die Bezeichnung Sozialkommission nicht die richtige ist, sondern Leistungskommission heißen muß. Weiter wurden wir beauftragt, im Betrieb und mit anderen Betrieben Wettbewerbe durchzuführen."[161] Die besten Arbeiter seien als Beispiele namhaft zu machen.

Überhaupt setzte die SMAD-Kommission zu dieser Zeit offenbar sehr auf moralische bzw. erzieherische Effekte solcher Beispiele. Deshalb riet sie auch ab, den Entzug des warmen Mittagessens als Strafe für Verletzungen der Arbeitsdisziplin anzuwenden. Man solle „vielmehr dazu übergehen, mit denjenigen eine persönliche Aussprache herbeizuführen und sie von der Notwendigkeit einer einwandfreien und guten Disziplin zu überzeugen, die ja nicht nur im Interesse des einzelnen liegt, sondern sich für alle zum Nutzen und zur Verbesserung der Lebenslage auswirkt."[162] Diese Empfehlung beinhaltete also ein Argument, das zwar Ende der 1940er Jahre und um 1950 geläufig war,[163] dann aber zurücktrat, um erst im Vorfeld des „Neuen ökonomischen Systems" in den 1960er Jahren erneut an Boden zu gewinnen.

Was an positiven Reaktionen der Schwarzheider Belegschaft auf den Befehl Nr. 234 auszumachen ist, hing vorrangig mit zusätzlichen Versorgungsmöglichkeiten zusammen. Die Rolle des Geldlohnes blieb auch jetzt noch eingeengt, wie Ende März 1948 die sowjetische Generaldirektion und eine SMAD-Kommission feststellen mußten, als sie vergeblich nach Auswirkungen der Akkordarbeit fragten.[164] Da alles darauf hindeutete, daß sich die Belegschaft in weiten Teilen gegen die Einführung des Leistungslohnes sperrte, griffen die Akkordkommission und die Leitung des Werkes zum Notbehelf und ordneten mit Wirkung vom 1. April 1948 die Einführung des Akkordlohnes für alle Handwerker einfach an.[165] Deren Arbeit glaubte man einer „einwandfreien Kalkulation" unterziehen zu können. Offenbar wurden bei der Normierung REFA-Kriterien[166] angewandt, nicht aber bei der Lohnberechnung. Ausdrücklich verzichteten die Normer auf die bisherige REFA-Akkordkurve und entschieden sich für eine „direkt aufwärtssteigende Kurve", also den proportionalen Leistungslohn.[167]

Über ablehnende oder gar Protestreaktionen berichten die Quellen zwar nichts, doch vermitteln sie Hinweise auf alltägliche politische und soziale Repressionspotentiale. Deren Existenz hatten Arbeiter immer in Rechnung zu stellen. Empfindlich traf schon der entgegen einer Empfehlung der SMAD-Kommission beibehaltene Entzug des warmen Mittagessens oder anderer Zuteilungen als Strafmaßnahme bei Absentismus.[168] Auch mehrten sich Anzei-

---

[161] Ebenda.
[162] Ebenda.
[163] Vgl. Arlt, Die Rolle des Leistungslohnes, a.a.O., S. 273.
[164] Ebenda, Bl. 75: Protokoll der Betriebsratssitzung vom 31. 3. 1948.
[165] Ebenda.
[166] Zugrunde lag der Normalleistungsbegriff des 1924 gegründeten Reichsausschusses für Arbeitszeitermittlung, mit dem die durchschnittliche Dauerleistung eines geeigneten, geübten und eingearbeiteten Arbeiters erfaßt wurde.
[167] BLHA, Rep. 903, Synthesewerk Schwarzheide 242, Bl. 75: Protokoll der Betriebsratssitzung vom 31. 3. 1948.
[168] Ebenda, Bl. 66: Protokoll der Betriebsratssitzung vom 16. 7. 1948, Bl. 65: Protokoll der Betriebsratssitzung vom 30. 7. 1948, Bl. 62: Protokoll der Betriebsratssitzung vom 28. 9. 1948, Bl. 59: Protokoll der Betriebsratssitzung vom 19. 10. 1948, Bl. 23: Protokoll der BGL-Sitzung vom 7. 6. 1949.

chen für eine Verstärkung jenes Phänomens, das als „freiwilliger Zwang" geläufig war. Ein Beispiel dieser Art war das im Herbst 1949 anläßlich des 70. Geburtstages Stalins am 21. Dezember in der gesamten SBZ inszenierte „Stalin-Aufgebot". Die BGL des Werkes Schwarzheide sah sich dabei zu einer Verfahrensweise veranlaßt, die jede Verweigerung als politisch zumindest obskur erscheinen ließ: „Die Bereitwilligkeit der Belegschaft zur Leistung von freiwilliger Mehrarbeit anläßlich des Stalin-Aufgebotes soll in den Betriebsabteilungen durch listenmäßige Einzeichnungen festgehalten werden. [. . .] Die gesamte Betriebskontrolle hat sich bereits lt. Entschließung einstimmig dazu bereit erklärt, ein (sic!) Stundenlohn abzuführen."[169]

Arbeiter verfügten kaum über Mittel, um solchem Druck wirksam entgegenzutreten. Lediglich bewußte Leistungszurückhaltung versprach vielleicht Erfolg. Bei der zu dieser Zeit inflationären Anwendung von Sonderschichten spielte sie gewiß eine Rolle, wobei auch die Überlastung der Arbeitskräfte als ein Faktor für Leistungsminderungen nicht zu übersehen ist. Diese Entwicklung nahm solche Ausmaße an, daß das Sekretariat des FDGB-Bundesvorstandes Mitte 1950 darauf hinweisen mußte, daß die vielen Überstunden und Sonderschichten „zur Förderung bestimmter fortschrittlicher Maßnahmen, Veranstaltungen und Organisationen" im Widerspruch zu den Arbeitsgesetzen stünden. Die Arbeitsschutzinspektionen erhielten den Auftrag, „derartige Solidaritätsaktionen und Sonderschichten durch Aufklärung der Betriebsgewerkschaftsleitungen und sonstiger Institutionen zu unterbinden".[170] Zumindest hier wurden der Ausweitung unbezahlter Arbeit Bremsen angelegt.

Obwohl auch sie von solchen Aktionen betroffen war, gehörte die Belegschaft des SAG-Betriebes Schwarzheide, was die Versorgung anging, zu den privilegierten Beschäftigtengruppen in der SBZ und DDR. Das mag dazu beigetragen haben, der Einführung von Leistungsprämien und Leistungslöhnen den Weg zu ebnen. Bereits im Sommer 1947 beteiligten sich ca. zwei Drittel aller Lohnempfänger der Reparaturbetriebe des Werkes an einer mit Leistungsprämien gekoppelten Entlohnung.[171] Die Erwartung jedoch, daß dadurch ein leichterer Einstieg in den Leistungslohn möglich werden könnte, erfüllte sich nicht. Noch im Oktober 1949 beklagte die BGL, daß dessen Einführung „noch viel zu wünschen übrig" lasse.[172] Das lag aber nicht so sehr an Vorbehalten gegenüber dem Leistungslohn selbst, als vielmehr an Befürchtungen, die an die laufenden Normenüberprüfungen geknüpft waren. Von diesen wurde nicht ohne Grund eine durchgängige Normenerhöhung erwartet. Und wenn man die offiziellen Forderungen der SED ernst nahm, die für die chemische Industrie Normenanhebungen von mindestens 20 % erwarten ließen, dann schienen Lohnminderungen unausweichlich.

In der Schwarzheider Praxis steuerten die Normer einen etwas zurückhaltenderen Kurs. Bis zum August 1949 hatten sie von 348 Normen 309 überprüft. Dabei stellte sich heraus, daß es in der Normerfüllung keine gravierenden Veränderungen gab (Tabelle 1).

[169] Ebenda, Bl. 3: Protokoll der BGL-Sitzung vom 18. 11. 1949.
[170] BLHA, Rep. 903, Synthesewerk Schwarzheide 243, unpag.: Schreiben des Amtes für Arbeit und Sozialfürsorge Senftenberg, Abt. Arbeitsschutz, an das Synthesewerk Schwarzheide, 11. 7. 1950.
[171] BLHA, Rep. 903, Synthesewerk Schwarzheide 235, unpag.: Aufstellung der Leistungsprämienwerte für März bis Juli 1947. 30. 8. 1947.
[172] BPL, Rep. 903, Synthesewerk Schwarzheide 241: Rechenschaftsbericht der BGL des Synthesewerkes für das dritte Quartal 1949. 4. 10. 1949, S. 3.

Tabelle 1
Erfüllung der überprüften Normen (Stand: August 1949)

Prozentstufen	bis 99	100–110	111–125	126–150	über 150
Belegschaftsmitglieder	9	45	750	613	13

Quelle: BPL, Rep. 903, Synthesewerk Schwarzheide 241: Rechenschaftsbericht der BGL des Synthesewerkes für das dritte Quartal 1949. 4. 10. 1949, S. 3.

Diese Ergebnisse vermochten die lohnpolitische Situation zwar zu entspannen, doch geschah das innerhalb der Belegschaft in sehr unterschiedlicher Weise. Während in den Reparaturbetrieben die durchschnittliche Normerfüllung bei 123 % lag und sich 87 % der Belegschaft im Leistungslohn befanden, erreichten die Beschäftigten der Produktions- und sonstigen Betriebe des Werkes zwar eine durchschnittliche Normenerfüllung von 128 %, beteiligten sich aber nur zu 38 % am Leistungslohn.[173] Dieser Unterschied kam dadurch zustande, daß die Beschäftigten der Reparaturbetriebe in ihrem Arbeitsbereich mit einer recht stabilen Normenerfüllung und so auch mit einem stabilen Einkommen rechnen konnten. Im Produktionsbereich hingegen erwiesen sich die auf Hochlast gefahrenen, aber seit langem nicht mehr generalüberholten und schon während der Kriegszeit verschlissenen Anlagen als ein Unsicherheitsfaktor par exellence. Anlagenausfall aber eröffnete den Reparaturarbeitern eine Chance zu besonders hoher Normenerfüllung und sogar für Extraprämien; für die Beschäftigten der Produktionsanlagen jedoch sank das Einkommen unterdessen auf den Durchschnittslohn oder darunter.

Die vor diesem Hintergrund verständliche Defensivhaltung der Arbeiter blieb jedoch weit entfernt von alternativen Forderungen. Zunächst vesuchte man an den bisherigen Normen festzuhalten, und erst als klar wurde, daß die neuen Normen zumeist ohne größeren zusätzlichen Aufwand zu überbieten waren, schwand diese Abwehrhaltung. Am ehesten war das im Bergbau und in der chemischen Industrie der Fall, weil diese Zweige nicht in dem Maße unter dem Rohstoff- und Energiemangel zu leiden hatten wie andere. Davon zeugte die beachtlich hohe Teilnahme der Beschäftigten größerer Chemiewerke an Leistungslohn und -prämiensystemen (Tabelle 2).

Die Akzeptanz des Leistungslohnes hing wesentlich davon ab, ob er reale Einkommenszuwächse erlaubte. In Schwarzheide war das unverkennbar der Fall (Tabelle 3).

Der anfängliche Anschein, bei der Überprüfung der Normen und des Leistungslohnes handele es sich um einen einmaligen und relativ unproblematischen Akt, erwies sich auf Dauer jedoch als unzutreffend. So berichtete das TAN-Büro des Werkes, daß die durchschnittliche Normenerfüllung der Hauptproduktion im Oktober 1950 um 3,5 % auf 117,5 % zurückgegangen war. Die Erklärung zeigte, daß vor allem die Produktionsabteilungen einem mehr oder minder permanenten Druck zur Normenanhebung ausgesetzt waren: „Diese Entwicklung ist auf die Auswirkung der freiwilligen Normerhöhungen vor allem am 13. Oktober [Jahrestag der Hennecke-Schicht. P.H.] zurückzuführen. In der Woche vom 1.–7. November 1950 wurde zusammen mit der Gewerkschaft und SED-Betriebsgruppe eine Aufklä-

---

[173] Ebenda

Tabelle 2
Prozentuale Beteiligung der Belegschaften größerer Chemiewerke an Leistungslohn und -prämiensystemen (Stand Juli 1949)

Werk	Leistungslohn	Leistungsprämie
Leuna	45,1	23,0
Buna	–	53,0
Bitterfeld	68,0	38,8
Wolfen (Farbenfabrik)	30,9	37,9
Eilenburg	57,0	–
Piesteritz	–	25,0
Böhlen	34,9	8,0
Tröglitz	43,1	–
Schwarzheide	34,9	5,9

Quelle: BLHA, Rep. 903, Synthesewerk Schwarzheide 233, unpag.: Rede des Ersten Vorsitzenden der IG Chemie auf der Sitzung der erweiterten Zentralvorstandes der IG Chemie in Böhlen am 21./22. 7. 1949, S. 9.

Tabelle 3
Produktivität und Lohn im Werk Schwarzheide 1947–1953

Jahr	Arbeitsproduktivität in Prozent	mittlerer Lohn je Prod.-arbeiter absolut in Mark	in Prozent
1947	100	2.884	100
1948	157,4	3.008	104,3
1949	187,8	3.246	112,6
1950	213,5	3.576	124,0
1951	271,8	3.946	134,8
1952	337,1	4.243	147,1
1953	431,5	4.617	160,1

Quelle: BLHA, Rep. 903, Synthesewerk Schwarzheide 236, unpag.: Ungez. Tabelle bzw. Graphik.

rungskampagne zur Überprüfung aller Arbeitsnormen und Erhöhung entsprechend der gesteigerten Arbeitsproduktivität als Ausgangspunkt für den Zeitraum des Planjahres 1951 durchgeführt."[174]

Normenerhöhungen, in denen „freiwilliger Zwang" als politischer Appell zutage trat, trafen die Mehrheit der Beschäftigten. Wie die Werte für Dezember 1950 belegten, arbeiteten von rund 3.000 Lohnempfängern im Produktionsbereich nur noch ca. 400 im Zeitlohn.[175] Die große Mehrheit stand im proportionalen Leistungslohn, war also von der Normenentwicklung direkt betroffen. Daß von dieser ein permanenter Druck ausging, war am Grad der Normenerfüllung abzulesen, der 1950 zurückging (Tabelle 4).

[174] BLHA, Rep. 903, Synthesewerk Schwarzheide 437, unpag.: Mitteilung des TAN-Büros Schwarzheide an die Generaldirektion. 10. 11. 1950.
[175] BLHA, Rep. 903, Synthesewerk Schwarzheide 462, unpag.: Zusatzbericht der volkseigenen Industrie zur Industrieberichterstattung. Werk Schwarzheide. Berichtsmonat: Dezember 1950.

Tabelle 4
Erfüllung der Arbeitsnormen. Dezember 1950

Erfüllungsstand in Prozent	Personen
86–95	27
96–99	43
100–105	112
106–115	771
116–125	1248
126–135	334
136–145	14
146–155	4

Quelle: BLHA, Rep. 903, Synthesewerk Schwarzheide 462, unpag.: Zusatzbericht der volkseigenen Industrie zur Industrieberichterstattung. Werk Schwarzheide. Berichtsmonat: Dezember 1950.

Wenn diese Verschiebung auch nicht dramatisch war, so geriet doch eine größere Beschäftigtengruppe unter bzw. in die Nähe der 100Prozent-Marke. Das sorgte für Unsicherheit, zumal die tendenzielle Normenentwicklung von den Arbeitern zunehmend höhere Leistungen abforderte. Kritisch vermerkte die Abteilung Arbeit des Werkes später, man habe zwar die Normen jährlich überprüft, wobei es das Ziel gewesen sei, „die wichtigsten Produktionsnormen den Planauflagen gleichzusetzen", doch hätten die Wirtschafts- und Gewerkschaftsfunktionäre die Arbeiter wenig überzeugen können. Trotz heftiger Diskussionen sei zu viel diktiert worden, ohne Schritte einzuleiten, die das Einkommen der Arbeiter durch technisch-organisatorische Maßnahmen sicherten.[176]

Das Werk Schwarzheide bot ein Beispiel für eine Lohnpolitik unter den Bedingungen maximal genutzter Produktionskapazitäten. Es lohnt deshalb ein vergleichender Blick auf die Lage im Braunkohlenbergbau, der im hier betrachteten Zeitraum in einer ganz anderen Situation war und unter Absatzschwierigkeiten litt.

Schon ein stichwortartiges Resümee der Lageberichte für die Betriebe der VVB Bergbau Land Brandenburg (Hauptverwaltung Cottbus) aus den Jahren 1949/50 vermittelt den Eindruck, daß der Boden für die Einführung von Leistungslöhnen und höheren Normen denkbar ungeeignet war:

- Februar 1949:   Absatzstockungen, Materialverschleiß;
- März 1949:   stark abgewirtschafteter Zustand der Fördermittel, dringender Bedarf an Glühlampen, Nägeln, Kohlenschaufeln, Arbeitsschutzbekleidung, besonders Gummistiefeln;
- April 1949:   Küchengeräte und brauchbare Seife erforderlich;
- Juni 1949:   stärkere Abgänge zum Polizeidienst und zur Wismut, damit Entzug jüngerer Kräfte, Materialbedarf nicht voll gedeckt, besonderer Mangel an Arbeitsschutzbekleidung, Schuhen und Fahrradbereifung,

---

[176] BLHA. Rep. 903, Synthesewerk Schwarzheide 625, unpag.: Analyse über die Entwicklung der TAN-Arbeit und die Steigerung der Arbeitsproduktivität im VEB SWS im 1. Fünfjahrplan. Abt. Arbeit, undat., S. 2.

- September 1949: in einigen Werken Absatzmangel, nicht voll ausgelastete Schichten der Gewinnung im Abraum eingesetzt, in Grube „Einheit" nach Beendigung von Bohrungen und Bauarbeiten sechs Entlassungen,
- Dezember 1949: durch Stromsperren viel Arbeitsausfall, Materialbedarf u.a. bei Gummistiefeln, Arbeitsschuhen und Schutzbekleidung,
- März 1950: Materialbedarf und Arbeitskräfteeinsatz unverändert,
- Mai 1950: kein Arbeitskräftebedarf,
- Juli 1950: für zwei Gruben werden Tiefbaukräfte benötigt,
- September 1950: kein Arbeitskräftebedarf,
- Dezember 1950: kein Arbeitskräftebedarf.[177]

Diese Lageberichte lassen zwei Bedingungen wenigstens ansatzweise erkennen, die der Einführung von Leistungslöhnen und auch neuer Normen im Wege standen: Vor allem Transportengpässe verursachten Absatzstockungen bei der Kohle. Auch verzeichnete der Braunkohlenbergbau – von wenigen Ausnahmen abgesehen – einen Arbeitskräfteüberhang. Dennoch erhielten die Werke Auflagen, „Hennecke-Schichten" zu fahren und Normen anzuheben.

Zu einer solchen „Hennecke-Schicht" wurde am 25. Februar 1949 z.B. die gesamte Belegschaft der Grube Rauen veranlaßt. Das Fördersoll erfüllte sie mit respekatablen 191,5 %, doch angesichts der gleichzeitigen Absatzschwierigkeiten war der Sinn der Aktion nicht so recht zu vermitteln. Im September veranlaßte die Einführung neuer Arbeitsnormen vier Häuer der Grube „Einheit" zum „freiwilligen Abgang", womit sich hier die gleiche Reaktion einstellte, die auch in Schwarzheide zu beobachten war. Die Einführung höherer Normen verstärkte die Fluktuation. Im Verlaufe des Jahres nahm man offenbar wieder Abstand von den „Hennecke-Schichten", jedoch wurden für Dezember 1949 – ebenfalls zentral – Sonderschichten im „Stalin-Produktionsaufgebot" angewiesen. Im Jahre 1950 scheint es dann nur noch sporadisch zu „Hennecke-Schichten" gekommen zu sein. Obwohl von der Zentralverwaltung abgefragt, wurden sie in einer Reihe von Lageberichten schon gar nicht mehr erwähnt.[178]

Die spezifische Situation des Bergbaus ließ die Einführung von Leistungslöhnen zu einem kaum vorhergesehenen sozialen Problem werden; es drohten nämlich Entlassungen. Denn während man in Schwarzheide, auch bedingt durch Neuinvestitionen, den Produktionsausstoß noch erheblich steigern konnte, gerieten die Kohlengruben nicht nur, wie schon erwähnt, an die Kapazitätsgrenzen des Transports, sondern auch an die der Brikettfabriken. Ein Beispiel dieser Art bot im August 1949 die Grube „Karl Marx", worüber das Protokoll einer BGL-Sitzung berichtet: „Die Betriebsleitung, B. G. L. sowie der Lohn- und Produktionsausschuß haben eine Rentabilitätsprüfung des Werkes vorgenommen, mit dem Ziel der Einführung des Leistungslohnes. Unter Zugrundelegung einer Kopfleistung von 2,5 To. in der Grube und unter Verarbeitung von 45 To. in der Naßpresse sind wir gezwungen, 19 Belegschaftsmitgliedern zu kündigen."[179]

Trotz solcher Erfahrungen wurden auch im Braunkohlenbergbau – ohne die stark differenzierten Förder- und Produktionsbedingungen ausreichend zu berücksichtigen – die zentral

---

[177] BLHA. Ld. Br. Rep. 271, VVB Braunkohle Cottbus 235, unpag.: Lageberichte für die Betriebe der VVB Bergbau Land Brandenburg. Hauptverwaltung Cottbus.
[178] Ebenda, passim.
[179] BLHA, Ld. Br. Rep. 271, VVB Braunkohle Cottbus 232, unpag.: Protokoll der BGL-Sitzung der Grube „Karl Marx" vom 25. 8. 1949.

vorgegebenen Lohn- und Normenveränderungen durchgesetzt. Wie die Produktionsauflage
für 1949 zeigt, existierten bereits zu diesem frühen Zeitpunkt der Planwirtschaft regelrechte
Szenarien, um bestimmte Teile der Betriebsbelegschaften im Sinne der Wirtschaftspolitik der
SED zu mobilisieren. So erhielten die Grubenleitungen im April 1949 über die zuständige
VVB Bergbau eine aufgeschlüsselte Planauflage zugestellt, in der es u.a. hieß: „Wir bitten
Sie – in dem Bewußtsein der Bedeutung der Ihrer Grube aufgegebenen Planauflage, eine
Betriebsversammlung durch die BGL der Grube einzuberufen und darin auf die Bedeutung
und Wichtigkeit der Planauflage hinzuweisen. Es ist hierzu erforderlich, daß aus dem Betrieb
bzw. aus der Betriebsversammlung heraus sofort ein Plan- und Produktionsausschuß gegründet wird, der aus den besten Arbeitern des Betriebes besteht und nach genauester Überprüfung der aufgegebenen Planzahlen einen aus dem Betrieb heraus entstehenden Gegenplan
aufstellt, der unter genauester Berücksichtgung der betrieblichen Verhältnisse eine Übererfüllung des von der Landesregierung aufgestellten Planes gewährleistet.“[180]

Solche Verfahrensweisen machten Kritik an Plänen, Normen und Leistungslöhnen nicht
leichter, wurde doch so der Eindruck vermittelt, es seien die Belegschaften selbst, oder
zumindest deren „beste Kräfte“, die für höhere Produktionsziele eintraten. Den Aktivisten
kam hierbei gewiß eine Schlüsselrolle zu. Wo sich Einwände oder Widerspruch erhoben,
mußten diejenigen, die sie vortrugen damit rechnen, in die Schußlinie politischer Kritik zu
geraten. Die Situation war nicht ungefährlich, und ab einem kaum scharf zu definierenden
Punkt konnte eine offene Ablehnung neuer Normen sich sehr leicht dem Vorwurf klassengegnerischer Agitation oder der Boykotthetze aussetzen.

Unter dem Eindruck des Kalten Krieges spitzte sich im Jahre 1950 die ohnehin schon
prekäre rechtliche Situation weiter zu. So faßte der DDR-Ministerrat am 26. Januar 1950 eine
Beschluß zur – weit auslegbaren – Sabotageabwehr in den volkseigenen Betrieben.[181] Am
8. Februar wandelte die Provisorische Volkskammer die bisherige Hauptverwaltung zum
Schutz der Volkswirtschaft in ein Ministerium für Staatssicherheit um, das keiner gesetzlichen Kontrolle unterlag.[182] Auch das am 15. Dezember 1950 verabschiedete „Gesetz zum
Schutze des Friedens“[183] gehörte in die Kategorie jener Repressivinstrumentarien, die gegen
viele Formen des Arbeiterprotestes oder der Verweigerung einsetzbar waren.

Diese politischen Rahmenbedingungen beeinflußten in erkennbarer Weise das Verhalten
einer Mehrheit der Industriearbeiter. Um ein Mindestmaß an Alltagsnormalität zu gewährleisten, lag es für diese nahe, solche Wege und Methoden sozialer Interessenwahrnehmung
zu wählen, die wirksam waren, aber zugleich nicht die Schwelle zur Auslösung politischer
Repression überschritten. Trotz in der Arbeiterschaft verbreiteter und bis zur völligen
Ablehnung reichender Vorbehalte gegen das SED-Regime tendierten deshalb vor allem
Belegschaften von SAG- und VE-Betrieben als die wohl wichtigsten Beschäftigtengruppen
der DDR-Industrie zu einer Art Sozial-Opportunismus, der bei einem Heraushalten aus
politischen Bindungen dennoch wirtschaftlich-soziale Arrangements auf betrieblicher
Ebene erlaubte.

---

[180] BLHA, Ld. Br. Rep. 271, VVB Braunkohle Cottbus 122, unpag.: Produktionsauflage 1949. Landesre-
     gierung Brandenburg an die VVB Bergbau Land Brandenburg, Cottbus, 28. 4. 1949.
[181] Vgl. Siegfried Wietstruk (u.a.), Entwicklung des Arbeiter- und Bauern-Staates der DDR 1949–1961,
     Berlin 1987, S. 186f.
[182] GBl. 1950, Nr. 15, S. 95.
[183] GBl. 1950, Nr. 141, S. 1199.

In kurzer Zeit gerieten die Gewerkschaften durch ihre unkritische Unterstützung der staatlichen Lohnpolitik auf betrieblicher Ebene in eine äußerst zwiespältige Situation. Von ihren Spitzengremien erwarteten die Arbeiter kaum mehr, als daß sie ihren Anspruch auf Interessenvertretung der Arbeiter auf reine Regime-Apologetik verkürzten. Doch wenn dieser Eindruck auch auf die Gewerkschaften als Großorganisationen zutraf, so bot sich in vielen Betrieben ein keineswegs so eindeutiges Bild. Freilich formierten sich auch dort in der Regel Pseudo-„Tarifparteien". Betriebs-, Partei- und Gewerkschaftsleitungen richteten ihr Interesse dabei auf Normenüberprüfungen und Wettbewerbskampagnen, während Arbeiter erforderlichenfalls durch Arbeitszurückhaltung und Normenmanipulation eigene Ansprüche wahrzunehmen suchten. Doch kam es auch vor, daß sich hauptamtliche Gewerkschaftsfunktionäre und kleinere Gruppen von Arbeitern gemeinsam auf der einen Seite befanden, während weit größere Belegschaftsteile einschließlich vieler gewerkschaftlicher Basisfunktionäre auf der anderen standen.[184]

Noch im November 1950 mußte sich der FDGB-Bundesvorstand mit dieser Entwicklung beschäftigen. Die Volkskammerwahlen vom Oktober hatten nach Meinung des FDGB-Vorsitzenden Warnke „starke Mängel in der Ideologie der Arbeiterschaft"[185] enthüllt. In Wirklichkeit handelte es sich jedoch eher um soziale Spannungen, die so eine politische Bewertung erfuhren. Immerhin hielt Warnke fest, daß es neben Unzufriedenheit mit der Arbeit der Behörden, insbesondere der Wohnungsämter, und mit der Lebensmittelversorgung vor allem Lohnfragen gewesen seien, die die Arbeiter aufbrachten.[186] Der FDGB hatte sich selbst in die Rolle des für die Lohnentwicklung Verantwortlichen manövriert. Auch Warnke konstatierte diese fatale Wendung: „In einigen an mich gerichteten Briefen kam die Auffassung zum Ausdruck, als setzten die Gewerkschaften die Löhne fest und als entsprächen diese Festsetzungen nicht dem Willen der Regierung, die nach Meinung der Briefschreiber Lohn- und Gehaltserhöhung für jeden einzelnen Arbeiter in gleicher Höhe angeordnet hat. Diese Unklarheiten sind ein starker Beweis dafür, dass unsere Aufklärungsarbeit über die Linie unserer Wirtschaftspolitik und auch über die Linie unserer Lohnpolitik noch eine absolut ungenügende ist."[187]

Sein Stellvertreter, Rudi Kirchner, meinte zwar, daß die Leistungslöhne wesentlich zur Übererfüllung der Wirtschaftspläne beigetragen hätten, trotzdem sei ihre Anwendung ungenügend geblieben. „Die Ursachen liegen in den noch immer nicht überwundenen Tendenzen der Gleichmacherei. [. . .] Noch gibt es viele Fälle von Versuchen, unter einem ‚Sozialmantel' die Gleichmacherei verewigen zu wollen." Dagegen müßten die Industriegewerkschaften „in den kommenden Jahren einen unerbittlichen Kampf" führen.[188]

Galt diese Kritik besonders der Lage in den VEB, so bot die private Industrie gleichzeitig ein Bild, auf das die Modelle eines mehr oder minder orthodox geführten Klassenkampfes in keiner Weise passen mochten. Warnke bemängelte auch, daß die Gewerkschaften dort kaum

---

184 Während der 1950er Jahre war es besonders der Aktivist Hans Garbe, der seine Funktion als Mitglied des FDGB-Bundesvorstandes nutzte, um auf solche Differenzierungen kritisch aufmerksam zu machen.
185 SAPMO-BA, ZGA FDGB-BV 6808, unpag.: 2. BV-Sitzung vom 9./10. 11. 1950, Referat Herbert Warnkes, S. 26.
186 Ebenda.
187 Ebenda, S. 28.
188 Ebenda, Referat Rudi Kirchners, S. 22.

präsent seien; er verwies auf Fälle, wo Belegschaften auf Lohnerhöhungen verzichten wollten, um das Privatunternehmen zu retten.[189]

Wenn der FDGB-Vorsitzende vor diesem Hintergrund die Belegschaften privater Betriebe
förmlich zur Durchsetzung von Lohnerhöhungen ermunterte, bedachte er offenbar nicht,
daß sich daraus ein für die VEB prekäres Lohngefälle ergeben konnte. In der Praxis waren die
Gewerkschaften deshalb „in einer ganzen Reihe von Orten" sogar so weit gegangen, Löhne
und Zusatzkarten der in privaten Unternehmen Beschäftigten zu kürzen, weil diese angeblich
zu viel verdienten.[190] Kein anderer als Walter Ulbricht selbst, der diesen Vorgang als Kompe-
tenzüberschreitung heftig kritisierte, läutete auf dieser Tagung des Bundesvorstandes gleichzeitig einen neuen tarifpolitischen Kurs ein: Die Vorbereitung neuer Tarifverträge werde
abgestoppt, weil „man das nicht zentral regeln kann. [. . .] Man muß das Tarifwesen umstellen.
Sobald der Plan für 1951 fertig ist, wird mit jeder einzelnen Industriegewerkschaft durchgear-
beitet, wie werden die Tarifverträge vorbereitet. Dann muß in den kollektiven Tarifverträgen
für die Betriebe jede Besonderheit genau beachtet werden."[191]

Ulbricht war es auch, der energisch gegenhielt, als der FDGB einen „Plan zur Entfaltung
der Produktivkräfte für die vorfristige Erfüllung des Fünfjahrplanes" vorlegte, in dem behaup-
tet wurde, die Potenzen der Betriebsbelegschaften und der VEB seien noch nicht ausge-
schöpft und man könne den Fünfjahrplan vorfristig erfüllen. Auch sei der Leistungslohn
bereits 1951 für 65 % der Produktionsarbeiter anzuwenden; bis 1955 sollten dann 85 % erreicht
sein.[192] Das Gegenargument Ulbrichts war auch lohnpolitisch von Gewicht: Im Jahre 1951 sei
erst noch die schwerste Aufgabe zu erfüllen. „Weil wir einen Teil der grundlegenden Industrie, des Schwermaschinenbaus und der Hüttenindustrie erst in diesem ersten und zweiten
Jahr entwickeln müssen. Deshalb möchte ich raten, noch keine Beschlüsse zu veröffentlichen
über Erfüllung des Fünfjahrplanes in vier Jahren."[193]

Damit unterstrich Ulbricht nochmals die Notwendigkeit eines Umschwenkens in der
Lohn- und Normenproblematik: Es ging um den Verzicht auf zentrale Tarif- und Normenregelungen. Und es ging um die betonte Förderung der Schwerpunktindustrien[194] auch durch
lohnpolitische Maßnahmen. Doch auch wenn das plausibel klang und durchaus einer Planwirtschaft angemessen schien, nahm die Tarif- und Normenentwicklung nach dieser Weichenstellung nahezu anarchische Züge an. Bereits im Mai 1951 sah sich der FDGB-Bundesvorstand mit Berichten über eine verbreitete Anwendung falscher Normen konfrontiert. So
hatte man beim Bau der Sporthalle in der Berliner Stalin-Allee festgestellt, daß nach der
Abrechnung 66 Millionen Mauersteine hätten angefahren sein müssen; in Wirklichkeit waren
es nur 6 Millionen.[195] Anderenorts klagte man über unterschiedliche Bezahlung innerhalb
eines Industriezweiges und fortbestehende Schwierigkeiten bei der Einführung technisch

[189] Ebenda, Referat Herbert Warnkes, S. 37.
[190] Ebenda, Diskussionsbeitrag Walter Ulbrichts, S. 2.
[191] Ebenda, S. 8.
[192] Ebenda, Planprogramm des FDGB zur Entfaltung der Masseninitiative für die vorfristige Erfüllung
     des 5-Jahrplanes der DDR (1951–1955), S. 6.
[193] Ebenda, Diskussionsbeitrag Walter Ulbricht, S. 15.
[194] Vgl. Dokumente der SED, Bd. III, Berlin 1952, S. 131–161, (zur Industrie bes. S. 132–142). Der
     Fünfjahrplan wurde jedoch erst am 1. November 1951 durch die Volkskammer verabschiedet.
     GBl. 1951, Nr. 128, S. 973.
[195] SAPMO-BA, ZGA FDGB-BV 6811, unpag.: Protokoll der 5. BV-Sitzung vom 4./5. 7. 1951, Diskus-
     sionsbeitrag Lothar Lindner, IG Bau-Holz.

begründeter Normen, was inzwischen zu einem „gewissen Zurückweichen unserer Funktionäre in den Betrieben" geführt habe.[196]

Alle diese Erscheinungen bestätigten, daß die Lohn- und Normenproblematik – ganz anders als vorgesehen – zu einem immer schwierigeren und unübersichtlicheren Terrain wurde. Darauf hatten sich auch die Industriearbeiter einzustellen, die ihr Verhalten und ihre Reaktionen nach Lage der Dinge nur auf betrieblicher Ebene einigermaßen wirksam abstimmen konnten. Auf diesem Felde agierten sie jedoch mit zunehmendem Geschick, wie die lohn- und normenpolitische Entwicklung in der DDR noch zeigen sollte. Zu welchem Ergebnissen die Bindung der Lohnentwicklung an industrielle Schwerpunktinvestitionen führte, soll im folgenden am Beispiel des Kohle- und Energieprogramms von 1957 erörtert werden.

7. Löhne und Normen unter den Bedingungen industrieller Investitionskonzentration

In der ersten Hälfte der 1950er Jahre standen die Metallurgie und die Braunkohlenveredlung im Mittelpunkt von größeren Neuinvestitionen; in der zweiten Hälfte und auch zu Beginn der 1960er Jahre lag der Akzent stärker im Gesamtbereich der Braunkohlenindustrie, einschließlich der Verstromung und der Gaserzeugung, sowie bei der Chemieindustrie.[197] Mit einiger Konsequenz wurde dabei jener lohnpolitische Kurs beibehalten, der auf eine Gewinnung von Arbeitskräften für die betreffenden Zweige angelegt war.

Noch vor Ablauf des ersten Fünfjahrplanes der DDR ließ sich absehen, daß weiteres Wirtschaftswachstum einen überdurchschnittlichen Ausbau der Elektrizitäts- und Gaserzeugung unabdingbar machte. Kurzfristig reagierte die SED-Wirtschaftspolitik 1954 darauf, indem sie mehr Investitionen in die Energiewirtschaft leitete. Als ernsterer Engpaß erwiesen sich jedoch die zu geringen Fördermengen an Stein- und Braunkohle. Sie erreichten bis 1955 lediglich 75,7 % bzw. 89,3 % der geplanten Auflagen.[198] Um dem abzuhelfen, sollten während der zweiten Fünfjahrplanperiode fast 8 Mrd. Mark für den Braunkohlenbergbau, davon über die Hälfte für den Neuaufschluß von Lagerstätten bereitgestellt werden.[199] Im Jahre 1957 wurden dann die für nötig gehaltenen Maßnahmen zu einem „Kohle- und Energieprogramm" gebündelt, in dessen Mittelpunkt das Niederlausitzer Braunkohlenrevier stand.[200] Besonders der Bau und spätere Betrieb des Kombinates „Schwarze Pumpe" erforderte einen erheblichen Zuzug von Arbeitskräften, für die neben dem alten Hoyerswerda eine neue Wohnstadt errichtet wurde. Im kleineren Maßstab verfolgten die Planer dieses Modell auch bei den anderen Kraftwerksneubauten.

Insgesamt lag es nahe, die nötigen Arbeitskräfte mit Hilfe attraktiver Löhne, aber auch mit der Aussicht auf eine Wohnung heranzuziehen. Daß solche Vorteile eine Verschiebung von

[196] Ebenda, Diskussionsbeitrag H. Littke, IG Transport.
[197] Vgl. Wolfgang Mühlfriedel/Klaus Wießner, Die Geschichte der Industrie der DDR bis 1965 (= Forschungen zur Wirtschaftsgeschichte; 25), Berlin 1989, S. 147–155, 226–245.
[198] Ebenda, S. 227.
[199] Ebenda.
[200] Vgl. Peter Hübner, Zum Kohle- und Energieprogramm der DDR 1957, in: ZfG 32 (1984), 3, S. 195–205.

Ressourcen auf Kosten anderer Regionen voraussetzten, sei hier nur am Rande erwähnt. Dennoch schienen sich die Verantwortlichen nicht völlig darüber klar gewesen zu sein, in welchem Maße durch ein solches über die zentrale Planung gesteuertes Verfahren soziale Interessen von Arbeitern und Angestellten angesprochen wurden. Wie sehr gerade politische Instanzen dazu neigten, die eigenen Zielprojektionen als Wirklichkeit zu nehmen, bestätigte beispielsweise die SED-Bezirksleitung Cottbus. Als sie im Juni 1958 besonders den am Kohle- und Energieprogramm beteiligten Arbeitern in ihrer Mehrheit ein hohes Klassenbewußtsein bescheinigte, „was sich in ökonomischen Leistungen widerspiegelt", stand diese Wertung in Kontrast zu der Feststellung, ein Teil der Arbeiterschaft verhalte sich „zum sozialistischen Aufbau noch inaktiv" und interessiere sich „nur für seine unmittelbaren persönlichen Interessen, die er über die gesellschaftlichen Interessen stellt".[201] In Wirklichkeit handelte es sich jedoch nicht um unterschiedliche Gruppierungen von Arbeitern, sondern die Arbeiterschaft zeigte in ihrer Mehrheit tatsächlich ein ambivalentes Verhalten zwischen mehr oder minder „mißmutiger Loyalität" und einem ausgeprägten Sinn für alltägliche Lebensbewältigung und kräfteschonendes „Durchkommen",[202] für das die Bezirksleitung keine rechte Erklärung fand.

Den Hintergrund ihrer Kritik bildete eine öffentlich diskutierte Vorstellung von sozialistischer Arbeitsmoral, die sich an kollektivistischen Verhaltensmustern orientierte. Tagespresse und politische Zeitschriften waren voll von Überlegungen, wie man „die von der Ausbeutergesellschaft als Erbe zurückgelassenen egoistischen Gewohnheiten" überwinden könne.[203] Weitgehend blieben sich die Autoren darin einig, daß die Menschen ihre individuellen Kräfte als gesellschaftliche erkennen und voll einsetzen sollten, weshalb „dem Zustandekommen der Einheit von materiellem Anreiz und Erziehung zur sozialistischen Einstellung zum Kollektiv, zur Gesellschaft und zum Arbeiter-und-Bauern-Staat eine große Bedeutung" zukäme.[204]

Auf diese in ihrer Dialektik nicht unbedingt stringente Art gerieten soziale Interessen der Arbeiterschaft zum Gegenstand eines sozialutopischen Versuches von Gesellschaftseduktion, wie er in den von Ulbricht verkündeten zehn Geboten der sozialistischen Ethik und Moral und in seinen Vorstellungen zur sozialistischen Arbeitsmoral seinen Ausdruck fand.[205] Trotz der Anerkennung materieller Interessen, haftete diesen etwas Suspektes an, eher mit kapitalistischer Vergangenheit verbunden als mit sozialistischer Zukunft. Typisch war etwa ein Beitrag, den die „Einheit" im März 1959 veröffentlichte. Viele Arbeiter erhöhten ihre Arbeitsleistung um des persönlichen Vorteils willen, meinte der Autor.[206] Zwischen den sich

---

[201] BLHA, BPA Cottbus, SED-Bezirksleitung IV/1/15, unpag.: Protokoll der 4. Bezirksdelegiertenkonferenz der SED, 20.–22. 6. 1958, Referat Albert Stiefs.

[202] Vgl. Alf Lüdtke, „Helden der Arbeit" – Mühen beim Arbeiten. Zur mißmutigen Loyalität von Industriearbeitern in der DDR, in: Hartmut Kaelble/Jürgen Kocka/Hartmut Zwahr (Hg.), Sozialgeschichte der DDR, Stuttgart 1994, S. 188–213.

[203] Jörg Vorholzer, Über das sozialistische Staatsbewußtsein und seine Entwicklung in der Deutschen Demokratischen Republik, in: Einheit 13 (1958), 10, S. 1472.

[204] Ebenda.

[205] Vgl. Protokoll der Verhandlungen des V. Parteitages der Sozialistischen Einheitspartei Deutschlands. 10. bis 16. Juli 1958 in der Werner-Seelenbinder-Halle zu Berlin. 1. bis 5. Verhandlungstag (Protokoll des V. Parteitages der SED, Bd. 1), Berlin 1959, S. 160–162.

[206] Fred Müller, Materielle Interessiertheit und sozialistische Bewußtseinsbildung, in: Einheit 14 (1959), 3, S. 438.

schnell verändernden ökonomischen Verhältnissen und dem langsameren Umschwung im Denken und Handeln bestünde ein Widerspruch, der seinerseits „zum Widerspruch zwischen gesellschaftlichem und persönlichem Interesse" führe.[207] „Mit der materiellen Interessiertheit knüpfen wir an der alten, überholten Denkweise an, die den einzelnen Arbeiter noch nicht erkennen läßt, daß die Wahrnehmung des Klasseninteresses die beste Wahrnehmung des eigenen Interesses ist."[208]

Immerhin klang in solchen Überlegungen an, daß man wohl auf längere Sicht mit solchen Eigeninteressen rechnen müsse. Noch im Herbst 1955 hatte Ulbricht eine recht vereinfachte Interpretation gegeben: „Ungeachtet aller bedeutenden positiven Tatsachen können wir nicht an dem Umstand vorbeigehen, daß nach der Beseitigung des kapitalistischen Zwangs durch Hunger, Arbeitslosigkeit und Not ein Teil der Arbeiter ein falsches Verhältnis zur Arbeit und damit zu unserem Staat an den Tag legt. Diese Menschen wollen für sich persönlich das Ziel verwirklichen, trotz niedriger Arbeitsproduktivität und schlechter Leistungen viel Geld zu verdienen und gut zu leben."[209] An diesem schlichten Bild war bemerkenswert, daß Ulbricht gar nicht erst den Versuch unternahm, die Erklärung für Arbeitsbummelei, Vortäuschung von Krankheit, nachlässigen Umgang mit Werkzeugen und Material in der Vergangenheit zu suchen. Bezeichnenderweise seien es sehr oft jugendliche Arbeiter, die solche Schwächen erkennen ließen.[210] Als Hauptprobleme charakterisierte Ulbricht an anderer Stelle Mängel in der ideologischen Tätigkeit der SED und das Fehlen von „auf wissenschaftlicher Grundlage erarbeiteten Lohngruppenkatalogen". Der Hauptfehler aber sei, „daß nicht immer mit den Arbeitern klar über die Fragen der Arbeitsproduktivität gesprochen wird".[211]

Die hier erkennbare Tendenz, wirtschaftliche und soziale Probleme ideologisch – also auch billig – zu lösen oder zu verdrängen, fruchtete schon deshalb wenig, weil eigentlich lohnpolitische Regelungsmechanismen in volkswirtschaftlicher Dimension gefragt waren. Anders ließen sich die problematischen Wirkungen, wie sie von einer lohnpolitischen Bevorzugung der Schlüsselindustrien ausgingen, kaum ins Lot bringen. Die in der zweiten Hälfte der 1950er Jahre ins Auge springende Kombination aus – teils künstlicher – Arbeitskräfteverknappung und einem heillosen Durcheinander im Normenbereich konnte auch durch Veränderungen in der Lohngruppeneinteilung nicht wirksam korrigiert werden. Letztere war seit 1950 mit Rücksicht auf die autarkiepolitischen Schwerpunktsetzungen beträchtlich verändert worden.[212] An sich wäre das in den Lohngruppenkatalogen ohne Schwierigkeiten zu berücksichtigen gewesen, doch waren inzwischen die tariflichen Lohngruppen von allen möglichen unkoordinierten Zuschlags- und Prämienregelungen überlagert worden. Zusammen mit den sehr unterschiedlichen Normenfestlegungen in den einzelnen Industriezweigen sorgte dieser Umstand für eine sozial problematische und produktivitätshemmende Schieflage des gesamten Lohnsystems und der Arbeitseinkommen.[213]

In dem Punkte liefen die wirtschaftspolitischen Intentionen der SED und die Lohninteres-

---

[207] Ebenda, S. 437.

[208] Ebenda, S. 438.

[209] Walter Ulbricht, Die Rolle der DDR im Kampf um ein friedliches und glückliches Leben des deutschen Volkes, Berlin 1955, S. 47.

[210] Ebenda.

[211] Ders., Zur sozialistischen Entwicklung, a.a.O., S. 507.

[212] Vgl. Hermann Knöschke, Die Differenzierung der Tariflöhne der Produktionsarbeiter in der Wirtschaft der DDR, in: Wirtschaftswissenschaft 7 (1959), 6, S. 903.

[213] Vgl. Ulbricht, Zur sozialistischen Entwicklung, a.a.O., S. 639.

sen der Industriearbeiterschaft wenigstens teilweise zusammen, denn beiden Seiten mußte, wenn auch aus unterschiedlichen Gründen, an leistungsorientierter Neufestsetzung der Tarife gelegen sein. Doch genau dazu kam es auch in der Phase der Schwerpunktprogramme nicht, obgleich sie für Lohnkorrekturen relativ günstige Gelegenheit boten. Anstatt Lohnstrukturen und -zuwächse an das Wirtschaftswachstum zu koppeln, ließ sich die SED zwischen 1956 und 1961 in der Absicht, über soziale Zugeständnisse innenpolitisch befriedend zu wirken, auf wirtschaftspolitisch riskante Sozialmanöver ein, von denen hier nur diejenigen genannt sein sollen, die direkt in der Industrie bzw. industrienahen Zweigen die Löhne beeinflußten: Ab Mai 1956 traten stufenweise Lohn- und Gehaltserhöhungen für Beschäftigte der Eisenbahn, der Post, der Nahverkehrsbetriebe in Kraft.[214] Im September 1956 wurden die Ortsklassen C und D aufgehoben.[215] Eine Verordnung vom Mai 1957 erleichterte den Betrieben die schnelle Auszahlung von Prämien für besondere Leistungen.[216] Im Zusammenhang mit der Abschaffung der Lebensmittelkarten, erhielten untere Einkommensgruppen Lohn- bzw. Gehaltszuschläge.[217] Lohnrelevant war auch die Einführung eines staatlichen Kinderzuschlages.[218] Im Februar und März 1959 folgten Beschlüsse über Einkommensverbesserungen für Berg- und Chemiearbeiter, für Beschäftigte der Zellstoff- und Papierindustrie, der Reifencord- und Kunstlederbetriebe, im April dann für die meisten Arbeiter und Angestellten der Bau- und Baustoffindustrie, im Baugewerbe und Verkehrswesen, in der Leichtindustrie und im Handel.[219] Ab September 1959 erhöhten sich die Löhne bei der Energie-, Gas- und Wasserwirtschaft, ab März 1960 auch im Verkehrs- und Transportwesen.[220]

Alle Argumente, diese lohn- und sozialpolitischen Vorleistungen direkt in wachsende Produktivität und Produktion umzusetzen, sahen sich immer deutlicher mit einem Konsumtionsanspruch konfrontiert, der einerseits auf einen erheblichen Nachholbedarf bei Konsumgütern, aber auch bei höherwertigen Nahrungs- und Genußmitteln zurückzuführen war, in dem sich andererseits aber auch bereits Vergleiche mit der westdeutschen Entwicklung bemerkbar machten. Dennoch tat man sich in den Apparaten der SED und des FDGB schwer, von der alten Formel abzugehen, nach der es gelte, heute besser zu arbeiten, um morgen besser zu leben. Nur allmählich setzte sich dort die Einsicht durch, daß es nicht nur zwischen Produktivität und Einkommen der Arbeiter eine leistungsstimulierende Relation zu gewährleisten gelte, sondern daß erst die Möglichkeit realer individueller Konsumtion, also die Verfügbarkeit eines ausreichenden Warenangebots, die ganze Konstruktion tragfähig machen würde. Die Leistungsbereitschaft war in der Regel mit einem Konsumtionsanspruch eng verbunden.

Als die SED auf ihrem 5. Parteitag im Juli 1958 eine ökonomische Hauptaufgabe mit exorbitanten Wachstumszielen formulierte, wollte sie nach den Worten des Vorsitzenden der im Februar 1958 gebildeten Wirtschaftskommission beim Politbüro des ZK „auf die enge Verbindung zwischen der Steigerung der Produktion und der Entwicklung des individuellen

---

[214] Winkler, Geschichte der Sozialpolitik, a.a. O., S. 292.
[215] GBl. I, Nr. 84/1956, S. 753.
[216] GBl. I, Nr. 36/1957, S. 289.
[217] GBl. I, Nr. 33/1958, S. 413 und Nr. 34/1958, S. 417–423.
[218] GBl. I, Nr. 35/1958, S. 437.
[219] Winkler, Geschichte der Sozialpolitik, a.a.O., S. 298f.
[220] Ebenda, S. 300f.

Konsums der Bevölkerung" hinweisen.[221] Hiermit wurde nun offiziell eine Weichenstellung vollzogen, die den bislang verpönten individuellen Egoismus, wie er in den Lohninteressen der Arbeiter Ausdruck fand, als volkswirtschaftlichen Wachstumsfaktor akzeptierte.

Dieser Schwenk kam nicht überraschend; schon vor dem Parteitag hatte das SED-Zentralkomitee auf seiner 30. und 33. Tagung Lösungswege erörtert.[222] Worum es im Kern ging, beschrieb der Sekretär des FDGB-Bundesvorstandes und Leiter der Abteilung Arbeit und Löhne, Otto Lehmann, so: „Die rasche Entwicklung neuer Betriebe und Industriezweige, die damit verbundene Werbung von Arbeitskräften, unrhythmische Produktion, oft durch Materialschwierigkeiten hervorgerufen, das Fehlen exakter Einstufungsmerkmale in Form der Wirtschaftszweiglohngruppenkataloge sind einige Ursachen, die dazu geführt haben, daß die Entwicklung der Durchschnittslöhne zwischen und in den Wirtschaftszweigen, zwischen und in vielen Betrieben und Berufen nicht immer im richtigen Verhältnis erfolgt ist. Auf diese Weise hat sich eine Reihe von Widersprüchen zum Gesetz der Verteilung nach der Arbeitsleistung herausgebildet."[223]

Aus der Perspektive von Industriearbeitern waren Lohnunsicherheit und fehlende Lohngerechtigkeit die wichtigsten Folgen dieser wirren Situation. So mochte es auch nicht zufällig gewesen sein, daß sich gleich mit der Verkündung des Kohle- und Energieprogramms Forderungen mehrten, für den Industriezweig Kohle und Energie die Tarifgerechtigkeit gegenüber anderen Industriezweigen wiederherzustellen. Im Grunde hätte das einen großflächigen Umbau des gesamten Lohn- und Normensystems vorausgesetzt, wozu die DDR-Wirtschaft aus Zeit- und Kostengründen kaum in der Lage war; vor allem aber wären die damit verbundenen politischen Risiken unkalkulierbar geblieben. Theoretisch bestand wohl seit Mitte der 1950er Jahre eine Chance, durch die Einführung von Lohngruppenkatalogen regulierend einzugreifen, doch auch davor scheute man zurück, weil einerseits eine zu große Zahl von Rückstufungen eingetreten wäre und andererseits Höherstufungen bedeutende zusätzliche Mittel erfordert hätten.[224]

Zur verbreiteten Verärgerung über kaum zu begründende Verwerfungen der Lohnrelationen zwischen den einzelnen Industriezweigen kam ab 1956 erneut die Furcht, die jetzt wieder propagierte Einführung technisch begründeter Arbeitsnormen könnte zum Lohnabbau führen. Daß diese Gefahr real war, zeigte eine Auseinandersetzung, zu der es auf der vom 21. bis zum 23. Juni 1956 in Leipzig tagenden Zentralen Neuererkonferenz der Kammer der Technik (KdT) kam. Dort stieß der Leipziger Arbeitswissenschaftler Hans Thalmann mit seinem Vorschlag, die Lohn- von der Normenfrage zu trennen und die neuen Normen gleich 100 Prozent zu setzen, auf die entschiedene Ablehnung des Leiters der Abteilung Arbeit und Löhne beim FDGB-Bundesvorstand, Otto Lehmann, der die politischen und sozialen Risiken eine solchen Maßnahme herausstellte. Auch öffentlich warnte Lehmann vor dieser Entwicklung und führte als Beleg Briefe an, in denen sich Arbeiter an die Gewerkschaften gewandt hatten. Daraus sei zwar eine mehr oder minder deutliche Zustimmung zu technisch

[221] Erich Apel, Unsere ökonomische Hauptaufgabe und die Weiterentwicklung unserer Industrie, in: Einheit 13 (1958), 8, S. 1108f.

[222] Vgl. Bruno Leuschner, Unsere ökonomischen Probleme und die Verbesserung der Wirtschaftsführung, Berlin 1957, S. 13f.; Ulbricht, Zur sozialistischen Entwicklung, a.a.O., S. 638ff.

[223] Otto Lehmann, Probleme unseres Lohn- und Normensystems, in: Einheit 12 (1957), 8, S. 952.

[224] SAPMO-BA, ZGA FDGB-BV 1372, unpag.: Büro Lehmann im FDGB-Bundesvorstand. Analyse der Einflüsse der Lohnbewegung auf die Entwicklung der Arbeitsproduktivität 1945–1960.

begründeten Normen abzulesen, doch verbinde sich diese mit einer massiven Ablehnung von Lohnreduzierungen.[225] Entsprechende Befürchtungen gehörten offenbar zu den Hauptgründen für 1956 registrierte Arbeitsniederlegungen in der Industrie.[226]

In der Lohnfrage gerieten die Abteilung Gewerkschaften und Sozialpolitik des SED-Zentralkomitees und die Abteilung Arbeit und Löhne des FDGB-Bundesvorstandes zwischen 1957 und 1960 heftig aneinander. Während die ZK-Funktionäre – nachdem die SED die politische Krise von 1956 pariert hatte – erneut eine rasche Steigerung der Arbeitsproduktivität verlangten, argumentierte der Leiter der Abteilung Arbeit und Löhne, Otto Lehmann, der auf die 1953 gesammelten Erfahrungen verwies, man müsse dabei die Lohnsicherheit gewährleisten.[227] Im Juni 1960 legten Lehmann und seine Abteilung diese Position nochmals in einem „Gemeinsamen Standpunkt" dar.[228] Unter dem Vorwurf, die Forderung nach Lohnsicherheit bedeute eine Gleichsetzung des sozialistischen Staates mit dem kapitalistischen Ausbeutersystem, wurde Lehmann noch im August 1960 zu einer peinlichen Selbstkritik gezwungen.[229] Trotz des eindeutigen „Sieges" der ZK-Abteilung konnte es diese in der Folge nicht verhindern, daß sich die Praxis eher an Lehmanns Überlegungen orientierte.

Angesichts solcher Meinungsverschiedenheiten auf den oberen Leitungsebenen reagierten die meisten Betriebsleitungen eher vorsichtig und bemühten sich, mit den inzwischen rund 100 unterschiedlichen Tariftabellen so zu manövrieren, daß größere Einbrüche bei den Löhnen vermieden wurden. Hierfür gab es durchaus Spielräume, doch deren Nutzung bewirkte zumeist auch ein weiteres Anwachsen bestehender Lohndisproportionen. Die Abteilung für Arbeit und Löhne des FDGB-Bundesvorstandes konstatierte verärgert: „Es gibt eine verbreitete opportunistische Haltung zu den Fragen der Arbeitsnormung (‚Heiße Eisen'), die ergänzt wird durch die Neigung zum Administrieren."[230]

Freilich schienen weder die politische Großwetterlage noch die wirtschaftliche Situation der DDR im Jahre 1956 und auch danach für die SED geeignet, einen lohn- und normenpolitischen Konfrontationskurs zu fahren. Nicht zuletzt die teilweise immer noch empfindlichen Versorgungsengpässe ließen ein vorsichtigeres Agieren ratsam erscheinen. Auch bei den Löhnen reduzierten sich die Interessen der Arbeiterschaft keineswegs nur auf deren Sicherung oder auf Lohnzuwächse. Als mindestens ebenso wichtig wurden eine ausgewogene Differenzierung des Tarifsystems und die Stabilisierung der Versorgung empfunden. Beson-

---

[225] Vgl. Otto Lehmann, Gegen einige schädliche Methoden in unseren volkseigenen Betrieben, in: Tribüne, 13. 7. 1956, S. 3.

[226] Vgl. Stefan Wolle, Das MfS und die Arbeiterproteste im Herbst 1956 in der DDR, in: APZ, B 5/1991, S. 48.

[227] SAPMO-BA, ZPA Abt. Gewerkschaften und Sozialpolitik, IV/ 2/611/12, Bl. 5: Information über Fragen der „Lohnsicherheit", 30. 11. 1959.

[228] SAPMO-BA, ZPA Abt. Gewerkschaften und Sozialpolitik IV 2/611/46, Bl. 50–74: Ausarbeitung „Gemeinsamer Standpunkt zu drei aktuellen Problemen der richtigen Anwendung des sozialistischen Leistungsprinzips", 30. 6. 1960.

[229] SAPMO-BA, ZPA Abt. Gewerkschaften und Sozialpolitik, IV 2/611/46, Bl. 36: Stellungnahme der Abteilung Gewerkschaften zu dem vorliegenden Material des Genossen Lehmann und der Abteilung Arbeit und Löhne, 8. 7. 1960; ebenda, Bl. 77: Information für Gen. Neumann über die Auseinandersetzung mit Gen. Otto Lehmann und der Parteigruppe Löhne-Arbeitsrecht im Bundesvorstand des FDGB auf der Präsidiumssitzung am 5. 8. 1960 und der Parteiaktivtagung im Apparat des Bundesvorstandes am 8. 8. 1960.

[230] SAPMO-BA, ZGA FDGB-BV 1372, unpag.: Büro Lehmann im FDGB-Bundesvorstand. Analyse der Einflüsse der Lohnbewegung auf die Entwicklung der Arbeitsproduktivität 1945–1960.

ders zuungunsten der Schwerpunktindustrien war nämlich im Verlaufe der 1950er Jahre durch Preisveränderungen und allgemeine Lohnerhöhungen eine „völlige Umkehrung der Differenzierung in den Effektivlöhnen" eingetreten.[231] Diese Entwicklung wirkte auf die Betroffenen nicht nur demotivierend, sie trug in erheblichem Maße auch zum Entstehen eines Kaufkraftüberhanges bei, unter dem die DDR-Wirtschaft in der Folge permanent litt.

Die Korrektur des Lohnsystems war gewiß ein Gebot der Stunde. Doch schon eine Neufestsetzung von Normen stand entgegen, daß es der Industrie nicht gelang, einen stabilen Produktionsrhythmus zu gewährleisten. So kam es im 1. Quartal eines jeden Jahres zu einem absoluten Produktionsrückgang. Lag beispielsweise der Index der industriellen Bruttoproduktion im Dezember 1955 bei 100, so sank er im Januar 1956 auf 83, im Februar auf 79 und im März stieg er wieder auf 95 Prozentpunkte.[232] Fraglos beeinflußten solche „Gesetzmäßigkeiten" die Arbeitseinkommen negativ. Vor den Konsequenzen warnten DDR-Ökonomen 1956: „Bei einem so fehlerhaften Produktionsrhythmus, wie in den vergangenen Jahren, kann es nicht ausbleiben, daß viele Werktätige verärgert werden und resignieren. Sie wollen mit allen Kräften an der Erfüllung des Planes arbeiten, finden aber dazu an ihrem Arbeitsplatz nicht die erforderlichen objektiven Voraussetzungen. Nicht zuletzt werden sie durch die mit dem Produktionsrückgang im I. Quartal in Verbindung stehenden Lohnausfälle empfindlich getroffen. Andererseits werden die Arbeiter im III. und IV. Quartal oft durch Überstunden belastet, um den eingetretenen Planrückstand aufzuholen. Die Tatsache, daß wir in den vergangenen Jahren in nicht genügendem Maße den Anlauf des neuen Volkswirtschaftsplanes gesichert haben, führte zu Verärgerung und Unzufriedenheit."[233]

8. Prämien als lohnpolitische Aushilfe

Offenbar in der Erkenntnis, diese Probleme nicht kurzfristig lösen zu können, versuchten das Politbüro des SED-Zentralkomitees und das Präsidium des FDGB-Bundesvorstandes durch eine Neuregelung des Prämienwesens eine lohnpolitische Umleitungsstrecke einzurichten.[234] Nach längeren Vorarbeiten, bei denen bewußt die Frage nach Jahresendprämien ausgeklammert wurde, weil die Finanzierung nicht absehbar war[235], veröffentlichten die Zeitungen „Neues Deutschland" und „Tribüne" am 27. Dezember 1956 den Entwurf einer neuen Prämienordnung. Obwohl dazu bis zum Februar 1957 aus der Bevölkerung nur etwa 100 Zuschriften an den Bundesvorstand und ca. 125 an die Zeitungen „Neues Deutschland", „Tribüne" und die Zeitschrift „Finanzwirtschaft" gerichtet wurden[236], gab es in vielen Betrieben teils heftige Diskussionen. Diese hielten während des ganzen Jahres 1957 an und bezogen sich vor allem auf die organisatorische Handhabung und die technischen Kriterien der

---

[231] Ebenda.

[232] Vgl. Fritz Müller/Alfred Lange, Den reibungslosen Anlauf des Volkswirtschaftsplanes 1957 sichern, in: Einheit 11 (1956), 10, S. 955.

[233] Ebenda, S. 957.

[234] SAPMO-BA, ZGA FDGB-BV 3973, unpag.: Div. Notizen und Briefe aus dem Büro Lehmann des FDGB-Bundesvorstandes, Mai bis Dezember 1957.

[235] Ebenda, Briefe Herbert Warnkes an Willy Rumpf, Fritz Selbmann, Friedrich Macher und Otto Lehmann, 28. 11. 1956.

[236] Ebenda.

Prämienvergabe. Doch zugleich wurden auch Forderungen nach Zahlung einer Jahresend-
prämie[237], nach Lohnerhöhungen und nach Senkung der Gewerkschaftsbeiträge laut. Auch
artikulierten Arbeiter in einer Reihe von Betrieben Kritik an den Prämien für Angestellte, die
sie als ungerechtfertigt betrachteten. Nicht selten beklagten Gewerkschaftsfunktionäre deshalb eine Atmosphäre „der Gleichmacherei und der Intelligenzfeindlichkeit".[238]

Am 1. April 1957 trat auf Beschluß des Ministerrates eine Verordnung über die Bildung von
Betriebsprämienfonds sowie von Kultur- und Sozialfonds in Kraft, zu deren Umsetzung
160 Millionen Mark aus dem Staatshaushalt zugeschossen wurden.[239] Die Prämienvergabe
sollte sich künftig mehr nach der Arbeitsqualität richten, was den Erwartungen vieler Arbeiter
entsprach. Daß sich aber größere Gruppen von ihnen enttäuscht zeigten, weil auch technische
und Verwaltungsangestellte Leistungsprämien erhalten würden, war ein ernstzunehmendes
gesellschaftspolitisches Problem. Es hatte nur partiell mit „Intelligenzfeindlichkeit" zu tun
und deutete vielmehr auf die Verfestigung sozialer Schichtungen innerhalb von Betriebsbelegschaften hin. Der hier zum Ausdruck kommende schichtspezifische oder auch – wie am
Beispiel der Arbeitsbrigaden noch zu zeigen sein wird – korporative Sozialegoismus, dem die
Gewerkschaften auffallend ratlos gegenüberstanden[240], übte während des ganzen untersuchten Zeitraumes einen wechselnden, in der Tendenz aber offensichtlich zunehmenden Einfluß
auf das Konfliktverhalten von Arbeitern aus.

Die neuen Prämienregelungen fanden in den einzelnen Industrien recht unterschiedliche
Anwendung. Eine Sonderrolle dürften der Bergbau und die anderen direkt am Kohle- und
Energieprogramm beteiligten Werke bzw. Betriebe gespielt haben. Im Steinkohlenbergbau
führte man eine klar definierte Förderprämie ein. Im Braunkohlenbergbau sollte der gleiche
Effekt durch Monatsarbeitsaufträge erreicht werden, bei deren Erfüllung in der Brikettpro-
duktion 12 %, im Abraum 7 % und in der Kohleförderung 6 % Prämie zum Leistungslohn
gezahlt wurden. Problematisch blieb indessen eine Maximalbegrenzung der Prämien auf
22 % Übererfüllung in den Brikettfabriken, 20 % in der Abraumbewegung und 16 % in der
Kohleförderung.[241] Die Folge war, daß sich die Beschäftigten, wenn sie diese Obergrenze
erreicht hatten, Leistungszurückhaltung auferlegten. In jenen Fällen, wo der stärkere Investi-
tionszufluß zum Einsatz modernerer Maschinen und damit zu deutlichen Produktivitätsstei-
gerungen, aber auch höheren Normen führte, kam es häufiger zu Lohnminderungen. Im
Kombinat „Schwarze Pumpe" wandten sich z.B. qualifizierte Häuer gegen den Einsatz einer
Streckenvortriebsmaschine. Einer verlangte: „Gebt mir die Hacke wieder in die Hand, die
Mechanismen schmälern meine Lohntüte."[242]

[237] Jahresendprämien wurden in der DDR jedoch erst ab 1966 eingeführt. Vgl. GBl. II, Nr. 40/1966,
S. 249.
[238] SAPMO-BA, ZGA FDGB-BV 3973, unpag.: Information der Abt. Organisation und Kader des BV,
11. 7. 1957; Bericht des FDGB-Bezirksvorstandes Rostock, 24. 6. 1957; Bericht des Zentralvorstandes
der IG Bau-Holz, 15. 6. 1957.
[239] Vgl. Geschichte des FDGB, a.a.O., S. 434.
[240] SAPMO-BA, ZGA FDGB-BV 3973, unpag.: Vorlage der Abt. Gewerkschaften, Sozial- und Gesundheitswesen des ZK der SED für das Sekretariat des ZK. 10. 1. 1958
[241] SAPMO-BA, ZGA FDGB, IG Bergbau 44, unpag.: Protokoll der 8. Zentralvorstandssitzung, 10. 4.
1957.
[242] BLHA, BPA Cottbus, SED-Kreisleitung Schwarze Pumpe IV/4/13/1636, unpag.: Protokoll der 3. Kreisdelegiertenkonferenz der SED-Industrie-Kreisorganisation Schwarze Pumpe, 19./20. 5. 1962. Diskussion, S. 15.

Trotzdem erzeugte das Kohle- und Energieprogramm bemerkenswerte Produktivitätseffekte. Wie das Beispiel des Braunkohlenwerkes Greifenhain verdeutlicht, folgte einer längeren Stagnationsphase in den Jahren 1957/58 eine merkliche Leistungssteigerung, die dann aber schon 1959 wieder in Stagnation überging (Tabelle 5).

Tabelle 5
Produktivität und Durchschnittslohn je Produktionsarbeiter im Braunkohlenwerk Greifenhain (1949–1964)

Jahr	Produktivität	Durchschnittslohn	Durchschnittslohn : Produktivität
	(Mark)	(Mark)	(Prozent)
1949	20.972	3.870	18,5
1950	24.471	3.950	16,1
1951	28.627	4.320	15,1
1952	30.001	4.765	15,9
1953	26.513	5.218	19.7
1954	21.037	5.424	25,5
1955	19.241	5.431	28,2
1956	16.811	5.435	32,3
1957	23.005	5.843	25,4
1958	25.086	6.057	24,1
1959	24.236	6.448	26,6
1960	23.931	6.526	27,3
1961	24.061	6.802	28,3
1962	25.715	6.735	26,2
1963	24.582	6.784	27,6
1964	23.049	6.600	28,6

Quelle: 30 Jahre Braunkohlenwerk Greifenhain. Vom Werden und Wachsen unseres Werkes. Festschrift, Cottbus 1965, S. 70. (Die Relation Durchschnittslohn : Produktivität wurde vom Verf. berechnet.)

Markant fielen hier der Anstieg des Lohnanteils seit 1953 und seine Absenkung seit 1957 auf. Der Anstieg ab 1959 war schon wieder Ergebnis eines weicheren lohnpolitischen Kurses, der sich nach dem kurzen, durch das Produktionsaufgebot verursachten, Einbruch von 1962 fortsetzte. Allerdings steckte dahinter keine längerfristige lohnpolitische Konzeption, eher handelte es sich um eine Abfolge von Teilarrangements.

Das Kohle- und Energieprogramm hätte vielleicht eine größere lohn- und normenpolitische Korrektur ermöglichen können, wenn die Tariflöhne in den Schlüsselbereichen der Industrie stärker an die Betriebsergebnisse gebunden gewesen wären. Politisch war das insbesondere wegen dann kaum zu vermeidender Lohnbesenkungen nicht durchzusetzen. Dieses Risiko wollte wohl keine der verantwortlichen Stellen eingehen. Statt dessen ließen sie sich auf ein hastiges Improvisieren mit unerprobten und für die meisten Arbeiter schwer verständlichen Lohn- und Prämienregelungen ein, die von einem beträchtlichen Teil der Arbeiterschaft zunächst als Griff in die Lohntüte interpretiert wurden. Beispielsweise konstatierte die VVB Braunkohle Leipzig im März 1959, daß „in unseren Braunkohlenwerken . . . das sozialistische Leistungsprinzip zu extrem in Anwendung gebracht" wurde.[243] Tatsächlich

---

[243] Staatsarchiv Leipzig (StAL), VEB BKW Kulkwitz 11, unpag.: VVB Braunkohle Leipzig. Einschätzung der Normenarbeit, der monatlichen Arbeitsaufträge und der Neuerermethoden 1958. 5. 3. 1959.

öffnete sich die Schere zwischen Löhnen und Produktionszuwachs in den Bergbaubetrieben außerordentlich schnell zum Nachteil der Arbeiter. Diese reagierten aber in einer Weise, wie sie sich seit den ausgehenden 1940er Jahren herausgebildet hatte und in der Regel immer wieder bestätigt fand: Sie kombinierten die Forderung nach Lohnstabilität mit der passiven Abwehr aller Versuche, sie auf neue Lohn- und Normenregelungen oder auch auf neue Arbeitsmethoden festzulegen.

Geradezu typisch verlief in dieser Hinsicht eine der inzwischen üblich gewordenen „Ökonomischen Konferenzen" im Braunkohlenwerk Kulkwitz bei Leipzig, wo die Arbeiter im Oktober 1958 verlangten, „1959 nicht weniger zu verdienen". Um dem Nachdruck zu verleihen, blockten sie offenbar wirksam auf anderen Feldern ab. So berichteten Verantwortliche des Werkes, man habe in der Wettbewerbsbewegung „durchaus nicht mehr den Aufschwung und die Begeisterung, die wir schon einmal hatten. Es dauert heute manchmal lange, bis die Verpflichtungen in den Schichten abgegeben werden." Auch äußerten sich die Arbeiter in Produktionsberatungen wenig zum Wettbewerb.[244]

Doch handelte es sich bei derartigem Druck auf die Löhne, wie ihn die Bergarbeiter zu Beginn des Kohle- und Energieprogramms erlebten, nicht um das einzige Problem. Auch zwischen den einzelnen Industriezweigen hatten sich entgegen allen Bemühungen, die Tarife nach dem volkswirtschaftlichen Gewicht der Zweige zu staffeln, viele Lohnrelationen unkontrolliert verschoben. Der Grund lag vor allem in einer durch verschiedenartigste Normen und Zuschläge zustandekommenden und anwachsenden Differenz zwischen Tarif- und Effektivlöhnen. Am 16. Oktober 1957 mußte Walter Ulbricht auf der 33. ZK-Tagung einräumen, daß eine Verschiebung „zugunsten der Arbeiter des Maschinenbaus und zum Nachteil der Arbeiter des Bergbaus, der Chemie und anderer Zweige der Grundstoffindustrie" festzustellen sei.[245] Der Anteil der Tariflöhne ging ständig zurück, während sich gleichzeitig die Effektivlöhne relativ leistungsunabhängig und von Zweig zu Zweig, teilweise auch in einzelnen Betrieben sehr unterschiedlich entwickelten (Tabelle 6).

Tabelle 6
Anteil des Tariflohnes am Effektivlohn (1952–1958)

Jahr	1952	1958
Berg- und Hüttenwesen	83 %	66,8 %
Schwermaschinenbau	77 %	58,9 %
Allgemeiner Maschinenbau	77 %	58,3 %
Elektrotechnik	77 %	63,2 %

Quelle: BA, Staatliche Plankommission (SPK) E-1, 13480, Bl. 4: Zentralvorstand IG Metall/Metallurgie. Entwurf eines lohnpolitischen Programms bis 1965. 25. 5. 1959.

Die hier entstehenden sozialen Spannungen waren es wohl, die Ulbricht besonders beunruhigten.

Angesichts der in anderen Industriezweigen verbreiteten überproportionalen Normener-

---

[244] StAL, VEB BKW Kulkwitz 40, unpag.: Bericht über die 2. Ökonomische Konferenz des VEB BKW Kulkwitz. 29. 10. 1958.
[245] Ulbricht, Zur sozialistischen Entwicklung, a.a.O., S. 639.

füllung lag es auf der Hand, wenn die Bergarbeiter ein Interesse an Effektivlöhnen hatten, die ihre benachteiligte Position ausglichen. Hier konnten SED und FDGB in ihrem Bemühen, die Lohnrelationen durch Lohngruppenkataloge und neue Normen zu korrigieren, mit Zustimmung rechnen. Solche Versuche wurden auch unternommen, doch sie gerieten bald wegen der von Werk zu Werk verschiedenen Förderbedingungen und technischen Ausstattungen ins Stocken.

In den zehn Werken der VVB Braunkohle Leipzig stiegen beispielsweise die Arbeiterlöhne nur in vier Fällen an, während in sechs Werken von 1957 bis 1960 Lohnreduzierungen vorherrschten. Mit einem durchschnittlichen Verdienstzuwachs von 3,1 % lag dabei das BKW Kulkwitz an der Spitze. Im BKW Thräna sanken demgegenüber die Löhne der Produktionsarbeiter um 5,6 % ab. Für die Arbeiter war es zusätzlich beunruhigend, daß diese Entwicklung in keinem Verhältnis zur Arbeitsproduktivität stand. Im BKW Regis stieg diese während des gleichen Zeitraumes um 12,8 %, während der Arbeiter-Durchschnittslohn um 3,2 % zurückging. Umgekehrt sank im BKW Deutzen die Arbeitsproduktivität um 4,4 %, doch die Löhne erhöhten sich um 0,3 %.[246]

Wie das Beispiel der VVB Braunkohle Leipzig zeigte, setzte die Tendenz zur Lohnsenkung ungleichmäßig verteilt zwar, doch deutlich auf die Jahre 1957/58 konzentriert, ein (Tabelle 7).

Tabelle 7
Entwicklung der Durchschnittslöhne in den Lohngruppen III bis VII. VVB Braunkohle Leipzig (in Mark)

| Betriebsteile | Jahr | Lohngruppen | | | | |
		III	IV	V	VI	VII
Abraum	1956	3.861	4.268	4.796	5.793	7.138
	1957	4.042	4.462	5.048	6.124	7.548
	1958	4.164	4.559	5.149	6.258	7.580
Grube	1956	3.951	4.321	4.863	5.952	7.062
	1957	4.039	4.395	4.971	6.043	7.346
	1958	4.030	4.411	4.985	6.059	7.219
Brikettfabriken	1956	3.794	4.182	4.725	5.730	6.953
	1957	4.191	4.588	4.185	6.290	7.688
	1958	4.193	4.593	5.188	6.303	7.620

Quelle: StAL, VEB BKW Kulkwitz 11, unpag.: VVB Braunkohle Leipzig. Entwicklung der Durchschnittslöhne in den Lohngruppen III–VII von 1956 bis 1958.

Wenn sich bei dieser Gelegenheit die Spannweite zwischen den unteren und den oberen Lohngruppen vergrößerte, handelte es sich im Hinblick auf berufliche Qualifizierungsanreize durchaus um einen gewollten Effekt, der jedoch in der Arbeiterschaft nicht ungeteilte Zustimmung fand.

Unter den Bedingungen industrieller Investitionskonzentration und der damit verbundenen Arbeitskräftelenkung durch Löhne, mußte es zwangsläufig zur Interessenkollision zwischen einzelnen Industriezweigen kommen. So monierte die IG Metall im Mai 1959, daß die

---

[246] StAL, VEB BKW Kulkwitz 11, unpag.: VVB Braunkohle Leipzig. Entwicklung der Arbeitsproduktivität 1958.

komplizierte lohnpolitische Lage die Bildung von Stammbelegschaften behindere.[247] Andererseits waren Teile der Kohleindustrie auf mehr oder minder offene Abwerbung von Arbeitskräften angewiesen. Da eine größere Umverteilung von Arbeitskräften kurzfristig vom bestehenden Lohnsystem her nicht zu steuern war, stellte man hierfür Prämienmittel – die dann allerdings als Leistungsanreiz ausfielen – lohnergänzend bereit.

Ein Bericht der Abteilung Grundstoffindustrie des ZK der SED machte schon Ende 1956 am Beispiel des im Aufbau befindlichen Kombinates „Schwarze Pumpe" auf fatale Folgen aufmerksam: „Durch den Beschluß des Ministerrates zur Gewährung von monatlichen Sonderprämien und Jahresprämien für die Bauarbeiter an besonderen Schwerpunktobjekten ist seit Juli d.J. der Zustrom von Arbeitskräften zum Kombinat ganz erheblich gestiegen. Die Zusammensetzung der zusätzlich gewonnenen Arbeitskräfte entspricht aber nicht den Notwendigkeiten, da eine planmäßige Werbung in den Betrieben durch entsprechende Verbote der Vorsitzenden der Räte der Bezirke nicht durchgeführt werden durfte. Das bezieht sich vor allem auf die Anwerbung von Meistern, Polieren und Bauführern. Daher besteht z.Zt. bei den Baubetrieben die Tendenz, möglichst keine ungelernten Arbeitskräfte mehr aufzunehmen, weil es an mittleren Kadern, Meistern und Bautechnikern fehlt. Auch hier wirkt sich das ungünstige Bezahlungsverhältnis zwischen Meistern und Brigadieren aus."[248]

Damit zeichnete sich schon ab, daß über künstlich erzeugte Lohnvorteile nicht unbedingt die beabsichtigten Wirkungen zu erreichen waren. Freilich blieb es auch kein Geheimnis, welche kontraproduktiven Effekte sich vom insgesamt niedrigen Lohnniveau und aus der gleichzeitigen Verwerfung der Tarife herleiteten und die Zusammensetzung der Betriebsbelegschaften beeinträchtigten. So verwies die IG Metall für ihren Bereich darauf, daß „die Verdienste der Arbeiter im Leistungslohn in den oberen Lohngruppen . . . mit den Verdiensten der Meister, Techniker und den Gehältern des ing.-technischen Personals in den Gehaltsgruppen 1 und 2 (kollidieren)".[249] Ohne diese allgemein anzutreffende Problematik hier weiter ausführen zu können, sollte zumindest nicht unerwähnt bleiben, daß ein solcher Defekt der Tarifstruktur ganz im Gegensatz zu den gesellschaftspolitischen Intentionen der SED einen sozialen Aufstieg aus den Reihen der Industriearbeiterschaft heraus massiv behinderte. Direktiven, wie sie etwa die Abteilung Kohle der Staatlichen Plankommission im Juli 1959 „zur weiteren Qualifizierung der Produktionsarbeiter sowie der mittleren und leitenden Wirtschaftskader der Kohlenindustrie" oder über die „Verbesserung der Kaderentwicklung im Industriezweig" formulierte, waren eine eher hilflose Reaktion darauf und hingen förmlich in der Luft, weil sie elementaren Interessen der Arbeiter nicht entsprachen.[250]

Im bestehenden Lohn- und Gehaltsgefüge erschien es den meisten Arbeitern vorteilhafter, Arbeiter zu bleiben. Als solche verfügten sie nämlich nicht nur über bessere Möglichkeiten, höhere Löhne zu erzielen, sondern sie hatten auch einen recht günstigen Zugriff auf Prämien. Gewiß blieben sie an einem möglichst hohen Tarifsockel interessiert, noch interessanter aber

[247] BA, SPK E-1, 13480, Bl. 11: Zentralvorstand der IG Metall/Metallurgie. Entwurf eines lohnpolitischen Programms bis 1965. 25. 5. 1959.

[248] SAPMO-BA, ZPA IV 2/603/63, unpag.: Bericht der ZK-Abteilung Grundstoffindustrie an das Politbüro. 5. 12. 1956.

[249] BA, SPK E-1, 13480, Bl. 5: Zentralvorstand der IG Metall/Metallurgie. Entwurf eines lohnpolitischen Programmes bis 1965. 25. 5. 1959.

[250] StAL, VEB BKW Kulkwitz 192, unpag.: SPK-Abt. Kohle. Beschluß über die Verbesserung der Kaderentwicklung im Industriezweig Kohle. 31. 7. 1959.

war die Differenz dieses Lohnteils zum Effektivlohn, denn diese Differenz konnten sie selbst durch höhere Leistungen beeinflussen. Insofern überraschte es kaum, wenn die Arbeiter der Kohlenindustrie zwar dem zunehmendem Druck pauschaler und allgemeiner Normen auszuweichen suchten, doch kaum gegen die Einführung differenzierterer Normen opponierten. Das geschah etwa mit Tagesnormen, Monatsarbeitsaufträgen in wichtigen Betriebsteilen, der Einführung von „Plänen technisch-organisatorischer Maßnahmen" (TOM) und des Wirtschaftszweig-Lohngruppenkatalogs.

Wie eine vom Mai bis Juli 1957 im Braunkohlenwerk Laubusch vorgenommene Untersuchung des Dresdner Instituts für Arbeitsökonomik und Arbeitsschutzforschung ergab, registrierten die dort beschäftigten Arbeiter positiv, daß die Umstellung von Schicht- auf Tagesnormen und die Vergabe von Monatsarbeitsaufträgen die Lohn- und Prämienstruktur für sie transparenter machten. „Spannungen und gegenseitige Übervorteilung" seien so „weitgehend beseitigt" worden.[251]

Tatsächlich erblickten die meisten Arbeiter in der täglichen Kontrollierbarkeit, Kalkulierbarkeit und Vergleichbarkeit dessen, was jeder von ihnen verdiente, einen wichtigen Punkt. Nicht ohne Grund machten auch Betriebsleitungen darauf aufmerksam, daß es gerade unter Bergarbeitern traditionell üblich war, den täglichen Lohn zu berechnen.[252] Aber wenn sich hier eine Tendenz zur Normalisierung im ansonsten verbreiteten Lohn- und Normenchaos anzudeuten schien, so wurde sie unter den Bedingungen des Kohle- und Energieprogramms umgehend konterkariert. Vor allem sorgte ein erheblicher zusätzlicher Prämienaufwand für eine erneute Auflockerung der Einkommensstrukturen. An den Investitionsschwerpunkten waren Arbeiter kaum noch zu Sonderleistungen zu bewegen; auch Wettbewerbe in Gang zu bringen fiel immer schwerer, ohne daß nennenswerte Mittel für Zielprämien o.ä. bereitgestellt worden wären.

Als sich beispielsweise 1958 eine Reihe von Planverzügen auf den Kraftwerksbaustellen abzeichnete – hervorgerufen durch Mangel an Arbeitskräften und das Ausbleiben von Ausrüstungsimporten –, „wurde von zentraler Stelle eine Gesamtsumme von DM 200.000,– Prämienmittel zur Verfügung gestellt".[253] Zwar erreichte diese Maßnahme ihr Ziel, doch trug sie auch bei, die Prämierung konzentrierter und manchmal auch zusätzlicher Arbeitsleistungen zur lohnpolitischen Norm werden zu lassen. Montagearbeiter eines Berliner Transformatorenwerkes etwa machten die Arbeitsaufnahme auf einer Kraftwerksbaustelle von einer obligat zu zahlenden Wettbewerbsprämie abhängig, die sie offenkundig als selbstverständlichen Bestandteil ihres Lohnes betrachteten.[254] Viele ähnliche Vorgänge ließen eine kräftige Tendenz in diese Richtung spürbar werden. In einem Bericht über die Führung von Wettbewerben auf den Großbaustellen des Kohle- und Energieprogramms kritisierten Funktionäre des SED-Zentral-

---

[251] SAPMO-BA, ZGA FDGB-BV 1370, unpag.: Bericht der Grundsatzbrigade „Braunkohle" des Instituts für Arbeitsökonomik und Arbeitsschutzforschung Dresden über die Tätigkeit zur Ausarbeitung arbeitsökonomischer Maßnahmen zur Steigerung der Arbeitsproduktivität und Senkung der Selbstkosten im Braunkohlenwerk „John Schehr", Laubusch. 9. 8. 1957.

[252] SAPMO-BA, ZPA IV 2/603/49, unpag.: Kommission Steinkohle. Vorschläge zur Durchführung von Maßnahmen in der Steinkohlenindustrie zur Realisierung des Ministerratsbeschlusses vom 21. März 1957. 10. 12. 1957.

[253] SAPMO-BA. ZPA IV 2/603/94, unpag.: Bericht über den Stand der Führung und Organisierung komplexer Wettbewerbe auf den Großbaustellen des Energieprogramms (ungez., undat.; wahrscheinlich ZK-Abt. Grundstoffindustrie, 1958).

[254] Ebenda.

komitees sogar jene 5.000 Beschäftigten, die sich 1958 in Wettbewerben engagierten. Sie
würden „die Frage der Prämien in den Vordergrund stellen" und diese zu sehr als zusätzliche
Verdienstmöglichkeit sehen; sie täten das jedoch „nicht der politischen Zielsetzung wegen".[255]

Letzteres war gewiß richtig beobachtet, sagte jedoch kaum mehr über die wirkliche politische Meinungs- und Stimmungslage in der Arbeiterschaft, als daß diese sich mit politischen
Äußerungen zurückhielt. Richtig war aber, daß Arbeiter in einer sehr pragmatischen Weise
die bestehenden Möglichkeiten einer Einkommensaufbesserung zu nutzen pflegten. Wenn
diese Haltung den ideologisch bestimmten Erziehungsidealen des kommunistischen Kollektivismus auch nicht entsprach, so bot sie doch reichlich Ansätze für lohnpolitische Leistungsanreize. Im Falle des Kohle- und Energieprogramms zeichnete sich sehr schnell ab, daß so in
der DDR-Wirtschaft durchaus beachtliche Wachstumsimpulse auszulösen waren. Eine andere Frage blieben freilich die Kosten des Ganzen. Auch nahm die Schieflage des Tarifsystems dabei eher noch zu. 1957, im ersten Jahre des Programms, erzielten die Bergarbeiter –
trotz mancher Lohnminderung durch Normenveränderungen – infolge der sukzessiven
Einführung von Wirtschaftszweig-Lohngruppenkatalogen in der Kohlenwirtschaft bereits
15 Mio. Mark Mehreinkünfte. Durch die Anwendung von Monatsarbeitsaufträgen gewannen
allein die Arbeiter des Steinkohlenbergbaus vom April bis Dezember 1957 weitere 13 Mio.
Mark; und ein wahrer Prämiensegen in Form von 52 Mio. Mark ergoß sich 1957 am „Tag des
deutschen Bergmanns" über die Bergbaubeschäftigten.[256] Vor diesem Hintergrund wirken
Berichte, wonach die Bergarbeiter die Einführung von Wirtschaftszweig-Lohngruppenkatalogen in den meisten Fällen begrüßten, durchaus glaubwürdig. Die Branche kämpfte sich
erneut in die oberen Bereiche der Tarifskala durch. Damit wurden zwar Lohnrelationen
zugunsten der Bergarbeiter korrigiert, doch gleichzeitig erzeugte der Vorgang einen lohnpolitischen Sog, dem die anderen Industriezweige sich kaum entziehen konnten.

9. Provisorische Reparaturen am Lohnsystem

Ein genauerer Blick auf lohnwirksame Maßnahmen des Kohle- und Energieprogrammes läßt
ein Muster von nivellierenden und differenzierenden Tendenzen erkennen, die teils parallel
liefen, die sich teilweise aber auch gegenseitig in ihrer Wirkung begrenzten:

1. Erhöhung der Produktionsarbeiterlöhne in den Lohngruppen II bis V bei gleichzeitiger
   Einführung von Schichtlöhnen (unter Tage für die Lohngruppen III bis V);
2. Aufhebung der Ortsklasse II in den kreisgeleiteten Betrieben [VEB (K)] des Braunkohlen-
   und Kaolinbergbaus;
3. Einführung einer Untertage-Prämie im Bereich der Staatlichen Geologischen Kommission, im Schiefer- und Kaolinbergbau;
4. Einführung eines Prämiensystems für die Beschäftigten des Abraums und des Fahrperso-
   nals in Braunkohlentagebauen;
5. Einführung von festen Geldbeträgen für Arbeiten unter schweren Bedingungen.[257]

---

255 Ebenda.
256 SAPMO-BA, ZGA IG Bergbau 47, unpag.: Protokoll der 11. Zentralvorstandssitzung. 13. 12. 1957.
257 SAPMO-BA, ZGA IG Bergbau 52, unpag.: Protokoll der 16. Zentralvorstandssitzung. 27. 2. 1959.

Insgesamt kamen diese Regelungen dem Personal in den unteren Lohngruppen stärker zugute als den übrigen Beschäftigten. Erkennbar war die Absicht, den einfachen Produktionsarbeitern einen Lohnbonus zu verschaffen, der primär sicher als Leistungsanreiz gedacht war, der aber auch auf mehr soziale Zufriedenheit und politische Loyalität zielte. Offenbar glaubte man auf die Bezieher höherer Löhne und Gehälter weniger eingehen zu müssen – und zog damit die erwähnte Mobilitätsbremse zusätzlich an. Immerhin kamen 141.000 der insgesamt rund 153.000[258] Bergarbeiter unmittelbar in den Genuß von Lohnaufstockungen.[259]

Doch wollte ungetrübte Freude darüber nicht aufkommen. Vor allem in den produzierenden Bereichen diskutierten die Beschäftigten den als ungerecht empfundenen Umstand, daß die Effektivlöhne in einigen anderen Industriezweigen auch jetzt noch erheblich über denen des Bergbaus lagen. Das hatte mit der im Bergbau recht weit gediehenen Einführung technisch begründeter Arbeitsnormen zu tun. Nachdem sich herausstellte, daß andere Industriezweige dem nur zögernd folgten, kam nach einiger Zeit unter den Bergleuten eine spürbare und anhaltende Frustration auf. Man fühlte sich bestraft und sah nicht ein, weshalb der Bergbau in der Normenfrage den anderen Industriezweigen „um fünf Jahre" vorauseilen sollte.[260]

Die Problematik war den wirtschaftspolitisch Verantwortlichen in der DDR sehr wohl bewußt, doch sahen diese offenbar keine reale Möglichkeit zu einer koordinierten und umfassenden Lohnreform. Angesichts knapper Ressourcen setzte die SED-Führung am Ende der 1950er Jahre ohnehin unter Vernachlässigung ganzer Wirtschaftsbereiche auf Schwerpunktbildungen und Teillösungen.[261] Gerade auch der lohnpolitisch außerordentlich begrenzte Manövrierraum zwang viele Betriebsleitungen zu improvisierten und oft recht kurzatmigen ad-hoc-Entscheidungen mit Hilfe der Prämienfonds. In auffälliger Übereinstimmung verwiesen zeitgenössische Berichte und Analysen darauf, daß in den Produktionsbetrieben Lohn- und Prämienfragen gegenüber anderen Themen unverhältnismäßig häufig diskutiert wurden.

Kaum einem Beteiligten dürften die hier angelegten sozialen Spannungspotentialen entgangen sein, die sich sehr leicht auch in politischer Mißstimmung oder gar in politisch eingefärbten Sozialprotesten entladen konnten. Die SED sah sich zunehmend auf die von ihrer Führung bislang regelmäßig unterschätzte Bedeutung sozialer Tagesinteressen der Arbeiterschaft verwiesen. Zwar hatte sie mit großzügigen Zukunftsprojektionen wie der „Ökonomischen Hauptaufgabe" und dem Siebenjahrplan gehofft, gewissermaßen einen sozialpolitischen Kredit zu erhalten, doch ließ der eher graue Alltag auch die buntesten Visionen verblassen.

Daß nun ausgerechnet „die ideologische Erziehung der Arbeiter in jenen Fragen, die ihre täglichen Interessen sehr eng berühren"[262] vom Leiter der Schulungsabteilung des FDGB-Bundesvorstandes als Hilfsmittel vorgeschlagen wurde, zeugte davon, wie hilflos auch die Gewerkschaften der Entwicklung gegenüberstanden. Die Vorstellung, daß in „das Verhältnis

---

[258] StJB 1957, Berlin 1958, S. 252.
[259] Ebenda.
[260] SAPMO-BA, ZGA IG Bergbau 72, unpag.: Protokoll der 2. Zentralvorstandssitzung. 24. 10. 1963.
[261] Vgl. Walter Ulbricht, Zum neuen ökonomischen System der Planung und Leitung, Berlin 1967, S. 18f.
[262] Fritz Rösel, Die Steigerung der Arbeitsproduktivität – ein Schlüssel zur erfolgreichen Lösung unserer ökonomischen Hauptaufgabe, in: Einheit 14 (1959), 1, S. 87.

zwischen der Steigerung der Arbeitsproduktivität und dem Anwachsen des Arbeitslohnes wie
in das Lohnsystem überhaupt" nur dann Ordnung zu bringen sei, „wenn die gesamte
Arbeiterklasse dieses Vorhaben, das ihren Interessen entspricht, voll unterstützt"[263], dürfte
von Wirtschaftspraktikern als bloße Rhetorik beiseite geschoben worden sein.

Der Wirklichkeit in den DDR-Betrieben kam eine Diskussion näher, zu der die Redaktion
der Zeitschrift „Einheit" am 15. Juni 1959 Produktionsarbeiter, Angehörige des ingenieur-
technischen Personals und Wirtschaftsfunktionäre verschiedener Industriebetriebe eingeladen hatte. Die Runde konstatierte höchst unterschiedliche Praktiken der Prämienvergabe,
wobei auf einen sich ausbreitenden Gruppenegoismus verwiesen wurde. Erneut kam der
Vorwurf, die Betriebsleitungen würden diesen Problemen ausweichen und dadurch eine
Tendenz zur Gleichmacherei fördern.[264]

Wie leicht Betriebsleitungen in das Kreuzfeuer solcher Gruppeninteressen geraten konnten, zeigte ein Beispiel aus dem Braunkohlenwerk Kulkwitz bei Leipzig. Dort sollte im
Frühjahr 1959 die Dekadenzahlung der Löhne eingeführt werden, wobei sich zwölf Schichten
für und sechs Schichten gegen eine solche Entlohnung aussprachen; dreizehn Schichten
konnten sich überhaupt nicht entscheiden. Nur in aufwendigen Gesprächen und mit Konzes-
sionen en detail gelang es Werkleitung und BGL „Unzufriedenheit und Mißstimmungen"
abzubauen.[265]

Ohne an dieser Stelle die konflikttheoretische Dimension solcher Szenarien auszuleuch-
ten, sollte doch ein damit zusammenhängender Aspekt der Lohnpraxis nicht unerwähnt
bleiben. Immer wieder kam es zwischen Arbeitern und Betriebsleitungen zu innerbetrieblichen Interessenarrangements, die vielfach den wirtschaftspolitischen Schwerpunktsetzungen zuwiderliefen und auf die weder SED noch FDGB überzeugend zu reagieren wußten. Für
die Betriebsleitungen war dabei die Planerfüllung, für die Arbeiter ihr Einkommen das
Hauptmotiv. Dabei erwiesen sich die Arbeitsbrigaden in der Belegschaftsstruktur als ein
außerordentlich wichtiger Faktor, um die Arbeiterinteressen wirksam zu artikulieren. Ein
nicht untypisches Beispiel aus dem schon erwähnten Kulkwitzer Braunkohlenwerk mag den
Vorgang zumindest als Tendenz erhellen:

Am 10. November 1960 erging an die Brigaden der Baggerschlosser, Elektriker und Wagen-
bauer eine Mitteilung des Werkleiters, der Abteilungsleiter und der BGL, wonach das alte
und nach Vereinbarung bis zum 30. November geltende Entlohnungssystem rückwirkend per
1. November aufgekündigt werden sollte, weil sich die technischen Voraussetzungen wesentlich verändert hatten. Das neue System sollte den Leistungsgrundlohn und einen Ausgleich
für die Normenerhöhung umfassen. Doch einige Brigaden forderten das Festhalten an der
alten Regelung, die ebenfalls schon einen Ausgleich vorgesehen hatte, aber eine höhere
Normenübererfüllung zuließ. Obwohl sich die SED-Parteigruppe des Betriebes für die Neuregelung einsetzte, gelang es einem Teil der Brigademitglieder, die Angelegenheit durch
ständige Diskussionen bis Ende November offenzuhalten. Am 29. November kam es dann zu
einer Einigung, nach der die Kündigung des alten Entlohnungssystems zum 30. d.M. erfolgte

---

[263] Ebenda.
[264] Vgl. Fragen der sozialistischen Bewußtseinsbildung und der Entwicklung der sozialistischen Gemein-
       schaftsarbeit. Aus dem Protokoll einer Beratung der „Einheit", in: Einheit 14 (1959), 7, S. 864ff.
[265] StAL, VEB BKW Kulkwitz 190, unpag.: Brief der VVB-Verwaltung an die Werkleitung des BKW
       Kulkwitz. 4. 4. 1959.

und das neue ab 1. Dezember eingeführt wurde.[266] Die Brigaden hatten sich also voll durchgesetzt und nach einigem Hin und Her und mehr um des Prinzips willen die Einhaltung des alten Vertrages erreicht.

Interessant an diesem im Grunde nicht allzu gewichtigen Vorgang ist zweierlei: Die Werkleitung verteidigte ihre Positionen nicht allzu stark, sondern sie ging – unverkennbar erleichtert – auf die Forderungen der Brigaden ein. Und zweitens fällt auf, daß die Vereinbarung vom 29. November nur durch Vertreter der Brigaden, der Abteilungs- und Werkleitungen unterzeichnet wurde.[267] Weder Gewerkschafts- noch Parteifunktionäre waren daran beteiligt, und offenbar spielten auch die Meister keine Rolle dabei.

Diese Konstellation deutete beträchtliche Veränderungen in der Position von Arbeitern gegenüber den verschiedenen Leitungsebenen an. Den Brigaden, die seit 1959 im Zusammenhang mit der Kampagne „Brigaden der sozialistischen Arbeit" eine bedeutend stärkere Position einnahmen als früher, kam dabei eine Schlüsselstellung zu.

Auch nachdem 1959 in größeren Teilen der Industrie Lohnerhöhungen vorgenommen wurden, bildeten Lohnprobleme einen hochsensiblen Bereich, dessen Schwachstellen von vielen Betriebsleitungen so gut es ging durch Prämien kompensiert wurden. Entsprechende Prämienvereinbarungen bezogen sich meist auf konkret definierte und zeitlich begrenzte Arbeitsaufgaben. Als typisch kann auch hier das Kulkwitzer Beispiel angeführt werden: Arbeiter, die dort am 25. März 1960 innerhalb von zwölf Stunden an einem Absetzer eine Polygonwelle auswechselten, erhielten dafür eine Zulage von je zwölf Mark. Ein Wettbewerbsvertrag mit Klappenschlägern, Baggerführern, Kippern und Schichtmeistern vom April 1960 sah bei Erreichen einer durchschnittlichen Wagenfüllung 100 Mark Prämie monatlich vor. Vier Raupenfahrer erhielten zwischen dem 24. November und dem 6. Dezember für die Fertigstellung einer Ausfahrrampe je 50 Mark Prämie. Am 30. Januar 1961 wurde mit der Belegschaft des Abraumbetriebes für eine zum Gleisrücken erforderliche Erhöhung der Abraumförderung in der zweiten und dritten Schicht eine Zielprämie von 1.500 Mark vereinbart.[268]

Solcherart Prämienvereinbarungen gehörten zum betrieblichen Alltag. Trotz der zumeist kleinen Summen, die als Prämie ausgesetzt waren, durften sie angesichts der allgemein niedrigen Löhne in ihrer Bedeutung für die Arbeitseinkommen nicht unterschätzt werden. Zugleich gaben sie den Betriebsleitungen, wenn auch meist improvisierte, Mittel in die Hand, bestimmte Arbeitsleistungen zu stimulieren und Diskrepanzen in der Entlohnung zu mindern. Die nötige Rückendeckung hierfür ergab sich im Verlaufe des Jahres 1958 u.a. aus der Verordnung über die Zahlung von Sonderzuschlägen an Arbeiter und Angestellte[269], aus der Dritten Verordnung zur Verbesserung der Lage der Bergarbeiter, des ingenieurtechnischen und kaufmännischen Personals sowie der Produktionsverhältnisse im Bergbau[270] oder auch aus der Zweiten Verordnung über den Betriebsprämienfonds sowie den Kultur- und Sozialfonds in den volkseigenen und ihnen gleichgestellten Betrieben[271]. Dem selben Zweck diente

---

266 StAL, VEB BKW Kulkwitz 266, unpag.: Notiz und Vereinbarung zwischen Werkleitung und Brigaden. November/Dezember 1960.
267 Ebenda.
268 StAL, VEB BKW Kulkwitz 372, unpag.: Prämienverträge 1960.
269 GBl. I, Nr. 34/1958, S. 425.
270 GBl. I, Nr. 40/1958, S. 473.
271 GBl. I, Nr. 57/1958, S. 661.

auch die Anordnung über die Bildung und Verwendung von Sonderfonds in den zentralgeleiteten VVB vom März 1958, nach der diese das Recht erhielten, bis zu 50 % der überplan-
mäßigen Gewinne auch zur Prämierung besonderer Produktionsleistungen sowie zur Finanzierung überbetrieblicher Wettbewerbe und als Prämien für Verbesserungsvorschläge
einzusetzen.[272]

Durch Prämien trugen besonders die Schlüsselindustrien zum Anstieg der Effektivlöhne
bei. Ihre Investitionsschwerpunkten waren zugleich Prämienschwerpunkte. So stellte die
Staatliche Plankommission, um laufende Bauvorhaben des Chemie- sowie des Kohle- und
Energieprogramms zu beschleunigen, für 1960 eine Liste ausgewählter Staatsplanvorhaben zusammen, für die bei insgesamt 16 380 Prämienberechtigten Leistungsprämien von
9.882.500 Mark veranschlagt wurden. Dazu zählten für die Chemieindustrie das Erdölverar-
beitungswerk Schwedt, die Chemischen Werke Buna, das Elektrochemische Kombinat Bitterfeld, das Gips-Schwefelsäurewerk Coswig, die Leuna-Werke, das Halbleiterwerk Frankfurt/
Oder, die Papierfabrik Schwedt, der Überseehafen Rostock sowie für die Kohle- und Energiewirtschaft das Kombinat „Schwarze Pumpe", die Kraftwerke Berzdorf, Hirschfelde, Lübbenau,
Trattendorf, Vetschau, die Kokerei Lauchhammer, die Braunkohlentagebaue Schlabendorf
und Schipkau, die Speicherbecken-Baustelle Bräsinchen und die Bau-Union Hoyerswerda.
Im Durchschnitt entfielen auf jeden Prämienberechtigten 603,53 Mark, wobei dieser Satz bei
den Vorhaben des Kohle- und Energieprogramms mit 751,30 Mark etwas höher lag.[273] Ein
Teil der genannten Betriebe repräsentierte zu dieser Zeit nicht zufällig wichtige geographi-
sche Zielpunkte der Arbeitskräftewanderung in der DDR.

Regelungen dieser Art erschienen um so wichtiger, als die DDR-Wirtschaft in einem
abenteuerlichen Manöver auf den Siebenjahrplan 1959–1965 festgelegt wurde.[274] Schon am
1. Januar 1959 verlangte ein Ministerratsbeschluß, die für das Kohle- und Energieprogramm
„bestehenden Bestimmungen über die Vorrangigkeit bestimmter Lieferungen und Leistungen zu beseitigen".[275] In vielen Fällen mußten daraufhin Planungen und Projekte des
Programms mehrfach hintereinander geändert werden. Etwa im Falle des großen Investi-
tionsunternehmens „Schwarze Pumpe" führte das zu regelrecht anarchischen Verhältnissen
im Bauablauf.[276] Unter derartigen Bedingungen avancierte der Griff nach den Prämienfonds
zur unverzichtbaren Methode, um Bau-, Montage- und Produktionsengpässe zu überbrük-
ken. Obwohl die so stimulierten Mehrleistungen nur im geringeren Maße auf eine Steigerung
der Produktivität zurückzuführen waren und viel öfter höhere Arbeitsintensität und längere

---

[272] GBl. II, Nr. 6/1958, S. 43.

[273] BA, SPK E-4, 28855, Bl. 416f.: Liste ausgewählter Staatsplanvorhaben des Jahres 1960, Gewährung
von Leistungsprämien, undat.

[274] Vgl. Erich Apel, Durch sozialistische Rekonstruktion und Erhöhung der Arbeitsproduktivität zur Erfüllung des Siebenjahrplanes. Referat und Entschließung der 5. Tagung des ZK der SED, 22./23. Mai
1959, Berlin 1959; Walter Ulbricht, Das Gesetz über den Siebenjahrplan und die Aufgaben der Partei
bei der Durchführung des Planes in der Industrie. Referat auf der 6. Tagung des ZK der SED,
18./19. September 1959, Berlin 1959; Dokumente der Sozialistischen Einheitspartei Deutschlands.
Beschlüsse und Erklärungen des Zentralkomitees sowie seines Politbüros und seines Sekretariats,
Bd. VII (Dokumente der SED, Bd. VII), Berlin 1961, S. 259.

[275] Verordnung zur Aufhebung der Verordnung zur Sicherung der Erfüllung der Investitions- und
Generalreparaturvorhaben der Energiewirtschaft und der Kohleindustrie. 18. Dezember 1958, in:
GBl. I, Nr. 1/1959, S. 1.

[276] Vgl. Peter Homann (u.a.), Chronik zur Geschichte. VEB Gaskombinat Schwarze Pumpe – Stammbetrieb – 1955–1970, (Schwarze Pumpe 1980), S. 40–75; Hübner/Rank, Schwarze Pumpe, a.a.O.

Arbeitszeiten abverlangten, ließ sich die überwiegende Mehrheit der Arbeiter in der Erwartung von Einkommensverbesserungen darauf ein.

Mit den erwähnten prämienrelevanten Festlegungen entspannte sich 1958/59 der lohnpolitische Zustand in keiner Weise. Das Ziel einer stärkeren Favorisierung des Tarifsockels rückte in immer weitere Ferne, während die Zunahme variabler Lohnbestandteile und Prämien das Bild bestimmte. Ein dazu am 18. Dezember 1958 vom Ministerrat gefaßter Beschluß glich eher gleichzeitigem Bremsen und Gasgeben: „Unter der Wahrung der Prinzipien der Lohnzuschlagsverordnung vom 28. Mai 1958 (GBl. I, S. 417) - allmähliche Reduzierung des Lohnzuschlages und Einbeziehung in die Tarife - ist die Durchführung des § 10 Abs. 2 dieser Verordnung - (Neuberechnung der Zuschläge nach Ablauf des Kalenderjahres 1958) auf bestimmte Zeit auszusetzen."[277]

Das war symptomatisch für die tarif- und lohnpolitische Doppelgleisigkeit, wie sie in den ausgehenden 1950er Jahren vorherrschte.[278] Die damit verbundenen Bemühungen um die Einführung variabler und leistungsfördernder Lohnanteile konkurrierten mit Versuchen, die Bandbreite der Lohngruppen durch Anhebung der Niedriglohngruppen zu verringern. Im Bergbau geschah das z.B im Februar 1959 mit der Einführung von Schichtlöhnen bei einer gleichzeitigen Erhöhung der Tarifsätze in den Lohngruppen I bis V.[279]

Volkswirtschaftlich gesehen, drängte diese diffuse Lohnpolitik in eine sehr problematische Richtung. Denn der sich immer deutlicher abzeichnende Kaufkraftüberhang drohte über kurz oder lang in eine akute Versorgungskrise umzuschlagen. Die Tendenzen waren eindeutig. Im Bereich der VVB Braunkohle Halle etwa stieg 1959 die Arbeitsproduktivität um 1,3 % über den Plan, der Durchschnittslohn je Produktionsarbeiter erhöhte sich aber um 2,7 % über die Planvorgaben hinaus. Zugleich wurde der quantitative Produktionsanstieg durch eine große Zahl kostentreibender Überstunden erreicht. Andererseits mußten aus Gründen der Lohnstabilität im System der Monatsarbeitsaufträge Prämien gezahlt werden, denen wegen vieler Produktionsstörungen keine Leistungen zugrunde lagen.[280]

Ähnliches stellte eine Analyse zum Jahresfinanzkontrollbericht 1960 für den Steinkohlenbergbau fest. Auch dort verschob sich die Lohnstruktur scheinbar wunschgemäß zugunsten der Leistungslöhne (Tabelle 8).

Dazu vermerkte die Analyse freilich: „Es muß dabei festgestellt werden, daß die Werke vielfach Prämienvereinbarungen abschlossen, um den Beschäftigten einen höheren materiellen Anreiz zu bieten, obwohl teilweise keine exakten Grundlagen für den Abschluß derartiger Vereinbarungen gegeben waren."[281]

Auch in anderen Industriezweigen verfuhr man so oder ähnlich, wobei sich die Lage dadurch verschärfte, daß die „unrhythmische" Produktion es nahelegte, in den Betrieben für Spitzenzeiten Arbeitskräftereserven zu halten. Eine ohnehin durch Überalterung, DDR-Flucht, Aufbau der NVA und Verlängerung der allgemeinen Schulzeit verursachte Verknap-

---

[277] GBl. I, Nr. 74/1958, S. 809.

[278] Vgl. Bruno Gleitze, Die Industrie der Sowjetzone unter dem gescheiterten Siebenjahrplan, Berlin 1964, S. 60–108.

[279] StAL, VEB BKW Kulkwitz 190, unpag.: Schreiben der VVB-Verwaltung an die Werkleitung des BKW Kulkwitz. 4. 4. 1959

[280] SAPMO-BA, ZPA IV 2/603/53, unpag.: Abteilung Grundstoffindustrie. Politisch-ökonomische Analyse über den Planablauf im Jahr 1959 im Bereich der VVB Braunkohle Halle, Febr. 1960.

[281] Ebenda.

pung der Arbeitskräfteressourcen steigerte sich so zu spürbaren Defiziten bei der Gewinnung vor allem jüngerer Arbeitskräfte.[282] Im oft außerhalb gesetzlicher Grenzen stattfindenden Wettbewerb um Arbeitskräfte sahen sich jene Betriebe im Vorteil, die die höchsten Effektivlöhne zahlten, gleich wie diese sich zusammensetzten. Konsequenterweise bildete die Entwicklungskurve der Fluktuation zwischen Industriezweigen bzw. Betrieben das Spiegelbild zum Lohn- und Gehaltsgefälle.

Tabelle 8
Anteile der Lohnformen im Steinkohlenbergbau 1959/60

Jahr	1959	1960
Leistungslöhner	60,8 %	61,5 %
Zeitlöhner	15,4 %	11,5 %
Zeitlöhner mit Prämie	23,8 %	27,0 %

Quelle: SAPMO-BA, ZPA IV 2/603/53, unpag.: Abteilung Grundstoffindustrie. Politisch-ökonomische Analyse über den Planablauf im Jahr 1959 im Bereich der VVB Braunkohle Halle, Febr. 1960.

Es waren besonders die Arbeiterlöhne, die den Trend bestimmten. Arbeiter befanden sich hier gegenüber den Angestellten in einem erkennbaren Vorteil. Im Steinkohlenbergbau z.B. stieg ihr Durchschnittslohn von 1959 = 7.758 Mark auf 1960 = 8.062 Mark und lag mit leicht steigender Tendenz um über 60 Mark über dem Durchschnitt des gesamten industriellen Personals. Bei der VVB Braunkohle Halle erhöhten sich die Durchschnittslöhne der Produktionsarbeiter im gleichen Zeitraum um 2,7 % gegenüber einer Steigerung um 1,3 % bei den Gesamtbeschäftigten.[283]

Gewiß unterlagen viele Betriebsleitungen seitens der Arbeiter einem gewissen Druck, die Planerfüllung hinreichend – doch wie die Zahlen zeigen, durchaus nicht üppig – zu honorieren. Aber der in zeitgenössischen Quellen häufig anzutreffende Vorwurf, sie würden durch Überziehen der Lohnfonds ernsthaften Diskussionen mit den Arbeitern ausweichen, ging eigentlich am Problem vorbei.[284] Gewiß war ihnen normalerweise schon aus Eigeninteresse an der Vermeidung innerbetrieblicher sozialer Konflikte gelegen, doch um 1960 galt das Augenmerk besonders der Sicherung des Arbeitskräftebestandes. Hierauf wurden Löhne und Prämien zunehmend abgestimmt, während unterdessen die Einführung technisch begründeter Arbeitsnormen nur langsame Fortschritte machte. Durchaus treffend beobachtete das Komitee für Arbeit und Löhne der Staatlichen Plankommission Mitte 1961: „Unter dem Gesichtspunkt der angespannten Arbeitskräftelage, insbesondere der Gefahr des Abwanderns von Arbeitskräften aus der sozialistischen Industrie in die Privatindustrie gehen auch

---

[282] Vgl. Dietrich Storbeck, Arbeitskraft und Beschäftigung in Mitteldeutschland, Köln 1961, S. 49–61.
[283] SAPMO-BA, ZPA IV 2/603/53, unpag.: Abteilung Grundstoffindustrie. Politisch-ökonomische Analyse über den Planablauf im Jahr 1959 im Bereich der VVB Braunkohle Halle, Febr. 1960.
[284] SAPMO-BA, ZGA FDGB-BV 6132, unpag.: Abteilung Maschinenbau und Metallurgie des ZK der SED. Abschlußbericht über die Tätigkeit der Brigade des ZK in den 18-Maschinenbaubetrieben von Karl-Marx-Stadt. 30. 7. 1959; BA, SPK E-1, 12623, Bl. 1–58: Repräsentative Lohnerhebung in der zentralgeleiteten volkseigenen Industrie. März 1957.

bisher in den Fragen der Arbeitsnormung gut arbeitende Betriebe . . . ‚vorsichtiger‘ an die Normenfrage heran.“[285]

Überblickt man den zwischen dem Beginn der Schwerpunktprogramme und dem Bau der Berliner Mauer 1961 gelegenen Zeitraum, so dominiert der Eindruck, daß sich die Lohnpolitik der SED und mit ihr des FDGB zunehmend von den ursprünglichen Zielsetzungen entfernte. Die politische Führung verursachte diese Abweichung mit überzogenen ökonomischen Planungen teils selbst und setzte sich unter einen immer teurer werdenden Erfolgsdruck. Nicht zuletzt die Schwerpunktprogramme hatten ihren Anteil daran. Teils mußte aber auch auf den sozialen Erwartungs- und Forderungsdruck der Arbeiterschaft reagiert werden, die sich damit als ein aktiver Faktor erwies. Zwar fehlte nie die moralisierende Kritik an den trivial-materialistischen Wünschen vieler Arbeiter, und auch an Verweisen auf deren nötige ideologische Erziehung war kein Mangel. Doch konnte die SED nicht an der Tatsache eines gegenüber der Vorkriegszeit unbestreitbaren Nachholbedarfs, auch in der Reallohnentwicklung, vorübergehen (Tabelle 9).

Hier war zwar der Erfolg der 1950er Jahre unverkennbar, doch jeder Rückfall hinter das am Ende des Jahrzehnts erreichte soziale Niveau drohte für die SED zum großen politischen Risiko zu werden. Auch sah sie sich mit der Entwicklung in Westdeutschland konfrontiert, dessen „Wirtschaftswunder“ für viele Menschen in der DDR Maßstäbe setzte[286], an denen sie die eigenen Verhältnisse zunehmend kritisch beurteilten.

10. Lohnpolitischer Ausblick auf die sechziger Jahre

Zwischen den beiden in den vorangehenden Abschnitten skizzierten lohnpolitischen Szenarien lag etwa ein Jahrzehnt. In dieser Zeit konstituierte sich zumindest in den Grundzügen alles das, was bis zum Untergang des SED-Regimes der DDR-Gesellschaft das Gepräge gab.[287] Im 1950er Dezennium lagen die entscheidenden Lehrjahre der Herrschenden ebenso wie der Beherrschten. Am Beispiel der Arbeitslöhne, der Normen und Prämien wird augenscheinlich, wie sich das Verhalten der Akteure des Regimes auf der einen Seite und das der Arbeiter auf der anderen wandelte. Versuchten die ersteren um 1950 mit visionärem Eifer und zutiefst überzeugt von der Richtigkeit ihres Verlangens Leistungslöhne und neue Normen durchzusetzen, so erlebte man sie im zweiten Szenarium schon weniger sicher, von Fall zu Fall taktierend und in gewisser Weise konfliktscheu. Die Arbeiter hingegen – hier gewiß ebenso idealtypisch überzeichnet wie die Gegenseite – verblieben keineswegs mehr nur in einer Position des Beharrens auf gewohnten Regelungen. Oft agierten sie am Ende der 1950er Jahre schon wohlkalkuliert mit ihrer starken Seite, dem dosierten Einsatz ihrer Arbeitskraft. Mit Finesse bedienten sie sich der wirtschaftlichen und sozialpolitischen Regelungsmechanismen, um ihre Lebenslage zu verbessern. Im jeweiligen Falle jedoch suchten sie sich durch

---

285 BA, SPK E-1, 1209, Bl. 57: Komitee für Arbeit und Löhne der SPK. Bericht über den gegenwärtigen Stand und die Probleme der Arbeitsnormung in den sozialistischen Industriebetrieben der DDR. 15. 6. 1961.

286 Vgl. Werner Glastetter/Günter Högemann/Ralf Marquardt, Die wirtschaftliche Entwicklung in der Bundesrepublik Deutschland 1950–1989, Frankfurt/M. 1991.

287 Vgl. Sigrid Meuschel, Überlegungen zu einer Herrschafts- und Gesellschaftsgeschichte der DDR, in: Geschichte und Gesellschaft (GG) 19 (1993), 1, S. 10f.

eine Reaktivierung proletarisch-kollektivistischer Verhaltensweisen den neuen politischen und wirtschaftlichen Verhältnissen anzupassen, ohne ihre originären Interessen aufzugeben.

Tabelle 9
Reallohnentwicklung im Gebiet der DDR 1950–1958

Jahr	Nettolohn RM/DM (Ost)	Lebenshaltungskosten* RM/DM (Ost)	Reallohn-Index
1938	129 = 100	266 = 100	100,0
1950	218 = 169	956 = 360	47,0
1955	307 = 238	663 = 249	95,6
1958	355 = 275	648 = 243	113,2

* Nach Warenkorb einer Normalfamilie (2 Erw./2 Kinder)
Quelle: BA, SPK E-1, 1228, Bl. 8: Statistisches Material des Sektors Tarifgestaltung der Staatlichen Plankommission, 13. 2. 1960.

Unter den von SED und FDGB immer wieder kritisierten Phänomenen des „Gleichmacherei" und des antiintellektuellen „Sektierertums" verbarg sich die Doppel-Taktik kollektiver Abgrenzung, die die Artikulation gemeinsamer Interessen erleichterte, und individueller Selbstvorsorge, die auf eine Optimierung der jeweiligen Lebenslage gerichtet war. Hier wiederholte sich etwas, das Alf Lüdtke im Hinblick auf die Arbeiter des Kaiserreichs, der Weimarer Republik und der NS-Zeit als „Eigensinn" bezeichnet hat: Ohne in Kategorien sozialer Klassen und Klassenkämpfe zu denken, ohne sich mit dem politischen System zu identifizieren, aber doch seine Spielregeln annehmend, nutzend und manchmal wohl auch persiflierend, versuchte man, den täglichen Gegebenheiten möglichst privaten Vorteil abzugewinnen.[288]

Die 1960er Jahre bieten ein Beispiel dafür, wie sich auf der Basis separater Interessenlagen zwischen der Industriearbeiterschaft und dem SED-Regime eine eigenartige, sehr fragile Balance politischer und sozialer Teilinteressen herausbildete.[289] Ansätze dazu gab es in der betrieblichen Praxis schon zuvor, doch im Zusammenhang mit Ulbrichts Versuch einer Wirtschaftsreform erlangte sie einen für die DDR-Gesellschaft existentiellen Stellenwert. Doch zuvor folgte dem Bau der Berliner Mauer noch im Herbst 1961 eine markante lohn- und normenpolitische Zäsur. Nunmehr nach außen und von außen einigermaßen abgeschirmt, glaubte die SED-Führung an die Möglichkeit einer Roßkur für das industrielle Lohnsystem und versuchte, einen Lohnstopp durchzusetzen.

Ohne Zweifel stützte man sich bei dieser risikovollen Entscheidung auf viele Berichte zum Verhalten der Arbeiterschaft, wie sie nach dem 13. August 1961 über die verschiedensten Informationskanäle bei der politischen Führungsebene anlangten und viel Kritik sowie Ablehnung erkennen ließen.[290] Da aber großflächige Proteste ausblieben und die Masse der Arbeiter die dramatischen Ereignisse in eher resignierter Gelassenheit hinnahm, glaubte die

---

[288] Vgl. Alf Lüdtke, „Eigen-Sinn". Fabrikalltag, Arbeitererfahrung und Politik vom Kaiserreich bis in den Faschismus, Hamburg 1993, passim.

[289] Vgl. Peter Hübner, Balance des Ungleichgewichtes. Zum Verhältnis von Arbeiterinteressen und SED-Herrschaft, in: GG 19 (1993), 1, S. 15–28.

[290] Ebenda, S. 54–64.

SED-Spitze auch eine Phase wirtschaftlicher Stabilisierung durchstehen zu können, die den Arbeitern Mehrleistung und Einfrieren der Löhne abverlangte. Wenn man in den engeren Führungszirkeln der SED und des FDGB das revolutionäre Bewußtsein der Arbeiterklasse als realen Faktor begriff und politische Kritik am DDR-System als Ergebnis von außen kommender ideologischer Subversion wahrgenommen wurde[291], dann bekam das Vorgehen etwas vom „Ritt über den Bodensee".

Es läßt sich kaum beantworten, ob SED- und FDGB-Führung die Haltung der Industriearbeiterschaft tatsächlich als Zustimmung interpretierten[292], oder ob sie bewußt eine „self-fulfilling"-Umdeutung lancieren wollten. Immerhin schien es ihnen nach dem 13. August 1961 möglich, für erforderlich gehaltene Korrekturen am Lohnsystem vorzunehmen. Warnke erklärte auf der 10. Tagung des Bundesvorstandes: „In diesem Zusammenhang möchten wir sehr ernst auf das Problem der Arbeitsproduktivität – Durchschnittslohn hinweisen. Wir dürfen dieser wichtigen Frage nicht ausweichen, vor allem nicht in Arbeiterversammlungen. Wir haben den Arbeitern offen zu sagen: Wenn die Disproportionen noch größer werden, muß das zu ernsten Schwierigkeiten führen. Es ist doch ein Unding zu glauben, daß wir mehr verbrauchen können, als wir erzeugten."[293] Reserven lägen „in der oft nicht vorhandenen sozialistischen Arbeitsmoral, in der nicht voll ausgenutzten Arbeitszeit, in der nicht voll durch Schichtarbeit genutzten Kapazität von Maschinen und Aggregaten".[294]

Damit waren die Schwerpunkte jenes ab September 1961 in Gang gesetzten „Produktions-aufgebotes" umrissen, zu welchem – nach entsprechender Vorbereitung durch den FDGB-Bundesvorstand und die ZK-Abteilung Gewerkschaften und Sozialpolitik[295] – eine Gruppe von Elektrodendrehern aus dem VEB Elektrokohle in Berlin öffentlich aufrief. Unter anderem hatte man diesen Arbeitern vorformuliert: „Wir wissen, daß die Arbeitsproduktivität schneller steigen muß als der Lohn." Es ginge also darum, so lautete jetzt die Devise, in der gleichen Zeit für das gleiche Geld mehr zu produzieren.[296] Gemeint war nichts anderes als die Steigerung von Produktivität und Intensität der Industriearbeit bei gleichzeitigem Lohn-stopp.

Die Geschichte des „Produktionsaufgebotes" kann an dieser Stelle nicht eingehender ausgeführt werden.[297] Lediglich nach den Reaktionen von Arbeitern auf diesen massiven lohnpolitischen Eingriff ist hier zu fragen. Die darüber Auskunft gebenden Quellen vermitteln ein ambivalentes Bild. Daß die Löhne bedroht waren, scheint eine weitverbreitete Auffassung gewesen zu sein. Im allgemeinen befürchtete man Lohnkürzungen und Normen-erhöhungen; vielfach wurde erklärt, es sei normal, seine Arbeitskraft so teuer wie möglich zu

---

[291] Vgl. Wolfgang Eckelmann/Hans-Hermann Hertle/Rainer Weinert, FDGB – Intern. Innenansichten einer Massenorganisation der SED, Berlin 1990, S. 64.

[292] Vgl. Herbert Warnke, Referat auf der 10. Tagung des FDGB-Bundesvorstandes, in: Tribüne, 29. 8. 1961 (Beilage), S. 1f.

[293] SAPMO-BA, ZGA FDGB-BV 6876, unpag.: Protokoll der 10. BV-Tagung, 24./25. 8. 1961. Referat Herbert Warnkes, S. 24.

[294] Ebenda, S. 25.

[295] SAPMO-BA, ZPA IV/2/611/7, Bl. 262: Abt. Gewerkschaften und Sozialpolitik. Protokoll der Abteilungsberatung vom 2. 9. 1961.

[296] Informationsblatt des FDGB, Nr. 15, Berlin 1961, S. 2.

[297] Vgl. Mühlfriedel/Wießner, Die Geschichte der Industrie, a.a.O., S. 305; Rüdiger Beetz, Zur Geschichte des Produktionsaufgebotes 1961/62 in der Industrie des Bezirkes Potsdam, in: Wissenschaftliche Zeitschrift (WZ) der Pädagogischen Hochschule Potsdam, 29 (1985), 2, S. 283–293.

verkaufen, gleich an wen; auch wurde das Produktionsaufgebot als Beweis angeführt, daß es in der DDR Ausbeutung gebe und sich sogar verstärke.[298] Als sicher galt zudem, daß die SED derartige Schritte nur im Schutze der Berliner Mauer wagen konnte.

Andererseits war – obwohl sich eine nennenswerte Beteiligung am Produktionsaufgebot erst zögernd einstellte – von spektakulären Abwehrreaktionen der Arbeiter nichts zu bemerken. Aus den Quellen ist der – vielleicht nicht unbegründete – Eindruck zu gewinnen, daß sowohl die Arbeiterschaft als auch die Betriebsfunktionäre von SED und FDGB nach dem 13. August einer Art psychosozialer Schockwirkung unterlagen und verlangsamt bzw. auch abgeschwächt reagierten. Auch war dem Produktionsaufgebot eine soziale Dreistigkeit eigen, die so wahrscheinlich unerwartet kam. Alles das mag beigetragen haben, der Kampagne einen sehr schwerfälligen Start zu bereiten. Ende Oktober 1961 konstatierte der FDGB-Bundesvorstand z.B. für das Bauwesen, das Produktionsaufgebot sei „über den Kreis der Fortgeschrittenen immer noch nicht hinausgekommen". Vielfach treffe man auf eine abwartende Haltung. Auf einigen Baustellen gebe es aber „ernste Anzeichen klassengegnerischer Tätigkeit, offenes provokatorisches Auftreten, verstärkte Konflikte und Streiks".[299]

Auch wenn sich in der Industrie allmählich Teilnahmeerklärungen zum Produktionsaufgebot mehrten, ließen ökonomische Ergebnisse auf sich warten. So hatten die staatlichen Maschinenbaubetriebe am Ende des dritten Quartals 1961 gegenüber dem Plan 16,1 Tage Produktionsrückstand, der Plan der Arbeitsproduktivität war nur mit 97,3 % erfüllt, die vorgegebene Durchschnittslohnsumme hingegen mit 101,8 % überschritten.[300] Manche Gewerkschaftsfunktionäre beabsichtigten in dem Zusammenhang möglicherweise, Belegschaften gegen Spitzenverdiener unter den Arbeitern auszuspielen. In dem Bericht hieß es dazu, „daß einige Gruppen von Leistungslohnarbeitern mit überhöhten Normenerfüllungen sich auf Kosten anderer Gruppen von Arbeitern, deren Verdienste bei hoher Qualifikation und Arbeitsleistung zurückgeblieben sind, bereichern. Das verstößt offensichtlich gegen die Klassenmoral . . .".[301]

Hinweise für einen Erfolg dieser Taktik finden sich nicht ohne weiteres. Jedoch gelang es mehr oder minder, gerade jene Arbeiter mit weit überdurchschnittlicher Normerfüllung so weit unter Druck zu setzen, daß sie tatsächlich unbezahlte Mehrarbeit leisteten oder sich zur Erhöhung ihrer Normen bereitfanden, um ihre Ruhe vor agitierenden Funktionären zu haben. Ergänzt wurde diese Praxis durch die seit März 1962 immer wieder propagierte Forderung „Neue Technik – neue Normen".[302]

Ganz ohne Effekt blieben alle diese Bemühungen nicht, wenngleich die quantifizierbaren Ergebnisse vielleicht nicht unbedingt kritischer Nachprüfung standhalten. Entwickelten sich Arbeitsproduktivität und Lohn zu Beginn des Produktionsaufgebotes in der zentralgeleiteten Industrie im Verhältnis 1,7:1, so wurde bis Ende 1961 eine Relation von 2,25:1 erreicht.[303]

---

[298] Eckelmann u.a., FDGB - Intern, a.a.O., S. 66–69.
[299] SAPMO-BA, ZGA FDGB-BV 6877, unpag.: Protokoll der 11. BV-Tagung, 26./27. 10. 1961. Bericht über den Stand des Produktionsaufgebots im Bauwesen, S. 7.
[300] Ebenda, Bericht über den Stand des Produktionsaufgebotes im Maschinenbau, S. 8.
[301] Ebenda.
[302] Aufruf der Parteiaktivisten des VEB Großdrehmaschinenbau „8. Mai", Karl-Marx-Stadt, beschlossen am 15. März 1962, in: Neues Deutschland (B), 17. 3. 1962, S. 3.
[303] SAPMO-BA, ZGA FDGB-BV 6879, unpag.: Protokoll der 13. BV-Tagung, 11. 5. 1962. Rechenschaftsbericht des Präsidiums und des Sekretariats des BV, S. 12.

Allerdings hatte der Volkswirtschaftsplan 1961 ein Verhältnis von 4,3:1 vorgesehen.[304] Im ersten Halbjahr 1962 sollte laut Plan 3:1 realisiert werden, erreicht wurden nach Aussage des FDGB-Vorsitzenden sogar 9:1, wozu allerdings beigetragen hatte, daß „die Reserven außerordentlich groß waren" und ein hoher Krankenstand zur Nichtausschöpfung des Lohnfonds beigetragen habe.[305] Per 31. August 1962 registrierte die zentralgeleitete Industrie bei der Steigerung der Arbeitsproduktivität gegenüber dem Durchschnittslohn immerhin ein Verhältnis von 11:1 und in der örtlichen Industrie gar von 19,7:1.[306]

Was die Löhne anging, so kam es 1962 bei Produktionsarbeitern tatsächlich zu einer Absenkung des monatlichen durchschnittlichen Arbeitseinkommens auf 99,5 % gegenüber dem Vorjahr. Auch 1963 wurde dieser Stand noch gehalten, während 1964 diese Löhne bereits wieder auf 104,6 % anzogen.[307] Der Lohnstopp war also zeitweise wirksam geworden. Vor diesem Hintergrund relativierte sich freilich auch das Verhältnis zwischen Produktivitäts- und Lohnentwicklung. Genauer besehen, fiel der Produktivitätszuwachs je Produktionsarbeiter in der Industrie keineswegs aus dem langjährigen Rahmen; von 1962 auf 1963 lag er sogar leicht darunter.[308]

Fragt man nun nach den Reaktionen der Arbeiter auf diese Entwicklung, so fällt zunächst auf, daß sie neben der erwähnten verbalen Ablehnung nur selten zu massiveren Protestformen fanden. Wie die Betriebsergebnisse zeigten, nahmen sie Lohnabsenkungen und Normenerhöhungen zumeist hin, ohne daß es zu Produktionseinbrüchen kam. Doch zugleich griffen sie auf andere, subtilere Formen der Interessenwahrnehmung zurück. So fiel beispielsweise auf, daß sich offiziell am Produktionsaufgebot kaum Einzelpersonen beteiligten. Wie schon zu früheren, ähnlichen Gelegenheiten waren es vor allem Brigaden, die hierzu Verpflichtungen abgaben. Die einzelnen Arbeiter suchten also Schutz vor der äußeren Zumutung durch den Rückzug in die Anonymität der "Kollektive". Zum anderen mehrten sich die Hinweise auf Manipulationen im Normenbereich und bei der Lohnabrechnung. Darüber berichtete z.B. der BGL-Vorsitzende des Braunkohlenkombinates Lauchhammer im November 1961 auf einer Tagung des FDGB-Bundesvorstandes. Wenn er gleichzeitig auf wachsende Rückstände bei der Zahlung von Gewerkschaftsbeiträgen aufmerksam machte, so zeigte das nur, wie Arbeiter versuchten, nicht nur ihre Interessen wahrzunehmen, sondern auch Zeichen des Protestes zu setzen.[309] Hier handelte es sich um verbreitete Erscheinungen, wie es auch üblich wurde, im Ausgleich für den Lohnstopp allmählich die geltenden Arbeitszeitregelungen weiter auszuhöhlen.

Während der mittlere und untere Teil der Gewerkschaftshierarchie angesichts dieser Umstände Zeichen von Resignation erkennen ließ, versuchte der Parteiapparat härter gegenzusteuern. So meinte die SED-Bezirksleitung Cottbus im März 1962, man solle „alle fortgeschrittenen Arbeiterinnen und Arbeiter, Angehörige der Intelligenz ... mobilisieren, damit

---

[304] Vgl. Dokumente der 12. Tagung des FDGB-Bundesvorstandes, in: Tribüne, 18. 12. 1961, (Beilage), S. 6.

[305] SAPMO-BA, ZGA FDGB-BV 6880, Bl. 402: Protokoll der 14. BV-Tagung, 25.–27. 7. 1962. Schlußwort Herbert Warnkes.

[306] SAPMO-BA, ZGA FDGB-BV 6881, unpag.: Protokoll der 15. BV-Tagung, 14./15. 11. 1962. Rechenschaftsbericht des Präsidiums, S. 5.

[307] StJB 1965, Berlin 1965, S. 227.

[308] Ebenda, S. 19.

[309] SAPMO-BA, ZGA IG Bergbau 63, unpag.: Protokoll der 11. ZV-Sitzung, 9. 11. 1961. Diskussionsbeitrag des BGL-Vorsitzenden Stoy, BKK Lauchhammer, S. 43/1.

sie einen moralischen Druck ausüben auf die Zurückgebliebenen und diese zwingen, gemeinsam auf breiter Front im Produktionsaufgebot mitzumarschieren".[310] Über die Wirkungen solchen „moralischen Drucks" schien man sich keine genaueren Vorstellungen gemacht zu haben. Unübersehbar war nämlich gerade bei den Arbeitern der in der Wirtschaft des Bezirkes dominanten Braunkohlenindustrie eine spürbare Verschlechterung der Stimmung eingetreten. Auch im mitteldeutschen Revier konnte man das beobachten. Als Grund wurde zwar vor allem die verschlechterte Versorgungslage angeführt, doch dürfte sich in diesen Fällen auch ein erheblicher Kostenanstieg in den Abraum- und Förderbetrieben nachteilig auf die Einkommen ausgewirkt haben.[311]

Die wirtschaftlichen Effekte des Produktionsaufgebotes blieben ambivalent, vor allem wurden seine Produktivitätsbarrieren immer deutlicher. Auch mehrten sich Anzeichen für ein „Umkippen" der bislang geübten Zurückhaltung der Arbeiterschaft in eine schwer kalkulierbare Gereiztheit. Ein größerer Teil der Industriearbeiter hatte das Produktionsaufgebot als einmalige und kurzfristige Kampagne aufgefaßt, sah sich aber zu seiner Enttäuschung mit immer neuen Forderungen konfrontiert. Es scheint, als habe sich am ehesten im Bergbau – unter Einschluß des Apparates der Industriegewerkschaft, wo man die heraufziehenden Risiken zu fürchten begann – eine Front gegen diese Entwicklung gebildet. Im September 1962 wandte sich das Präsidium des Zentralvorstandes der IG Bergbau scharf dagegen, daß die Arbeiter im Revier Borna wieder zu Sonderwettbewerben aufgerufen wurden. Man lasse sich nicht mehr „in alter Manier" herumkommandieren.[312] Und der Vorsitzende, Werner Lucas, erhob gar unmißverständliche Lohnforderungen: „Wir sind uns klar darüber, daß der Lohn der Bergleute nicht sinken darf, aber gegenwärtig verdient der Kumpel in der Braunkohle um 3,– weniger und der Lohnfonds wird nicht ausgelastet. Das kann man nicht abschieben auf die Frage – nicht ausgelasteter Arbeitskräfteplan. Bei einer Arbeitsproduktivität von 104 % und bei einer vorgegebenen Zahl von 100 sehe ich nicht ein, daß wir so stark darunter liegen müssen." Die „Genossen des Volkswirtschaftsrates und der VVB" sollten überlegen, „wie man das anfangen kann".[313]

Die Problematik scheint zu dieser Zeit auch Diskussionsgegenstand in der engeren Parteispitze der SED gewesen zu sein. Wohl kaum zufällig verkündete Ulbricht das Ende des Produktionsaufgebotes ausgerechnet auf einer Bezirksdelegiertenkonferenz im Dezember 1962 in Cottbus: Das Produktionsaufgebot sei „absolut richtig" gewesen, es habe den Kaufkraftüberhang „etwas vermindert", doch müsse man jetzt darauf achten, daß Arbeiter von Rationalisierungsmaßnahmen „auch einen materiellen Vorteil haben". Vor einer schematischen Anwendung der Losung, in der gleichen Zeit für das gleiche Geld mehr zu produzieren, müsse er warnen, meinte Ulbricht. „Dieses Schema kann man so nicht aufrecht erhalten, sondern muß sich bewußt sein, daß die Erhöhung der Arbeitsmoral durch Überzeugung der Arbeitskollegen erreicht wird, aber vor allem durch die materielle Interessiertheit."[314]

[310] BLHA, BPA Cottbus SED-Bezirksleitung IV/2/2/140, unpag.: Protokoll der „Ideologischen Konferenz" der Bezirksleitung vom 28. 3. 1962.
[311] SAPMO-BA, ZGA IG Bergbau 67, unpag.: Protokoll der 14. ZV-Sitzung, 4. 9. 1962. Bericht des Präsidiums, S. 23, 23a, 23b.
[312] Ebenda, S. 9.
[313] Ebenda, S. 55/1.
[314] BLHA, BPA Cottbus SED Bezirksleitung IV/1/34, unpag.: Protokoll der 2. Tagung der Bezirksdelegiertenkonferenz der SED, 1.–2 12. 1962. Schlußwort Walter Ulbrichts.

Damit vollzog die SED in direkter Anlehnung an die sowjetische „Liberman-Diskussion" zu Preisbildung und Gewinn eine wirtschaftsstrategische Wende.[315] Bereits auf der 17. ZK-Tagung im Oktober 1962 hatte Ulbricht das bisherige Planungssystem als ungeeignet befunden, weil es „dem Gesetz der Verteilung nach der Leistung und dem Prinzip der materiellen Interessiertheit nicht gerecht" werde. Werkleiter und Belegschaften müßten an hohen Produktionsleistungen, Rationalisierung, Erzeugnisqualität und Weltmarktfähigkeit interessiert werden.[316] Hier handelte es sich um die entscheidende Argumentationslinie, mit der Ulbricht und eine Gruppe von Wirtschaftsexperten aus dem Partei- und Planungsapparat auf eine Wirtschaftsreform zusteuerten. Im Kern ging es um die Freisetzung ökonomischer Triebkräfte, wobei man eingesehen hatte, daß individuelle Interessen hierbei eine Schlüsselstellung einnahmen.

Im Januar 1963 verwendete Ulbricht auf dem VI. Parteitag der SED in direktem Bezug auf Liberman die Formel: „Was der Gesellschaft nützt, muß auch dem einzelnen sozialistischen Betrieb und den Werktätigen des Betriebes nützen!"[317] Diese Formel sollte zum Leitmotiv des „Neuen ökonomischen Systems" werden.[318] Ohne an dieser Stelle auf dessen Einzelheiten eingehen zu können, interessieren hier nur die lohnpolitischen Wirkungen dieses Reformversuchs.

Detailliertere Vorstellungen zur Lohngestaltung kamen im Juni 1963 auf einer „Wirtschaftskonferenz" des ZK der SED und des Ministerrates zur Sprache. Die Arbeitsproduktivität der meisten DDR-Betriebe, so wurde hier zugegeben, lag unter westdeutschen Vergleichswerten. Der Lohn müsse demzufolge stärker an die Produktivitätsentwicklung gebunden werden, sich aber auch nach der Qualifikation des Beschäftigten, nach dem Schwierigkeitsgrad der Arbeit, nach der Bedeutung des betreffenden Industriezweiges und nach den „gebietlichen Verhältnissen" richten.[319] Lohn und Prämie sollten als „ökonomische Hebel" verstanden werden, die es elastisch anzuwenden gelte und die an die „persönliche materielle Interessiertheit" anknüpften. „Es ist das Prinzip zu verwirklichen, daß für normalerweise zu fordernde Arbeitsergebnisse der Arbeitslohn gezahlt wird. Eine zusätzliche Zahlung von Prämien setzt unbedingt besondere, über das normale Maß hinausgehende qualitative und quantitative Arbeitsergebnisse voraus."[320]

Gewissermaßen im Pilotverfahren erprobte das Bauwesen diese Grundsätze.[321] Hier sollte

---

[315] Vgl. E.G. Liberman, Plan, Gewinn, Prämie. Einige Gedanken zur Verbesserung der Leitung und materiellen Interessiertheit in sozialistischen Industriebetrieben, in: Die Wirtschaft, 26. 9. 1962; ders.: Antworten auf Einwände zu dem Artikel „Plan, Gewinn, Prämie", in: Die Wirtschaft, 21. 11. 1962, (Beilage), S. 8.

[316] Ulbricht, Zum neuen ökonomischen System, a.a.O., S. 43.

[317] Ebenda, S. 103.

[318] Zur wirtschaftsgeschichtlichen Problematisierung vgl. Gert Leptin/Manfred Melzer, Economic Reform in East German Industry, Oxford 1978; Jörg Roesler, Zwischen Plan und Markt. Die Wirtschaftsreform in der DDR zwischen 1963 und 1970, Freiburg/Berlin 1990; ders., Das Neue Ökonomische System – Dekorations- oder Paradigmenwechsel? (hefte zur ddr-geschichte; 3), Berlin 1993.

[319] Ulbricht, Zum neuen ökonomischen System, a.a.O., S. 188f.

[320] Ebenda, S. 189.

[321] Vgl. Richtlinie für das neue ökonomische System der Planung und Leitung der Volkswirtschaft. Beschluß des Präsidiums des Ministerrates der Deutschen Demokratischen Republik vom 11. Juli 1963. Die Anwendung der Grundsätze des neuen ökonomischen Systems der Planung und Leitung der Volkswirtschaft im Bauwesen. Beschluß des Präsidiums des Ministerrates der Deutschen Demokratischen Republik vom 14. Juni 1963, Berlin 1963.

vor allem der für den Wirtschaftszweig als zweckmäßigste Lohnform betrachtete Prämien-
stücklohn Anwendung finden. Angesichts der vielen unfertigen Bauvorhaben erschien das
durchaus sinnvoll. „Die Weiterentwicklung des Prämienstücklohnes hat durch die Anwendung von komplexen Normen so zu erfolgen, daß das materielle Interesse der Werktätigen auf
die Fertigstellung funktionstüchtiger Objekte gerichtet wird."[322]

Die am 11. Juli 1963 beschlossene „Richtlinie für das neue ökonomische System" spe-
zifizierte die lohnpolitischen Ansätze, indem es sie zu den Kosten und zum Gewinn, beides bislang vernachlässigte Kategorien, in Beziehung setzte. Der Arbeitslohn müsse „die
persönlichen materiellen Interessen der Werktätigen mit den gesellschaftlichen Erfordernissen verbinden", er sei an klare Qualifikationsanforderungen zu koppeln, eine Differenzierung der Tarife solle zur Arbeitskräftelenkung beitragen und der Lohn müsse in Verbindung mit „moralisch-ideellen Faktoren" sozialistisches Bewußtsein und die Arbeitsmoral
fördern.[323]

Die Richtlinie war darauf angelegt, über die Lohnformen besonders die Entwicklung der
Arbeitsproduktivität und der Selbstkosten zu beeinflussen. Der einfache Stücklohn sollte nur
noch dort Anwendung finden, wo der Zeitaufwand das entscheidende Kriterium blieb.
Ansonsten sollten Prämienzeitlöhne und Prämienlöhne, darunter auch als kollektive Lohnformen, favorisiert werden, um den materiellen Anreiz „auf die jeweiligen konkreten gesellschaftlichen Erfordernisse" zu lenken.[324]

Was die Normen anging, setzte die Richtlinie nach wie vor auf die Einführung technisch
begründeter Normen. Dazu waren Zeitnormative, Zeitnormativkataloge und Bestzeitkata-
loge zu erarbeiten. Um den hierbei zu erwartenden Widerspruch aus Arbeiterkreisen abzu-
fangen, glaubte man diese durch „materielle und moralisch-ideelle Anerkennung" an der
Beseitigung von Rückstandszeiten interessieren zu können.[325] Zum Tariflohn sollten Mehr-
leistungslöhne für Normübererfüllung kommen. Stück- und Zeitlöhner konnten bei erhöhter
Leistung Prämienlöhne erhalten. Alles dies war an die Leistungsentwicklung des Betriebes zu
koppeln.[326]

Schon ein erster Blick auf die lohnpolitischen Optionen der Richtlinie zeigt, daß darin
ältere Konzepte, wie das der Tarifgestaltung als Mittel der Arbeitskräftelenkung, neben wenig
veränderten Prämienregelungen auftraten. Neu war allerdings die weit stärkere Orientierung
am Betriebsergebnis – und, daß persönliche materielle Interessen vom Odium des Egoismus
und der Rückständigkeit freigesprochen wurden. Das Gesamtkonzept blieb zweifellos nicht
frei von inneren Spannungen, dennoch lockerte es die zentral-planwirtschaftlichen Bremsen:
Lag das Jahreswachstum des produzierten Nationaleinkommens 1961–63 bei 2–3 % so erreichte es 1964–70 durchschnittlich 5 %. Der für den Inlandsverbrauch zur Verfügung stehende Nationaleinkommenszuwachs erhöhte sich von 1 % auf 5–6 %.[327] Auch die Akkumula-
tionsrate stieg in der Reformperiode bis zum Ende der 1960er Jahre auf einen Spitzenwert von
24 % an.[328] Andererseits aber gelang es nicht, den Produktivitätsrückstand gegenüber West-

[322] Ebenda, S. 153.
[323] Ebenda, S. 58.
[324] Ebenda, S. 59.
[325] Ebenda, S. 60.
[326] Ebenda, S. 61.
[327] Roesler, Das Neue Ökonomische System, a.a.O., S. 18.
[328] StJB 1972, Berlin 1972, S. 42.

deutschland zu verringern und damit die Wettbewerbsfähigkeit der DDR-Wirtschaft zu verbessern.[329]

Daß einem erheblichen Teil der auf planwirtschaftliche Direktiven fixierten Wirtschafts- und Gewerkschaftsfunktionäre die ganze Richtung irgendwie suspekt war, ließ sich an ihrem zögernden Verhalten erkennen.[330] Auch die stärkere Fixierung auf den Lohn bereitete vor allem jenen Probleme, die bislang völlig konform mit der Parteilinie mehr auf moralische Leistungsanreize setzten. Eine Episode auf dem 6. FDGB-Kongreß, der vom 19. bis 23. 11. 1963 in Berlin tagte, verdeutlichte diese Spannung. Dort erklärte ein Berliner Bauingenieur: „Die Interessenvertretung der Arbeiter beginnt damit, daß alles rollt, daß die Arbeit Spaß macht, daß hohe Ergebnisse in der Steigerung der Arbeitsproduktivität erzielt werden."[331] Dem stimmte W. Ulbricht in seiner Diskussionsrede zwar ausdrücklich zu, hielt es aber für nötig hinzuzufügen, „daß dadurch der Lohn dann stimmt. Das ist klar."[332] Das stark verein- fachte Modell der Identität gesellschaftlicher und individueller Interessen stieß sich allerdings an der Realität der DDR-Wirtschaft und verkannte wesentliche soziale Spannungspotentiale und Konfliktpunkte.

Die Wirtschaftsgeschichtsschreibung hat auf die beträchtlichen wirtschaftlichen Ungleich- gewichte und die Versorgungsprobleme aufmerksam gemacht, wie sie im Verlaufe der „NÖS"- Periode entstanden.[333] Auch im Lohn- und Normenbereich zeichnete sich bald ab, daß Mängel bei der Definition und Bildung von Kennziffern zu kaum durchzuhaltenden Span- nungen im Einkommensgefüge führten.

Doch zunächst gelang zwischen 1964 und 1966 durchaus eine nennenswerte Flexibilisie- rung der Lohnbildung, wodurch unverkennbar Leistungsanreize ausgelöst wurden. Wenn sich in der Folge die Schere zwischen hohen und niedrigen Einkommensniveaus weiter öffnete, war das durchaus nicht unerwünscht. Doch da die Lohnpolitik nach wie vor die als wichtig betrachteten Industriezweige präferierte, bekam das Lohnsystem erneut Schlagseite. Vor allem staute sich in der benachteiligten Leichtindustrie zunehmend soziale Unzufrieden- heit an. Aus diesem Grunde sah sich die SED auf ihrem 7. Parteitag im April 1967 zu sozialpolitischen Korrekturen veranlaßt, die das Pendel der Lohnpolitik erneut in die nivellie- rende Richtung zurückschlagen ließen: Die Mindestlöhne wurden von 220 auf 300 Mark erhöht[334], wodurch sich das Verhältnis des Mindestlohnes zum durchschnittlichen monatli- chen Arbeitseinkommen von 1:2,8 im Jahre 1964 auf 1:2,2 verringerte.[335] Nivellierende Wirkungen gingen auch von weiteren Fördermaßnahmen für kinderreiche Familien aus.[336] Hinzu kamen teilweise künstlich forcierte Qualifizierungsmaßnahmen, die den Anteil von Beschäftigten in den unteren Lohngruppen verringerten, damit aber auch bestehende Lohn- differenzen tendenziell einebneten (Tabelle 10).

329 Roesler, Das Neue Ökonomische System, a.a.O., S. 20f.; Manfred Melzer, Anlagevermögen, Produk- tivlohn und Beschäftigung der Industrie im Gebiet der DDR 1936 bis 1978 sowie Schätzung des künftigen Angebotspotentials, Berlin 1980, S. 224f., 234f.
330 Vgl. Roesler, Das Neue Ökonomische System, a.a.O., S. 13.
331 Protokoll des 6. FDGB-Kongresses, Berlin 1964, S. 264f.
332 Ebenda, S. 345.
333 Vgl. Roesler, Zwischen Plan und Markt, a.a.O., passim.
334 GBl. II, Nr. 47/1967, S. 313, 315.
335 Winkler, Geschichte der Sozialpolitik, a.a.O., S. 122.
336 GBl. II, Nr. 38/1967, S. 248f.

Tabelle 10
Produktionsarbeiter in staatlichen Industriebetrieben 1964 und 1970 (in Prozent)

Jahr	1964	1970
Facharbeiter	45,0	52,5
Angelernte	43,0	37,9
Ungelernte	12,0	9,6

Quelle: StJB 1972, a.a.O., S. 141.

Damit wurde offenbar das Ziel verfolgt, sozialer Unzufriedenheit im unteren und mittleren Lohnbereich entgegenzuwirken. Unter dem gleichen Gesichtspunkt kam es 1967 zur Einführung der seit langem diskutierten Jahresendprämien für zunächst rund 2,5 Millionen Arbeiter und Angestellte, deren Prämie durchschnittlich 63,3 % des Monatseinkommens erreichte.[337]

Mit derartigen lohnpolitischen Schritten gerieten die Wirtschaftsreformer aber aus dem Gleis ihres eigenen Konzepts und schwächten die Funktion des Lohnes als Mittel des Leistungsanreizes. Insbesondere ließen sie eine problematische Zweiteilung der betrieblichen Leistungsträger zu: Einerseits gelangten Produktionsarbeiter vor allem durch Prämienlöhne zu sehr hohen Effektivlöhnen, deren Tarifanteil teilweise unter 50 % absank. Andererseits vermochten Ingenieure, Meister und Angestellte mit ihren festen Gehältern solche Möglichkeiten nicht zu nutzen, was nicht nur demotivierte, sondern auch verschiedenste Abweichungen von Eingruppierungsbestimmungen auslöste und ein unkontrollierbares Gewirr von Zuschlagszahlungen entstehen ließ.[338] Insgesamt dürften aber auch solche Ausweichvarianten die Situation des mittleren technischen Personals nicht wesentlich verbessert haben. Führungskräfte leiteten Prämienmittel mitunter zum eigenen Vorteil um. Ende 1965 wurden z.B. im FDGB-Bundesvorstand aus dem Bereich zweier VVB Fälle bekannt, wonach dort die Arbeiter Prämien zwischen 20 und 40 Mark erhielten, „während zur gleichen Zeit leitende Kader ihren Prämienanteil um das Vier- oder Fünffache erhöhen".[339]

Ohne Frage führte die Reformperiode gerade bei der Industriearbeiterschaft zu beachtlichen Einkommenszuwächsen, die sich u.a. bei der Verteilung der Nettoeinkommensgruppen oder auch bei den Spareinlagen bemerkbar machten.[340] Geradezu gefährlich an dieser Entwicklung wurde jedoch ein rasch zunehmender Kaufkraftüberhang, der am Ende der 1960er Jahre zu verbreiteter politischer und sozialer Unzufriedenheit beitrug.

Die erwähnten Einkommensverbesserungen der Industriearbeiterschaft konnten nicht darüber hinwegtäuschen, daß zugleich auch der Leistungsdruck zugenommen hatte, dem freilich auch eine beträchtliche Leistungsbereitschaft gegenüberstand. Leistung schlug allerdings bei den vielen im „trial-and-error"-Verfahren betriebenen ökonomischen Experimenten in der DDR-Industrie nicht unbedingt in wachsende Effektivität um. Nicht zuletzt deshalb standen der positiven Nominallohnentwicklung immer wiederkehrende Versor-

---

[337] Geschichte des FDGB, a.a.O., S. 566.
[338] Studie zu wichtigen Problemen der Lohnpolitik im Perspektivplanzeitraum. Zentrales Forschungsinstitut für Arbeit, Dresden. Zit. nach: Winkler, Geschichte der Sozialpolitik, a.a.O., S. 124.
[339] SAPMO-BA, ZGA FDGB-BV 6898, unpag.: Protokoll der 7. BV-Tagung, 10./11. 11. 1965. Referat Rolf Bergers, S. 19.
[340] StJB 1972, a.a.O., S. 33, 361.

gungslücken und mehr oder minder verdeckte Preissteigerungen gegenüber. Trotzdem scheint die „NÖS"-Periode in der Perspektive von Arbeitern – besonders durch eine vergleichende Projektion auf die bisherige Geschichte der DDR – ein vorwiegend positives Image angenommen zu haben.

Berichte über diese Zeit vermerken recht übereinstimmend ein gesteigertes Interesse der Industriearbeiter an dem Reformversuch. Während Intellektuellen-Kreise anfangs Hoffnungen hegten, daß in seinem Verlaufe eine Liberalisierung des geistigen Lebens einsetzen könnte[341], ließen sich in der Arbeiterschaft andere Reaktionen beobachten. Dort begann man nach anfänglicher Unsicherheit, die wegen der völlig unbefriedigenden Normensituation verständlich war, dem „NÖS"-Projekt mit seinen Prämienlohnregelungen Geschmack abzugewinnen.

Schon im Sommer 1963 sprach beispielsweise die IG Bergbau von regen Diskussionen über die „ökonomischen Hebel". Als positiv hob der Zentralvorstand hervor: „Das Schwergewicht der ideologischen Arbeit liegt auf ökonomischem Gebiet."[342] Doch das sollte sich als Irrtum herausstellen, denn immer deutlicher wurde ein Trend zur Entideologisierung des Alltags in den Industriebetrieben. Aus politischen Dingen hielten sich Arbeiter – vielleicht sogar bewußter als vorher – heraus. Wie eine 1967 im Synthesewerk Schwarzheide durchgeführte Befragung von 200 Arbeitern ergab, verhielten sich die meisten von ihnen politisch indifferent, ließen aber vielfach eine „gefühlsmäßige Bindung" an Westdeutschland erkennen. Die eigene wirtschaftliche Lage wurde demgegenüber eher günstig beurteilt: Ein Prozent der Befragten bezeichnete sie als „sehr gut"; immerhin 32,1 % hielten sie für „gut" und 49,3 % für „befriedigend".[343]

Die Chance zur Verbesserung der persönlichen bzw. familiären wirtschaftlichen Lage erwies sich als ein starkes Argument für ein bemerkenswert affirmatives Verhalten der meisten Industriearbeiter gegenüber dem Reformkonzept. Zwar kam es immer wieder zu Schwierigkeiten bei der Normenberechnung, was etwa bei formaler Umrechnung auf Betriebe mit anderen Produktionsbedingungen zu häufiger Untererfüllung führte. Teilweise boten neue Normen auch zu geringe Anreize zur Übererfüllung.[344] Doch durch seine relative Flexibilität enthielt das „NÖS" oberhalb des Tariflohnsockels hinreichende Korrekturmöglichkeiten. So vermied der Braunkohlenbergbau seit Beginn des Jahres 1964 mit der generellen Einführung von Prämienzeitlöhnen jegliche Lohnminderungen und erreichte nennenswerte Mehrverdienste.[345]

Damit war zwar kaum etwas über das Betriebsergebnis ausgesagt, wohl aber über die Gründe für eine einigermaßen ruhige Lage im Lohn- und Normenbereich. Weit gewichtigere

341 Vgl. Simone Barck, Das Dekadenz-Verdikt. Zur Konjunktur eines kulturpolitischen „Kampfkonzepts" Ende der 1950er bis Mitte der 1960er Jahre, in: Jürgen Kocka (Hg.), Historische DDR-Forschung. Aufsätze und Studien (= Zeithistorische Studien; 1), Berlin 1993, S. 327–344.

342 SAPMO-BA, ZGA IG Bergbau 71, unpag.: Protokoll der 17. ZV-Sitzung, 22. 8. 1963. Schlußwort Werner Lucas', S. 53/1.

343 BLHA, Rep. 903, Synthesewerk Schwarzheide 2285, unpag.: Analyse des Bewußtseinsstandes der Werktätigen des VEB Synthesewerk Schwarzheide. SED-Betriebsparteiorganisation, Sept. 1967, S. 12–21.

344 SAPMO-BA, ZGA FDGB-BV 6893, unpag.: Protokoll der 3. BV-Tagung, 30. 9./1. 10. 1964. Referat Rolf Bergers, S. 48f.

345 SAPMO-BA, ZGA IG Bergbau 73, unpag.: Protokoll der 3 ZV-Sitzung, 6. 5. 1964. Rechenschaftsbericht, S. 22f.

Konflikte spielten sich zu dieser Zeit um die Arbeitszeitfrage und um die Versorgung mit Konsumgütern und Wohnungen ab.

In Berichten von Betriebsfunktionären der SED und des FDGB wurde auffallend oft die intensivere Beteiligung von Arbeitern an Diskussionen zu technischen Fragen und zur Arbeitsorganisation erwähnt. Obwohl durchaus „pures" Technikinteresse hierbei eine Rolle gespielt haben mag, standen doch oft auch Lohninteressen dahinter, die von Fall zu Fall akut bedroht waren. Beispielsweise kam es sowohl im Januar 1965 wie auch im gleichen Monat 1966 in einigen Industriezweigen – wie schon früher gehabt – zu dramatischen Produktionseinbrüchen. Extreme Leistungsabfälle verzeichneten die VVB Elektroprojektierung und Anlagenbau mit 64,6 %, Kraftwerksanlagen mit 60,0 %, Schienenfahrzeuge mit 55,0 %, Textilmaschinenbau mit 46,2 %, Rohrleitungen und Isolierungen mit 45,0 %.[346] Weil hiervon naturgemäß die Löhne betroffen waren, wurde das Engagement der Arbeiter verständlich.

Auf solche und auch spätere Pannen reagierte die Arbeiterschaft durchaus mit einer – im Mitarbeiterkreis offeneren, im größeren Rahmen meist hinter Schweigen verborgenen – Kritik an der SED und ihrer Wirtschaftspolitik. Doch zeigte sich in der „NÖS"-Periode besonders deutlich, daß deren Akzeptanz wesentlich davon bestimmt wurde, welche Möglichkeiten der Einkommensverbesserung durch eigene Leistung sie boten. Wie sich zeigen sollte, handelte es sich hierbei nicht um einen sozialen Konsens. Aber im „NÖS" waren dezentrale Regelungsmechanismen angelegt, mit deren Hilfe die Lohn- und Normenproblematik entschärft werden konnte.

---

[346] SAPMO-BA, ZGA FDGB-BV 6899, unpag.: Protokoll der 8. BV-Tagung, 17.–19. 2. 1966. Rechenschaftsbericht, S. 18.

KAPITEL 2

Arbeitszeit: Interessenwiderstreit um Dauer und Struktur

1. Auf dem Wege zur 45-Stunden-Woche

Berichte über die ersten Monate nach dem Ende des Zweiten Weltkrieges erwähnen häufig den hohen Erschöpfungsgrad der industriellen Arbeitskräfte in Deutschland. Hierzu hatten nicht zuletzt überlange Arbeitszeiten beigetragen. Im Sommer 1944 war für die deutsche Rüstungswirtschaft in allen wichtigen Produktionsbereichen die 72-Stunden-Woche einge-führt worden. Die Ruhepausen abgerechnet, arbeiteten danach Männer 69 Stunden sowie Frauen und Jugendliche 66 Stunden wöchentlich.[1] Für die Gesamtheit der männlichen deutschen Arbeitskräfte wurde Ende August 1944 die 60-Stunden-Woche als Mindestarbeits-zeit angeordnet.[2] Auch wenn danach, wie Rüdiger Hachtmann sicher zu Recht feststellte, Kriegseinwirkungen im allgemeinen die Realarbeitszeit rasch absinken ließen[3], blieben die Ausfallzeiten doch angefüllt mit Aufräumarbeiten, Betriebsfeuerwehr- oder Heimatflak-Einsätzen u.ä. „Die körperliche Belastung der in der deutschen Industrie beschäftigten Arbeiter erhöhte sich im letzten Kriegsjahr eher, als daß sie sank."[4]

Dieser zeitlich extensive Arbeitseinsatz sorgte zusammen mit zunehmenden Ernährungs-mängeln, dem weitgehenden Zusammenbruch des Berufsverkehrs und all den anderen physischen und psychischen Belastungen des Krieges für einen beträchtlichen Verschleiß industrieller Arbeitskraft. Neben dem Bedürfnis, das ständige Hungergefühl zu stillen, spielte deshalb nach Kriegsende auch der Wunsch nach kürzeren Arbeitszeiten für viele Industriear-beiter eine große Rolle.

Zwar regelten die alliierten Besatzungsbehörden relativ schnell die Erfassung und den Einsatz von Arbeitskräften, doch bestand die einzige Arbeitszeitfestlegung zunächst lediglich darin, für Lebensmittelgeschäfte den Zehnstundentag einzuführen.[5] Erst die Direktive Nr. 26

---

[1] Vgl. Deutschland im Zweiten Weltkrieg, Bd. 6, Berlin 1985, S. 376.
[2] Reichsgesetzblatt (RGBl.) I, 1944, S. 191f.
[3] Vgl. Rüdiger Hachtmann, Industriearbeit im „Dritten Reich". Untersuchungen zu den Lohn- und Arbeitsbedingungen in Deutschland 1933–1945 (Kritische Studien zur Geschichtswissenschaft; 82), Göttingen 1989, S. 53.
[4] Ebenda.
[5] Gustav Schaum, Die neuen Lohn- und Arbeitsbedingungen, in: Arbeit und Sozialfürsorge. Jahrbuch von 1945 bis 31. März 1947, Berlin 1947, S. 104.

„Regelung der Arbeitszeit" des Alliierten Kontrollrates vom 26. Januar 1946 ordnete verbindlich die Wiedereinführung des Achtstundentages an. Allerdings blieb es den Militärregierungen vorbehalten, „für Industriezweige, Unternehmen oder Fabriken – im Interesse einer Verringerung der Arbeitslosigkeit oder der Förderung irgendeines anderen Besatzungszieles – Arbeitszeiten festzusetzen, die von der regelmäßigen Arbeitszeit abweichen".[6] Trotz dieser Einschränkung stützte sich die Direktive grundsätzlich auf die deutsche Arbeitszeitordnung vom 30. April 1938, deren § 3 festgelegt hatte: „Die regelmäßige werktägliche Arbeitszeit darf die Dauer von acht Stunden nicht überschreiten."[7] Die Bundesrepublik Deutschland übernahm später diese Arbeitszeitordnung im Artikel 125 des Grundgesetzes als Bundesrecht.[8]

In der sowjetischen Besatzungszone folgte die SMA mit ihrem Befehl Nr. 56 vom 17. Februar 1946 der Kontrollratsdirektive im Detail. Darin wurden die Präsidenten der Länder und Provinzen aufgefordert, „den achtstündigen Arbeitstag oder die 48stündige Arbeitswoche für Arbeiter und Angestellte mit Ausnahme derjenigen, die in der Landwirtschaft beschäftigt sind, ... einzuführen".[9] Mit Erlaubnis der sowjetischen Militärverwaltungen konnten allerdings für Schwer- und Saisonarbeiten andere Arbeitszeiten vereinbart werden; auch erhielt der FDGB das Recht, mit den Unternehmern über andere Arbeitszeiten zu verhandeln.

Trotz dieser weitgehenden Öffnung, von der in der Folge auch ausgiebig Gebrauch gemacht wurde, ist die in zeitgenössischen Berichten anzutreffende Feststellung, der SMA-Befehl Nr. 56 sei „freudig begrüßt worden"[10], durchaus glaubwürdig. Mit der Achtstundenregelung trat in der Entwicklung industrieller Arbeitszeiten eine Trendwende ein. Seit 1934 waren Begrenzungen der Arbeitszeit immer brüchiger geworden.[11] Bereits die Arbeitszeitordnung vom 26. Juli 1934 erlaubte, deutlich über acht Stunden hinauszugehen.[12] Mit der Arbeitszeitordnung vom 30. April 1938 wurden Arbeitszeitverlängerungen „aus dringenden Gründen des Gemeinwohls"[13] besonders in der Rüstungsindustrie eher die Regel als die Ausnahme.

Nach Jahren extensiver Ausweitungen der Arbeitszeiten brachte der SMA-Befehl Nr. 56 – trotz aller Ausnahmemöglichkeiten – also nicht nur eine rechtswirksame Begrenzung der Arbeitszeit, sondern auch in vielen Fällen eine reale Arbeitszeitverkürzung. Freilich erwies sich die Achtstundentag-Regelung auch jetzt immer nur als eine Orientierung. Oft wurden Überstunden nötig, kaum weniger häufig aber verursachten Demontagen, Energie- und Materialmangel unfreiwillige Arbeitszeitverkürzungen. Dennoch blieb der Befehl Nr. 56 von grundsätzlicher Bedeutung. Erst in größerem zeitlichem Abstand folgten in der DDR zwei Arbeitszeitregelungen von ähnlichem Gewicht: Am 18. Januar 1957 verabschiedete die DDR-Volkskammer ein Gesetz über die Verkürzung der Arbeitszeit auf 45 Wochenstunden.[14]

---

[6] Direktive Nr. 26 des Alliierten Kontrollrates vom 26. 1. 1946, zit. nach: ebenda, S. 395.
[7] RGBl. I, 1938, S. 447–452.
[8] Vgl. Karl A. Otto unter Mitarb. von Thomas Gorsboth, Die Arbeitszeit! Von der vorindustriellen Gesellschaft bis zur ‚Krise der Arbeitsgesellschaft', Pfaffenweiler 1989, S. 265, 268.
[9] Befehl Nr. 56 des Obersten Chefs der SMA vom 17. 2. 1946, zit. nach: Arbeit und Sozialfürsorge. Jahrbuch von 1945 bis 31. März 1947, a.a.O., S. 307f.
[10] Schaum, Die neuen Lohn- und Arbeitsbedingungen, a.a.O., S. 104.
[11] Vgl. Timothy Mason, Arbeiterklasse und Volksgemeinschaft, Opladen 1975, S. 60f., 146.
[12] RGBl. I, 1934, S. 803.
[13] RGBl. I, 1938, S. 447.
[14] Gesetzblatt der Deutschen Demokratischen Republik (GBl.) I, Nr. 8/1957, S. 73.

Danach wurde die 45-Stunden-Woche bei vollem Lohnausgleich zunächst für rund 2.650.000 Beschäftigte der staatlichen Industrie sowie des Verkehrs- und Nachrichtenwesens einge-führt, also nur für etwa ein Drittel aller Arbeiter und Angestellten. Nach wie vor handelte es sich um eine Sechs-Tage-Arbeitswoche. Nach langem Zögern beschloß die DDR-Regierung am 22. Dezember 1965 eine Verordnung über die „Fünf-Tage-Arbeitswoche für jede zweite Woche", die allerdings erst am 8. April 1966 in Kraft trat.[15] Gleichzeitig wurde die wöchentli-che Arbeitszeit generell auf 45 Stunden herabgesetzt; für im Dreischichtbetrieb Tätige ver-minderte sie sich von bisher 45 auf 44 Stunden wöchentlich. Diese eigenartige Regelung hielt mehr schlecht als recht etwa ein Jahr und wurde am 3. Mai 1967 durch eine neue Verordnung ersetzt, nach der die Fünftage-Arbeitswoche durchgängig galt.[16] Damit verkürzte sich die Wochenarbeitszeit im Ein- und Zweischichtbetrieb von 45 auf 43,75 Stunden und bei Drei-schichtbetrieb von 44 auf 42 Stunden. Das geschah bei vollem Lohnausgleich. Allerdings entfielen der 8. Mai („Tag der Befreiung"), der Ostermontag, Himmelfahrt und der Buß- und Bettag als Feiertage.

Diese hier nur kurz skizzierten Arbeitszeitveränderungen stellten gewissermaßen die Eckpfeiler für die Entwicklung der wöchentlichen Arbeitszeiten in der DDR dar. Zweifellos handelte es sich um wichtige sozialpolitische „Wegmarken", die sich mühelos und nicht einmal falsch zu einer durchgängigen Erfolgsgeschichte gruppieren ließen. In offiziellen Darstellungen der Sozialpolitik in der DDR fand dieses Muster auch Anwendung.[17] Doch handelte es sich bei den „Wegmarken" durchweg schon um Ergebnisse diffiziler Interessen-konkurrenz zwischen den politischen und wirtschaftlichen Entscheidungsträgern und der Arbeiterschaft. Es gab hierbei keine einfache Zweifronten-Konstellation. Jede der beteiligten Seiten verfocht relativ eigenständige, aber in sich wiederum vielfach nuancierte Absichten.

Die folgenden Betrachtungen beschränken sich im wesentlichen auf jenen Zeitraum, der sich dem teilweisen Übergang zur 45-Stunden-Woche 1957 anschloß und bis zur Einführung der Fünftage-Arbeitswoche 1965/67 reichte. Es war eine Phase permanenter Auseinanderset-zungen um Dauer und Verteilungsstruktur der industriellen Arbeitszeit.

Wirtschaftsexperten und Sozialpolitiker der SED hatten es – theoretisch – nicht schwer, die Notwendigkeit relativ langer Arbeitszeiten zu begründen. Sie konnten sich durchaus auf Karl Marx berufen, der Erwartungen vorgebeugt hatte, unter den Bedingungen einer soziali-stischen Gesellschaft würde Arbeitszeit zu einer Art aktiver Freizeit werden: „Die Beseitigung der kapitalistischen Produktionsform erlaubt, den Arbeitstag auf die notwendige Arbeit einzuschränken. Jedoch würde die letztere, unter sonst gleichbleibenden Umständen, ihren Raum ausdehnen. Einerseits weil die Lebensbedingungen des Arbeiters reicher und seine Lebensansprüche größer. Andererseits würde ein Teil der jetzigen Mehrarbeit zur notwendi-gen Arbeitszeit zählen, nämlich die zur Erzielung eines gesellschaftlichen Reserve- und Akkumulationsfonds nötige Arbeit."[18]

An anderer Stelle relativierte er weiter: Die notwendige Arbeitszeit sei zwar durch die Arbeitsproduktivität zu beeinflussen. Doch mit den Bedürfnissen der Produzenten „in allen Gesellschaftsformen und unter allen möglichen Produktionsweisen ... erweitert sich dies

15 GBl. II, Nr. 134/1965, S. 897.
16 GBl. II, Nr. 38/1967, S. 237, 241.
17 Vgl. Gunnar Winkler (Hg.), Geschichte der Sozialpolitik der DDR 1945–1985, Berlin 1989, S. 57, 93, 141.
18 Karl Marx, Das Kapital, Bd. 1, in: Marx-Engels-Werke (MEW) Bd. 23, Berlin 1962, S. 552.

Reich der Naturnotwendigkeit. [. . .] Die Freiheit in diesem Gebiet kann nur darin bestehen, daß der vergesellschaftete Mensch, die assoziierten Produzenten, diesen ihren Stoffwechsel mit der Natur rationell regeln, unter ihre gemeinschaftliche Kontrolle bringen, statt von ihm als von einer blinden Macht beherrscht zu werden; ihm mit dem geringsten Kraftaufwand und unter den ihrer menschlichen Natur würdigsten und adäquatesten Bedingungen vollziehn. Aber es bleibt dies immer ein Reich der Notwendigkeit. Jenseits desselben beginnt die menschliche Kraftentwicklung, die sich als Selbstzweck gilt, das wahre Reich der Freiheit, das aber nur auf jenem Reich der Notwendigkeit als seiner Basis aufblühn kann. Die Verkürzung des Arbeitstags ist die Grundbedingung."[19]

Der hier angesprochenen Entfremdungsproblematik mochte sich die SED mit ihrer Gesellschaftspolitik nicht ohne weiteres stellen. In den ersten 1960er Jahren kam sie jedoch nicht umhin, sich mit einer Entfremdungsdiskussion im eigenen politischen Lager auseinanderzusetzen.[20] Die offizielle Argumentation der SED ging davon aus, daß „im sozialistischen Staat . . . erstmals Macht und Menschlichkeit zusammen(fallen)".[21] Arbeit galt unter diesen Bedingungen als ein vom allgemeinen Interesse geleiteter Prozeß, dessen Ziel von der marxistischen Sozialutopie beschrieben war, der mithin die Identität gesellschaftlicher und individueller Interessen ständig neu produzierte.[22] Verbunden mit Lenins Formel, Arbeitsproduktivität sei „in letzter Instanz das Allerwichtigste für den Sieg der neuen Gesellschaftsordnung"[23], lenkten solche Vorstellungen auch das Verständnis von Arbeitszeit in eine linearinstrumentelle Richtung.

Von einer entscheidenden Funktion der Produktivitätsentwicklung ging auch die Präambel zum Gesetz über die Arbeitszeitverkürzung vom 18. Januar 1957 aus, in der es hieß: „Der weitere Aufbau des Sozialismus und damit die ständige Verbesserung unseres Lebens hängt wesentlich von der Steigerung der Arbeitsproduktivität ab. Die Einführung und Anwendung der modernen Technik, ihre Beherrschung durch vielseitig qualifizierte Menschen, die Schaffung eines rhythmischen Produktionsablaufes und die Verbesserung der Arbeitsorganisation geben die Möglichkeit, die Arbeitszeit in der sozialistischen und ihr gleichgestellten Industrie schrittweise zu verkürzen."[24]

Eindeutig hatte demnach der „Aufbau des Sozialismus" als komplexer sozialer Gesamtprozeß Priorität. Die in der Präambel enthaltene Argumentation erwies sich allerdings mehr als Absichtserklärung, denn als Zustandsbeschreibung. Tatsächlich verfolgte die in der Arbeiterschaft grundsätzlich begrüßte Arbeitszeitverkürzung eine Doppelfunktion: Die Datierung des Gesetzes deutete darauf hin, daß vor dem Hintergrund der Unruhen in Polen und der Ungarn-Krise von 1956 an soziale Befriedung gedacht war[25], zumal Inhalt und Zeitpunkt deutlich von den im März 1956 auf der 3. Parteikonferenz vorgetragenen und auf längere

---

[19] Ders., Das Kapital, Bd. 3, in: MEW Bd. 25, Berlin 1964, S. 828.
[20] Vgl. die polemische Artikelserie „Freiheit und Entfremdung" in: Neues Deutschland (B), 15. 3./11. 4./ 18. 4./25. 4./2. 5./30. 5. 1964.
[21] Zur Theorie-Diskussion während der 1950er Jahre in der DDR vgl. Vera Wrona (u.a.), Zur Geschichte der marxistisch-leninistischen Philosophie in der DDR. Von 1945 bis Anfang der sechziger Jahre, Berlin 1979, S. 585.
[22] Vgl. ebenda, S. 527–538.
[23] W. I. Lenin, Die große Initiative, in: Werke Bd. 29, Berlin 1965, S. 416.
[24] GBl. I, Nr. 8/1957, S. 73f.
[25] Vgl. Wolfgang Eckelmann/Hans-Hermann-Hertle/Rainer Weinert, FDGB - Intern. Innenansichten einer Massenorganisation der SED, Berlin 1990, S. 43–53.

Fristen abzielenden Überlegungen zur Arbeitszeitverkürzung abwichen. Doch versprach sich die SED-Führung unzweifelhaft auch Produktivitätsimpulse, wie es § 4 des Gesetzes erkennen ließ: „Alle Maßnahmen zur Verkürzung der Arbeitszeit müssen in enger Verbindung mit den Erfahrungen und Vorschlägen der Belegschaften der Betriebe unter besserer Anwendung der Technik, verbesserter Betriebsorganisation und weitgehender Beseitigung aller Warte- und Stillstandszeiten durchgeführt werden, um dadurch die erforderliche Steigerung der Arbeitsproduktivität zu gewährleisten. [. . .] Die Erfüllung der Produktionspläne ist trotz der verkürzten Arbeitszeit durch entsprechende Steigerung der Arbeitsproduktivität zu sichern."[26]

Daraus ging recht klar hervor, daß zwischen der 45-Stunden-Woche und den wirtschaftlichen Zielsetzungen eine Spannung bestand: Man „leistete" sich die Arbeitszeitverkürzung, um dann erst die Voraussetzungen dafür zu schaffen. Dennoch mußten die Gründe für das Gesetz so gewichtig gewesen sein, daß seine Initiatoren das damit verbundene wirtschaftliche Risiko eingingen. Offenbar stand mehr dahinter als nur kurzfristige politische Ad-hoc-Entscheidungen vor dem Hintergrund der Krise von 1956. So ist nicht zu ignorieren, daß die SED-Sozialpolitik in der Arbeitszeitfrage durchaus auch älteren Erwartungen der Industriearbeiterschaft verpflichtet blieb. Das erklärte jedoch nicht den Zeitpunkt der Entscheidung.

Hierfür war wohl – neben der Reaktion auf die 1956er Krise – die Arbeitszeitdebatte in Westdeutschland ausschlaggebend. Dort hatte der DGB bereits 1952 auf einem Bundeskongreß die Forderung nach der 40-Stunden-Woche erhoben. In einem Aktionsprogramm von 1955 war die „Fünftagewoche bei vollem Lohn- und Gehaltsausgleich mit täglich achtstündiger Arbeitszeit" enthalten.[27] Noch wurde diese Forderung nicht durchgesetzt, doch schon im Juli 1956 erfolgte mit dem sogenannten „Bremer Abkommen" über Arbeitszeit und Löhne für die gewerblichen Arbeitnehmer in der Metallindustrie der Durchbruch zur 45-Stunden-Woche.[28]

Diese Auseinandersetzungen wurden in der DDR mit großer Aufmerksamkeit verfolgt. Es war der stärker werdende Trend zur Arbeitszeitverkürzung in den westlichen Industrieländern, nicht zuletzt in der Bundesrepublik Deutschland[29], mit dem sich die SED konfrontiert sah. Wie in allen anderen wirtschaftlichen und sozialen Fragen befand sich die SED auch bei der Arbeitszeit-Problematik in einer ständigen Konkurrenz mit der westdeutschen Entwicklung. So dürfte es als eine direkte Reaktion und als Versuch des Maßstabsetzens zu verstehen gewesen sein, als Walter Ulbricht im Namen des Zentralkomitees auf der erwähnten 3. Parteikonferenz im März 1956 den bemerkenswerten – später aber nicht realisierten – Vorschlag machte, während der zweiten Fünfjahrplanperiode „Voraussetzungen zu schaffen, damit . . . in der Industrie der Siebenstunden-Arbeitstag und in bestimmten Industriezweigen die 40-Stunden-Woche ohne Lohneinbuße eingeführt werden kann".[30]

Nicht sicher ist, ob in diesem Vorschlag bereits eine Vorentscheidung für das Gesetz vom

---

26 GBl. I, Nr. 8/1957, S. 74.
27 Bundesvorstand des Deutschen Gewerkschaftsbundes (Hg.), Aktionsprogramm, Köln o.J. (1955).
28 Vgl. Michael Schneider, Streit um Arbeitszeit. Geschichte des Kampfes um Arbeitszeitverkürzung in Deutschland, Köln 1984, S. 245f.
29 Vgl. Gerold Ambrosius/Wiliam H. Hubart, Sozial- und Wirtschaftsgeschichte Europas im 20. Jahrhundert, München 1986, S. 57.
30 Protokoll der Verhandlungen der 3. Parteikonferenz der Sozialistischen Einheitspartei Deutschlands. 24. bis 30. März 1956 in der Werner-Seelenbinder-Halle zu Berlin. 1. bis 4. Verhandlungstag (Protokoll der 3. Parteikonferenz der SED, Bd. 1), Berlin 1956, S. 152.

Januar 1957 zu erblicken war. Wahrscheinlich lag eine taktische Überlegung zugrunde, als Ulbricht mit seinem Vorschlag vom März 1956 an die Öffentlichkeit trat. Dieser eignete sich nämlich durchaus auch als Ablenkung von den nach dem XX. KPdSU-Parteitag aufkommenden Forderungen nach Entstalinisierung in der DDR. Auch war im chronologischen Kontext nicht zu übersehen, daß eine in Aussicht gestellte Arbeitszeitverkürzung geeignet schien, der sich anstauenden Unzufriedenheit über die permanenten Versorgungsprobleme etwas Wind aus den Segeln zu nehmen. So begründete Ulbricht auf der Parteikonferenz seinen Vorschlag mit dem Bemerken: „Die wichtigste Verbesserung in den Arbeits- und Lebensbedingungen der Arbeiter, Angestellten und technischen Intelligenz der Industrie ist die Verkürzung der Arbeitszeit."[31] Zur Beschleunigung des Entscheidungsprozesses dürften – wie erwähnt – der Posener Aufstand in Polen und die Ungarn-Krise[32] erheblich beigetragen haben.

Es gab also gleich mehrere Gründe für diese Arbeitszeitverkürzung. Ihre Aufnahme durch die Industriearbeiter erfüllte indes die Erwartungen der Initiatoren kaum. Gewiß dominierte Zustimmung, doch zugleich kamen teils heftige Diskussionen auf, wie mit der neuen Arbeitszeitregelung umzugehen sei. Dabei spielten nicht zuletzt jene Erfahrungen eine Rolle, die Arbeiter während der vorangegangenen Jahre mit dem Arbeitszeitregime in der Industrie der DDR gemacht hatten.

2. Prädispositionen und Wandlungen im Arbeitszeitregime der DDR-Industrie bis 1957

Zu ersten Auseinandersetzungen um die Arbeitszeit kam es schon gegen Ende der 1940er Jahre. Gegenstand war vor allem die Nutzung der Tarifarbeitszeit oder, genauer, das historisch keineswegs neue Phänomen einer Aushöhlung des Arbeitszeit-Rahmens von innen heraus.[33]

Als sich der FDGB-Bundesvorstand Anfang Januar 1949 mit Blick auf den Zweijahrplan zu den Themen Arbeitsproduktivität und Leistungslohn äußerte, hielt er es für angezeigt zu betonen: „Die Arbeitsmoral muß weiter gehoben, die Arbeitszeit restlos ausgenutzt werden. In vielen Betrieben muß die Intensität der Arbeit vergrößert werden."[34] Wenn hier auch das gewandelte gewerkschaftliche Rollenverständnis kritisch zu hinterfragen wäre, erwies sich eine Kritik an dem verbreiteten Phänomen schlecht genutzter Arbeitszeit durchaus nicht als unbegründet. Doch blieb es nicht ohne Ironie, wenn der FDGB-Bundesvorstand hierfür gleich selbst ein negatives Beispiel bot. Wie sein Vorsitzender ausgerechnet am Tage der DDR-Gründung per Hausmitteilung erfuhr, leisteten sich die technischen Mitarbeiter der

---

[31] Ebenda.

[32] Vgl. Jens Hacker, Der Ostblock. Entstehung, Entwicklung und Struktur 1939–1980, Baden-Baden 1983, S. 551–567.

[33] Vgl. Jürgen Kocka, Arbeitsverhältnisse und Arbeiterexistenzen. Grundlagen der Klassenbildung im 19. Jahrhundert (= Geschichte der Arbeiter und der Arbeiterbewegung in Deutschland seit dem Ende des 18. Jahrhunderts. Hg. von Gerhard A. Ritter; Bd. 2), Bonn 1990, S. 482f.

[34] SAPMO-BA, ZGA FDGB-Bundesvorstand (BV) 6805, unpag.: Beschlußprotokoll der 1. BV-Sitzung, 4./5. 1. 1949. Entschließung „Arbeitsproduktivität und Leistungslohn", S. 2.

Gewerkschaftszentrale entgegen allen tariflichen Festlegungen eine Wochenarbeitszeit von 32 Stunden.[35]

Unbestreitbar hatten auch Arbeiter beträchtlichen Anteil am legeren Umgang mit der Tarifarbeitszeit. Daß hierbei angesichts der umstrittenen Normenpraxis auch bewußte Arbeitszurückhaltung eine Rolle spielte, steht außer Frage. Auch mochten politische Gründe – die Ablehnung des SED-Regimes vor allem – in einer Reihe von Fällen eine gewisse, direkt allerdings kaum nachweisbare, Rolle gespielt haben. Die eigenmächtige Verkürzung der Arbeitszeit setzte schon recht bald ein, und zwar auch dort, wo schärfere Disziplinarmaßnahmen zu erwarten waren als anderswo. So sah sich beispielsweise die Leitung des SAG-Betriebes „Synthesewerk Schwarzheide" im Februar 1949 veranlaßt, gegen das vorzeitige Verlassen des Arbeitsplatzes vorzugehen. In Aushängen teilte sie allen Beschäftigten der einzelnen Betriebe mit, daß der Schichtschluß „von einem großen Teil der Belegschaft nicht beachtet" werde, weil man entgegen der Arbeitsordnung vorher zum Waschen ginge. Hierfür seien Strafen vorgesehen, „die den Entzug des Mittagessens rechtfertigen".[36] Spätere Androhungen ähnlicher Art belegen, daß die Direktion dieser Erscheinung nicht Herr wurde. Allerdings handelte es sich nicht um eine neue Verhaltensweise, wenn viele Beschäftigte im Moment des offiziellen Schichtschlusses bereits am Werktor standen. Konflikte um das Arbeitsende gehörten bereits seit dem 19. Jahrhundert eher zur Normalität des Industriealltags.[37]

Zur Kategorie solch eigenmächtiger Arbeitszeitverkürzungen gehörte auch das häufige „Krankfeiern". Dem versuchten Werkleitungen anfangs mit dem Entzug von Sonderzuteilungen entgegenzuwirken[38], ohne freilich nachhaltigen Erfolg verzeichnen zu können. Gerade weil es so schwer war, echtes von vorgeschobenem Kranksein klar zu trennen, tendierte die Auseinandersetzung schnell zum moralischen und politischen Verdikt. Anfang 1953, als die SED gerade das „Sparsamkeitsregime" verkündet hatte, plädierte der FDGB-Vorsitzende dafür, Mittel der Sozialversicherung „nur den wirklich Kranken" zugute kommen zu lassen. „Das ist auch deswegen notwendig, weil es mit dem Prinzip der Sparsamkeit nicht zu vereinbaren ist, wenn Krankengeld und Lohnausgleich an solche gezahlt werden, die in Wirklichkeit nicht krank sind, sondern durch Bummelei die Schaffung der Grundlagen des Sozialismus und damit ihre eigene Klasse schädigen."[39]

So gesehen, erschien „Krankfeiern" schon fast als regimekritischer Akt. Allerdings spricht mehr dafür, daß diese Form des Absentismus selbst in Arbeiterkreisen eher kritisch registriert wurde. Von längerfristig oder häufig Kranken, ob sie nun „echt" oder „falsch" waren, pflegten sich Arbeitsgruppen, Brigaden usw. schon aus Gründen der Lohn- und Prämiensicherung möglichst bald zu trennen. Wie die Zahlen der Sozialversicherung zeigen, könnte Warnkes rigoroser Vorschlag vielleicht 1953 eine gewissen Wirkung gezeigt haben. In diesem Jahre

35 SAPMO-BA, ZGA FDGB-BV 6806, unpag.: Hausmitteilung des Büros Maschke an Herbert Warnke, 7. 10. 1949.
36 BLHA, Rep. 903, Synthesewerk Schwarzheide, Zugangsnr. 236, unpag.: Rundschreiben Nr. 4/49, 12. 2. 1949.
37 Vgl. Lüdtke, Eigen-Sinn. Fabrikalltag und Politik vom Kaiserreich bis in den Faschismus, Hamburg 1993, S. 91–94.
38 BLHA, Rep. 903, Synthesewerk Schwarzheide, Zugangsnr. 242, Bl. 66: Protokoll der Betriebsratssitzung vom 16. 7. 1948.
39 SAPMO-BA, ZGA FDGB-BV 6820, unpag.: Protokoll der 12. BV-Tagung, 18. –20. 2. 1953. Referat Herbert Warnkes, S. 43.

sank die durchschnittliche Krankheitsdauer der Versicherten, die kurzfristige Leistungen der SVK erhielten, von 25 auf 22 Tage ab, stieg aber schon 1954 wieder auf 24 und verharrte dann auf diesem Niveau. Im Jahresdurchschnitt wurden zu dieser Zeit ca. 5,5 Millionen Krankheitsfälle bei rund 130 Millionen Krankheitstagen registriert.[40] Wie groß der Anteil des „Krankfeierns" hieran war, läßt sich wohl kaum einigermaßen exakt bestimmen. Letztlich jedoch dürften Überstunden einen größeren Teil dieser Ausfälle ausgeglichen haben.

Als sich zu Beginn des Jahres 1953 in der Wirtschaft der DDR zunehmende Schwierigkeiten abzeichneten[41], argumentierte der FDGB-Bundesvorstand, daß es die Bummelanten seien, die „eine volle Ausnutzung der Produktionsmöglichkeiten" verhinderten.[42] Darum müsse „ein ständiger, energischer Kampf aller fleißigen Arbeiter gegen die Bummelanten und Scheinkranken organisiert" werden. Letztere gelte es, öffentlich an Wandzeitungen oder Betriebszeitungen zu kritisieren. In Betriebsversammlungen sollten sie vor der gesamten Belegschaft zur Verantwortung gezogen werden.[43] Zweifellos ging es hierbei um Disziplinierungswirkungen. Wenn auch diese Suppe nicht so heiß gegessen wurde, wie man sie gekocht hatte, so ergab sie doch ein Sanktionspotential, mit dem der einzelne Arbeiter rechnen mußte.

Doch der Umgang mit Arbeitszeit hing nicht allein und nicht einmal primär von den Arbeitern selbst ab. Viele Quellen informieren über Beeinträchtigungen des Arbeitsprozesses durch überaus häufige Betriebs- und Produktionsstörungen. Rein quantitativ lag hier die Ursache für einen Großteil der Ausfallstunden. In ständiger Wiederholung trugen sie nicht zuletzt zur beobachteten Lockerung der Arbeitsdisziplin bei. Der Wechsel von lohnmindernden Ausfall- und kräftezehrenden Überstunden war eine alltägliche Erscheinung, die ihrerseits Arbeiter ermunterte, Arbeitszeit selbst zu disponieren.

Eine geradezu typische Situation dieser Art ergab sich in einem Görlitzer Waggonbaubetrieb, worüber dessen Gewerkschaftsvertreter im Februar 1952 vor dem FDGB-Bundesvorstand berichtete: Schwierigkeiten in der Materialbeschaffung verursachten „mitunter tausende von Stunden an Wartezeiten". Nach dem Abschluß des Betriebskollektivvertrages im Jahre 1950 habe man drei Monate nichts zu tun gehabt. Danach seien durch eine Stoßaktion die Kapazitäten des Werkes überfordert worden. Ohne Wissen der BGL hätten die Arbeiter bis zu 22 Überstunden leisten müssen. „Die Kollegen sind zu schüchtern, sie glauben, wenn sie die Überstunden nicht leisten, so könnte ihnen ein Nachteil entstehen." Langsam seien sie aber „so weit und gehen in ihren Diskussionen aus sich heraus", wobei sie sich bemerkenswerterweise auf Äußerungen Ulbrichts und Warnkes zur Einhaltung 48-Stunden-Woche beriefen.[44]

Der Bericht, über den unmittelbaren Anlaß hinaus von Interesse, macht auf ein neues taktisches Moment im Verhalten der Arbeiter aufmerksam. Pflegten diese bislang, ihren

---

[40] Statistisches Jahrbuch der DDR (StJB) 1956, Berlin 1957, S. 106.
[41] Vgl. Christoph Buchheim, Wirtschaftliche Hintergründe des Arbeiteraufstandes vom 17. Juni 1953 in der DDR, in: Vierteljahreshefte für Zeitgeschichte, 38 (1990), H. 3, S. 415–433.
[42] SAPMO-BA, ZGA FDGB-BV 6821, unpag.: FDGB-BV. Rahmenargumentation für den Abschluß der BKV im Jahre 1953 als Grundlage für die Argumentation der Zentralvorstände der Industriegewerkschaften und Gewerkschaften. 14. 2. 1953. S. 17.
[43] Ebenda.
[44] SAPMO-BA, ZGA FDGB-BV 6814, unpag.: Protokoll der 8. BV-Tagung, 6.–8. 2. 1952. Diskussionsbeitrag Fritz Demuths, S. 2.

sozialen Anliegen eher durch direkte Forderung oder Verweigerung Nachdruck zu verleihen, so gingen sie allmählich dazu über, die Betriebsfunktionäre mit sozialpolitischen Äußerungen und Zukunftsverheißungen der SED- und FDGB-Spitze zu konfrontieren. Auch wenn das nicht frei war von einer Art Schwejk'schen Hintersinnes, pflegten Arbeiter die Diskrepanz zwischen der offiziellen Propaganda und der alltäglichen Realität sehr sensibel zu registrieren und mit ihren Mitteln darauf zu reagieren – und, wo es ging, auch auszunutzen.

Mit offenkundigen Ausfall- und Fehlzeiten ließ sich noch relativ leicht umgehen. Arbeiter und Betriebsleitungen hatten ein gemeinsames Interesse, deren Existenz herunterzuspielen. Schließlich hingen die auszuweisende Planerfüllung, Löhne und Prämien davon ab. Oft bediente man sich einfacher rechnerischer Manipulationen. Im November 1954 berichtete Kurt Helbig, Mitglied des Sekretariats im FDGB-Bundesvorstand, am Beispiel eines Leipziger Schwermaschinenbaubetriebes darüber: „Wenn man die Betriebsunterlagen ansieht, findet man keine Fehlzeiten. Sie werden alle verschwiegen und frisiert, kommen alle hinein in die Norm."[45] Materialengpässe führten dort oft zu tagelangen Wartezeiten. Um sie zu berücksichtigen, erhielt z.B. ein Bohrer für eine bestimmte Arbeit 1.350 Minuten Vorgabezeit, brauchte davon aber nur 240 Minuten. Helbig beobachtete: „Jetzt ereignete sich etwas sehr Interessantes. Der Kollege P . . . ging zu seinem Arbeitsvorbereiter, dem Kollegen O . . ., und sagte: Kollege O . . . ich gebe Dir von meinen 1.350 Minuten 200 Minuten ab. Der Kollege O . . . war einverstanden. Der Kollege P . . . sagte weiter: Du nimmst die 200 Minuten und Du stufst mich von heute an von der Lohngruppe V in die Lohngruppe VI ein." Ziel der Operation war, für die Realarbeitszeit eine höhere Entlohnung zu erhalten. Die Arbeitsvorbereiter nahmen auf diesen Handel keinen Einfluß. Im Werk betrug die durchschnittliche Normerfüllung 125 %, wobei allerdings alle Wartezeiten eingerechnet wurden. Stundenlöhne zwischen fünf und sechs Mark kamen auf die beschriebene Weise leicht zustande; in Einzelfällen sollen sie sogar zehn bis zwölf Mark erreicht haben,[46] was bei einem durchschnittlichen Stundenverdienst von 2,22 Mark für Produktionsarbeiter der Lohngruppen V–VIII im Oktober 1954 extrem hoch war.[47]

Die hohen Stundenverdienste scheinen ein sehr unterschiedliches Arbeitsverhalten gefördert zu haben, wie zwei Bohrwerker dieses Betriebes demonstrierten:

Arbeitsstunden von Juli bis Oktober 1954[48]

Monat	Bohrer P.	Bohrer K.
Juli	Urlaub	215
August	160	144
September	112	203
Oktober	152	213

---

[45] SAPMO-BA, ZGA FDGB-BV 6830, Bl. 81: Protokoll der 18. BV-Tagung, 25.–27. 11. 1954. Diskussionsbeitrag Kurt Helbigs.
[46] Ebenda, Bl. 82.
[47] StJB 1956, a.a.O., S. 271.
[48] SAPMO-BA, ZGA FDGB-BV 6830, Bl. 82: Protokoll der 18. BV-Tagung, 25.–27. 11. 1954. Diskussionsbeitrag Kurt Helbigs.

Unverkennbar tendierte P. mit seiner Arbeitszurückhaltung eher zur Genügsamkeit, während K. die günstige Gelegenheit, hohe Stundenverdienste zu erzielen, extensiver wahrnahm.

Die Verrechnung der Wartezeiten bot verständlicherweise keinen Anreiz, diese ernsthaft zu beseitigen. Jedoch nicht allein von betriebsbedingten Überstunden und Wartezeiten dürften die Zeitvorstellungen und – damit zusammenhängend – die Arbeitsdisziplin negativ beeinflußt worden sein. Daneben gab es eine Vielzahl von Sondereinsätzen wie Aufbauschichten und Erntehilfe. Auch die Verlagerung von Sozialaufgaben in die Betriebe hinein zeitigte vergleichbare Wirkungen. So leisteten Leipziger Eisenbahner 6.000 unbezahlte Arbeitsstunden, für die 25.000 Mark an Einsparungen ausgewiesen wurden, beim Bau einer Kinderkrippe.[49] Aber obwohl solche – vielfach beträchtlichen – Zusatzleistungen durchaus von praktischem Wert waren, kamen sie zumeist auf eine wenig effektive und unprofessionelle Art zustande. Zumindest indirekt dürften auch sie industrielle Arbeitsdisziplin und Wertvorstellungen beeinträchtigten haben.

In diesem Zusammenhang wären auch jene Arbeitszeitausfälle zu nennen, die auf sogenannte „gesellschaftliche Verpflichtungen" zurückgingen, wie auch auf die sich rasch ausweitende Praxis, Versammlungen während der Arbeitszeit durchzuführen. Diese Entwicklung war geeignet, die reale Leistungszeit im industriellen Arbeitsprozeß zu relativieren und wohl auch – zumindest tendenziell – zu entwerten. Generell war eine Tendenz zum „Zerfließen" der Tarifarbeitszeiten erkennbar. Auf dieses Phänomen wird noch zurückzukommen sein.

Seit 1953 wurde das verfügbare industrielle Arbeitszeitvolumen durch einige soziale Zugeständnisse verringert, die aus dem „Neuen Kurs" resultierten.[50] Eine „Verordnung über die weitere Verbesserung der Arbeits- und Lebensbedingungen der Werktätigen und der Rechte der Gewerkschaften" vom Dezember 1953 sorgte zunächst für differenzierte Arbeitszeitverkürzungen bei Beschäftigten mit schweren und gesundheitsgefährdenden Arbeitsbedingungen.[51] Am 1. Juli 1954 fand diese Entscheidung ihre Ergänzung in einer längeren Liste solcher erschwerten Tätigkeiten, für die die Arbeitszeit bei Lohnausgleich teilweise auf sechs Stunden täglich begrenzt wurde.[52]

Auf diese für die betroffenen Arbeiter beachtliche Verbesserung war die Wirtschaft offenbar nicht vorbereitet. Seit 1953 zeichneten sich immer deutlicher eine Verlangsamung des Produktivitätszuwachses und eine Zunahme der Lohnkosten ab. Herbert Warnke wies Ende 1954 auf der 18. Tagung des FDGB-Bundesvorstandes warnend auf den Umstand hin, daß 27 % der Betriebe unrentabel arbeiteten: „Die Produktivität wächst langsamer als der Lohnfonds. Ich will auf diese ernste Gefahr noch einmal hinweisen, denn es kann eine außerordentlich ernste wirtschaftliche Lage entstehen. Eine ernste wirtschaftliche Lage nicht nur für die Volkswirtschaft, sondern für jede Arbeiterfamilie. Überall würde sich das auswirken."[53]

---

[49] SAPMO-BA, ZGA FDGB-BV 6820, unpag.: Protokoll der 12. BV-Tagung, 18.–20. 2. 1953. Referat Herbert Warnkes, S. 38.
[50] Vgl. Dokumente der Sozialistischen Einheitspartei Deutschlands. Beschlüsse und Erklärungen des Zentralkomitees sowie seines Politbüros und seines Sekretariats, Bd. IV, Berlin 1954, S. 449–478.
[51] GBl. I, Nr. 129/1953, S. 1219.
[52] Zentral-Blatt der DDR (ZBl.), Nr. 28/1954, S. 305; vgl. auch Otto Lehmann, Die Voraussetzungen für die Verkürzung der Arbeitszeit in der Industrie der Deutschen Demokratischen Republik werden von den Werktätigen selbst geschaffen, in: Einheit 11 (1956), 4, S. 351.
[53] SAPMO-BA, ZGA FDGB-BV 6830, unpag.: Protokoll der 18. BV-Tagung, 25.–27. 11. 1954. Schlußwort Herbert Warnkes, S. 187.

Da der Weg über einfache Normenerhöhungen weder ratsam noch gangbar schien, lag es nahe, sich um die Zeitreserven innerhalb der Tarifarbeitszeit zu bemühen. In diesem Sinne ging Walter Ulbricht auf der 25. Tagung des ZK der SED im Oktober 1955 heftig mit verbreiteten Erscheinungen der Arbeitsbummelei, der Vortäuschung von Krankheit, des achtlosen Umgangs mit Maschinen, Geräten und Werkzeugen sowie der Vergeudung von Material ins Gericht.[54] Auch die von der 3. Parteikonferenz beschlossene Direktive zum zweiten Fünfjahrplan verlangte die Erschließung solcher Zeitreserven und setzte den Akzent auf die weitere Steigerung der Arbeitsproduktivität.[55]

Alles das war seit der Hennecke-Kampagne kein Novum mehr, und die Zeit des ersten Fünfjahrplanes kannte zahlreiche ähnliche Forderungen und Argumente. Daß sie freilich ständig wiederholt wurden, deutete auf andauernde Schwierigkeiten hin. Wenn sich von hier aus eine Arbeitszeitverkürzung nicht begründen ließ, erschien aber die Erwartung, durch Reduzierung der Tagesarbeitszeit Rationalisierungs- und Intensivierungseffekte auslösen zu können, durchaus nicht absurd. Hier befanden sich Staat und Arbeiter in der DDR in einer ähnlichen Position wie die Tarifparteien in der Bundesrepublik, die Arbeitszeitpolitik als Tauschgeschäft paraktizierten: „freie Zeit gegen Kooperation und Leistung".[56]

Solche Überlegungen dürften die teilweise Einführung der 45-Stunden-Woche im Jahre 1957 zu einem guten Teil beeinflußt haben. So schrieb etwa Otto Lehmann, nachdem die 3. Parteikonferenz der SED in der Fünfjahrplan-Direktive den „Siebenstunden-Arbeitstag und in bestimmten Industriezweigen die 40-Stunden-Woche„ angekündigt hatte[57]: "Es kommt darauf an, die Möglichkeiten unserer Wirtschaft, die Initiative der Arbeiter, die Leistungen der Intelligenz für die Entwicklung und Einführung der neuen Technik einzusetzen und bedeutende Reserven unserer Wirtschaft durch bessere Ausnutzung aller vorhandenen Kapazitäten zu mobilisieren. Gleichzeitig ist es notwendig, vorhandene Mängel sowohl in der innerbetrieblichen Arbeitsorganisation, der Technologie, der Zusammenarbeit der Betriebe als auch bürokratische Hemmnisse in der Arbeit des Staatsapparates und der Verwaltungen zu beseitigen. In der vollen Ausnutzung des Arbeitstages, in der Verbesserung der sozialistischen Arbeitsmoral liegen weitere Reserven für die Steigerung der Arbeitsproduktivität."[58] Da die ganze Angelegenheit sich eben nicht nur auf eine Verkürzung des Arbeitstages reduzierte, sondern engstens mit Lohn- und Normenfragen verbunden blieb, nahm es nicht wunder, wenn sich viele Arbeiter "sehr lebhaft mit der Frage der Verkürzung der Arbeitszeit„ beschäftigten.[59]

Im Verlaufe des Jahres 1956 waren im Auftrag des ZK der SED im Bereich von 74 Hauptverwaltungen der Industrie mit ca. 2,6 Mio. Beschäftigten Untersuchungen zur Einführung der 45-Stunden-Woche vorgenommen und Vorschläge ausgearbeitet worden.[60] Besonders eingehend befaßte sich die Braunkohlenindustrie damit, wo – nicht zuletzt im Hinblick

[54] Vgl. Walter Ulbricht, Die Rolle der DDR im Kampf um ein friedliches und glückliches Leben des deutschen Volkes, Berlin 1955, S. 47f.

[55] Vgl. Protokoll der 3. Parteikonferenz der SED, (Bd. 2), a.a.O., S. 1025–1031.

[56] Otto, Die Arbeitszeit! a.a.O., S. 266.

[57] Protokoll der 3. Parteikonferenz der SED, (Bd. 2), a.a.O., S. 1030.

[58] Lehmann, Die Voraussetzungen, a.a.O., S. 347.

[59] Ebenda.

[60] Vgl. Gerhard Ziller, Die Herabsetzung der Arbeitszeit auf 45 Stunden in der Woche, in: Einheit 11 (1956), 12, S. 1174.

auf das in Vorbereitung befindliche Kohle- und Energieprogramm – die Auslastung der Maschinen und Anlagen angesichts eines bislang durchschnittlichen Ausfalls von 10 % der Arbeitszeit zu einer dringenden Aufgabe geworden war[61], wo man wegen der Arbeitszeitverkürzung aber auch schon die Notwendigkeit von Neueinstellungen absehen konnte.[62]

Andererseits gab es jedoch auch Personalreserven, die eine Arbeitszeitverkürzung förmlich nahelegten. Beispielsweise teilte das Ministerium für Staatssicherheit Anfang 1957 in einem „Informationsdienst" für die wirtschaftsleitenden und Staatsorgane mit: „In einer Reihe von Betrieben verschiedener Industriezweige ist ein erheblicher Arbeitskräfteüberhang vorhanden. Zum Teil müssen Arbeitskräfte in andere Betriebe umbesetzt oder entlassen werden. Diese Maßnahmen führen unter den Arbeitern der betreffenden Betriebe zu unliebsamen Diskussionen." Die Ursachen seien in Materialschwierigkeiten, Planreduzierungen, Auftragsmangel und dem Einsatz neuer Maschinen zu suchen.[63]

Obwohl in manchen Betrieben recht große Teile der Belegschaft von zeitweiser Unterbeschäftigung betroffen waren, so im Verlade- und Transportanlagenbau Leipzig 700, im Traktorenwerk Brandenburg 225, im Leipziger Kirow-Werk 340 Personen, bleibt es aber doch eher fraglich, ob diese Fälle für die 45-Stunden-Woche als Argument gegolten haben. Immerhin zeigten sie, daß die DDR-Wirtschaft über beachtliche Personalreservoire verfügte, deren Mobilität aber vor allem wegen des akuten Wohnungsmangels eingeschränkt blieb. Überhaupt bot die Verteilung der Arbeitskräfte ein sehr disproportionales Bild. Die Staatliche Plankommission rechnete 1957 im Steinkohlenbergbau mit einem zusätzlichen Bedarf an 1.000 Arbeitskräften, in der Braunkohlenindustrie mit mehreren Tausend, wobei dort schon 2.000 Beschäftigte aus anderen Zweigen im „Solidaritätseinsatz" arbeiteten, und bei der Reichsbahn mit 5.000 freien Stellen. Demgegenüber schätzte sie den Arbeitskräfteüberhang im Maschinenbau auf 5.000 bis 10.000, in der Textil- und Konfektionsindustrie auf 7.000 bis 8.000 und im staatlichen Handel auf 6.000 Beschäftigte.[64] Wo Arbeitszeitverkürzung auf der einen Seite sinnvoll erschien, schuf sie auf der anderen Probleme.

Die Einführung der 45-Stunden-Woche erfolgte in mehreren Stufen: Ab 1. März 1957 trat die Regelung für die VEB des allgemeinen Maschinenbaus, des Schwermaschinenbaus, der Kohle- und Energieindustrie, des Berg- und Hüttenwesens, der Chemieindustrie, in den Reichsbahnausbesserungswerken und in KfZ-Instandsetzungsbetrieben mit insgesamt 1.456.587 Beschäftigten sowie in privaten Industriebetrieben des Maschinenbaus, der Elektrotechnik, der Feinmechanik/Optik und der Metallurgie mit 94.410 Beschäftigten in Kraft. Am 1. April folgten die VEB der Lebensmittel-, Leicht-, Bau- und Pharmaindustrie sowie der Wasserwirtschaft mit insgesamt 869.813 Beschäftigten. Von April bis Juni verkürzten dann Reichsbahn, Post, Güter- und Personenkraftverkehr, Binnenschiffahrt, Straßen- und Wasserstraßenwesen wie auch die staatliche Baustoffindustrie mit 452.684 Beschäftigten die Arbeitszeit. Erst mit größerem zeitlichen Abstand sollte die Regelung für jene rund 430.000 Beschäftigten der privaten Industrie in Kraft treten, die im März nicht berücksichtigt worden

[61] Vgl. ebenda, S. 1171, 1175.
[62] Vgl. Lehmann, Die Voraussetzungen, a.a.O., S. 349.
[63] BA, ZStA E-1, 12210, Bl. 58: Informationsdienst zur Beurteilung der Situation in der DDR, Ministerium für Staatssicherheit, 21. 1. 1957.
[64] BA, ZStA E-1, 1376, Bl. 28: Beratungsmaterial zum zweiten Fünfjahrplan – Teil Arbeitskräfte –, SPK, Abt. Arbeitskräfte, 21. 5. 1957.

waren.[65] Das hinderte viele Arbeiter der privaten Bauindustrie jedoch nicht daran, es – offenbar mit Zustimmung der Unternehmer – den VEB-Belegschaften gleichzutun und schon ab April 1957 verkürzt zu arbeiten.[66] Sie setzten ein erstes Zeichen für die rasch heraufziehenden Auseinandersetzungen um die neue Arbeitszeitregelung.

3. Erste Folgen der Arbeitszeitverkürzung auf 45 Stunden

Trotz aller vorbereitenden Untersuchungen und der schon im ersten Quartal 1957 in einigen Betrieben getesteten 45-Stunden-Woche, zeigte sich bereits im März, daß manche wichtige und für das Alltagsleben der Arbeiter höchst relevante Fragen nicht befriedigend geklärt waren. So machten die verkürzten Arbeitszeiten ca. 5.500 Fahrplanänderungen im Berufsverkehr erforderlich, die nicht unbedingt eine Verringerung der Wegezeiten mit sich brachten. Obwohl die Bahn 800 zusätzliche Züge einsetzte, wich ein Teil der Arbeiter und Angestellten – um Zeit zu „gewinnen" – nunmehr auf Omnibusse aus. Dieser Übergang war aber in der Regel mit höheren Fahrkosten verbunden, für deren Erstattung es keine rechtliche Grundlage gab.[67]

Bemerkenswert war immerhin, daß offenbar ein ganz erheblicher Teil der betroffenen Industriebeschäftigten zu finanziellen Opfern bereit war, um Wegezeiten zu verkürzen. Allerdings hielten sich die Belastungen wegen der niedrigen Tarife in Grenzen und wurden häufig auch durch betriebliche Zuzahlungen gemildert. Hielt sich hier der aufkommende Unmut in Grenzen, so sahen sich SED- und FDGB-Führung beim Übergang zur 45-Stunden-Woche sehr schnell mit sozialen Forderungen ganz anderen Kalibers konfrontiert, solchen, wie sie bisher kaum in Erscheinung getreten waren. Etwas verunsichert, stellte der zitierte Zwischenbericht fest, daß „viele falsche Diskussionen, wie Einführung einer 5-Tagewoche oder Gewährung eines zusätzlichen freien Tages innerhalb von 14 Tagen, falsche Diskussionen zu Lohnfragen u.a." in den Betrieben aufgekommen seien.[68] Im mecklenburgischen Hagenow etwa trat gar ein „Zentrales Arbeiterkomitee"[69] offen an den Bezirksvorstand des FDGB in Schwerin mit der Forderung nach einer Fünftage-Arbeitswoche heran.[70]

Daß man sich damit in der DDR sehr schwer tat, hatte keine prinzipiellen Gründe, wohl aber befürchteten die Planungsinstanzen bei der sich aus demographischen Gründen ab-

---

65 BA, ZStA E-1, 12653, Bl. 8–10: Auszüge aus dem ersten Zwischenbericht des Ministeriums für Arbeit und Berufsausbildung über den Stand der Einführung der 45-Stunden-Woche (Stand Ende März 1957).

66 BA ZStA E-1, 12653, Bl. 44: FDGB-BV, Abt. Arbeit und Löhne. Sekretariatsinformation „Einschätzung des gegenwärtigen Standes über die Einführung der 45-Stundenwoche in der volkseigenen und der gleichgestellten sowie in der Privatindustrie". 26. 4. 1957.

67 Ebenda, Bl. 4: Auszüge aus dem ersten Zwischenbericht des Ministeriums für Arbeit und Berufsausbildung über den Stand der Einführung der 45-Stunden-Woche (Stand Ende März 1957).

68 Ebenda, Bl. 1.

69 Zu dieser bemerkenswerten Entwicklung vgl. Dietrich Staritz, Die „Arbeiterkomitees" der Jahre 1956/58. Fallstudie zur Partizipationsproblematik in der DDR, in: Der X. Parteitag der SED. 35 Jahre SED-Politik. Versuch einer Bilanz, Köln 1980, S. 65–74.

70 BA ZStA E-1, 12653, Bl. 43: FDGB-BV, Abt. Arbeit und Löhne. Sekretariatsinformation „Einschätzung des gegenwärtigen Standes über die Einführung der 45-Stundenwoche in der volkseigenen und der gleichgestellten sowie in der Privatindustrie". 26. 4. 1957.

zeichnenden Arbeitskräfteverknappung und wegen der starken Abwanderung nach Westdeutschland[71] eine zu starke Verringerung des physischen Arbeitsvermögens und vor allem
deutliche Einschränkungen der Maschinenlaufzeiten. Um die Forderung nach einer Fünftage-Arbeitswoche nachhaltig abzublocken, wurde sie mit dem Hinweis für politisch suspekt
erklärt, der „Klassengegner" unterstütze die Forderung der Arbeiter nach freien Tagen.[72] Wie
sich zeigen sollte, konstituierte sich hier für nahezu ein Jahrzehnt ein gewichtiger sozialpolitischer Streitpunkt. Arbeiter wie Angestellte blieben gewiß an einer Verkürzung der Tagesarbeitszeit interessiert, doch noch viel mehr ging es ihnen um einen zusätzlichen freien Tag am
Wochenende. So verständlich das war, sprachen tatsächlich manche wirtschaftlichen Gründe
dagegen. Vor allem ging es um die Maschinenlaufzeiten. Insofern handelte es sich um einen
klassischen Interessenkonflikt, der nur mit Kompromissen lösbar war. Wenn sich SED und
FDGB über Jahre prinzipiell gegen eine Fünftage-Arbeitswoche stellten, schlossen sie diesen
Weg offiziell zwar aus, inoffiziell mußten sie jedoch von 1957 an Kompromisse über Kompromisse eingehen.

Schon die ersten Erfahrungen mit der 45-Stunden-Woche wirkten ernüchternd. Wie die
Abteilung Arbeit und Löhne im FDGB-Bundesvorstand bemerkte, würden die Beschäftigten
zumeist zwar zustimmend reagieren, doch stellten sie keine Zusammenhänge mit der Steigerung der Arbeitsproduktivität her. Diesem Thema gingen Arbeiter wie Werkleitungen nach
Möglichkeit aus dem Wege. Letztere und die BGL würden sich vor allem auf die organisatorischen Fragen der Arbeitszeitverkürzung konzentrieren und den politisch-ideologischen
Aspekten zu wenig Aufmerksamkeit widmen. Auch der Versuch, in 45 Stunden die gleiche
Leistung zu vollbringen wie bisher in 48 Stunden schien nicht in die gewünschte Richtung zu
gehen. Es sei eine Tatsache, „daß sehr oft die höheren Leistungen auf Grund persönlich
gesteigerter Leistungen erreicht werden und nicht durch technisch-organisatorische Verbesserungen. Offen treten Arbeiter auf und erklären, daß die erhöhten Leistungen auf ihre
Knochen gehen, weil in vielen Fällen bis zum heutigen Zeitpunkt von technischen oder
organisatorischen Verbesserungen nichts zu spüren ist", obwohl Tausende Verbesserungsvorschläge existierten, die jedoch teilweise unberücksichtigt blieben.[73]

Anfangs sei man sogar in einigen Großbetrieben Berlins oder auch Magdeburgs auf eine
„schädliche Verpflichtungsbewegung" gestoßen, bei der Arbeiter veranlaßt werden sollten,
auf den Lohnausgleich zu verzichten.[74] Wenngleich solchen Entwicklungen rasch Einhalt
geboten wurde, verdeutlichten sie doch, wie sehr und in wie risikovoller Weise die Neuregelung der Arbeitszeit von der ungelösten Lohn- und Normenproblematik überlagert blieb.
Dennoch versuchte die „Produktionspropaganda" die 45-Stunden-Woche als eine Art Kredit
hinzustellen, den die Beschäftigten durch höhere Leistungen abzutragen hätten. Exemplarisch hierfür bemühte sich der Zentralvorstand der IG Bergbau im Zusammenhang mit der
Vorbereitung des Kohle- und Energieprogramms im Januar 1957 darum, bis zum 1. Septem-

---

[71] BA, ZStA E-1, 1376, Bl. 27: Beratungsmaterial zum zweiten Fünfjahrplan – Teil Arbeitskräfte –, SPK-
Abt. Arbeitskräfte, 21. 5. 1957; vgl. auch Helge Heidemeyer, Flucht und Zuwanderung aus der SBZ/
DDR 1945/1949–1961. Die Flüchtlingspolitik der Bundesrepublik Deutschland bis zum Bau der
Berliner Mauer (= Beiträge zur Geschichte des Parlamentarismus und der politischen Parteien. Hg.
von der Kommission für Geschichte des Parlamentarismus und der politischen Parteien; 100), Düsseldorf 1994.
[72] Ebenda.
[73] Ebenda, Bl. 32f.
[74] Ebenda, Bl. 34.

ber 1957, der offiziell als „Weltfriedenstag" begangen wurde, ein „Produktionsaufgebot" durchzuführen. Dieses sollte für die Produktionsarbeiter unter der Losung „Trotz Verkürzung der Arbeitszeit – gleiche Leistungen wie vordem!" stehen.

In der Grube Schleenhain des Braunkohlenwerkes Regis fand sich eine Brigade zu einem Aufruf bereit, in dem man die für eine erfolgreiche Realisierung der 45-Stunden-Woche maßgeblichen Positionen aufgeführt glaubte: „Die Verbesserung der Planung, die Verbesserung der Technologie, die Entwicklung der Technik, die Sicherung einer rhythmischen Produktion, die Verwirklichung des Prinzips der materiellen Interessiertheit, die sorgsame Beachtung aller Arbeitervorschläge, alles das muß der Erhöhung der Arbeitsproduktivität dienen. Das ist die entscheidende Aufgabe, die wir uns stellen."[75] Obwohl ursprünglich „an alle Werktätigen in der volkseigenen Industrie der DDR" adressiert, blieb die Aktion schließlich auf den Industriezweig Kohle und Energie begrenzt.[76] Offenbar waren im Bundesvorstand des FDGB doch Bedenken aufgekommen, damit eine gewiß ebenso umfangreiche wie kontroverse Debatte über technische Arbeitsbedingungen und materielle Interessen der Arbeiter auszulösen.

Daß solche Zurückhaltung am Platze war, zeigte sich in den folgenden Monaten in der Braunkohlenindustrie, wo versucht worden war, die Arbeitszeitverkürzung mit einer neuen Lohndirektive zu koppeln. Über die Wirkungen berichtete im August 1957 eine „Grundsatzbrigade Braunkohle" des Instituts für Arbeitsökonomik und Arbeitsschutzforschung in Dresden: „Zur Vernachlässigung der Fragen der Technologie und Organisation hat im Zusammenhang mit der Verkürzung der Arbeitszeit wesentlich die dazu erlassene Lohndirektive beigetragen. Die Lohndirektive läßt die Besonderheiten der aggregatgebundenen Produktion in den Braunkohlebetrieben unberücksichtigt und hat dadurch die Aufmerksamkeit der Belegschaft und der Werkleitung auf die Diskussion von Lohnfragen gelenkt. Obwohl vom Werk selbst sowie von der Revierleitung und auch von der Grundsatzbrigade des Instituts wiederholt Signale an das Ministerium für Arbeit und Berufsausbildung und an andere Stellen gegeben wurden, blieb unbeachtet, daß bei Einhaltung der Lohndirektive in den Tagebauen der Braunkohlenwerke Lohnminderungen nicht zu vermeiden sind. Daher rührt es, daß z.B. Arbeiter im Streckenvortrieb verlangten, die Arbeitszeitverkürzung rückgängig zu machen. Erst nachdem sich solche Forderungen auch in anderen Betrieben mehrten und starke politische Spannungen in verschiedenen Werken entstanden, wurde den Braunkohlenwerkern ab 1. 7. 1957 erlaubt, in Anlehnung an die vom Minister für Kohle und Energie getroffenen Lohnregelungen für Brikettfabriken und Schweleriereien für Produktionskollektive, die an Förderbrücken und sonstigen Großgeräten nach Kollektivnormen arbeiten, einen Zeitfaktor einzuführen."[77]

Dieser Bericht warf ein bezeichnendes Licht auf die Prioritäten in der Interessenstruktur von Industriearbeitern. Auch angesichts der weitestgehend begrüßten Arbeitszeitverkürzung

---

75 SAPMO-BA, ZGA FDGB-BV 6053, unpag.: Brief des Zentralvorstandes (ZV) der IG Bergbau an den FDGB-BV, 12. 1. 1957; Aufruf zum Produktionsaufgebot für die Erfüllung des Volkswirtschaftsplanes 1957 (Entwurf und Endfassung).
76 Ebenda, Brief Herbert Warnkes an Fritz Lessig, Braunkohlenwerk Regis, 13. 2. 1957.
77 SAPMO-BA, ZGA FDGB-BV 1370, unpag.: Bericht der Grundsatzbrigade Braunkohle des Instituts für Arbeitsökonomik und Arbeitsschutzforschung Dresden über die Tätigkeit zur Ausarbeitung arbeitsökonomischer Maßnahmen zur Steigerung der Arbeitsproduktivität und Senkung der Selbstkosten im Braunkohlenwerk „John Schehr", Laubusch, 9. 8. 1957.

dominierten eindeutig die Lohnfragen. Wenn sich Arbeitszeitprobleme erneut auf Lohnfragen zuspitzten, lag das vor allem daran, daß die DDR-Industrie nicht genügend in der Lage war, die Verkürzung der Arbeitszeit voll durch steigende Arbeitsproduktivität zu kompensieren. Immerhin hätte diese mehr als sechs Prozent zulegen müssen.

4. Im Auf und Ab der Ausfall- und Überstunden

Mit der Verkürzung der Arbeitszeit hatte die politische Führung der DDR angesichts der Wirtschaftslage einen riskanten Einsatz gewagt, wahrscheinlich sogar wagen müssen. Genau zu der Zeit, als die 45-Stunden-Woche eingeführt wurde, stellte der Vorsitzende der Staatlichen Plankommission, Bruno Leuschner, in einem Schreiben an die Mitglieder und Kandidaten des Politbüros und des Sekretariats des ZK der SED vom 9. März 1957 fest, bereits die 1956 gestellten Aufgaben hätten die Wirtschaftskraft der DDR überstiegen und ohne Unterstützung durch die UdSSR wären sie nicht erfüllt worden. Gleiches gelte auch für die nächsten Jahre.[78] Vor solchem Hintergrund wurde die Frage besonders akut, ob und wie die Industrie ihre Produktivitätsreserven erschloß.

Zwei wesentliche Interessenlinien trafen dabei aufeinander: Die Betriebsleitungen sahen ihr Hauptziel darin, die Planauflagen möglichst im Rahmen der 45-Stunden-Woche zu erfüllen. Die Arbeiter versuchten indessen vielfach, Arbeitszeitregulierungen in Richtung auf eine Fünftage-Arbeitswoche durchzusetzen. Beider Interesse war es, Produktionsrückgänge zu vermeiden, weil dann Lohn- und Prämieneinbußen unvermeidlich wurden. Da sich jedoch viele Betriebe nicht in der Lage sahen, die reduzierten Arbeitsstunden auszugleichen, blieb ihnen lediglich eine – verkappte – Zurücknahme der Arbeitszeitverkürzung.

In der Regel war es nicht schwierig, Produktionsrückstände durch Überstunden aufzuholen. Eine repräsentative Lohnerhebung der zentralgeleiteten Industrie vom März 1957, durch die 320.699 Produktionsarbeiter erfaßt wurden, deutete allerdings an, daß Überstunden allein schon in ihrer quantitativen Dimension zum Problem zu werden drohten.[79] Zweifellos ergab sich daraus auch eine deutliche Zusatzbelastung für die betroffenen Arbeiter, doch zugleich boten sie besonders den Zeitlöhnern eine Chance zur Einkommensverbesserung. Wie die entsprechenden Daten zeigten, war „die durchschnittliche Arbeitszeit je Produktionsarbeiter im Zeitlohn höher als die der im Leistungslohn. Zum Teil ist dies durch die höhere Zahl der Überstunden, z. Teil auf weniger Krankheitsfälle bis zu einem Tag der Produktionsarbeiter im Zeitlohn als im Leistungslohn zurückzuführen. In einigen Hauptverwaltungen ist das Übergewicht der Überstunden bei Produktionsarbeitern im Zeitlohn ganz erheblich."[80]

In Betrieben, die noch 48 Stunden wöchentlich arbeiteten, lag die Überstundenzahl pro Arbeiter zwar etwas unter derjenigen mit 45 Wochenstunden, doch die Realarbeitszeit erreichte teilweise sogar höhere Werte (Tabelle 11).

---

[78] BA, ZStA E-1, 11576, Bl. 2: Schreiben Bruno Leuschners an die Mitglieder und Kandidaten des Politbüros und des Sekretariats des ZK der SED, 9. 3. 1957.
[79] BA, ZStA E-1, 12623, Bl. 4: SPK-Analyse der repräsentativen Lohnerhebung in der VE-Z-Industrie. März 1957.
[80] Ebenda, Bl. 22.

Tabelle 11
Monatliche Normal- und Realarbeitszeiten

Hauptverwaltung	Normalarbeitszeit monatlich (Std.)	Realarbeitszeit monatlich (Std.)
– Braunkohle	195	211
– Nahrung/Genuß, Verpackungen	195	215,7
– Schnittholz, Furniere, Platten	195	214,6
– Zellstoff, Papier, Pappe	208	215
– Möbel	208	216
– Spielwaren	208	216,3
– Fischindustrie	208	218,5
– Grobkeramik/Naturstein	208	223,1

Quelle: BA, ZStA E-1, 12623, Bl. 22: SPK-Analyse der repräsentativen Lohnerhebung in der VE-Z-Industrie. März 1957.

Zeitlohnempfänger dürften die Tendenz zur Mehrarbeit recht kräftig beeinflußt haben. Sie nahmen gewöhnlich weniger Krankheitstage in Anspruch als Leistungslöhner; vor allem aber nutzten sie die Arbeitszeit extensiver, wodurch sich ihre Bruttolöhne tendenziell den Leistungslöhnen annäherten (Tabelle 12).

Tabelle 12
Arbeitszeit und Bruttolöhne im Bereich der Haupt-Verwaltung Braunkohle

Bezahlte Arbeitszeit im L-Lohn	im Z-Lohn	Durchschnittlicher Bruttolohn L-Lohn	Z-Lohn real	Z-Lohn fiktiv
196,6 Std.	211,0 Std.	482 M.	420 M.	391 M.

Quelle: BA, ZStA E-1, 12623, Bl. 23: SPK-Analyse der repräsentativen Lohnerhebung in der VE-Z-Industrie. März 1957.

Insbesondere im Zeitlohnbereich fand sich also bestätigt, daß das Interesse der Arbeiter an höheren Löhnen stärker war als der hintangestellte Wunsch nach Verkürzung der Tagesarbeitszeit. Doch auch Leistungslohnempfänger handhabten eine extensive Ausweitung ihrer Arbeitszeit in beachtlichem Maße als lohnwirksames Mittel. Das war vor allem bei den industriellen Investitionsschwerpunkten der Fall, während anderswo Überstundenanforderungen zeitweilig eher nachließen.

Auf solche Differenzierungen machte ein Bericht der DDR-Notenbank über die Entwicklung des Lohnfonds 1957 aufmerksam, der für den Zeitraum des I. bis III. Quartals 1957 eine Begrenzung auf 16 Überstunden je Produktionsarbeiter registrierte, zehn weniger als im Vergleichszeitraum 1956.[81] Allerdings wuchs gerade in dieser Zeit die Zahl der Überstunden in den Kohle- und Energiebetrieben, im Schwermaschinenbau und im Bereich des Ministeriums für Aufbau weiter an. Der Zusammenhang mit der Investitionskonzentration im

[81] BA, ZStA E-1, 12649, Bl. 29: Bericht der Deutschen Notenbank über die Entwicklung des Lohnfonds in I.–III./1957.

Kohle- und Energieprogramm war evident. Doch zeigte der Notenbankbericht auch, wie sehr die „unrhythmische" Produktion der Industrie die Arbeitszeitbilanz deformierte (Tabelle 13).

Tabelle 13
Ausfall- und Überstunden in der Z-Industrie je Produktionsarbeiter im I. bis III. Quartal 1957 und ihre Zu- bzw. Abnahme gegenüber dem Vergleichszeitraum 1956 (in Stunden)

Industriezweig	Ausfallstunden ohne Urlaub und Kurzarbeit	Überstunden
Z-Industrie insgesamt	160	16
Berg- und Hüttenwesen	161 (+1)	13 (-3)
Kohle und Energie	134 (-26)	21 (+5)
Chemie	149 (-11)	13 (-3)
Aufbau	167 (+7)	26 (+10)
Schwermaschinenbau	162 (+2)	18 (+2)
Allg. Maschinenbau	175 (+15)	12 (-4)
Leichtindustrie	166 (+6)	14 (-2)
Lebensmittelindustrie	159 (-1)	40 (+24)

Quelle: BA, ZStA E-1, 12649, Bl. 30: Bericht der Deutschen Notenbank über die Entwicklung des Lohnfonds in I.–III./1957.

Allein vom Arbeitszeitvolumen her hätten sich demnach – rein rechnerisch – in der DDR-Industrie jegliche Überstunden vermeiden lassen. Die Zeitreserven waren erheblich; sie wurden jedoch nur zum geringeren Teil genutzt. Auf Gründe machte Bruno Leuschner am 19. September 1957 in einem Bericht über die Planerfüllung und die Durchführung der volkswirtschaftlichen Schwerpunktaufgaben vor dem Ministerrat aufmerksam: Es habe sich zwar bestätigt, daß „bei der Einführung der 45-Stunden-Woche ... der Plan durch die breite Mitarbeit der Werktätigen überboten werden" könne, doch stünden dem andere Faktoren entgegen. „Wir müssen grundsätzlich mit der Tatsache rechnen, daß unser Wirtschaftsablauf in bestimmtem Umfang vom Rhythmus der Rohstoffimporte abhängt und darüber hinaus bestimmte strukturelle Disproportionen, wie z.B. die Zulieferindustrie zum Maschinenbau, eine kontinuierliche Produktion erschweren." Und: „In wachsendem Umfang wird das Tempo unserer ökonomischen Entwicklung dadurch beeinflußt, daß wir auf keine wesentlichen Arbeitskräftereserven zurückgreifen können. Dies führt in einzelnen Wirtschaftszweigen zu ernsten Schwierigkeiten."[82]

Unzweifelhaft begünstigten solche Umstände eine Ausweitung der Arbeitszeit durch Überstunden. Doch schienen betriebsinterne Gründe kaum weniger nachhaltig in die gleiche Richtung zu wirken. In den drei VVB der Braunkohlenindustrie, für die Rohstoffimporte wirklich keine Rolle spielen konnten, ergab sich z.B. folgendes Bild (Tabelle 14).

Hier zeigte sich ein deutlicher Widerspruch zu jener optimistischen Einschätzung, in der die IG Bergbau im August 1957 festgestellt hatte, daß in der Braunkohlen- und Kaliindustrie der Übergang zur 45-Stunden-Woche im wesentlichen gut gelöst und bei gleichzeitiger Steigerung der Arbeitsproduktivität vollzogen worden sei.[83] Tatsächlich hatte man die Arbeitszeitverkürzung betriebsorganisatorisch gemeistert. Trotzdem wies die Zunahme der

---

[82] BA, ZStA E-1, 11716, Bl. 2, 3, 8, 11: Referat Bruno Leuschners vor dem Ministerrat, 17. 9. 1957.
[83] SAPMO-BA, ZGA IG Bergbau 46, unpag.: Protokoll der 10. ZV-Sitzung, 27./28. 8. 1957.

Überstunden eine konsequent steigende Tendenz auf, die weder mit technischen Gründen noch durch Arbeitskräftemangel hinreichend zu erklären war. Bei genauerer Betrachtung ließen sich zwei Hauptgründe finden, die zunächst die Zahl der Ausfallstunden in die Höhe trieben, um in der Folge wenigstens zum partiellen Ausgleich Überstunden erforderlich zu machen: Krankheitsausfälle und sogenannte gesellschaftliche Verpflichtungen, hinter denen sich Sitzungen, Versammlungen, Schulbesuche bei Parteien und Massenorganisationen u.ä. verbargen. Wie die Statistik der IG Bergbau erkennen läßt, setzte sich dieser Trend auch in den folgenden Jahren fort (Tabelle 15).

Tabelle 14
Zahl der Überstunden in den Bereichen der VVB Braunkohle 1957/58

Bereich	III/1957	III/1958
VVB Braunkohle Leipzig	104.865	115.612
VVB Braunkohle Cottbus	255.984	327.412
VVB Braunkohle Halle	145.805	236.362

Quelle: SAPMO-BA, ZGA IG Bergbau 51, unpag.: Protokoll der 15. ZV-Sitzung, 4./5. 12. 1958.

Tabelle 15
Überstunden und Ausfallstunden im Bergbau 1959/60.

Jahr	Überstunden im Bergbau	durch Krankheit	Ausfallstunden durch staatsbürgerliche Verpflichtungen
I/1959	897.568	4.917.975	463.731
I/1960	1.006.308	5.819.718	656.952

Quelle: SAPMO-BA, ZGA IG Bergbau 56, unpag.: Protokoll der 4. ZV-Sitzung, 26./27. 7. 1960.

Wie zu sehen war lehnte eine Mehrheit der Arbeiter Überstunden nicht grundsätzlich ab, wenn auch mitunter Klagen über deren Häufung laut wurden. Dabei dürften Männer zumindest in der Industrie mehr als Frauen mit Überstundenanforderungen konfrontiert gewesen sein und auch mehr Überstunden geleistet haben. Ausnahmen bildeten die Lebensmittel- und Textilindustrie, wo auf Frauen relativ viele Überstunden entfielen. Gleiche Tendenzen konnte man auch in Westdeutschland verfolgen.[84] Trotz aller Belastungen, die Überstunden mit sich brachten, galten sie aber doch als probates Mittel zur Lohnaufbesserung. Indirekt trugen sie freilich in der offensichtlichen Verbindung mit den vielen Ausfallstunden zur Lockerung der Arbeitsdisziplin bei.

So notierte die Braunkohlenindustrie im III. Quartal 1957 rund 43.000 unentschuldigte Ausfallstunden.[85] Tatsächlich deuteten noch weitere Erscheinungen auf eine allmähliche Entwertung der Realarbeitszeit hin. Noch 1951 lastete der Braunkohlenbergbau in der DDR seine Bagger, Absetzer und das rollende Material zu 58 % aus; bis 1957 sank die zeitliche

---

[84] Statistisches Bundesamt (Hg.), Datenreport 1992. Zahlen und Fakten über die Bundesrepublik Deutschland, Bonn 1992, S. 366.
[85] SAPMO-BA, ZGA IG Bergbau 47, unpag.: Protokoll der 11. ZV-Sitzung, 13. 12. 1957.

Auslastung der Geräte auf 47,4 %. In den Tagebauen sprach man bei der Ablösung der Schichten von der „schwarzen Stunde", die sich oft bis zu 45 Minuten ausdehnte. Gewerkschaftsfunktionäre berichteten: „Während dieser Zeit ruht der gesamte Werkbahnverkehr, die Bagger stehen still, die Absetzer und Kipper werden nicht betätigt, weil einfach E-Lokfahrer durch ihr unverantwortliches Handeln die Tätigkeit im Tagebau lähmen."[86]

Bemühungen um die Verbesserung der Arbeitsdisziplin hatten auch deshalb nur geringen Erfolg, weil sich Betriebsleitungen kaum in der Lage sahen, Produktionsabläufe nachhaltig zu straffen. Denn kosteten die zahlreichen Lieferengpässe und technische Pannen schon viel Zeit, kam – auch für ganze Belegschaften – ein nennenswerter Zeitaufwand hinzu, der unter der Sammelbezeichnung jener schon erwähnten „gesellschaftlichen Tätigkeit" bekannt wurde.

Eine Überprüfung im BKW Regis ergab z.B. für den Monat Juni 1958 insgesamt 5.418 Ausfallstunden und für Juli 6.178 Ausfallstunden für gesellschaftliche Arbeit. Im ersten Halbjahr 1958 belief sich der Gesamtausfall durch solche Freistellungen im gleichen Betrieb auf 29.872 Stunden, was einen Verlust von 83.641 Mark an Lohnkosten hervorrief.[87] Daß eine derartige Praxis bis hinein in die verschiedenen Ebenen der industriellen Leitungsorgane üblich war, zeigte das Beispiel des Direktors der VVB Braunkohle Cottbus, der über längere Zeit für eine LPG verantwortlich gemacht und auch dort eingesetzt wurde. Ähnlich lag der Fall des Werkleiters im BKW Thräna, der „lange Zeit direkten Auftrag (hatte), einen Rinder-Offenstall zu bauen", während im Werk die Planerfüllung zurückging.[88]

Solche Verfahrensweisen waren in einem derartigem Maße verbreitet, daß sich selbst zentrale Stellen damit auseinandersetzen mußten. In einem Schreiben vom 5. Dezember 1958 teilte der Vorsitzende der Staatlichen Plankommission dem Ersten Sekretär des ZK der SED zwar mit, daß es gelungen sei, im III. Quartal 1958 gegenüber dem gleichen Vorjahreszeitraum die Warte- und Stillstandszeiten, Fehl- und Ausfallzeiten in der sozialistischen Industrie um insgesamt 3.665.780 Stunden zu senken, doch gleichzeitig seien die Ausfallzeiten durch „staatsbürgerliche Verpflichtungen", Versammlungen, Sitzungen u.ä. um 2.071.684 Stunden auf 132,9 Prozent gestiegen.[89]

Solche Ausfälle konnte man nun kaum den Arbeitern anlasten, für die Versammlungen normalerweise als verlorene Zeit galten. Doch in der Annahme, daß Versammlungen ein wesentliches Forum für die ideologische Erziehung der „Werktätigen" seien, setzten die Apparate der SED und des FDGB ihre Betriebsfunktionäre regelmäßig unter entsprechenden Druck. Allerdings scheint sich das Problem bis Ende 1958 so sehr aufgeladen zu haben, daß sich nun auch Spitzenfunktionäre damit beschäftigen mußten. Um welche beträchtlichen wirtschaftlichen Größenordnungen es ging, verdeutlichte eine Information, die Bruno Leuscher am 29. Dezember 1958 an den Sekretär des ZK, Alfred Neumann, gab (Tabelle 16).

Die Verteilung dieser Art von Ausfallstunden auf die einzelnen Bezirke macht zwar Abstufungen sichtbar, doch eindeutige Regelmäßigkeiten, die etwa auf Ursachen im wirtschaftlich-strukturellen Bereich schließen lassen, sind nicht zu erkennen. Um so eher lassen sich politische Hintergründe annehmen, die auf Unterschiede in der Leitungs- und Verwaltungspraxis zwischen den einzelnen Bezirksleitungen der SED, Räten der Bezirke usw. hindeuten.

[86] Ebenda.
[87] SAPMO-BA, ZGA IG Bergbau 50, unpag.: Protokoll der 14. ZV-Sitzung, 26. 9. 1958.
[88] Ebenda.
[89] SAPMO-BA, ZStA E-1, 11624, Bl. 1: Brief Bruno Leuschners an Walter Ulbricht, 5. 12. 1958.

Tabelle 16
Ausfallstunden je 100 Produktionsarbeiter in III/1958

Bezirk	Ausfallstunden durch Wahrnehmung staatsbürgerlicher Pflichten	darunter: Versammlungen, Produktionsberatungen, Tagungen usw.
Rostock	469	182
Schwerin	548	230
Neubrandenburg	586	241
Potsdam	578	247
Frankfurt/Oder	485	196
Cottbus	459	185
Magdeburg	604	289
Halle	536	188
Erfurt	515	237
Gera	534	184
Suhl	486	249
Dresden	431	205
Leipzig	521	178
Karl-Marx-Stadt	478	216
Berlin	536	243

Quelle: BA, ZStA E-1, 11624, Bl. 5: Information Bruno Leuschners an Alfred Neumann, 29. 12. 1958.

Besonders in den Jahren 1957/58 verstärkte sich der Trend zum vermehrten Arbeitsausfall durch „gesellschaftliche" Anforderungen. Ursache hierfür waren vor allem Bestrebungen der SED um eine Reform der staatlichen Leitungen.[90] In Industriebetrieben ging es dabei besonders um die Bildung von Arbeiterkomitees, die häufigere Durchführung von Produktionsberatungen und die Wahl „Ständiger Produktionsberatungen" und die Verstärkung der politischen Schulungsarbeit. Hinzu kamen in dieser Zeit noch zahlreiche Versammlungen anläßlich der vierzigsten Jahrestage der russischen Oktober- und der deutschen Novemberrevolution, des 5. Parteitages der SED und der Volkskammerwahlen. Um die für nötig befundenen Teilnehmerzahlen zu erreichen, fanden solche Veranstaltungen teilweise auch während der Arbeitszeit statt. Daß deren verbleibender Teil dann um so intensiver genutzt werden sollte, war vielen Beschäftigten schwer zu vermitteln.

Bei alledem hielt sich der Zeitaufwand für Arbeiter aber wohl eher in Grenzen. Er beschränkte sich im wesentlichen auf die Teilnahme an obligatorischen Betriebsversammlungen, die ihnen nicht selten Raum zu manch kritischer Meinungsäußerung und zu mancher auf die Arbeit bzw. die Arbeitsbedingungen bezogenen Forderung boten. Nicht unerwähnt sollte bleiben, daß die Arbeitszeitbilanzen auch durch die Tendenz zur Militarisierung der DDR-Gesellschaft belastet wurden. Hierbei schlug schon frühzeitig die Werbung junger Arbeiter für die Kasernierte Volkspolizei und ab 1956 für die Nationale Volksarmee zu Buche.[91] Hinzu kam später der Reservistenwehrdienst. In den Betrieben selbst entstanden seit 1953 Betriebskampfgruppen, die ihre Übungen wenigstens teilweise während der Arbeitszeit durchführten. Ähnliches traf auch auf die Gruppen der vormilitärischen Organisation

[90] Siegfried Wietstruk (u.a.), Entwicklung des Arbeiter- und Bauern-Staates der DDR 1949–1961, Berlin 1987, S. 79; vgl. GBl. I, Nr. 8/1957, S 65–72.
[91] Vgl. Karl Greese, Probleme der Auffüllung der Nationalen Volksarmee ausgangs der fünfziger Jahre, in: Militärgeschichte 26 (1988), 3, S. 248–251.

Gesellschaft für Sport und Technik zu. Auch deren Aktivitäten sorgten für Ausfall- und damit indirekt wiederum für Überstunden. Betriebliche Quellen berichten hierüber nur sporadisch, allerdings in einer solchen Verteilung, daß hinter diesen militärischen und paramilitärischen Tätigkeiten ein beträchtlicher Zeitaufwand zu vermuten bleibt.

Ohne die Folgen solcher politischen Zugriffe auf industrielle Arbeitszeitbudgets hier vertiefend erörtern zu wollen, scheint es doch nicht ganz unwesentlich, nach Differenzen im Zeitverständnis zu fragen. Offenkundig entwickelte sich im Rahmen der mit totalitärem Anspruch auftretenden Gesellschaftspolitik der SED ein anderes, weniger strukturiertes Verständnis von Arbeitszeit, als es in der Industrie heimisch war. Hier blieb man im wesentlichen der über Jahrzehnte entwickelten Arbeitszeiteinteilung und –abrechnung verpflichtet. Arbeiter interessierte diese Zeit nach wie vor besonders unter dem Lohnaspekt. Der daraus erwachsende Widerspruch wurde nie überwunden; vor allem ebnete er die Grenzen zwischen effektiver Arbeitszeit und dem Zeitaufwand für politische und soziale Zwecke sowie zur individuellen Reproduktionszeit ein. Vielleicht ist es nicht falsch, hierin eine „Deindustrialisierung" des öffentlichen Zeitverständnisses zu erblicken.

5. Schleichende Verlängerung der Arbeitszeit durch Planauflagen

Gegen diese politisch induzierten Trends richteten sich immer wieder mehr oder minder erfolgreiche Bemühungen von Werks- und Betriebsleitungen, die industrielle Arbeitszeit für die eigentlichen Produktionsaufgaben zu nutzen. Sie hielten sich damit lediglich daran, daß die Planauflagen Gesetzesrang hatten und eigentlich auch in der Politik der SED Priorität genossen. Wie das Beispiel der zur VVB Braunkohle Halle zählenden Betriebe zeigte, hatte man dort zwischen 1957 und 1959 Ausfallzeiten deutlich verringern können. Im Jahre 1959 verursachte z.B. Produktionsstillstand kaum noch Ausfälle, Versammlungen und Produktionsberatungen kosteten lediglich noch 0,2 % der offiziellen Arbeitszeit und unentschuldigtes Fehlen machte noch 0,1 % aus.[92] Gewiß lassen sich auch in diesem Falle rechnerische Beschönigungen nicht ausschließen, doch dürfte der Trend real gewesen sein. Dabei zeigte sich freilich, daß es dadurch keinesfalls zu einer parallelen Reduktion der Überstunden kam. Deren Entwicklung ließ sogar auf eine zunehmende Eigendynamik schließen.

Für die rund 34.000 im VVB-Bereich beschäftigten Arbeiter wurden 1957 = 850.106, 1958 = 1.093.700 und 1959 = 1.037.229 Überstunden ausgewiesen, wodurch auch ihr Lohn etwas schneller wuchs als der anderer Beschäftigtengruppen.[93] Mit durchschnittlich 30,48 Überstunden je Arbeiter lag der Braunkohlenbergbau um Halle im letztgenannten Jahr dabei gegenüber anderen Betrieben und Industriezweigen durchaus noch günstig.

Doch die oft überhöhten Planziele und der Facharbeiterengpaß, nicht so sehr der zunehmende Mangel an Arbeitskräften überhaupt, veranlaßte immer mehr Betriebsleitungen, Überstunden auch über das gesetzlich festgeschriebene Limit von 120 Stunden pro Arbeiter

[92] SAPMO-BA, ZPA IV 2/603/53, unpag.: Politisch-ökonomische Analyse über den Planablauf im Jahre 1959 im Bereich der VVB Braunkohle Halle, Februar 1960.
[93] Ebenda.

und Jahr hinaus zu beantragen. Der Vorsitzende der IG Metall schlug deshalb in einem Schreiben an die Staatliche Plankommission vor, nur noch der Ministerrat solle Genehmigungen hierfür erteilen. Auch gebe es eine Tendenz, die Planaufgaben mit Hilfe von Sonderschichten im Rahmen des „Nationalen Aufbauwerkes"[94] zu erfüllen.[95] Diese wurden nicht als Überstunden angerechnet, was zumindest andeutete, daß sich die Entwicklung zu Lasten der Arbeiter aus dem Tarifrahmen hinaus- und von der Arbeitsschutzgesetzgebung wegbewegte.

In seiner Antwort verwies der Leiter der Abteilung Maschinenbau in der SPK auf eine besondere Lage. Sie ergebe sich auch für die Metallindustrie aus den Anforderungen des Braunkohlenbergbaus, an den bis Ende 1958 noch vierzehn Großgeräte zu übergeben seien.[96] Eine solche Argumentation kam allerdings einem Freibrief für die Ausweitung der Arbeitszeiten gleich. Wohl aus diesem Grunde wandte sich die IG Metall direkt an den Leiter der Wirtschaftskommission des SED-Zentralkomitees: „Mit dem rapiden Ansteigen der Leistung von Überstunden besonders über den gesetzlich festgelegten Rahmen hinaus stellen wir eine Erhöhung der Zahl der Unfälle fest. So liegen beispielsweise die tödlichen Unfälle in der VVB Stahl- und Walzwerke bis zum 15. 10. d.J. um 30 % höher als für den Zeitraum des gesamten Jahres 1957."[97] Dieser Zusammenhang schreckte offenbar manche der Verantwortlichen in der Staatlichen Plankommission wie auch in der Wirtschaftskommission auf, denn seither verfolgte man dort das Unfallgeschehen mit größerem Interesse.

Kaum überraschen konnte, daß sich die Lage an den industriellen Investitionsschwerpunkten besonders zuspitzte. Gerade hier führten der permanente Mangel an Facharbeitern, Unregelmäßigkeiten der Materialversorgung und Schwächen der Arbeitsorganisation nicht nur zu Überstunden, sondern zur merklichen Deregulierung des Arbeitszeitregimes. Auf der Baustelle des Kombinates „Schwarze Pumpe" etwa entfielen auf die über 11.000 dort beschäftigten Arbeiter allein im August 1957 9.565 Fehlstunden, 9.466 Stunden gingen durch Wartezeiten verloren, 59.516 Stunden durch Krankheit, und 4.500 Stunden wurden durch „gesellschaftliche Arbeit" in Anspruch genommen. Dem standen 32.200 Überstunden gegenüber. Bei den personell ohnehin labilen Brigaden und Arbeitsgruppen der Bau- und Montagebetriebe trug dieser Umstand nicht unwesentlich zu hoher Fluktuation bei: Vom Januar bis August 1957 wurden dort 6.261 Arbeiter eingestellt, während 5.688 die Baustelle verließen.[98] Solche extremen Auswirkungen waren gewiß nicht die Regel, sie verdeutlichten aber, wie sehr ohnehin komplizierte und häufig gestörte Arbeitsbedingungen, die negativen Effekte verstärkend, auf sich selbst zurückwirken konnten.

---

94 Das „Nationalen Aufbauwerk" (NAW) entstand nach dem Aufruf des ZK der SED vom 25. 11. 1951 zum Aufbau Ostberlins zur Hauptstadt der DDR. Es entwickelte sich zu einer von den Ausschüssen der „Nationalen Front" und den lokalen Staatsorganen gelenkten Kampagne für mehr oder minder freiwillige gemeinnützige Arbeiten. Dazu zählten vor allem Enttrümmerungs-, Werterhaltungs- und Instandsetzungsarbeiten, die Pflege von Grünanlagen und die Hilfe bei landwirtschaftlichen Arbeiten. Eine Umwidmung von normaler Industriearbeit zu NAW-Stunden war dabei nicht vorgesehen.

95 BA, ZStA E-1, 13427, Bl. 18: Brief des Vorsitzenden der IG Metall an die SPK, Abt. Maschinenbau, 24. 10. 1958.

96 BA, ZStA E-1, 13427, Bl. 21: Brief des Leiters der SPK-Abt. Maschinenbau an den ZV der IG Metall, 24. 10. 1958.

97 BA, ZStA E-1, 13427, Bl. 20: Brief des Vorsitzenden der IG Metall an den Leiter der Wirtschaftskommission des ZK der SED, 25. 10. 1958.

98 BLHA, BPA Cottbus, SED-Bezirksleitung IV/2/3/313, unpag.: Bericht der Parteileitung „Schwarze Pumpe" über den Stand der politischen Massenarbeit auf der 54. Sitzung des Büros der Bezirksleitung, 12. 9. 1957.

Soweit erkennbar, gab es jedoch seitens der Arbeiter in „Schwarze Pumpe" keine nennenswerte Kritik an dieser Situation. Sie waren zu einem beträchtlichen Teil als Fernpendler während der Arbeitswoche in provisorischen Wohnunterkünften untergebracht und nicht in dem Maße auf reguläre Arbeitszeiten fixiert wie ortsansässige Beschäftigte. Für sie brachte die überstundenproduzierende Turbulenz auf der riesigen und unübersichtlichen Baustelle sogar Lohnvorteile. Deshalb mochte auch eine Beobachtung nicht falsch sein, wie sie der dortige Parteisekretär mitteilte: Die Diskussionen der Arbeiter bezögen sich primär auf Lohnfragen, und ein großer Teil von ihnen wäre gar nicht am Aufbau des Kombinats interessiert, sondern sei gekommen, „um sich gesundzustoßen".[99]

Doch die Zunahme der Überstunden war nach der teilweisen Einführung der 45-Stunden-Woche ein generelles Phänomen, wie Tabelle 17 zeigt.

Tabelle 17
Überstunden in ausgewählten Wirtschaftszweigen (1957/1958)

Zweig	1. Hlbj. 1957	2. Hlbj. 1958	Zunahme in Prozent
Schwermaschinenbau	10.111	14.283	+ 41,2
Allg. Maschinenbau	60.499	88.514	+ 46,3
Feinmechanik/Optik	17.652	26.141	+ 42,4
Metallwaren	2.267	4.760	+ 65,8
Elektrotechnik	188.504	219.668	+ 16,5

Quelle: BA, ZStA E-1, 1307, Bl. 16: „Information über die Zunahme der Überstunden und der Unfälle in der Industrie der DDR". Abt. Gewerkschaften, Sozial- und Gesundheitswesen des ZK der SED, 17. 11. 1958.

Wie sehr die Durchschnittswerte das Bild nivellierten, mag das Beispiel des Stahl- und Walzwerkes Hennigsdorf verdeutlichen, wo die Zahl der Überstunden von 2.427 in der Zeit vom Januar bis August 1957 auf 10.108 im gleichen Zeitraum 1958, also um 300 %, anstieg.[100]

Obwohl die Statistik mit Ausnahme des Jahres 1954 wachsende staatliche Aufwendungen für den Arbeitsschutz registrierte[101], verstärkten die Überstunden einen gegenläufigen Trend. Dieser hing zwar primär mit den Normen zusammen, doch kristallisierten sich Überstunden – wenn auch erst allmählich – als wichtiger Sekundärfaktor heraus. Bereits im Jahre 1956 hatte der Vorsitzende der IG Bergbau auf „eine starke Tendenz zur Verletzung der Gesetzlichkeiten auf dem Gebiet des Arbeitsschutzes" aufmerksam gemacht und auf eine aus zunehmender Arbeitshetze resultierende Spannung in den Betrieben hingewiesen: „Viele Hauer und Schrapperfahrer sahen in dem Steiger und Obersteiger nicht mehr ihren Helfer und Berater, sondern sie bezeichneten die Kollegen oft nur noch als ‚Tonnenjäger'."[102]

Zunächst schienen solche Warnungen überflüssig, zumal es im Bergbau gelang, die Zahl der schweren Unfälle drastisch um fast die Hälfte zu reduzieren. Doch deutete sich im

---

[99] Ebenda.
[100] BA, ZStA E-1, 1307, Bl. 16: „Information über die Zunahme der Überstunden und der Unfälle in der Industrie der DDR". Abt. Gewerkschaften, Sozial- und Gesundheitswesen des ZK der SED, 17. 11. 1958.
[101] Vgl. StJB 1955, Berlin 1956, S. 82; StJB 1960/61, Berlin 1961, S. 240.
[102] SAPMO-BA, ZGA IG Bergbau 40, unpag.: Protokoll der 4. ZV-Sitzung, 27./28. 4. 1956.

Zusammenhang mit dem Kohle- und Energieprogramm ab 1957 in der Braunkohlenindustrie eine Tendenzwende an, wie etwa am Beispiel des BKW Regis zu erkennen war: Pro 100.000 verfahrene Arbeitsstunden kam es dort im Jahre 1956 zu 3,89 Unfällen und sechs Zugzusammenstößen; 1957 waren es auf je 100.000 Stunden 4,46 Unfälle und 24 Zugzusammenstöße. Einen direkten Zusammenhang mit den 1957 im Bereich der Hauptverwaltung Braunkohle insgesamt registrierten 1.961.466 Überstunden – bei der Hauptverwaltung Steinkohle kamen gar 2.251.269 Überstunden zusammen – mochte die IG Bergbau zwar nicht herstellen, doch scheint es Überlegungen in diese Richtung gegeben zu haben.[103]

Im November 1958 mußten sich sowohl die Abteilung Gewerkschaften, Sozial- und Gesundheitswesen des ZK der SED wie auch der FDGB-Bundesvorstand selbst mit dieser Angelegenheit befassen. Letzterer beschrieb in einem Brief an den Vorsitzenden der SPK, Bruno Leuschner, eine etwas einseitige Interessenlage: Festzustellen sei, „daß die Abteilungen der Staatlichen Plankommission, die VVB'n, die Wirtschaftsräte und Kreisplankommissionen sich nur mit den Produktionsplänen beschäftigen und den Betrieben Hilfe auf diesem Gebiet erteilen, aber bei der Erfüllung der betrieblichen Pläne den Menschen, der diese Pläne erfüllt, aus ihrem Gesichtskreis verloren haben und keine wirksamen Maßnahmen zur Beseitigung der Unfallursachen eingeleitet werden, obwohl in der DDR die volle Verantwortung für Leben und Gesundheit der Werktätigen in den Betrieben die Wirtschafts- und Staatsfunktionäre tragen."[104] Diese Kritik ließ freilich außer acht, daß die sogenannten wirtschaftsleitenden Organe bis hin zu den Betriebsleitungen durch zentrale – auch politische – Vorgaben auf die Vorrangigkeit der Planerfüllung festgelegt waren. Zugleich aber zeigten sich auch die Arbeiter primär auf den Lohn fixiert, was zusammen eine ziemlich eindeutige Interessenkonfiguration ergab. Betriebsleitungen und Arbeiter, für die alle mit der Planerfüllung zusammenhängenden Prämien und Überstundenzuschläge durchaus attraktiv blieben, saßen hierbei in einem Boot.

Dennoch bereitete allen Beteiligten die Unfallentwicklung in den Betrieben unverkennbar Sorge (Tabelle 18).

Tabelle 18
Zunahme der Betriebsunfälle in einigen Bezirken (1957/1958)

Bezirk	III/1957	III/1958	Zunahme in Prozent
Karl-Marx-Stadt	11.741	12.851	+ 9,4
Dresden	13.131	13.702	+ 4,3
Halle	11.602	12.106	+ 4,34
Magdeburg	7.179	7.765	+ 8,13
Rostock	3.968	4.541	+14,4
Schwerin	1.926	2.253	+16,9

Quelle: BA, ZStA E-1, 1307 Bl. 12: „Information über die Zunahme der Überstunden und der Unfälle in der Industrie der DDR". Abt. Gewerkschaften, Sozial- und Gesundheitswesen des ZK der SED, 17. 11. 1958.

---

103 SAPMO-BA, ZGA IG Bergbau 48, unpag.: Protokoll der 12. ZV-Sitzung, 28./29. 3. 1958.
104 BA, ZStA E-1, 1307 Bl. 12: „Information über die Zunahme der Überstunden und der Unfälle in der Industrie der DDR". Abt. Gewerkschaften, Sozial- und Gesundheitswesen des ZK der SED, 17. 11. 1958.

Daß auch hierbei die Konzentration von Investitionen und hohen Planauflagen besonders stark durchschlug, zeigte sich etwa im Bezirk Halle, wo der Bergbau eine Zunahme der Unfälle um 17,5 % verzeichnete.[105]

Angesichts des eindeutigen allgemeinen Trends sah sich die ZK-Abteilung Gewerkschaften, Sozial- und Gesundheitswesen zu einer sehr kritischen Bilanz veranlaßt: „Die Mißachtung der für den Arbeitsschutz vorgeschriebenen Gesetze und Verordnungen hat in den letzten Monaten zugenommen und ist der Politik der Partei im Zusammenhang mit dem Übergang zur 45-Stunden-Woche entgegengesetzt. In manchen Betrieben ist die 45-Stunden-Woche faktisch liquidiert."[106] Damit reagierte der ZK-Apparat nicht untypisch. Die SED trug zwar die Verantwortung sowohl für die Arbeitszeitverkürzung als auch für die hohen Planauflagen, sobald jedoch beide Aufgaben kollidierten, zogen sich die zuständigen Parteigremien auf eine Kritikerrolle zurück. Manche ihrer Argumente mochten plausibel sein, doch sie konnten nicht darüber hinwegtäuschen, daß sich die DDR-Wirtschaft mit der Arbeitszeitverkürzung und ihren Wachstumsplanungen schlicht übernommen hatte.

Im Grunde versuchten politische Funktionäre auf diese Weise die „heiße Kartoffel" an die Wirtschaftsleiter abzugeben. In einem Brief an den Erich Apel, beklagte sich der Werkleiter der Leuna-Werke: „Ich habe Briefe gelesen (sie waren nicht an mich gerichtet), die in einem sehr überheblichen Ton abgefaßt waren und geeignet, die Autorität der Leitungen zu untergraben und den Gedanken einer gewissen Anarchie zu nähren. Die meisten dieser ‚Werkleiterbriefe' stammen nicht aus dem Kreis der Produktionsarbeiter, sondern waren von Funktionären verfaßt, die dabei – so schien es mir – oft eine persönliche Rechnung mit den Empfängern zu begleichen hatten."[107] Hier kam eine Interessenrivalität zwischen einzelnen Bereichen der neuen Funktionseliten zum Vorschein, die an dieser Stelle nicht weiter problematisiert werden kann, doch sollte nicht ausgeschlossen werden, daß Arbeiter solche Differenzen bei der Wahrnehmung ihrer eigenen Interessen zu berücksichtigen und zu nutzen suchten.

6. Arbeitszeit kontra Arbeitsschutz

Es kennzeichnete die Situation, wenn sich Arbeiter als die unmittelbar Betroffenen mit Kritik an Überstunden und Unfallentwicklung bemerkenswert zurückhielten. Das galt auch für eindeutige Schwerpunktbereiche wie die Kohlenindustrie, weshalb sich die Funktionäre der IG Bergbau in eine Art Vorreiterrolle gestellt sahen. Im Dezember 1958 monierten sie: „Die Ursachen von Unfällen und des teilweise hohen Krankenstandes ergeben sich durch die laufende Steigerung der verfahrenen Überstunden."[108] Vorschläge von Arbeitern würden oft ignoriert oder ihre Anwendung verschleppt. Auch hätte sich gezeigt, daß während der Vorbereitung zu den Volkskammerwahlen im November 1958 viele Arbeiter erklärten, „bei

---

[105] Ebenda.

[106] Ebenda, Bl. 17.

[107] SAPMO-BA, ZPA IV 2/603/75, unpag.: Brief des Werkleiters der Leuna-Werke, Wolfgang Schirmer, an Erich Apel, 13. 2. 1962.

[108] SAPMO-BA, ZGA IG Bergbau 51, unpag.: Protokoll der 15. ZV-Sitzung, 4./5. 12. 1958. Bericht des Präsidiums.

der Losung ‚Plane mit, arbeite mit, regiere mit' verstehen wir wohl das Mitarbeiten, aber was die Frage des ‚plane mit, regiere mit' betrifft, das müßt ihr uns schon erklären."[109] Zu einer Kritik an den überhöhten Planauflagen mochte sich die Gewerkschaft zwar nicht aufraffen, doch wurde auch so schon einiges von übergreifenden sozialen und politischen Spannungen sichtbar, auch wenn sie in der Arbeitszeitfrage nur partiell zutage traten.

Ein Vorfall freilich verlieh der laufenden Diskussion kräftige Impulse: Am 2. Februar 1959 kam es im Tagebau Nachterstedt zu einer Kippenrutschung, bei der innerhalb von wenigen Minuten sechs Millionen Kubikmeter Abraum in den Tagebau stürzten, einen Kohleabschnitt verschütteten, an zwei Absetzern und einem Abraumzug Totalschaden verursachten und – was besonders tragisch war – einen Bergarbeiter töteten.[110] Sicher auch, weil dies nicht der erste Fall dieser Art war, reagierte der Zentralvorstand der IG Bergbau betont harsch: „Unsere Geduld ist zu Ende. Wir sagen nochmals mit aller Eindringlichkeit der Staatlichen Plankommission, den VVB's und den Werkleitungen: bekämpft mit uns gemeinsam die eingetretene Schlamperei, damit sich derartige Unfälle in Zukunft nicht wiederholen."[111]

Aus der Perspektive der Gewerkschaftsfunktionäre war das gewiß ernst gemeint, doch ging ihre Kritik nicht soweit, den Planern vorzuhalten, daß der Siebenjahrplan und das Kohle- und Energieprogramm auf Kosten der Arbeiter gingen. Zwar hätte es dafür Argumente gegeben, wie etwa dieses: „In der letzten Zeit häufen sich die Katastrophenfälle und Havarien . . .", denen allein in sechs Betrieben 16 Arbeiter zum Opfer fielen. Aber statt dessen hieß es im Referat des Zentralvorstandes: In den Bergbaubetrieben werde heute nicht mehr die Frage der hohen Pläne aufgeworfen, „sondern vielmehr in jeder Versammlung, Produktionsberatung oder bei individuell geführten Gesprächen die Frage gestellt . . ., wie können wir Bergarbeiter diese Aufgaben auf politischem und ökonomischem Gebiet mit aller Kraft unterstützen".[112]

Das war mindestens eine Beschönigung der Situation, vielleicht auch eine Selbsttäuschung der IG-Spitze. Auf jeden Fall erwies sich deren Feststellung, daß „eine weitere Ursache der immerwährenden Verstöße gegen die Bergbausicherheit sowie den Gesundheits- und Arbeitsschutz in der ungenügenden Technologie" zu suchen sei[113], als richtig und falsch zugleich. Gewiß gab es zahlreiche Schwachstellen in Betriebs- und Arbeitsorganisation, wie auch im technologischen Bereich, doch resultierten diese wie auch die Überstunden und Unfälle selbst vor allem aus der Unverhältnismäßigkeit von Planungszielen und industriellen Voraussetzungen. Hinzu kam allerdings eine wohl kaum beabsichtigte Wirkung des am 11. Februar 1958 verabschiedeten Gesetzes über die Vervollkommnung und Vereinfachung der Arbeit des Staatsapparates in der DDR.[114] Einige VVB reduzierten daraufhin nämlich in ihren Betrieben den vorbeugenden Arbeitsschutz und strichen Planstellen für Sicherheitsinspektoren.[115]

---

[109] Ebenda.

[110] SAPMO-BA, ZGA IG Bergbau 52, unpag.: Protokoll der 16. ZV-Sitzung, 27. 2. 1959. Bericht des Präsidiums.

[111] Ebenda.

[112] Ebenda.

[113] Ebenda.

[114] GBl. I, Nr. 11/1958, S. 117.

[115] BA, ZStA E-1, 1307, Bl.15: Information der Abt. Gewerkschaften, Sozial- und Gesundheitswesen der ZK der SED über die Zunahme der Überstunden und der Unfälle in der Industrie der DDR, 17. 11. 1958.

Im gesamtwirtschaftlichen Rahmen konzentrierte sich das Unfallgeschehen auf den Bergbau, die chemische Industrie und den Maschinenbau. Nicht allein der für sie charakteristische
Produktionsablauf sorgte für negative Spitzenwerte, sondern auch der Umstand, daß diese Zweige als Investitionsschwerpunkte und Wachstumsindustrien ihre Planauflagen ohne
Überstunden nicht realisieren konnten. Selbst Betriebe, die über eingearbeitete Belegschaften und stabile Produktionsprozesse verfügten, kamen kaum aus dem einmal befahrenen
Gleis heraus. Im BKW „John Schehr", Meuselwitz, leisteten z.B. einige Arbeiter im Jahre
1958 jeweils 500 bis 600 Überstunden.[116] Der Überstundenanteil der Realarbeitszeit nahm im
Zusammenhang mit dem Siebenjahrplan nur noch weiter zu. Auch in der als Schwerpunkt
behandelten Kohlenindustrie, wo ein propagandistisch groß herausgestellter Wettbewerb
„Kohlekumpel halten Wort" als Erfolg verbucht wurde, kamen dessen Ergebnisse nur dadurch zustande, daß die Zahl der Überstunden 1960 gegenüber 1959 auf 116,4 Prozent
anwuchs, was der Arbeitszeit von 2.200 zusätzlichen Arbeitern entsprach.[117] Viele andere
solcher Beispiele ließen sich anführen.

Unverkennbar hing die Zahl der Überstunden mit der extensiven „Fahrweise" der Betriebe
zusammen, und ebenso eindeutig wurde die Unfallentwicklung von hieraus beeinflußt.
Allerdings war dieser Zusammenhang, wie Tabelle 19 zeigt, nicht unbedingt linear.

Tabelle 19
Belegschaften, Arbeitsstunden, Überstunden und Unfälle im Braunkohlenrevier Leipzig im IV. Quartal 1959

Werk	Ist-Belegschaft	Arbeitsstunden	Überstunden		Unfälle auf 100 Besch.
			absolut	je Besch.	
Rositz	3.171	1.559.934	18.811	5,9	2,0
Phönix	1.999	972.882	14.722	7,4	2,0
Zipsendorf	2.498	1.218.321,5	3.312	1,3	1,28
Kulkwitz	1.066	553.155	10.506	9,9	2,8
Regis	3.330	1.675.511	46.340	13,9	1,26
ZW Regis	1.458	666.794	3.989	2,7	1,98
Großzössen	3.169	1.528.945	33.451	10,6	1,58
Thräna	2.121	1.038.069	19.865	9,4	1,7
Borna	1.634	804.217	9.705	5,9	2,14
Deutzen	1.962	970.660	5.520	2,8	2,2
PMK	1.592	857.920	21.292,5	13,4	1,76
Revier ges.	24.736	2.204.404,5	189.941,5	7,7	1,85

Quelle: StAL, VEB BKW Kulkwitz 254, Quartalsmeldung IV/1959, 25. 1. 1960 (Berechnung der Überstunden pro Beschäftigen vom Verf).

Ein Vergleich etwa der Werke Kulkwitz und Regis läßt erkennen, daß eine Reihe unterschiedlicher und teilweise sehr betriebsspezifischer Faktoren auf die Unfallentwicklung Einfluß nahm. Die Gewerkschaften, aufgeschreckt vor allem durch die trotzdem erkennbaren

---

[116] Ebenda.
[117] SAPMO-BA, ZGA IG Bergbau 60, unpag.: Protokoll der 8. ZV-Sitzung, 7. 4. 1961. Bericht des
Präsidiums.

Zusammenhänge von Überstunden und Unfällen, begannen sich ernsthaft um die Klärung dieser Probleme zu kümmern. Im Ergebnis zahlreicher Untersuchungen und Aussprachen kristallisierten sich einige wesentliche Kritikpunkte heraus:

1. In vielen Betrieben wurden die Planaufgaben zum Arbeitsschutz nicht erfüllt, oft auch nicht sonderlich ernst genommen und sogar als Hemmnis für die Planerfüllung betrachtet.
2. Diskontinuierliche Produktion machte Stoßarbeit und Überstunden zum Ausgleich von Ausfall- und Wartezeiten unvermeidlich.
3. Oft waren die Arbeiter nicht im erforderlichen Maße mit den Produktionsaufgaben, den technischen und technologischen Problemen vertraut.
4. Tarifunsicherheiten führten dazu, daß viele Arbeiter lieber mit alter (und meist weniger sicherer) Technik operierten, um die bisherigen Normen beizubehalten.
5. Der Mangel an Arbeitskräften zwang einen erheblichen Teil der Betriebe zum Einsatz von un- und wenig qualifizierten Kräften, die dann im Arbeitsprozeß besonders gefährdet waren.

Dabei ließe sich nicht behaupten, daß die Voraussetzungen für einen wirksamen Arbeitsschutz nicht gegeben waren. Seit 1956 überstiegen die hierfür vorgesehenen Zuschüsse aus dem Staatshaushalt 20-Millionen Mark, und 1959 wurden sie um ca. 20 % auf 25,4 Millionen Mark aufgestockt.[118] Der Bergbau gab 1957 ca. 32 Millionen und 1959 ca. 40 Millionen Mark für den Arbeitsschutz aus.[119] Am Aufwand gemessen, zeigte sich eine durchaus positive Tendenz. Auch befaßten sich im Bereich der IG Bergbau im Jahre 1961 ca. 17.000 Beauftragte in Gewerkschaftsgruppen und Kommissionen, d.h. jedes vierzehnte Mitglied dieser Gewerkschaft, mit Problemen des Gesundheits- und Arbeitsschutzes.[120]

Trotz dieser Anstrengungen blieben die Ergebnisse äußerst zwiespältig. Zwischen 1960 und 1962 stieg z.B. im Bergbau die Zahl der tödlichen Unfälle um 19 % an, wobei in den Braunkohlengruben das Überfahren im Gleis als Hauptursache im Vordergrund stand. Hier registrierte man außerdem im Tagesdurchschnitt 90 Zugentgleisungen. Im Untertagebergbau kam es besonders an Bändern, durch Stromschlag und Firstfall zu tödlichen Unfällen.[121]

Die Art solcher Unfälle und der Umstand, daß die Belastung der Arbeiter durch Überstunden weiter zunahm, standen in einem unverkennbaren Zusammenhang mit der Produktionsentwicklung. Wenn sich etwa 1961 in den Kaliwerken ein überdurchschnittlicher Anstieg der Überstunden bemerkbar machte, so dürfte die hauptsächliche Erklärung in der vergrößerten Fördermenge und im verstärkten Export zu suchen sein.[122]

Auffallend war indes, daß sich im Rahmen der Wettbewerbskampagne um den Titel „Brigade der sozialistischen Arbeit"[123] eine Trendwende abzeichnete. Das Braunkohlenkombinat Lauchhammer teilte z.B. Anfang 1960 mit, im Januar – in einem Zeitraum also, der im Kohle- und Energiebereich immer durch besonders hohe Belastungen gekennzeichnet war –

---

[118] StJB 1962, Berlin 1962, S. 224.
[119] SAPMO-BA, ZGA IG Bergbau 57, unpag.: Protokoll der 5. Zentralvorstandssitzung, 4./5. 10. 1960.
[120] SAPMO-BA, ZGA IG Bergbau 64, unpag.: Protokoll der Aktivtagung der IG Bergbau, 13. 1. 1962.
[121] Ebenda.
[122] Ebenda; vgl. auch StJB 1965, Berlin 1965, S. 19, 162f., 392.
[123] Vgl. hierzu Kapitel 5.

hätten von 332 Brigaden 313 unfallfrei gearbeitet.[124] Von einer Minderung der Überstunden war dabei zwar keine Rede, doch schienen Brigaden Arbeitsschutzbestimmungen wirksamer umsetzen zu können. Als Zufall konnte es aber kaum gelten, wenn von Anfang 1959, dem Beginn der Brigadekampagne, bis zum Herbst 1960 in den Tagebauen und Brikettfabriken des Bezirkes Cottbus insgesamt 1.200 Brigaden, jeweils vom Tage ihrer Konstituierung an, unfallfrei arbeiteten.[125]

Auf den ersten Blick mochte sich die Praxis auszahlen, daß in den „Brigadeverträgen", die mit den Betriebsleitungen abgeschlossen wurden, in der Regel aufeinander bezogene Festlegungen zur Entwicklung der Arbeitsproduktivität, zur Nutzung der Arbeitszeit, zu technisch-technologischen Maßnahmen, zur beruflichen Weiterbildung und zum Arbeitsschutz enthalten waren. Doch die eher formale Handhabung solcher Programme ließ einen so durchschlagenden Erfolg gerade im Bereich des Arbeitsschutzes einigermaßen fragwürdig erscheinen. Bei näherer Betrachtung trat allerdings eine merkwürdige Tendenz zutage, über die der Vorstand der IG Bergbau ebenfalls berichtete: Es sei eine Tatsache, „daß einige Brigaden der sozialistischen Arbeit dazu übergegangen sind, ihre Probleme selbst zu klären. So bildeten sich z.B. in verschiedenen sozialistischen Brigaden der Bezirke Leipzig und Halle sogenannte Brigaderäte. Die Brigaderäte beschäftigten sich mit allen Fragen und stellten faktisch eine zweite politische Leitung dar."[126]

Hier deutete sich eine sehr komplexe Entwicklung an, die als Versuch zu werten ist, an der betrieblichen Basis eine relativ unabhängige Interessenvertretung der Arbeiter zu etablieren und die letztlich auch Elemente von Selbstverwaltung einschloß.[127] Dieser Problemkreis soll an dieser Stelle zwar nicht weiter erörtert werden, doch scheint zumindest ein Hinweis auf Konsequenzen für den Umgang mit der Arbeitszeit wichtig zu sein: Brigaden waren vor allem durch Lohn- und Prämiensysteme auf eine funktionierende Kooperation ihrer Mitglieder angewiesen. Man achtete also zumeist schon im Eigeninteresse darauf, daß die Arbeitszeit lohnwirksam genutzt werden konnte. Dazu zählte auch die Vermeidung von Unfällen und Ausfallzeiten. Beschäftigte, die sich solchen Anforderungen nicht stellten, waren nicht gern gesehen und wurden wohl mitunter auch regelrecht aus den Brigaden „geekelt". Auch das berichtete der Vorstand der IG Bergbau: „Die Konflikte, die aus dem Verhalten einiger Brigademitglieder zur Arbeitsmoral sich ergeben, werden von den Brigaden selbst geklärt."[128] Auf diese Weise dürften sich auch positive Folgen für die Unfallbilanz ergeben haben, zumal Brigaden mit ihren Forderungen nach Verbesserung der Arbeitssituation und des Arbeitsschutzes bei den Betriebsleitungen gewöhnlich viel wirksamer durchdrangen als einzelne Arbeiter.

Gewiß war das nicht der einzige Grund, der es dem Leiter der Hauptverwaltung Kohleindustrie, Klaus Siebold, am 2. November 1962 erlaubte, auf einer Aktivtagung des Zentralvorstandes der IG Bergbau eine Erfolgsbilanz aufzumachen: Tagebaue und Brikettfabriken der

---

124 SAPMO-BA, ZGA IG Bergbau 55, unpag.: Protokoll der 3. ZV-Sitzung, 13.–15. 4. 1960. Bericht des Präsidiums.
125 SAPMO-BA, ZGA IG Bergbau 57, unpag.: Protokoll der 5. ZV-Sitzung, 4./5. 10. 1960. Bericht des Präsidiums.
126 SAPMO-BA, ZGA IG Bergbau 55, unpag.: Protokoll der 3. ZV-Sitzung, 13.–15. 4. 1960. Bericht des Präsidiums.
127 Dazu ausführlicher Fred Klinger, Die „Brigaden der sozialistischen Arbeit" im Kontext der „Syndikalismus"-Kritik, in: Der X. Parteitag der SED, a.a.O., S. 75–86.
128 SAPMO-BA, ZGA IG Bergbau 55, unpag.: Protokoll der 3. ZV-Sitzung, 13.–15. 4. 1960. Bericht des Präsidiums.

DDR hätten per 31. Dezember 1962 den Plan bei Abraum um 35,1 Mio m³, bei Rohkohle um 2 Mio t, bei Briketts um 1,16 Mio t und bei Siebkohle um 1,11 Mio t anteilig überboten. Gute Fortschritte habe es bei der Einführung von Mechanisierungsmitteln im Bergbau gegeben. Auch die Unfallzahlen seien zurückgegangen. Aber 1962 fehlten gegenüber den Planfestlegungen im Industriezweig 3.800 Produktionsarbeiter. Rund 4,5 Millionen Überstunden seien erforderlich gewesen, um diese Lücke wenigstens teilweise auszugleichen. Hinter Siebolds Resümee, „wir haben erstmalig seit vielen Jahren alle unsere wichtigsten Staatsplanaufgaben in der Kohleindustrie auflaufend erfüllt", stand also ein nennenswerter Preis.[129] Dieser jedoch war nur zu entrichten, weil Bergarbeiter ihre Lohninteressen einigermaßen erfolgreich damit verbanden.

Es gab hier absolute Prioritäten. Deshalb akzeptierten Arbeiter gewöhnlich auch, wenn Betriebsleitungen, um die Planerfüllung zu sichern, Arbeits- und Gesundheitsschutzbestimmungen hintanstellten. Zwar wurden aus diesem Grunde z.B. im dritten Quartal 1962 im Bergbau 40 Ordnungsstrafen gegen Wirtschaftsfunktionäre ausgesprochen und elf gerichtliche Ermittlungsverfahren durchgeführt[130], doch erschienen solche Sanktionen aus der Sicht der Betroffenen als das kleinere Übel. Eine Nichterfüllung des Planes hätte andere Sanktionen ausgelöst und die Belegschaft zudem durch Lohnminderungen und Prämienausfälle getroffen.

Wie schon das hier ausführlicher behandelte Kohle- und Energieprogramm löste auch das etwas später in Gang gesetzte Chemieprogramm[131] gleiche Effekte aus. So wurden im VEB Chemische Werke Buna zwischen 1958 und 1962 ca. 500 Millionen Mark investiert und innerhalb dieses Zeitraumes bis Mitte 1962 insgesamt 39 neue Betriebsteile angefahren. Durch Rationalisierung konnten jährlich über 100 Arbeitskräfte aus den alten Werkteilen für die neuen Anlagen freigesetzt werden, bis, wie die Werkleitung feststellte, „die inneren Reserven ihre Grenze" erreicht hatten. Bei einem Defizit von fast 1.000 Arbeitskräften steigerte der Betrieb mit seinen über 11.000 Beschäftigten von 1958 bis 1961 die Produktion um 21,2 Prozent und die Arbeitsproduktivität um 25,2 Prozent. Allerdings ging das nicht ohne Übestunden ab: In der Zeit von 1960 bis 1962 nahm ihre Zahl um 60 Prozent zu.[132]

Auch der Maschinenbau demonstrierte solche Zusammenhänge augenfällig, wobei immer deutlicher wurde, wie sehr der Produktionszuwachs auf der physischen Mehrleistung der Arbeiter beruhte. Ein Beispiel dafür führte die Abteilung Gewerkschaften, Sozial- und Gesundheitswesen des SED-Zentralkomitees in einem Bericht an: „Im VEB Modul, Karl-Marx-Stadt, haben z.B. in einer Abteilung 27 Arbeiter im Jahre 1957 je über 300 Überstunden geleistet, sieben von ihnen wurden im 1. Quartal 1958 für die Zeit von drei Wochen bis vier Monaten wegen zu hohen Blutdrucks, Neuralgien, Herzinfarkt u.a. krank geschrieben."[133]

---

[129] SAPMO-BA, ZGA IG Bergbau 68, unpag.: Aktivtagung des ZV am 2. 11. 1962. Referat Klaus Siebolds.

[130] SAPMO-BA, ZGA IG Bergbau 69, unpag.: Protokoll der 15. ZV-Sitzung, 13. 12. 1962. Bericht des Präsidiums.

[131] Vgl. Chemie gibt Brot – Wohlstand – Schönheit. Konferenzmaterial der Chemiekonferenz des ZK der SED und der Staatlichen Plankommission in Leuna am 3. und 4. 11. 1958, o.O.o.J.

[132] SAPMO-BA, ZPA IV 2/603/75, unpag.: Schreiben der Werkleitung Buna an den Volkswirtschaftsrat, Hauptabt. Chemie, 29. 6. 1962.

[133] BA, ZStA E-1, 1307, Bl. 16: Information der Abt. Gewerkschaften, Sozial- und Gesundheitswesen des ZK der SED über die Zunahme der Überstunden und der Unfälle in der Industrie der DDR, 17. 11. 1958.

Die Überstundenproblematik stand zwar in einem engen Zusammenhang mit einer starken Lohnfixierung der Arbeiterschaft, doch spielten auch andere Motive eine Rolle. Zum einen kam hierbei durchaus noch ein traditionelles betriebsorientiertes Pflichtbewußtsein zum Tragen.[134] Zum anderen spielte bei einer kleineren Zahl von Arbeitern offenbar auch politisches Engagement eine Rolle. Solche Haltungen zeigten sich besonders deutlich in Situationen, die außerordentliche Mehrleistungen erforderlich machten. Typisch hierfür wurden beispielsweise die „Winterkampagnen" der Braunkohlenindustrie einschließlich der Kraftwerke. Bei jedem härteren Winter geriet die DDR in eine Energiekrise, in der nur extensiver Arbeitskräfteeinsatz und zahllose Überstunden den Zusammenbruch der Elektroenergie-, Gas- und Brikettversorgung verhindern konnten. In solchen Phasen arbeiteten die Beschäftigten des Industriezweiges oft weit über das übliche Pensum hinaus, teils bis zur physischen Erschöpfung.

Das war auch der Fall, als im Januar 1960 ein plötzlicher Kälteeinbruch empfindliche Störungen in der Kohlenförderung und in der Energieversorgung auslöste. Wie die Bezirksleitung Leipzig der SED am 16. Januar 1960 in einem Fernschreiben an die Wirtschaftskommission des SED-Politbüros berichtete, setzte „die Mehrzahl der Bergarbeiter ihre ganze Kraft ein, um höchstmögliche Leistungen zu fahren. Es gibt nicht wenige Beispiele, wo Arbeiter mehrere Schichten hintereinander tätig waren und von ihrem Gerät weggenommen werden mußten."[135] Zwei Hauptmotive dürften für solches Verhalten ausschlaggebend gewesen sein: Angesichts des drohenden Zusammenbruchs der Energiewirtschaft und der durch Strom- und Gasabschaltungen direkt betroffenen Bevölkerung setzte sich gerade in den Stammbelegschaften ein ebenso unreflektiertes wie weitgehend unpolitisches Arbeitsethos durch. Gleichzeitig aber boten die in dieser Situation kurzfristig ausgezahlten Sofortprämien oder auch täglich Zielprämien einen wirksamen Anreiz für solch extensive Arbeitszeitverlängerungen.[136]

Arbeitsethos und Lohninteresse befanden sich auch bei solchen außerordentlichen Belastungen in einem unauflöslichen Zusammenhang. Nur durch ihn konnte der erforderliche innerbetriebliche Konsens erreicht werden. Ein Arbeitsparadigma, wie es für die DDR-Gesellschaft charakteristisch war[137], aber unter der Alltagsroutine zumeist verdeckt blieb, kam hier deutlich zum Vorschein.

7. Auseinandersetzungen um die Fünftage-Arbeitswoche

Die hier angeführten Beispiele verdeutlichen zumindest, daß Arbeitszeit in der Interessenhierarchie von Industriearbeitern einen zwar gewichtigen, dennoch aber dem Lohne nachgeordneten Stellenwert einnahm. Vor diesem Hintergrund wirkt es nicht verwunderlich,

---

[134] Vgl. Joan Campbell, Joy in Work, German Work: The National Debate, 1800–1945, Princeton 1989, S. 378.

[135] SAPMO-BA, ZPA 2/603/59, unpag.: Fernschreiben der SED-Bezirksleitung Leipzig an die Wirtschaftskommission des Politbüros des ZK der SED, 16. 1. 1960.

[136] SAPMO-BA, ZPA IV 2/603/54, unpag.: VVB Braunkohle Leipzig. Sitz Borna, Analyse zum Kennziffernbericht, 30. 6. 1960.

[137] Vgl. Winfried Thaa, Die legitimatorische Bedeutung des Arbeitsparadigmas in der DDR, in: Politische Vierteljahresschrift 30 (1989), 1, S. 94–113.

wenn mit der täglichen Arbeitszeit relativ flexibel umgegangen wurde. Überstunden, direkt an die Normalarbeitszeit angeschlossen, boten sogar neben dem Vorteil zusätzlicher Bezahlung den nicht von der Hand zu weisenden Vorzug, daß man Wegezeiten einsparte, die vor allem bei Pendlern z.T. drastisch ins Gewicht fielen. Überhaupt tendierten größere Teile der Arbeiterschaft eher zu längeren, dafür aber kompakteren Arbeitszeiten. Insofern war der weit verbreitete Wunsch, lieber mehr als 7,5 Stunden pro Tag arbeiten zu wollen, wenn dadurch die Fünftage-Arbeitswoche möglich würde, nur konsequent.

Bevor auf die Auseinandersetzungen um die Verkürzung der Arbeitswoche einzugehen ist, sollte ein Punkt nicht unerwähnt bleiben, der sich schon bei der Normenproblematik andeutete: Arbeiter sahen sich immer erneut veranlaßt abzuwägen, ob sie ihr Einkommen im Zuge von Rationalisierungsmaßnahmen wirksamer verbessern konnten, oder ob es für sie günstiger war, an den bisherigen Arbeitspraktiken festzuhalten und den Lohn gegebenenfalls mit extensiven Mitteln, also auch mit Überstunden, anzuheben.

Oft vermischten sich zwar beide Varianten, doch begünstigten die planwirtschaftlichen Rahmenbedingungen eher extensive Ausweitungen der Arbeitszeiten. Es kam aber noch ein weiterer Grund hinzu: Im Rahmen der Schwerpunktprogramme im Kohle- und Energiesektor sowie in der Chemieindustrie gerieten die dort konzentrierten Investitionen besonders wegen ihrer großen Dimensionen und langen Bau- bzw. Ausrüstungszeiten oft vor der Fertigstellung in die Zone rapiden Zeitverschleißes. In der auf ideologische und theoretische Fragen spezialisierten SED-Zeitschrift „Einheit" hieß es 1960 dazu: „Solche umfassenden Investitionsvorhaben der Grundstoffindustrie, wie sie z.B. das Erdölkombinat Schwedt, der Aufbau des Werkes Leuna II, das Chemiefaserkombinat Guben, die Großkraftwerke Lübbenau und Vetschau und die mit ihnen verbundenen Aufschlüsse von Braunkohlentagebauen darstellen, erhalten mit ihrer Fertigstellung ein bestimmtes technisches und damit ökonomisches Niveau, das nur mit größerem Aufwand, z.T. aber überhaupt nicht mehr grundsätzlich verändert werden kann. Mit unseren Großinvestitionen wird heute eine Produktionsgrundlage in bestimmter technischer Qualität geschaffen, die für Jahrzehnte besteht . . ."[138] Unverkennbar spielte hierbei das Zeitargument eine zentrale Rolle.

Doch gerade mit diesen Investitionsprogrammen geriet die DDR-Wirtschaft am Ende der 1950er Jahre in die fatale Lage, im Bereich des „Rates für gegenseitige Wirtschaftshilfe" (Comecon) auf die niedrigste Zuwachsrate der Industrieproduktion zurückzufallen, während gleichzeitig die unvollendeten Industrieinvestitionen so schnell anwuchsen, „daß der gesamte Investitionszuwachs von den unvollendeten Investitionen aufgesaugt wurde, . . .".[139] Um aus dieser Sackgasse herauszukommen, erschien die zügige Fertigstellung und Inbetriebnahme der neuen Werke und Anlagen als ebenso dringend geboten wie logisch. Insofern sahen sich besonders die Bauwirtschaft, die Montage- und Ausrüstungsbetriebe sowie deren Zulieferer mit erhöhten Anforderungen konfrontiert, denen sie mit zusätzlichen Arbeitskräften kaum, mit veränderter Arbeitsorganisation und Mehrarbeit dafür eher zu entsprechen suchten. Hierüber entbrannten in den betroffenen Betrieben viele und teils heftige Debatten. Zu den Hauptstreitpunkten zählten auch neue Arbeitszeitregelungen.

Möglichkeiten, die Arbeitszeiten besser an die technologischen Abläufe anzupassen, sahen

---

138 Gerhard Scholl, Investitionen und wissenschaftlich-technischer Höchststand, in: Einheit, 15 (1960), 4, S. 573.
139 Klaus Steinitz, Investitionen und Wachstumstempo der Produktion, in: Wirtschaftswissenschaft, 11 (1963), 1, S. 19.

die Verantwortlichen der Bau- und Montagebetriebe im Mehrschichtbetrieb und in der Einführung des sogenannten 90-Stunden-Zyklus auf den Großbaustellen. Der wesentliche Inhalt dieser Methode bestand darin, den Bau- und Montagearbeitern nach einem 3-Schicht-Zyklus von insgesamt 90 Stunden Dauer mehr zusammenhängende Zeit für Heimfahrten zu bieten und gleichzeitig durch bessere Nutzung des Arbeitszeitfonds das Baugeschehen zu beschleunigen.

Wie kaum anders zu erwarten, formierte sich eine höchst flexible Abwehr. Nicht untypisch dürfte es gewesen sein, wenn einzelne Brigaden „im Prinzip" ihre Zustimmung erklärten, aber unter Hinweis auf die Solidarität mit anderen Arbeitern die Regelung dann doch ablehnten. Im September 1961 hielt z.B. ein Bericht von der Baustelle des Kraftwerkes Vetschau fest: „Die Mehrzahl der Brigaden soll im Mehrschichtsystem und 90-Stunden-Zyklus (verteilt auf 10 Tage) arbeiten, jedoch haben sich dazu erst wenige bereit erklärt. Die Kollegen einer Brigade, die in der Nähe wohnen und mit denen die Herstellung der gesetzlichen Sechstage-Arbeitswoche diskutiert wurde, erklärten sich zwar dazu bereit, lehnten aber unter der ‚Begründung' – sie seien keine Arbeiterverräter – ab, beispielgebend voranzugehen."[140]

Das mit dem 90-Stunden-Zyklus verbundene Anliegen ging allerdings insofern über die eigene Zielsetzung hinaus, als es auf die Beseitigung von Arbeitszeitregelungen zielte, die einzelne Betriebe und manchmal auch einzelne Arbeitsgruppen im Alleingang bereits einge-führt hatten. Gerade die vielen unterschiedlichen Arbeitszeitregimes der Bau- und Montage-betriebe trugen auf den Baustellen mitunter zu anarchischen Verhältnissen bei. Ein Beispiel dieser Art bot das seit 1955 im Bau befindliche Braunkohlenveredlungskombinat „Schwarze Pumpe". Es war durchaus ernstgemeint, wenn dort die SED-Industrieleitung im Mai 1962 zum Kampf um die „Wiederherstellung der gesetzlichen Arbeitszeit" aufrief und auch Gründe anführte: „In den Ausrüstungsbetrieben und bei Teilen der Arbeiterklasse und der Intelligenz im Bauwesen auf der Großbaustelle ist noch nicht klar, daß das Produktionsaufge-bot nicht Freitag aufhört und erst teilweise Dienstag früh wieder beginnt."[141] Als Beleg führte man einen Kran auf dem Gelände des künftigen Kraftwerkes Mitte an, der am Sonnabend durchschnittlich zu 6,6 Prozent und am Montag zu 33 Prozent ausgelastet wurde. Dieser Fall war nicht untypisch, zeigte er doch, in welchem Maße Baustellenbelegschaften die Arbeits-zeiten nach eigenem Gusto einteilten.

Was die Folgen der zu langen Baufristen anging, machte die SED-Leitung des Kombinates folgende Rechnung auf: „Die Fortführung von Investitionsvorhaben über einen längeren Zeitraum behindert die allseitige Durchsetzung des wissenschaftlich-technischen Fortschritts und erhöht den moralischen Verschleiß der Produktionsanlagen. Dafür folgendes Beispiel: Die Siebanlage Sabrodt, eine der größten Kohleverladeanlagen unserer Republik, begann nach einer Bauzeit von rd. 3 ½ Jahren und einem Investitionsaufwand von rd. 36 Mio DM am 1. 4. 1959 mit der Produktion. Heute, nach drei Jahren Produktion ist bereits ein weiterer Aufwand von finanziellen Mitteln von ca. 120 TDM notwendig, um die Anlage komplex zu mechanisieren und teilweise zu automatisieren. Das Beispiel zeigt, daß bestimmte Anlagen während der Bauzeit stark veralten und nach ihrer Fertigstellung weit unter dem Niveau des wissenschaftlich-technischen Fortschritts liegen."[142]

---

[140] SAPMO-BA, ZPA IV 2/603/44, unpag.: Information der ZK-Abt. Grundstoffindustrie zum Produk-tionsaufgebot. 23. 9. 1961.
[141] BLHA, BPA Cottbus, SED-Kreisleitung Schwarze Pumpe IV/4/13/1636, unpag.: Protokoll der III. Kreisdelegiertenkonferenz der SED, 19./20. 5. 1962.
[142] Ebenda.

Auch wenn das Argument nicht ohne Überzeugungskraft war, bediente es jedoch nur ein rein wirtschaftliches Interesse. Ohne dessen Berechtigung in Abrede zu stellen, blieben die hier indirekt kritisierten Arbeiter, bei denen es sich zumeist um Fernpendler handelte, dennoch an für sie günstigen Arbeitszeitregelungen interessiert. Im Grunde hatten sie sich deshalb bereits die Fünftage-Arbeitswoche selbst verordnet und als Gewohnheitsrecht konstituiert. Um auf die erforderliche Stundenzahl zu kommen, arbeiteten sie „kurze" und „lange" Wochen im Wechsel, was sicher den ohnehin komplizierten und störanfälligen Bau- und Montageablauf nicht übersichtlicher machte und fraglos auch manche Manipulation der Arbeitszeitabrechnung ermöglichte. Ganz offensichtlich geschah das in Abstimmung und mit Duldung der zuständigen Vorgesetzten, denen daran gelegen war, das Betriebsklima günstig zu beeinflussen und bewährte Arbeitskräfte vom Weggang in attraktivere Stellen abzuhalten.

Selbst die SED-Bezirksleitung Cottbus mußte indirekt bestätigen, daß die Arbeiter in der Arbeitszeitfrage eine sehr starke Position innehatten, die von den Betriebsleitungen nicht ohne weiteres ignoriert werden konnte. So endete z.B. Anfang 1962 ein Versuch, auf der Baustelle des Kraftwerkes Lübbenau erneut die Sechstage-Arbeitswoche durchzusetzen, mit demonstrativer Arbeitszurückhaltung. Der danach von der SED-Bezirksleitung in Cottbus erörterte Vorschlag, die Angelegenheit auf allen Großbaustellen der DDR zu diskutieren, um in Lübbenau den Weggang vieler Arbeiter zu verhindern, wirkte demgegenüber recht illusionär.[143]

Freilich war nicht hinwegzureden, daß sich die im Laissez-faire-Stil ausgehandelten Arbeitszeitregelungen gerade bei komplexen Arbeitsprozessen sehr kontraproduktiv auswirken konnten. So errechnete der kombinatseigene Bau-und Montagebetrieb „Schwarze Pumpe" für das erste Halbjahr 1961 eine Arbeitszeitauslastung von 84 %. Über 50.000 Warte- und Stillstandsstunden stellten der Arbeitsorganisation kein gutes Zeugnis aus; ebensowenig konnte die Arbeitsdisziplin bei mehr als 8.000 unentschuldigte Fehlstunden überzeugen. Auf der anderen Seite der Bilanz standen allerdings fast 50.000 Überstunden.[144]

Im gesamtwirtschaftlichen wie im betrieblichen Rahmen zeigte sich eine beachtliche Interessendiskrepanz: Während Betriebsleitungen und teils wohl auch die BGL prinzipiell nichts gegen eine Fünftage-Arbeitswoche einwandten und diese oft auch illegal praktizierten, Wirtschaftsexperten hingegen auf die Problematik der kürzeren Maschinenlaufzeiten verwiesen, suchte die SED politische Argumente ins Spiel zu bringen. Sie nutzte dazu das im September 1961 inszenierte Produktionsaufgebot, das mit seiner Devise „In der gleichen Zeit für das gleiche Geld mehr produzieren" zwar besonders die Lohn- und Normenfrage betraf, aber doch von einer Sechstage-Arbeitswoche bei siebeneinhalbstündiger Arbeitszeit ausging. Nicht zufällig lautete eine seiner „Hauptorientierungen": „Volle Ausnutzung des Arbeitstages".[145] Dazu gehörte auch die Forderung an die „Werktätigen", ihre Interessen an denen der Gesellschaft zu orientieren.

Im Kombinat „Schwarze Pumpe" argumentierte die SED-Kreisleitung so: „Durch die

143 BLHA, BPA Cottbus, SED-Bezirksleitung IV/2/3/452, unpag.: 5. Sitzung des Büros der BL, 1. 3. 1962. Bericht über den Stand der Verwirklichung der Sechstage-Arbeitswoche im Kraftwerk Lübbenau.

144 BLHA, BPA Cottbus, SED-Kreisleitung Schwarze Pumpe IV/4/13/1647, unpag.: Protokoll der erweiterten Kreisleitungssitzung vom 24. 11. 1961. Referat.

145 SAPMO-BA, ZPA IV 2/611/7, Bl. 262: Beratungsprotokoll der ZK-Abt. Gewerkschaften und Sozialpolitik, 2. 9. 1961.

politische Massenarbeit ist allen begreiflich zu machen, daß die Sicherung des Friedens von jedem einzelnen verlangt, auf einige Bequemlichkeiten zu verzichten und es notwendig ist, die persönlichen Interessen schnell mit den Interessen der Gesellschaft in Übereinstimmung zu bringen, damit solche Auffassungen wie: ‚Wir sind auf die Baustelle gekommen, um Geld zu verdienen und Vorteile zu haben‘, oder: ‚Der Ehevertrag ist uns lieber als der Vertrag mit dem Betrieb‘, wie sie im Stahlbau Magdeburg und im VEM Cottbus oder im BMK in Erscheinung traten, schnell überwunden werden.“[146]

Dieses durchzusetzen, erwies sich jedoch als gar nicht so einfach. Ein Ausdruck dafür mag auch sein, daß sich die Funktionäre der Kreis- und Betriebsparteiorganisationen zwar gegenüber dem Leitungspersonal der Werke und Betriebe für die Einhaltung der gesetzlich festgelegten Arbeitszeit stark machten, letzteren aber die Durchsetzung dieses Grundsatzes vor Ort überließen. Gewiß gab es Anlässe genug, arbeits- und betriebsorganisatorische Mängel zu kritisieren und darauf aufmerksam zu machen, daß „die Menschen eine Unduldsamkeit erfaßt hat, die oft durch gedankenlose, administrative Anweisungen heraufbeschworen wurde“.[147] Nur befanden sich die Betriebsleitungen in der wenig komfortablen Position, direkt und täglich mit der Kritik der Arbeiter an der Sechstage-Arbeitswoche und dem 90-Stunden-Zyklus konfrontiert zu sein.

Versuche, diese Regelungen dennoch durchzusetzen, lösten vielfach hinhaltenden Widerstand aus. Als beispielsweise für sechs der auf der Baustelle „Schwarze Pumpe“ tätigen Betriebe die Sechstage-Arbeitswoche bzw. der 90-Stunden-Zyklus angewiesen wurden, ohne die Meinung der dort beschäftigten Arbeiter auch nur gehört zu haben, sprach das Ergebnis für sich: In einem Betrieb fehlten von insgesamt 60 eingeteilten Arbeitern an dem betreffenden Sonnabend vier unentschuldigt, 48 hatten legitime Heimreisen angetreten oder nahmen einen Tag Urlaub, und nur acht erschienen zur Arbeit. Vom Spezialbau Leipzig kamen zwei von 47 Beschäftigten, vom Dampfkesselbau Meerane immerhin 33 von 41, beim Industrie- und Kraftwerksbau 140 von 170.[148]

Ähnliche Beispiele ließen sich auch in anderen Industriezweigen finden, wobei deutlich wird, daß es Bau- und Montagearbeiter gewöhnlich leichter hatten, ihre Interessen durchzusetzen. In Betrieben mit strenger reguliertem Arbeitsablauf war die inoffizielle Fünftage-Arbeitswoche kaum möglich. Vielfach scheint diese Einschränkung durch andere Formen „eigensinniger“ Arbeitszeitverkürzung kompensiert worden zu sein. So berichtete etwa das Mansfeld-Kombinat 1962 von 40.000 Ausfallstunden durch Arbeitsbummelei.[149] Im Synthesewerk Schwarzheide galt es als Erfolg, wenn z.B. eine Brigade sich im Rahmen des Produktionsaufgebotes verpflichtete, Einkäufe nur noch während der Mittagspause zu erledigen oder wenn man sich für 1962 vornahm, im gesamten Werk die nominale Arbeitszeit zu 85 % auszulasten.[150] Die Fünftage-Praxis vieler Bau- und Montagebetriebe dürfte auf die übrige Industrie durchaus eine Sogwirkung ausgeübt haben. Schon wenn ein Bauarbeiter am

[146] BLHA, BPA Cottbus, SED-Kreisleitung Schwarze Pumpe IV/4/13/1647, unpag.: Protokoll der erweiterten Kreisleitungssitzung, 24. 11. 1961. Referat.
[147] BLHA, BPA Cottbus, SED-Kreisleitung Schwarze Pumpe IV/4/13/1649, unpag.: Protokoll der erweiterten Kreisleitungssitzung, 18. 4. 1962. Bericht des Büros.
[148] Ebenda: Diskussionsbeitrag des FDGB-Kreisvorsitzenden.
[149] SAPMO-BA, ZGA IG Bergbau 70, unpag.: Protokoll der 16. ZV-Sitzung, 25. 4. 1963.
[150] BLHA, Rep. 903, Synthesewerk Schwarzheide, Zugangsnr. 2018, unpag.: Bericht über den ökonomischen Nutzen aus dem Plan „Neue Technik“ und dem betrieblichen TOM-Plan 1962, 24. 5. 1962.

Freitagabend für ein „langes Wochenende" nach Hause kam und seine Ehefrau am Sonnabend zur Arbeit ging, stellte sich die Frage nach einer verträglicheren Angleichung der Arbeitszeiten.

Eigenmächtigkeiten der Arbeiter im Umgang mit ihrer Arbeitszeit waren indirekt als soziale Forderung zu verstehen, wenn auch nicht jede „Bummelei" oder „illegale Pause" so zu interpretieren ist. In der DDR bewegten sich die Industriearbeiter durchaus auch in traditionellen Formen „von Selbstbestimmung im Rahmen der betrieblichen Arbeitszeit"[151], aber sie verfügten hierbei über relativ starke Positionen gegenüber den Betriebsleitungen. Die vorenthaltene Fünftage-Regelung wurde in vielen Fällen einfach praktiziert, auch um ein inzwischen erworbenes Gewohnheitsrecht präsent zu halten. Der Wunsch nach einer längeren Freizeitphase in jeder Arbeitswoche hatte für Arbeiter einen hohen Stellenwert. Sie nahmen sich einfach die zusammenhängende Freizeit an den kalendarischen Wochenenden. Dabei schienen sie weitgehend auf Zustimmung seitens des unteren und mittleren Betriebsmanagements sowie der gewerkschaftlichen Basisfunktionäre rechnen zu können, während sich Betriebsgruppen der SED – soweit erkennbar – aus dem Dauerkonflikt herauszuhalten suchten. Für diese Konstellation bezeichnend, wurden Arbeitsabläufe durch das zuständige Leitungspersonal oft so festgelegt, daß sonnabends lediglich Aufräumungsarbeiten zu leisten waren.[152] Dahinter verbarg sich nicht selten die Absicht, jedes starre Beharren auf der Sechstageregelung am praktischen Beispiel ad absurdum zu führen.

Vielleicht war es übertrieben, darin einen bewußten Versuch zum Konterkarieren der Sechstage-Arbeitswoche zu erblicken. Doch scheint diese Vermutung in Parteikreisen eine Rolle gespielt zu haben. Insofern konnte auch die harsche Reaktion der SED-Bezirksleitung Cottbus nicht verwundern, die auf einer Konferenz im März 1962 die Gewerkschaftsfunktionäre öffentlich vor allzuviel Liberalismus warnte. Ausgangspunkt hierfür war die bekanntgewordene Forderung einer Schweißerbrigade auf der Baustelle des Kraftwerkes Lübbenau, die BGL müsse sich gegen die Sechstage-Arbeitswoche einsetzen, „um eine BGL für die Arbeiter zu sein".[153] Dem hielt die Bezirksleitung entgegen: „Hinter der Forderung solcher Kollegen, die 6-Tage-Woche nicht durchzuführen, verbirgt sich der Wunsch nach mehr Freizeit und angenehmerem Leben. Das kann man aber nicht gegen die Interessen der Gesellschaft erreichen, sondern nur mit der Wahrung der gesamten gesellschaftlichen Interessen. Deshalb darf sich der Gewerkschaftsfunktionär nicht zum Sprecher rückständiger Auffassungen machen . . .".[154]

Um die Mitte des Jahres 1962 verringerte sich auf den Großbaustellen der bislang recht wirksame Widerstand gegen die Sechstage-Arbeitswoche und die 90-Stunden-Zyklen. Diese tendenzielle Wende stand in einem zeitlichen Zusammenhang mit einer kampagneartig verstärkten Agitation der Parteiorganisationen, deren Funktionäre jetzt offensiv die Diskussion mit den Arbeitern suchten und ausgiebig Fragen der Arbeitsdisziplin, der Arbeitsproduktivität, der Technologie und der Wirtschaft überhaupt diskutierten. Dahinter stand das Bemühen, dem Produktionsaufgebot eine neue Richtung zu geben. Der in diesem Zusam-

---

151 Lüdtke: Eigen-Sinn, a.a.O., S. 112.
152 BLHA, BPA Cottbus SED-Bezirksleitung IV/2/3/457, unpag.: 5. Sitzung des Büros der BL, 1. 3. 1962. Bericht über den Stand der Verwirklichung der Sechstage-Arbeitswoche im Kraftwerk Lübbenau.
153 BLHA, BPA Cottbus SED-Bezirksleitung IV/2/2/140, unpag.: Protokoll der „Ideologischen Konferenz" der Bezirksleitung vom 28. 3. 1962.
154 Ebenda.

menhang schon o.a. Aufruf aus dem VEB Großdrehmaschinenbau „8. Mai" in Karl-Marx-Stadt enthielt auch einen Punkt zur Arbeitszeitproblematik. Darin hieß es u.a.: „Wenden wir zielstrebig den wissenschaftlich-technischen Fortschritt an, gehen wir sparsamer mit Material, Zeit und Geld um, nutzen wir voll die gesetzliche Arbeitszeit, lasten wir nach eingehender Berechnung des Nutzeffekts die entscheidenden Maschinen und Anlagen in drei Schichten aus und beseitigen wir alle Verluste, dann ist nicht nur immer noch etwas drin, sondern dann werden die Möglichkeiten zur Leistungssteigerung ständig größer. Für ehrliche Arbeit ehrliches Geld – darin sehen wir unsere Klassenehre und patriotische Pflicht."[155]

In solch formelhafter Sprache kündigte sich an, daß die SED bereit war, für Rationalisierung und Intensivierung der Produktion von den bislang vorherrschenden politischen Appellen an die Arbeiterschaft etwas abzulassen und deren Lohninteressen stärker als Stimulanz zu nutzen. Die gesetzliche Arbeitszeit freilich stand dabei nicht nur nicht zur Disposition; sie sollte auf diesem Wege erst richtig durchgesetzt werden.

Infolge dieser Initiative scheint sich zunächst ein ähnlicher Effekt eingestellt zu haben, wie er schon beim Produktionsaufgebot von 1961 zu beobachten war: Ein Teil der Arbeiterschaft in den von Funktionären der Bezirks- und Kreisleitungen besonders stark frequentierten Betrieben stimmten den offiziellen „gesetzlichen" Arbeitszeitregelungen zu, um endlich den nervenden und zeitraubenden Agitationstiraden zu entgehen. Genauer besehen, machte man diese Konzession aber mit Vorbehalt. Ein Bericht der Parteileitung des Kraftwerkes Lübbenau vor dem Sekretariat der Bezirksleitung Cottbus der SED ließ z.B. erkennen, daß zwar im großen und ganzen die Zustimmung der Arbeiter zur Sechstage-Arbeitswoche erreicht werden konnte, wobei die Steigerung der Arbeitsproduktivität durch wissenschaftlich-technische Maßnahmen sowie die volle Ausnutzung der Geräte und der Arbeitszeit im Mittelpunkt der Diskussion gestanden hätten. Auf der anderen Seite aber seien die Arbeitsbrigaden kaum noch für „zusätzliche Aufgaben" wie Sondereinsätze und Überstunden zu gewinnen. Einige Bau- und Montagearbeiter, die sich prinzipiell nicht mit der neuen Arbeitszeitregelung abfinden wollten, hätten die Lübbenauer Baustelle verlassen.[156]

Nicht zu übersehen war, wie wichtig die Frage nach einer Ausweitung zusammenhängender arbeitsfreier Zeit an den Wochenenden blieb. Trotz fortschreitender Mechanisierung industrieller Arbeit unterlagen viele Industriearbeiter weiterhin beträchtlichen physischen Belastungen und mußten während des ganzen hier betrachteten Zeitraumes körperlich schwere Tätigkeiten verrichten (Tabelle 20).

Vor solch einem Hintergrund wurde die Beharrlichkeit nur noch verständlicher, mit der sich die Industriearbeiterschaft in ihrer Mehrheit für die Fünftage-Arbeitswoche engagierte.

Im Sommer 1962 glaubten die Wirtschaftspolitiker der SED noch, am versuchten Lohnstopp festhalten und die Arbeitszeitbilanz trotzdem verbessern zu können. Dazu sollten auch Maßnahmen zur Senkung des Krankenstandes in den Betrieben beitragen, und mit Hilfe einer von der FDJ in der Zentralwerkstatt Regis initiierten „Aktion M" hoffte man, die Maschinenlaufzeiten in der Industrie zu erhöhen.[157] Im Zusammenhang mit den gleichzeitigen recht intensiven Bemühungen um eine „sozialistische Rekonstruktion der Volkswirt-

---

[155] Neues Deutschland, 17. 3. 1962, S. 3.
[156] BLHA, BPA Cottbus SED-Bezirksleitung IV/2/3/464, unpag.: 11. Sitzung des Sekretariats der BL. Bericht der Parteileitung des Kraftwerkes Lübbenau, 28. 6. 1962.
[157] Vgl. Geschichte des FDGB. Chronik 1945–1982, Berlin 1985, S. 163.

schaft"[158] gelangen hierbei Teilerfolge. Im Kontext des „Neuen ökonomischen Systems" (NÖS) verstärkte sich diese Tendenz sogar noch. Nur wirkten eben kaum mehr moralische Appelle, sondern die Möglichkeiten verbesserten sich wieder, durch Mehrleistung und auch längere Arbeitszeiten mehr Geld zu verdienen.

Tabelle 20
Anteil körperlich schwer Arbeitender an Maschinenarbeitern und überwiegend manuell Beschäftigten in der Industrie 1963 (in Prozent)

Zweig	Maschinenarbeiter	überwiegend manuell Beschäftigte
staatl. Industrie insgesamt	17,7	54,6
Grundstoffindustrie	24,0	47,6
Metallverarbeitende Industrie	14,5	61,8
Leichtindustrie	12,1	52,6
Nahrungsgüterindustrie	22,4	51,6
Chemieindustrie	17,7	44,6
Metallurgie	33,8	48,6
Elektrotechnik	9,1	64,3
Schwermaschinenbau	15,0	63,4
Allgemeiner Maschinenbau	11,6	57,3
Energieerzeugung	20,9	46,9
Bergbau	24,3	49,7
Glas- und Keramikindustrie	31,4	63,5

Quelle: Zusammengestellt nach Kurt Albrecht, Der Einfluß des technischen Fortschritts auf die Art der Tätigkeit der Produktionsarbeiter in der Industrie 1960 bis 1963, in: Statistische Praxis, 18 (1964), 3, S. 71, 93.

Dennoch lag dem eine andere Motivstruktur zugrunde, als es sich die NÖS-Reformer vorstellten. Einer ihrer Hauptvertreter, Günter Mittag, schrieb z.B. Ende 1964: „Wenn früher – wegen der noch nicht umfassenden Anwendung des Prinzips der materiellen Interessiertheit – das gesellschaftliche Interesse oftmals nur einseitig mit Appellen an die Moral und das Bewußtsein gewahrt werden konnte, so sind heute durch das neue ökonomische System Voraussetzungen geschaffen worden, die materiellen und moralischen Faktoren sowie das persönliche und gesellschaftliche Interesse als Einheit zur Wirkung kommen zu lassen."[159] Doch diese Einheit existierte in einem so komplexen Zusammenhang nie. Auch der Streit um die Fünftage-Arbeitswoche widerlegte ein solches Postulat.

Wenn sich die Situation überhaupt als ein sich anbahnender Interessenkonsens beschreiben läßt, so nur in dem Sinne, daß sich im Rahmen des NÖS manche der Lohninteressen besser zu realisieren waren als bisher. Bei der Arbeitszeit wirkte sich das jedoch nur insofern aus, als jetzt finanzielle Anreize stärker auf die Nutzung der regulären Arbeitszeit und auf die Verkürzung von Bau- bzw. Produktionszeiten ausgerichtet wurden. Im noch vor der „Richtlinie für das neue ökonomische System der Planung und Leitung der Volkswirtschaft" vom Präsidium des Ministerrates gefaßten Beschluß „Die Anwendung der Grundsätze des neuen

---

[158] Vgl. Wolfgang Mühlfriedel/Klaus Wießner, Die Geschichte der Industrie der DDR bis 1965, Berlin 1989, S. 288–290.

[159] Günter Mittag, Ideologische und ökonomische Probleme bei der Führung des sozialistischen Wettbewerbs, in: Einheit, 19 (1964), 9–10, S. 69.

ökonomischen Systems der Planung und Leitung der Volkswirtschaft im Bauwesen", der letzterem eine Pilotfunktion bei der Einführung des NÖS übertrug, hieß es resümierend: „Die Erhöhung des Nutzeffektes der Investitionen auf der Grundlage des wissenschaftlich-technischen Höchststandes durch die Lieferung kompletter funktionstüchtiger Anlagen in kürzester Bauzeit bei niedrigsten Kosten für die Errichtung, Nutzung und Erhaltung der Produktionsanlagen und Bauwerke ist der Beitrag der Bauschaffenden zum umfassenden Aufbau des Sozialismus in der Deutschen Demokratischen Republik."[160] Damit wurde Arbeitszeit neben realisierter Leistung und Lohn zu einem weiteren Tauschobjekt. Die Beschleunigung des Arbeitsablaufes und so die Verkürzung von Herstellungs- und Baufristen konnten von den Arbeitern in gewissen Grenzen beeinflußt werden. Dafür verlangten sie aber eine entsprechend höhere Entlohnung und nicht zuletzt Prämien.

Der Drang zur Fünftage-Arbeitswoche blieb aber auch angesichts dieser Entwicklung ungebrochen. Nicht einmal in der Bauwirtschaft, die im Zusammenhang mit dem NÖS das besondere Interesse der Wirtschafts- und Planungsorgane auf sich zog, konnte die „gesetzliche" sechstägige Arbeitswoche wieder vollständig durchgesetzt werden. Als die SED endlich im Dezember 1965 dem permanenten Druck in den Betrieben nachgab und für jede zweite Woche eine fünftägige Arbeitszeit zuließ, erlebte man eine Überraschung.

Auf der 8. Tagung des FDGB-Bundesvorstandes berichtete dessen Vorsitzender im Februar 1966 darüber: „Ich möchte noch etwas kommentieren, ohne daß es veröffentlicht wird. Bei der Tätigkeit des Präsidiums, des Sekretariats und auch in der gemeinsamen zentralen Kommission mit der Regierung in der Vorbereitung der Arbeitszeitregelung waren wir außerordentlich erschrocken über den Wust von Ungesetzlichkeiten, der sich herausgebildet hat. Wobei ich hervorheben will, daß ich hier in diesem Fall besonders meine die Verletzung der Parteibeschlüsse, der Beschlüsse der Regierung, des Bundesvorstandes, doch Regelungen, die man, ich möchte sagen, illegal getroffen hat für einzelne Betriebe, für einzelne Wirtschaftszweige sogar, wobei ich sagen muß, daß daran einige Zentralvorstände der Industriegewerkschaften, auch VVB-Komitees sehr stark beteiligt sind. Das führte dann soweit, daß die neuen Arbeitszeitregelungen von einem Teil der Werktätigen nicht als eine neue Errungenschaft, sondern sogar als eine Verschlechterung empfunden wurden, weil schon seit langem jede Woche 5 Tage gearbeitet wurde usw., usw. Daß so etwas vorgekommen ist, das wußten wir, daß es ein derartiges Ausmaß angenommen hatte, darüber waren wir, wie gesagt, erschrocken und erschrocken warn wir, daß es alles unter dem Gesichtspunkt der Verletzung der Planaufgaben vor sich ging. Betriebe, ganze Industriebereiche, die seit Jahren den Plan schlecht erfüllen, hatten gleichzeitig 5-Tage-Woche jede Woche. Mit diesen Dingen muß man Schluß machen."[161]

Ein solches Eingeständnis warf ein bezeichnendes Licht auf die Situation in der DDR. Wo gemeinhin angenommen wurde, daß eine straff organisierte Diktatur, darin eingebunden eine konforme Einheitsgewerkschaft, und nicht zuletzt ein zentralisiertes System der Wirtschaftsplanung ausreichende Bedingungen hätten bieten sollen, um zumindest regulär festgesetzte

---

[160] „Richtlinie für das neue ökonomische System der Planung und Leitung der Volkswirtschaft". Beschluß des Präsidiums des Ministerrates der DDR vom 11. Juli 1963. „Die Anwendung der Grundsätze des neuen ökonomischen Systems der Planung und Leitung der Volkswirtschaft im Bauwesen". Beschluß des Präsidiums des Ministerrates der DDR vom 14. Juni 1963, Berlin 1963, S. 183f.
[161] SAPMO-BA, ZGA FDGB-Bundesvorstand 6899, unpag.: Protokoll der 8. BV-Tagung, 17.–19. 2. 1966. Referat Herbert Warnkes, Einfügung S. 9–11x.

Arbeitszeiten zu garantieren, entdeckte man überraschende Abweichungen und anarchische Tendenzen. Diese Entwicklung war auch deshalb besonders bemerkenswert, weil die illegale Fünftage-Arbeitswoche offenbar von Wirtschaftsfunktionären bis hinauf auf die VVB-Ebene und von Gewerkschaftsfunktionären bis auf die Ebene der Zentralvorstände mitgetragen und gedeckt wurde. Auch wäre es verwunderlich, wenn die in diesen und den untergeordneten Bereichen tätigen SED-Funktionäre davon nichts bemerkt haben sollten.

Längst waren die Dämme zu fünftägigen Arbeitswoche gebrochen und auch die halbe Entscheidung vom 22. Dezember 1965 vermochte diese Entwicklung nicht mehr aufzuhalten. Im Mai 1967 mußte die SED für die Industrie generell die Fünftagewoche zugestehen, und damit einen Zustand legalisieren, der in vielen Fällen unter dem Druck der Arbeiterschaft und aufgrund der Kompromißbereitschaft zahlreicher Betriebsleitungen schon Wirklichkeit war.

KAPITEL 3

Konsumtion und Wohnen:
Näherrückender sozialer Erwartungshorizont

Lieber wollten sie sich ihr Leben lang mit trockenem Brot begnügen, als noch einmal Krieg erleben zu müssen: Diese Meinung vertraten viele Deutsche im Jahre 1945. Das war gewiß nicht leichtfertig dahergesagt, zumal auch der Verzehr von „trocken Brot" keinesfalls als Selbstverständlichkeit gelten durfte. Keine der alliierten Besatzungszonen in Deutschland blieb vom Hunger verschont.[1] Doch sollte es nicht lange dauern, da verschoben sich die Gewichtungen alltäglicher Lebenshaltung. Und am Ende der 1960er Jahre standen die Westdeutschen – trotz innenpolitischer Spannungen – auf der Sonnenseite eines wirtschaftlichen „Aufschwungs nach Maß"[2]; und die Ostdeutschen konnten sich immerhin verärgerte Kritik an überlangen Wartefristen bei der Zuteilung von Wohnungen und Autos leisten. Auch für die Industriearbeiter der DDR – um sie geht es im weiteren – lag zwischen dem Wunsch nach Brot und dem nach einem kunststoffverkleideten Zweitaktauto eine Entwicklung. Je nach dem Standpunkt des Betrachters buchstabiert sich das als Erfolgsstory oder als Geschichte politischen und wirtschaftlichen Versagens. Wie Arbeiter diesen Prozeß wahrnahmen und was sie damit anfingen, ist eine für das Verständnis der DDR-Gesellschaft und ihrer Geschichte gewichtige Frage. Nach wie vor besteht hierzu ein erhebliches Kenntnis-Defizit.[3]

1. Arbeiter in der Hungerperiode 1945–1949/50

Aus der Trias von Ernähren, Kleiden, Wohnen gebührte der ersten Position unmittelbar nach dem Zweiten Weltkrieg notwendigerweise die besondere Aufmerksamkeit der Besatzungsmacht und der von ihr eingesetzten deutschen Verwaltungen.[4] Eine verhungernde Bevölke-

---

[1] Exemplarisch hierzu Paul Erker, Ernährungskrise und Nachkriegsgesellschaft. Bauern und Arbeiterschaft in Bayern 1943–1945 (= Industrielle Welt; 50), Stuttgart 1990; Günter J. Trittel, Hunger und Politik. Die Ernährungskrise in der Bizone (1945–1949) (Historische Studien; 3), Frankfurt/M. 1990.

[2] Rudolf Morsey, Die Bundesrepublik Deutschland. Entstehung und Entwicklung bis 1969, München ²1990, S. 101.

[3] Vgl. Arnold Sywottek, Die Lage der Arbeiter in der Nachkriegszeit seit 1945, in: Klaus Tenfelde (Hg.), Arbeiter im 20. Jahrhundert (= Industrielle Welt. Schriftenreihe des Arbeitskreises für moderne Sozialgeschichte. Hg. von Reinhart Koselleck und M. Rainer Lepsius; 51), Stuttgart 1991, S. 535–546.

[4] Vgl. Friedrich-Wilhelm Henning, Das industrialisierte Deutschland 1914–1976, Paderborn ⁴1978, S. 191; Christoph Kleßmann, Die doppelte Staatsgründung. Deutsche Geschichte 1945–1955, Bonn 1982, S. 37–40.

rung, so war klar, würde bald weder Kleidung noch Wohnungen brauchen, und noch weniger wäre auf ihre Arbeitskraft zu rechnen. Wie sich die SMAD[5] in dieser Situation verhielt und wie die lokalen Behörden in der SBZ handelten, wie sich dann seit 1949/50 die Versorgungslage in der DDR entwickelte, ist bereits recht detailliert untersucht worden[6], so daß es genügen dürfte, an dieser Stelle eine knappe Skizze der für diesen Gegenstand wesentlichen historischen Stationen und Zusammenhänge zu zeichnen.

Obgleich die SMAD von den NS-Verwaltungen ein noch einigermaßen funktionierendes Rationierungssystem für Nahrung und Kleidung übernehmen konnte, dauerte es doch einige Monate, bis sich die Rationierung wieder einigermaßen im „Normalbetrieb" befand. Zunächst aber stand die Lebensmittelversorgung Berlins und Dresdens im Mittelpunkt.[7] Für die SBZ galt seit dem 1. November 1945 mit Ausnahme dieser beiden Städte, in denen Sonderregelungen angewandt wurden, eine einheitliche Lebensmittelrationierung. Dabei gab es eindeutige Differenzierungen: Arbeiter, Techniker und Ingenieure als wichtig angesehener Industriezweige erhielten höhere Rationen als während des Krieges, andere Teile der Bevölkerung dafür niedrigere (Tabelle 21).

Tabelle 21
Versorgung der SBZ-Bevölkerung (in Gramm pro Tag)

Kategorie	Brot	Nährmittel	Kartoffeln	Fleisch	Fett	Zucker
Schwerstarbeiter	450	40	500	40	20	25
Schwerarbeiter	400	40	400	40	20	25
Arbeiter	350	20	300	25	10	20
Angestellte	250	15	300	20	10	20
Kinder/Schüler	200	10	300	15	10	25
Sonstige Bevölkerung	200	10	300	–	–	15

Quelle: Gunnar Winkler (Hg.), Geschichte der Sozialpolitik der DDR 1945–1985, Berlin 1989, S. 44 [Die hier enthaltene Quellenangabe (H. Barthel, Die wirtschaftlichen Ausgangsbedingungen der DDR. Zur Wirtschaftsentwicklung auf dem Gebiet der DDR 1945–1949/50, Berlin 1979, S. 145) ist nicht korrekt.]

Diese Rationierungssätze bedeuteten noch nicht, daß sie auch eingehalten werden konnten. Aber selbst, wenn das gesichert war, blieb die Ernährung unter der physiologisch

---

[5] Vgl. Jan Foitzik, Die Sowjetische Militäradministration in Deutschland. Organisation und Wirkungsfelder in der SBZ 1945–1949, in: Aus Politik und Zeitgeschichte (APZ), 1990, B 11, S. 43–51.

[6] Zu den wichtigsten Überblicken für die Nachkriegsjahre zählen wohl immer noch Horst Barthel, Die wirtschaftlichen Ausgangsbedingungen der DDR. Zur Wirtschaftsentwicklung auf dem Gebiet der DDR 1945–1949/50, Berlin 1979; Wolfgang Zank, Wirtschaft und Arbeit in Ostdeutschland 1945–1949, München 1987; für die 1950er Jahre siehe Gerhard Winkler, Betrachtungen zur Entwicklung der Nahrungsmittelversorgung und des Verbrauchs an wichtigen Nahrungsmitteln in der DDR seit 1945 unter besonderer Berücksichtigung der Abhängigkeit des Nahrungsmittelkonsums von der Einkommenshöhe vor allem in Arbeiter- und Angestelltenhaushalten, Hab.-Schrift, Leipzig 1961.

[7] Vgl. Bericht des Chefs für Rückwärtige Dienste der Gruppe der sowjetischen Besatzungstruppen in Deutschland an das Mitglied des Staatlichen Komitees für Verteidigung der UdSSR, A I. Mikojan, über die Erfüllung der Beschlüsse zur Normalisierung des Lebens in Berlin, 21. Juni 1945, in: Zur Sozialpolitik in der antifaschistisch-demokratischen Umwälzung 1945 bis 1949. Dokumente und Materialien, Berlin 1984, S. 33–35.

notwendigen Kalorienmenge, so daß weiterer Kräfteverfall drohte.[8] Deshalb erhöhte die SMAD am 1. August 1946 durch den Befehl Nr. 194 die Rationen für Arbeiter um 50 g Brot täglich sowie für Nährmittel um zwischen 300 und 150 g monatlich. Bei der Kartoffelzuteilung gab es einen Zuschlag von 1.500 g im Monat. Leichte Rationsvergrößerungen erfolgten auch für Tbc- und Infektionskranke in Krankenhäusern.[9]

Derart generelle Regelungen rieben sich freilich ständig an den von Region zu Region sehr unterschiedlichen Bedingungen der Lebensmittelerzeugung und -lagerung; außerdem begrenzten die stark eingeschränkten Transportmöglichkeiten deren Wirkung. Improvisation half mitunter weiter. Die schon im Kriege üblich gewordene Umstellung der Kleingärten auf vorrangigen Gemüse- und Beerenobstanbau wurde intensiviert und auf dazu erschlossene Brachflächen ausgedehnt. Allein in Berlin gab es 1946 über 250.000 solcher Kleingärten, aus denen etwa eine Million Einwohner zusätzliche Nahrung bezogen. Im Frühjahr 1946 propagierte der FDGB eine Selbsthilfeaktion, die u.a. vorsah, auf dem Gelände von Industriebetrieben alle Möglichkeiten zur Erzeugung von Frühgemüse und Kartoffeln sowie zur Kleintierhaltung zu nutzen, um eine hinreichende Ernährung der Beschäftigten zu ermöglichen.[10]

Am 29. August 1946 erließ die SMAD für die SBZ mit Ausnahme des Berliner Ostsektors den Befehl Nr. 259 „zum Zwecke der Verbesserung der Ernährung der Arbeiter und des ingenieur-technischen Personals" in Steinkohlen- und Braunkohlengruben sowie in Hauptbetriebsabteilungen von Brikettfabriken. Danach war für diese Beschäftigtengruppe ab September 1946 „an Arbeitstagen eine Zusatzverpflegung in Form eines warmen Mittagessens zu verabfolgen". Das Untertagepersonal erhielt deswegen täglich zusätzlich 100 g Brot, 50 g Fleisch, 10 g Fette, 50 g Nährmittel, 400 g Gemüse, 400 g Kartoffeln, 5 g Kaffee-Ersatz, 10 g Zucker, 10 g Salz. Das Übertagepersonal bekam 50 g Brot sowie Fleisch, Fett und Zucker nur für drei warme Mahlzeiten wöchentlich. Gesondert wurde angewiesen, dem Personal der Hauptbetriebsabteilungen in den Brikettfabriken Lebensmittelkarten der Gruppe I (Schwerstarbeiter) zuzuteilen und den Beschäftigten der Kohlenindustrie überhaupt Fleisch „als Fleisch und Fleischwaren, nicht aber in Ersatzerzeugnissen abzugeben".[11]

Dieses Vorgehen entsprach dem Stellenwert des Kohlenbergbaus als Schlüsselindustrie und wurde durch weitere SMAD-Befehle ergänzt.[12] Zur Stabilisierung der physischen Leistungsfähigkeit und als Leistungsanreiz für die Beschäftigten war diese Maßnahme unverzichtbar. Sehr ähnlich verfuhr man auch im westdeutschen Bergbau.[13] Die relative Besserstellung der Bergbaubeschäftigten im besonderen und der Arbeiter im allgemeinen kam gewiß durch innerfamiliäre Umverteilung der Rationen auch Kindern und anderen Angehörigen zugute. Doch ein weit größerer Teil der Bevölkerung – rund fünf Millionen Einwohner –

[8] Vgl. Johannes Frerich/Martin Frey, Handbuch der Geschichte der Sozialpolitik in Deutschland, Bd. 3: Sozialpolitik in der Bundesrepublik Deutschland bis zur Herstellung der Deutschen Einheit, München/Wien 1993, S. 3.
[9] Geschichte der deutschen Arbeiterbewegung. Chronik. Teil III. Von 1945 bis 1963, Berlin 1967, S. 86.
[10] SAPMO-BA, ZGA FDGB-BV 6799, unpag.: Protokoll der erweiterten Vorstandssitzung, 2./3. 4. 1946, Referat Jendretzkys.
[11] Befehl des Obersten Chefs der SMA, 29. 8. 1946, zit nach: Arbeit und Sozialfürsorge. Jahrbuch von 1945 bis 31. März 1947, Berlin 1947, S. 320.
[12] Vgl. u.a. den Befehl Nr. 323 vom 20. 11. 1946 über Maßnahmen zur Erhöhung der Kohlengewinnung und Briketterzeugung in der SBZ für 1947, in: ebenda, S. 321–324.
[13] Vgl. Werner Abelshauser, Der Ruhrkohlenbergbau seit 1945. Wiederaufbau, Krise, Anpassung, München 1984, S. 36–43; ders., Wirtschaft in Westdeutschland 1945–1948, Stuttgart 1975, S. 133.

mußte bis zum 1. Februar 1947 warten, ehe die für ihn gültige niedrigste Lebensmittelkarte VI abgeschafft wurde. Seit Einführung der Nachkriegsrationierung erhielten sie jetzt erstmals wieder geringe Fleisch- und Fettzuteilungen. Diese Rationen entsprachen jenen der Angestellten.

Generell bemühte sich die SMAD mit Hilfe gezielter Lebensmittelverteilung primär darum, die Leistungsfähigkeit von Arbeitern vor allem dort zu sichern, wo das im Interesse der Besatzungsmacht lag. Davon machte auch der Befehl Nr. 234 keine Ausnahme, nach dem ab November 1947 in wichtigen Industrie- und Transportbetrieben statt bisher ca. 350.000 nunmehr 1.000.000 zusätzliche warme Mittagessen ausgegeben wurden.[14] Falls Betriebe „durch eigene Schuld ihren Produktionsplan systematisch nicht erfüllen", konnten sie zeitweilig von dieser Regelung ausgeschlossen werden.[15] Wie richtig die SMA kalkulierte, zeigte sich darin, daß sich eine etwas reichlichere Verpflegung nach dem Kriege als sehr wirksamer Leistungsanreiz erwies. Nach etwa einem halben Jahr schrieb der Leiter der Hauptverwaltung Arbeit und Sozialfürsorge, Gustav Brack: „Die zusätzliche und markenfrei zu gewährende Mittagsmahlzeit konnte von 1.000.000 auf 1.500.000 Portionen täglich erhöht werden. Es hat sich eindeutig erwiesen, daß mit dieser Maßnahme ein großer Teil der Fehl- und Ausfallschichten absorbiert wurde."[16]

Tatsächlich erfüllten Nahrungsmittel in diesem Falle reale Lohnfunktionen, wenngleich auch nach dem Befehl Nr. 234 selbst in den privilegierten Industriebetrieben der Mangel an Fleisch und Fett kennzeichnend für die Ernährung der dort Beschäftigten blieb (Tabelle 22).

Tabelle 22
Versorgungssätze nach Befehl Nr. 234 in der SBZ

Nahrungsmittel (in Gramm)		Gruppe A Arbeiter	Gruppe B Angestellte
täglich:	Brot	100	100
	Nährmittel	50	30
	Kartoffeln	200	150
	Gemüse	150	100
wöchentlich:	Fleisch	100	–
	Fett	20	–

Quelle: Die Wirtschaft, 1 (1947), 12, S. 412.

Um 1950 konnte die akute Hungerperiode zumindest in quantitativer Hinsicht als überwunden gelten.[17] Nach qualitativen Kriterien dauerte die Mangelernährung noch länger an. Insgesamt erwies sich der Zeitraum von etwa 1942 bis 1948/50 als markanter Einschnitt in einen langfristigen, um die Mitte des 19. Jh. beginnenden Prozeß, der „eine vorwiegend ausreichende Ernährungsweise"[18] ermöglichte. Ein damit einhergehender tendenzieller Über-

---

14 Vgl. Befehl Nr. 234 des Obersten Chefs der SMA, 9. 10. 1947, zit. nach Arbeit und Sozialfürsorge. Jahrbuch 1947/1948, Berlin 1948, S. 368.
15 Ebenda, S. 368f.
16 Ebenda, S. 12.
17 Vgl. Horst Barthel, Die wirtschaftlichen Ausgangsbedingungen, a.a.O., S. 162–165.
18 Hans J. Teuteberg, Der Verzehr von Nahrungsmitteln in Deutschland pro Kopf und Jahr seit Beginn der Industrialisierung (1850–1970), in: Archiv für Sozialgeschichte 19 (1979), Bd. XIX, S. 335.

gang „zu leichter verdaulichen, nährstoffreicheren und schmackhafteren Produkten (Fleisch, Weißbrot, Zucker, Obst, Gemüse und Milch)"[19] wurde damit innerhalb von drei Jahrzehnten nach den kriegs-, inflations- und krisenbedingten Hungerperioden von 1916–1919, 1922/23 und 1929/30 zum vierten Male nachhaltig unterbrochen.

Ob diese wiederholte Hungererfahrung der individuellen oder familiären Beherrschung des Mangels dienlich sein konnte, mag eine Frage sein, die im Hinblick auf Haushaltsführung und insbesondere die Essenszubereitung zu beantworten wäre. Auch die im Kriege gewonnenen Erfahrungen täglicher Lebensbewältigung gehören wohl in diese Perspektive.[20] Der Hunger wurde davon freilich nicht geringer. Auch als er in den 1950er Jahren weitgehend überwunden war, blieb er nicht folgenlos und wirkte als „nachholendes" Essen, vulgo „Freßwelle", auf die Ernährungsgewohnheiten ein. In der DDR stabilisierte sich so z.B. ein überhöhter Fettverzehr. Auch wenn sich bis zum Ende der 1940er Jahre die Rationssätze vergrößerten, vermochten sie weder einen qualitativen Ausgleich zu schaffen noch den Nachholbedarf auszugleichen (Tabelle 23).

Tabelle 23
Rationssätze für Lebensmittel in der SBZ. Tageszuteilung in Gramm (November 1945 und Dezember 1949)

Kategorie	Jahr	Brot	Nährmittel	Fleisch	Fett	Zucker
Arbeiter	1945	350	20	25	10	20
	1949	475	68,3	40	18,3	35
Arbeiter mit schwerer Arbeit	1945	400	40	40	20	25
	1949	575	75	50	33,3	45
Bergarbeiter unter Tage	1945	450	40	40	20	25
	1949	750	88,3	70	45	45

Quelle: Aus der Arbeit des Freien Deutschen Gewerkschaftsbundes 1947–1949. Hg. vom Bundesvorstand des FDGB, Berlin 1950, S. 177.

Heizmaterial und Reinigungsmittel gehörten in den ersten Nachkriegsjahren ebenfalls zu den begehrten Mangelwaren. Kohle, Holz, Strom und Gas blieben streng kontingentiert. Ein Normalverbraucher konnte 1946 monatlich 25 g Seife, 250 g Wasch- und Spülmittel und eine Schachtel Streichhölzer erhalten. Statistisch gesehen, hatte er alle 3,6 Monate Gelegenheit, ein Stück Rasierseife zu erwerben.[21] Doch selbst auf diesem niedrigen Niveau war eine stabile Versorgung nicht gewährleistet.

Textile Bekleidung und Schuhe wurden nur in geringen Mengen im Einzelhandel angeboten. In kleineren Stückzahlen gelangten sie in VEB und SAG-Betriebe zum Direktverkauf an Belegschaftsmitglieder, manchmal erfolgte eine Verteilung unter sozialen Gesichtspunkten, häufiger aber wohl als Leistungsprämie. Als eher seltene Ausnahmen fanden Fahrräder, Radios oder Uhren diesen Weg. Haushaltsgeräte und Möbel waren, wenn überhaupt, nur gegen Bezugsscheine erhältlich, die die kommunalen Behörden bei Nachweis der Bedürftigkeit ausstellen konnten. Ein großer Teil dieser Erzeugnisse wurde freilich benötigt, um

---

[19] Ebenda.
[20] Vgl. Reinhart Koselleck, Der Einfluß der beiden Weltkriege auf das soziale Bewußtsein, in: Wolfram Wette (Hg.), Der Krieg des kleinen Mannes, München 1992, S. 324.
[21] Winkler, Geschichte der Sozialpolitik, a.a.O., S. 46.

Ausgebombte, Flüchtlinge und Vertriebene, die zumeist all ihr Hab und Gut verloren hatten, wenigstens notdürftig auszustatten. Erst im Verlaufe des Jahres 1948 stieg die Produktion solcher Erzeugnisse soweit an, daß im Dezember Punktkarten zur Versorgung der Bevölkerung mit gewerblichen Gebrauchsgütern eingeführt werden konnten.[22] Dennoch blieben, wie Horst Barthel gezeigt hat, die meisten Haushalte der SBZ auch 1949 deutlich unterversorgt (Tabelle 24).

Tabelle 24
Durchschnittlicher Bestand und dringendster Bedarf an Bekleidung und sonstigen Gebrauchsgütern je 10 Personen repräsentativer Haushalte nach Geschlecht im Jahre 1949

Erzeugnis	Bestand		dringender Bedarf	
	männl.	weibl.	männl.	weibl.
Wintermäntel	7,7	9,1	4,2	3,3
Anzüge, Kleider, Kostüme	14,6	20,1	5,3	5,6
Socken, Strümpfe	32,8	29,0	21,5	21,5
Arbeitsanzüge	4,4	.	9,1	.
Straßenschuhe, Stiefel	11,8	11,9	7,8	8,1
Taschen-, Armbanduhren	5,0	2,8	4,2	4,3

Quelle: Nach Barthel, Die wirtschaftlichen Ausgangsbedingungen, a.a.O., S. 169.

Auffallend war hierbei der besonders schlechte Ausstattungsgrad mit Arbeitskleidung, wovon naturgemäß Industriearbeiter besonders betroffen waren. Dieser Posten spielte deshalb auch bei den Bedarfsanforderungen der Betriebe eine große Rolle.

Auch wenn davon auszugehen ist, daß ein beträchtlicher Teil der Wohnungen noch über die Vorkriegsausstattung verfügte, blieb der durchschnittliche Ausstattungsgrad – beeinflußt vor allem durch die zumeist in ärmlichsten Verhältnissen lebenden Vertriebenen und Ausgebombten – längere Zeit auf einem sehr niedrigen Niveau (Tabelle 25).

Tabelle 25
Ausstattung der Haushalte mit Gebrauchsgütern je 10 Personen im Jahre 1949

Erzeugnis	Bestand	dringender Bedarf
Bettstellen mit Matratze*	3,2	1,4
Stühle	11,2	4,1
Glühlampen	8,6	6,2
Scheren	3,6	1,3
Radioapparate	1,4	1,0
Weckuhren	1,5	1,5

* ohne Bettstellen mit Strohsack u.a. Schlafmöbel wie Bett, Couch, Chaiselongue und Kinderbett.
Quelle: Nach Barthel, Die wirtschaftlichen Ausgangsbedingungen, a.a.O., S. 169.

Die regionalen Unterschiede im Ausstattungsgrad der Haushalte müssen beträchtlich gewesen sein. Nach Barthel lag er in Sachsen am höchsten, in Brandenburg, Mecklenburg und

---

[22] Zentral-Verordnungs-Blatt (ZVOBl.), Nr. 59/1948, S. 584.

Thüringen unter dem Durchschnitt.[23] Das könnte dahin interpretiert werden, daß auch die Ausstattung von Arbeiterwohnungen, soweit diese nicht unter den alliierten Bombenteppichen in Schutt und Asche versunken waren, in den traditionellen Industriegebieten noch einigermaßen besser aussah als in den stärker agrarisch strukturierten Regionen, die zugleich als die Erstaufnahmegebiete der aus dem deutschen Osten zwangsausgesiedelten Bevölkerung enorme Belastungen zu tragen hatten.

Nicht günstiger sah die Lage auf dem Wohnungssektor aus. Im Gebiet der SBZ (ohne den Ostsektor Berlins) gab es vor dem Krieg über 4,5 Millionen Wohnungen, von denen 640.000 durch Bombardierungen und Bodenkämpfe zerstört worden waren. Auch wenn ein Teil der zahlreichen beschädigten Wohnungen kurzfristig wiederhergestellt werden konnte, ergab sich Ende 1946 – bedingt auch durch die Aufnahme von Flüchtlingen und Vertriebenen – ein Mindestbedarf von mehr als einer Million Neubauwohnungen.[24] Bezogen auf die Bevölkerungszahl unterschied sich der Zerstörungsgrad des Wohnungsbestandes in der SBZ wenig von den Westzonen und Westberlin, wo man insgesamt mit einem Verlust von 2,17 Millionen Wohnungen rechnete.[25] Allerdings wuchs dort aufgrund des starken Flüchtlingszustromes der Bedarf bereits bis 1950 auf 5,9 Millionen Wohnungen (ohne Berlin und Saarland) an.[26] Notwendigerweise standen Ost- und Westdeutschland damit vor der Aufgabe, Wohnungspolitik sozialpolitisch zu akzentuieren.[27] Langfristig war damit ein sehr beengtes Wohnen vorprogrammiert, wobei in der SBZ – wie noch zu zeigen ist – Industriearbeiter nicht die stärksten Belastungen zu tragen hatten.

2. Versorgung und Wohnen in der „Provinz": Nachkriegsjahre im Industriekreis Calau/Senftenberg

So allgegenwärtig die Nachkriegsnot auch war, äußerte sie sich aber doch in den einzelnen Ländern und Provinzen der SBZ, in urbanen und ländlichen Siedlungsräumen auf bemerkenswert differenzierte Weise und bedingte beträchtliche Unterschiede in den Lebensverhältnissen. Jeder Versuch, ein generalisierendes Bild von den Existenzbedingungen der Industriearbeiterschaft zu gewinnen, ebnet solche Unterschiede unvermeidlich ein. Im Grunde wären als methodische Alternative einige komparativ aufeinander bezogene lokale oder auch regionale Fallstudien erforderlich, die Tiefenschärfe in dieses Bild brächten. Beide Verfahren sind aus Raumgründen hier freilich nicht anwendbar. So mag es vielleicht sinnvoll sein, den Blick auf ein Industriegebiet zu lenken, das bislang weniger das Interesse der Historiker beansprucht hat, als viele Großstädte oder große industrielle Ballungsräume. Hier soll vom größten Industriegebiet der Provinz bzw. des Landes Brandenburg, dem Kreis Calau/Senftenberg, die Rede sein.

---

[23] Barthel, Die wirtschaftlichen Ausgangsbedingungen, a.a.O., S. 170.
[24] Vgl. Wohnung und Bevölkerung in der sowjetischen Besatzungszone, in: Statistische Praxis 2 (1947), 3, Karteiblatt.
[25] Frerich/Frey, Handbuch, Bd. 3, a.a.O., S. 128.
[26] Vgl. Walther Fey (Bearb.), Der Wohnungsbau in der Bundesrepublik Deutschland – Zwischenbilanz und Vorschau, Bonn 1951, S. 47f.
[27] Vgl. Günther Schulz, Wohnungspolitik und soziale Sicherung nach 1945: das Ende der Arbeiterwohnungsfrage, in: Tenfelde, Arbeiter im 20. Jahrhundert, a.a.O., S. 489.

Der Kreis lag im April 1945 im Bereich schwerer Kampfhandlungen. Aus dem Kampfraum waren noch Teile der Bevölkerung evakuiert worden; nennenswerte Lagerbestände an Nahrungsmitteln, Kleidung usw. gab es nicht mehr.[28] Nach dem Ende der Kämpfe wurde deshalb die Bereitstellung und Verteilung der wenigen verfügbaren Lebensmittel zu einer Überlebensfrage. Besonders jene in Städten und Industriesiedlungen wohnenden Arbeiter und Angestellten, die keine familiäre Unterstützung aus der Landwirtschaft hatten und auch keine Gärten oder agrarische Nebenerwerbsstellen bewirtschafteten, waren darauf angewiesen.

Schon zu diesem frühen Zeitpunkt gerieten die Industriebetriebe des Kreises – durch Kriegsschäden teilweise schwer angeschlagen, aber nur zum geringen Teil gänzlich zerstört – in eine Doppelfunktion. Soweit nämlich sowjetische Besatzungsbehörden die Wiederaufnahme der Produktion anordneten, boten sie Arbeitsplätze, wurden aber auch zur Bezugsquelle für Lebensmittel. Dahinter stand die unabweisbare Tatsache, daß Arbeitsleistung auf Dauer nicht ohne eine unerläßliche Minimalversorgung mit Nahrungsmitteln zu erwarten war. Darüber, wie eine solche Versorgung im Sommer 1945 vor sich ging, heißt es in einer werksgeschichtlichen Ausarbeitung über das von der SMA requirierten Werk der Braunkohle-Benzin-AG in Schwarzheide: „Trockenes Brot, ein paar Kartoffeln oder ein Topf Roggenmehlsuppe, die sorgsam gegen Diebstahl gehütet und am Arbeitsplatz gewärmt wurde, war für viele die tägliche Verpflegung. Auch hier half der Kommandant des Werkes und ließ sogenannte ‚Produkte' verteilen.

Ab 14. August 1945 wurden je Dekade folgende Verpflegungsrationen ausgegeben:

Brot	6 ½ Pfund
Erbsen	650 Gramm
Zucker	100 Gramm
Fett	100 Gramm
Sauerkraut	570 Gramm
Salz	50 Gramm
Mehl	50 Gramm
Kartoffeln	6 Pfund

Diese Lebensmittelzuteilung entsprach dem damaligen Verpflegungssatz für sowjetische Soldaten."[29] Damit lag sie bereits im Bereich dessen, was ab November in der SBZ als Durchschnittsration abgegeben wurde. Im Sommer 1945 verschaffte sie den Betriebsangehörigen aber einen wesentlichen Vorteil gegenüber anderen Bevölkerungsgruppen. Ein wichtiger Grund für die relative Großzügigkeit lag darin, daß die SMA das Werk als Beutebetrieb betrachtete und möglichst schnell wieder in Gang setzen wollte. Das Verpflegungsangebot erwies sich dabei als ein wirkungsvolles Mittel, große Teile der bisherigen Belegschaft rasch zusammenzuführen.

Um sicher zu gehen, daß die Beschäftigten die ihnen nach den Lebensmittelkarten zustehenden Waren auch erhielten, richtete das Werk Anfang 1946 eine eigene Verkaufsstelle ein,

---

[28] Vgl. Max Pilop, Die Befreiung der Lausitz. Militärhistorischer Abriß der Kämpfe im Jahre 1945, Bautzen 1985, S. 76–126.

[29] BLHA, Rep. 903, Synthesewerk Schwarzheide, Zugangsnr. 259, unpag.: Beitrag zur Betriebsgeschichte des VEB Synthesewerk Schwarzheide 1945–1949. Von Wilhelm Schwerdtfeger (Typoskript), S. 8.

deren Sortiment später auf Textilien und andere Gebrauchsgüter erweitert wurde[30] Damit deutete sich schon an, daß Industriebetriebe nicht nur kurzfristig, sondern in sich verstärkender Tendenz ihnen normalerweise nicht obliegende soziale Aufgaben übernahmen. Ihre Belegschaften wurden zu einer Art Versorgungsgemeinschaften, die gegenüber der übrigen Bevölkerung zumindest etwas privilegiert waren. Hinter Werksmauern etablierte sich der Verkauf von Lebensmitteln und Haushaltswaren, auch die medizinische Versorgung verlagerte sich teilweise dorthin. Vor allem aber spielte das Essen eine zentrale Rolle.

Sogar wo es nach landläufigem Verständnis eher um Freizeitvergnügen ging, gehörte Essen zu den Attraktionen, wie das Programm einer Betriebsfeier zeigt, zu der sich die Belegschaft der Dachziegel-Fabrik Calau im Dezember 1946 traf: Für die von 18 Uhr Sonnabend bis 4 Uhr Sonntag anberaumte Feier waren neben Musik, Tanz, einigen Wortbeiträgen, „Saalpost" und der „amerikanischen Verlosung eines Zuchttieres" zwei Höhepunkte vorgesehen: Um 19 Uhr „Gemeinsames Eintopfessen: Erbssuppe mit Fleischeinlage (Esslöffel ist mitzubringen)" und um 23.30 Uhr „Gemeinsame Kaffeetafel".[31] Nachholbedarf bestand an beidem, am Essen und am Vergnügen.

Allem Anschein nach zeigten sich Männer von der Mangelernährung stärker betroffen als Frauen. So kritisierte die sowjetische Kreiskommandantur in Calau, die von den Bergbaubetrieben 25 % Produktionssteigerung verlangte, im Januar 1946, daß Frauen im Bergbau häufiger mit schweren Arbeiten beschäftigt würden, „während Männer zu anderen leichten Arbeiten verwendet würden oder gar herumstünden".[32] Der Hintergrund solcher Szenen war freilich prekärer Art, denn viele der zurückkehrenden Kriegsgefangenen befanden sich in einem erbarmungswürdigen Zustand. Allein von den im September 1945 im Kreis Calau 2.493 eingetroffenen Heimkehrern galten 1.588 als arbeitsunfähig.[33] Aber auch die Leistungsfähigkeit der in Arbeit Vermittelten dürfte erheblich eingeschränkt gewesen sein. Negativ wirkte sich zudem aus, daß nur ein Viertel der Heimkehrer in Städten untergebracht wurde. Entgegen manchen Erwartungen fand die zumeist auf dörfliche Gemeinden verteilte Mehrheit dort oft deutlich schlechtere Bedingungen vor als in der Stadt. Hier spielte die von der SMAD angeordnete Pflichtablieferung landwirtschaftlicher Erzeugnisse eine Rolle, die selbst manche Bauernfamilien in akute Hungersnot brachte. So teilte der Landrat des Kreises Calau im Januar 1946 einem Vertrauten mit: „Die Herausgabe von Brotgetreide an Bauernwirtschaften, deren Familien und Mitbewohner ohne Brotgetreide sind, ist unverzüglich in die Wege zu leiten, und zwar, wie bei der Unterredung besprochen, ‚Heimlich, still und leise'."[34]

Wie unsicher die Versorgung 1946 war und wie Industriebetriebe versuchten, die Schwierigkeiten zu mildern, verdeutlichte eine Mitteilung des Bürgermeisters der Industriegemeinde Drebkau: „In der Zeit vom 1. Mai bis Mitte Juni (also vier Dekaden – P.H.) wurden die folgenden Zuteilungen ausgegeben: Butter 3 Dekaden, Oel 2 Dekaden, Zucker 3 Dekaden, Talg oder Speck für Schwer- und Schwerstarbeiter für 2 Dekaden, Marmelade, Weizenmehl,

---

[30] Ebenda, S. 21.
[31] BLHA, Ld. Br. Rep. 250 Landratsamt Calau/Senftenberg Nr. 317, Bl. 32: Programm der Betriebsfeier der Dach-Ziegel-Fabrik Calau GmbH, 14. 12. 1946.
[32] BLHA, Ld. Br. Rep. 250, Landratsamt Calau/Senftenberg Nr. 74, Bl. 8: Notizen von Landrat Freter aus einer Besprechung mit Major Enkilewsky, undat, aber vor 7. 1. 1946.
[33] BLHA, Ld. Br. Rep. 250, Landratsamt Calau/Senftenberg Nr. 198, unpag.: Zahl der eingetroffenen Kriegsgefangenen. Sept. 1945. Kr. Calau.
[34] BLHA, Ld. Br. Rep. 250, Landratsamt Calau/Senftenberg Nr. 74, Bl. 7: Mitteilung von Landrat Freter an Herrn Berthold. 8. 1. 1946.

Roggenmehl, Kaffeegebäck, Nährmittel auf die Karten Mai und Juni, Kaffee, Zündhölzer, Seife und Seifenpulver. [...] Der Tauschhandel ist schwer zu unterbinden, zumal sogar Betriebsunternehmen nach Erfüllung ihres Produktionssolls ihre Erzeugnisse gegen bewirtschaftete Waren abgeben, um ihren Belegschaftsmitgliedern etwas zu bieten."[35] Selbst das Rationierungsniveau wurde also nicht vollständig erreicht, so daß schwarze und graue Märkte als einzige Alternative blieben.

Drastisch schildert ein Bericht der SED-Ortsgruppe Lautawerk den 1947 erreichten Tiefpunkt: „Infolge der ausserordentlich schlechten Ernährungslage ist die Stimmung der Bevölkerung im Augenblick als ausserordentlich schlecht zu bezeichnen. Die Lebensmittelversorgung hat einen Tiefstand erreicht, der unbeschreiblich ist. Die gesamte Einwohnerschaft des Lautawerkes ist in eine Lethargie versunken und kein Mensch glaubt mehr an die aufbauwilligen Worte der sich abmühenden Funktionäre. Selbst Mitglieder der SED fangen an zu zweifeln, da fast in keiner Familie mehr eine Kartoffel vorhanden ist, weder irgendwie hinreichend Lebensmittel zur Verteilung kommen und man in Betriebsversammlungen schon mit Hungerdemonstrationen und dergleichen gedroht hat. Die Arbeitsfreude aller Werktätigen ist bis auf den Nullpunkt herabgesunken. Ebenso katastrophal sieht es mit der Hausbrandversorgung aus, nachdem es seit erdenklichen Zeiten keine Kohle mehr gegeben hat und der Holzvorrat noch nicht einmal für die Bäckereien und andere wichtige Gewerbetreibenden ausreicht." Auch wenn der Bericht die Behauptung kolportierte, in einem zur Gemeinde gehörenden kleinen Dorf lebten die Menschen „wie in allerbester Friedenszeit", und überhaupt versuchte, eine Frontlinie zwischen Bauern und Industriearbeitern zu ziehen, schienen die Arbeiter die Verantwortlichen an anderer Stelle ausgemacht zu haben. Denn weiter heißt es: „Die Bemühungen aller Funktionäre, zu einem sauberen politischen, demokratischen Aufbau bleiben augenblicklich erfolglos, und werden von der Arbeitermasse nur lächerlich durch die Gosse gezogen und in den Dreck getreten."[36]

Während die Klagen über gravierende Versorgungsmängel in den Städten und Gemeinden nicht abrissen, nutzten viele Betriebe mehr oder minder illegal abgezweigte Eigenerzeugnisse, um durch verbotene Kompensationsgeschäfte den wichtigsten Bedarf ihrer Belegschaften zu decken. Strikt wurde darüber gewacht, daß die so erworbenen Waren nur und ausschließlich der eigenen Belegschaft vorbehalten blieben und nicht etwa die Beschäftigten von Fremdfirmen einbezogen wurden.[37] In Schwarzheide ordnete sogar der sowjetische Generaldirektor an, unter Umgehung bestehender Verbote alle Möglichkeiten der Kompensation zu nutzen, um - auch für ins Werk eingetretene „Umsiedler" - im Tausch gegen Benzin, Schmiermittel usw. Bekleidung, Stoffe, Schuhe, Fahrräder, Radios, Möbel und Haushaltsgegenstände zu beschaffen. Teilweise fanden diese Erzeugnisse auch als Leistungsprämien Verwendung. Bei einer Belegschaftsstärke von rund 3.000 Personen erwarb das Werk auf diese Weise zwischen 1946 und 1948 allein Lebensmittel und Textilien im Werte von ca. 2,5 Millionen Mark.[38]

---

35 BLHA, Ld. Br. Rep. 250, Landratsamt Calau/Senftenberg Nr. 118, unpag.: Brief des Bürgermeisters von Drebkau an den Landrat des Kreises Calau, 15. 7. 1946.

36 BLHA, Ld. Br. Rep. 250 Landratsamt Calau/Senftenberg Nr. 316, unpag.: Stimmungsbericht der SED-Ortsgruppe Lautawerk, 16. 5. 1947.

37 Vgl. „Stiefkinder im Synthesewerk Schwarzheide", in: Märkische Volksstimme, 13. 2. 1948.

38 BLHA, Rep. 903, Synthesewerk Schwarzheide, Zugangsnr. 259, unpag.: Beitrag zur Betriebsgeschichte des VEB Synthesewerk Schwarzheide 1945–1949. Von Wilhelm Schwerdtfeger (Typoskript), S. 36.

Wie überall herrschte auch im Kreis Calau ein verheerender Brennstoffmangel. Die Situation war jedoch gerade hier insofern paradox, weil die Bewohner des Kreises gewissermaßen täglich auf großen Braunkohlenlagerstätten herumliefen und Tagebaue sowie Brikettfabriken oft in Sichtweite hatten. Immerhin nutzte die Werkleitung ihre lokalen Verbindungen, um im Winter 1947/48 monatlich 1.000 Tonnen Kohle zu beziehen und davon je sieben Zentner an verheiratete sowie drei Zentner an ledige Belegschaftsmitglieder abzugeben.[39]

Eine verhältnismäßig großzügige Auslegung erfuhr der Befehl Nr. 234. Für Arbeiter mit schwerer oder gesundheitsschädigender Tätigkeit standen 500 Portionen „Sonderverpflegung" bereit, die monatlich 300 g Fett, 600 g Fleisch, 800 g Nährmittel und 7.500 g Brot umfaßten. Auch Schuhe, Textilien, Arbeitskleidung, Tabak, Seife, Zündhölzer und Schnaps – also alles begehrte Mangelwaren – wurden auf der Grundlage des Befehls Nr. 234 ausgegeben. Allerdings scheint auch hiervon ein größerer Teil als Leistungsprämie eingesetzt worden zu sein. Immerhin umfaßten solche Lieferungen allein von Januar bis Mai 1948 einen Wert von 812.500 RM, also rund 200 RM pro Belegschaftsmitglied. Zudem gelang ebenfalls im Kontext des Befehls 234 die Beschaffung von 251 Fahrrädern, 15 Radios, 55 Wohnungen für Hauptmieter, 24 Wohnungen für Untermieter, 50 möblierten Zimmern, 169 einflammigen Gaskochern, 49 zweiflammigen Gaskochern und 920 Gasflaschen. Auf das Selbstversorgungspotential der Werksangehörigen setzend, gab man Saatkartoffeln, Pflanzen und Sämereien aus.[40]

Gewiß befand sich die Belegschaft mit alldem noch in keiner komfortablen, aber doch immerhin in einer günstigeren Position als andere Bevölkerungsgruppen. Selbst wenn an den genannten Zuteilungen, Prämien u.ä. die Familien der Beschäftigten partizipierten, blieb die Mehrheit der umwohnenden Bevölkerung davon doch ausgeschlossen und verharrte trotz einer allmählichen Stabilisierung der Versorgungslage 1948 in den unteren Rationierungskategorien. Ende 1948 ergab sich für den Kreis Calau/Senftenberg mit seinen zu der Zeit 135.623 Einwohnern folgendes Bild:[41]

Versorgung nach Lebensmittelkartengruppen
I	11.095
II	14.014
III	14.086
IV	43.398
V a und b (0–5 Jahre)	6.672
V c (5–9 Jahre)	8.523
V d (9–15 Jahre)	12.687
Davon ganz oder teilweise ausgenommen:	
Vollselbstversorger	20.106
Teilselbstversorger	3.034
Gemeinschaftsverpflegte Zusatzverpflegung	2.008

[39] BLHA, Rep. 903, Synthesewerk Schwarzheide, Zugangsnr. 241, unpag.: Rechenschaftsbericht des Betriebsrates vom 24.6.–30.9. 1947, 8. 10. 1947.

[40] BLHA, Rep. 903, Synthesewerk Schwarzheide, Zugangsnr. 241, unpag.: Rechenschaftsbericht des Betriebsrates vom 1.1.–31.5. 1948, S. 4–6.

[41] BLHA, Ld. Br. Rep. 250, Landratsamt Calau/Senftenberg Nr. 95, Bl. 209: Mitteilung der Abt. Handel und Versorgung an den Landrat, 24. 12. 1948.

Zusatzverpflegung
nach Befehl Nr. 152   1.040
nach Befehl Nr. 234   13.447
nach Befehl Nr. 259 (Bergbau)   10.908

Unverkennbar stabilisierte sich die Lebenslage im allgemeinen, am deutlichsten aber für den in der Industrie beschäftigten Teil der Bevölkerung. Trotzdem vollzog sich die Entwicklung auf einem insgesamt niedrigen Niveau. Inwieweit diese Ungleichbehandlung Akzeptanz fand, läßt sich schwer bestimmen. Zumindest haben sich soziale Spannungen nicht in erkennbarer Weise zwischen Privilegierten und Unterprivilegierten entladen. Das geschah eher zwischen dem Gros der Bevölkerung und den lokalen deutschen Behörden, die den Mangel direkt zu verwalten hatten, und äußerte sich auch in zahlreichen Beschwerden und Anzeigen.

Ein Vorteil des Kreisgebietes lag im gerade in Bergarbeitersiedlungen sehr verbreiteten landwirtschaftlichen Nebenerwerb.[42] Er diente nicht nur der Selbstversorgung, sondern bot durch Abgabe von selbsterzeugten Produkten zugleich Zugang zu ansonsten rationierten Waren. So wurden „auf Grund der Ausgabe von Prämienscheinen für die Ablieferung von Kaninchenfellen, Ölsaaten, Tabak und Tabakschlingen, Obst und Nüssen, Zuckerrüben, Faserleinen, Heilkräutern und Knochen" in den Industriestädten und -gemeinden des Kreises „Konsumverkaufsstellen für den Verkauf von Zucker, Öl und Seife zugelassen".[43] Vollbeschäftigte männliche Arbeiter dürften solchen Nebenerwerb wegen oft langer Arbeits- und Wegezeiten nur sehr eingeschränkt betrieben haben. Zumeist lag diese Aufgabe dann in den Händen der Ehefrauen – soweit diese nicht selbst in der Industrie beschäftigt waren.

Indirekte Auskunft über die Versorgungslage und vor allem deren Engpässe vermittelten die von der Polizei registrierten Einbrüche und Diebstähle. Im Mai und Anfang Juni 1949 nahm die Kreispolizei Calau u.a. folgende Fälle auf:[44]

18. Mai – Aus Wohnungsgrundstück in Großräschen werden ca. 5 m Rohr gestohlen.

19. Mai – Einem Landwirt in Calau werden 25 kg eingesalzenes Fleisch, 20 Eier und sechs Pfund Brot entwendet. Einem Neubauern in Reddern stiehlt man ein Schwein, das 1 km vom Tatort geschlachtet wird.

23. Mai – In Lauta wird ein Fahrraddiebstahl registriert.

24. Mai – Bei einem Einbruch in Großräschen werden einem Bäckermeister ca. 80 kg Weizenmehl gestohlen. In Saalhausen erbeuten Einbrecher ebenfalls in einer Bäckerei für 500 bis 600 Mark Brotmarken und Eier.

25. Mai – Aus dem Aufenthaltsraum einer Förderbrücke bei Lauta werden Arbeitssachen und Verbandmaterial gestohlen.

3. Juni – Bei einer Familie in Großräschen werden zwei gestohlene Fahrräder und Fahradteile entdeckt. Ebenfalls in Großräschen erbeuten Diebe vier Kaninchen.

---

[42] Vgl. Christel Nehrig, Industriearbeiter im dörflichen Milieu. Studie zur Sozialgeschichte der Niederlausitzer Nebenerwerbsbauern 1945–1965. (Unveröfftl. Manuskript).

[43] BLHA, Ld. Br. Rep. 250, Landratsamt Calau/Senftenberg Nr. 31, unpag.: Mitteilungsblatt des Rates des Kreises Calau, undat. (wahrscheinlich Sept. 1949), S. 1.

[44] BLHA, Ld. Br. Rep. 250, Landratsamt Calau/Senftenberg Nr. 114, Bl. 1–11: Tagesmeldungen der Kreispolizei Calau.

Diese hier nur exemplarisch ausgewählten wie auch zahlreiche weitere Fälle zeigen, wie sehr sich die kriminelle Energie auf Nahrungsmittel und Fahrräder konzentrierte. Auch ließ die Zusammensetzung des Diebesgutes vermuten, daß die Täter einem eher industriellen Milieu entstammten, wo man Nahrungsmittel nur im geringen Maße selbst produzierte und längere Arbeitswege zu bewältigen hatte, wofür Fahrräder oft von existenzieller Bedeutung waren.

Für Industriearbeiter, sofern sie sich „besonders beim Wiederaufbau hervorgetan" oder „durch unermüdlichen Einsatz verdient gemacht" hatten, mögen Sachprämien eine gewisse, allerdings nicht fest kalkulierbare, Rolle gespielt haben[45]; für die Zuteilung von Wohnraum bestanden jedoch nur sehr geringe Chancen. Aber dennoch konnte man Glück haben und wenigstens zu einem Baugrundstück kommen. So beantragten die Braunkohlenwerke Salzdetfurth A.G., deren in der SBZ liegende Betriebe nach SMA-Befehl Nr. 124 beschlagnahmt und in den Besitz der Provinzialverwaltung Brandenburg überführt worden waren, die ihr ursprünglich gehörenden Grundstücksflächen in der Gemarkung Großräschen „im Einvernehmen mit der Betriebsvertretung langjährigen und verdienten Belegschaftsmitgliedern, insbesondere solchen, die sich am Wiederaufbau in den letzten Monaten tatkräftig beteiligt haben" als 1000 m²-Baugrundstücke kostenfrei zu übergeben.[46] Der zuständige Landrat befürwortete die Grundstücksvergabe, weil die Belegschaftsmitglieder „außerordentliches nicht nur für die Inbetriebsetzung, sondern auch f. d. Entwicklung des Betriebes geleistet haben".[47]

Wohnungsbesitzer, an denen 1945 die Beschlagnahmewelle für den Bedarf der Besatzungsmacht vorübergegangen war, konnten sich allerdings nicht sicher fühlen. Im April 1947 beschwerte sich z.B. der Bürgermeister der Bergarbeiterstadt Senftenberg beim Landrat, weil der sowjetische Kreiskommandant 18 Häuser mit 49 Wohnungen beschlagnahmt hatte.[48] Doch vor allem durch die Aufnahme von Zwangsausgesiedelten aus den verlorengegangenen Ostgebieten und Evakuierten aus den Besatzungszonen blieb die Wohnungssituation des Kreises äußerst angespannt. Mitte 1948 handelte es sich bei einer Einwohnerzahl von rund 136.000 um insgesamt 35.077 Personen, von denen bis zu diesem Zeitpunkt 1.690 in eigenen Häusern und 30.499 als Mieter oder Untermieter in Wohnungen lebten.[49] Die übrigen hatten lediglich in Notbehausungen Unterkunft gefunden.

Um das Verhältnis von über- und unterbelegtem Wohnraum etwas auszugleichen, eröffnete die Landesregierung 1948 die Möglichkeit des Zwangsumtausches von Wohnungen.[50] In der Praxis lief das auf die Bereitstellung einzelner Zimmer, mitunter auch auf die Teilung von Wohnungen hinaus. So führte das Wohnungsamt Senftenberg im April und Mai 1949 eine „Wohnungserfassungsaktion" durch, um die Lage von etwa 400 wohnungsuchenden Familien zu erleichtern. Festgestellt wurden dabei 150 Leerzimmer, 90 möblierte Zimmer und

---

[45] BLHA, Ld. Br. Rep. 250 Landratsamt Calau/Senftenberg Nr. 317, Bl. 35–39: Belobigungsliste Industrie und Wirtschaft, undat. (1946).

[46] BLHA, Ld. Br. Rep. 250 Landratsamt Calau/Senftenberg Nr. 317, Bl. 42: Schreiben der Braunkohlenwerke Salzdetfurth A.G. an die Provinzialverwaltung, Abt. II Wiederaufbau, Potsdam, 26. 9. 1946.

[47] BLHA, Ld. Br. Rep. 250 Landratsamt Calau/Senftenberg Nr. 317, Bl. 43: Notiz des Landrates Freter, Calau, 28. 9. 1946.

[48] BLHA, Ld. Br. Rep. 250 Landratsamt Calau Nr. 1, Bl. 7: Brief des Landrates an den Ministerialdirektor der Abt. Inneres der Provinzialregierung Mark Brandenburg, 25. 4. 1947.

[49] BLHA, Ld. Br. Rep. 250, Landratsamt Calau/Senftenberg Nr. 205, unpag.: Bericht der Abt. Arbeit und Sozialwesen, Ref. Umsiedler und Heimkehrer, 17. 6. 1948.

[50] Vgl. Runderlaß 275/VIII/48 der Landesregierung Brandenburg. Kommentiert wird der Erlaß in BLHA, Ld. Br. Rep. 250, Landratsamt Calau/Senftenberg Nr. 407, unpag.: Protokoll der Sitzung des Kreiswohnungsausschusses vom 24.6.1949, S. 1.

26 „Kleinstwohnungen"; in 140 Fällen wurden abgeschlossene Wohnungen als „nicht ausge-lastet" bezeichnet.[51] Zwar tendierten die örtlichen Wohnungskommissionen bei ihren Ent-scheidungen oft zugunsten der Alteingesessenen, auch „weil freundschaftliche oder ver-wandtschaftliche Beziehungen ein Verhinderungsgrund waren, notwendige Entscheidungen zu treffen".[52] Doch insgesamt kam man um ein Zusammenrücken nicht herum, wobei die Qualität einer Unterbringung in der Stadt normalerweise auch dann noch besser blieb als auf dem Lande.

Bei alledem deutete sich schon frühzeitig an, daß die lokalen Verwaltungen bemüht waren, Industriearbeiter möglichst von den damit verbundenen Belastungen zu verschonen. Diese Haltung stimmte mit der generellen Versorgungs- bzw. Verteilungspolitik überein. Was jedoch die Wohnungsfrage anging, konkurrierten am Ende der 1940er Jahre zwei Positionen. Zum einen steuerte die SED jetzt nach einigem Zögern den Kurs einer endgültigen Auf-nahme von „Umsiedlern". Ihr Landesverband, der u.a. dem Kreis Calau für 1949 ein Aufnah-mesoll von weiteren 500 Zwangsausgesiedelten auferlegte, argumentierte: „Durch gerechte Wohnraumverteilung für Umsiedler muß diesen gleich bei der Eingemeindung der Eindruck vermittelt werden, daß sie gleichberechtigte Landeseinwohner sind."[53] Dem hielt der Landrat entgegen, der Kreis benötige Facharbeiter, die er aber nicht unterbringen könne, und er bitte darum, keine „Umsiedler" aufnehmen zu müssen. Als Zusatzargument diente die Wohnsi-tuation der eingesessenen Arbeiterschaft: „Die weitaus überwiegende Zahl der Wohnungen besteht . . . aus Arbeiterwohnungen, zum großen Teil aus solchen von einer Stube und einer Küche. Hinzu kommt noch, daß diese Wohnungen meistens – im Sinne geltender Bestim-mungen – zweckgebunden sind (sogenannte Werkswohnungen). [. . .] Über diese zweckge-bundenen Wohnungen, die in vielen Gemeinden die Überzahl ausmachen, darf die Verwal-tung nicht verfügen und kann, selbst wenn der Wohnraum über dem Kreisdurchschnitt liegt, keine Umsiedler einweisen."[54]

In dieser Rigorosität ließ sich die Position des Landrates zwar nicht aufrechterhalten, und der von ihm angerufene SED-Landesvorstand beharrte auf der Aufnahme von weiteren 500 „Umsiedlern"[55], doch ganz wirkungslos blieb die Argumentation offenbar auch nicht. Schon zuvor war es dem Landrat nämlich gelungen, dem verantwortlichen Vertreter des SED-Landesvorstandes eine Reduzierung des ursprünglichen Aufnahmesolls von 1.500 auf die besagten 500 Personen abzuhandeln. Außerdem hatte er diesen dazu gebracht, beim zustän-digen Arbeitsamt dafür zu sorgen, daß nur von der Industrie angeforderte Fachkräfte zuge-wiesen wurden.[56] Damit gelang es dem Landrat – einem aus der Sozialdemokratie hervorge-

[51] Ebenda, S. 2.
[52] BLHA, Ld. Br. Rep. 250, Landratsamt Calau/Senftenberg Nr. 675, upag.: Bericht des Kreisratsamtes für Gesundheitswesen und Wohnungsfürsorge, undat. (wahrscheinlich Februar 1950).
[53] BLHA, Ld. Br. Rep. 250, Landratsamt Calau/Senftenberg Nr. 406, unpag.: Rundschreiben Nr. 12/1 des SED-Landesverbandes Brandenburg, Abt. Verwaltung und Kommunalpolitik, 1. 2. 1949.
[53] BLHA, Ld. Br. Rep. 250, Landratsamt Calau/Senftenberg Nr. 406, unpag.: Rundschreiben Nr. 12/1 des SED-Landesverbandes Brandenburg, Abt. Verwaltung und Kommunalpolitik, 1. 2. 1949.
[54] BLHA, Ld. Br. Rep. 250, Landratsamt Calau/Senftenberg Nr. 406, unpag.: Brief des Landrates Freter an den SED-Landesvorstand Brandenburg, 15. 2. 1949.
[55] BLHA, Ld. Br. Rep. 250, Landratsamt Calau/Senftenberg Nr. 406, unpag.: Antwortschreiben des SED-Landesvorstandes Brandenburg an Landrat Freter, 16. 3. 1949.
[56] BLHA, Ld. Br. Rep. 250, Landratsamt Calau/Senftenberg Nr. 406, unpag.: Aktennotiz des Landrates Freter vom 19. 4. 1946.

gangenen, erfahrenen Kommunalpolitiker – eine erneute Zuspitzung der Wohnungssituation zumindest etwas zu entschärfen. Wie schon das oben erwähnte Beispiel des Synthesewerkes Schwarzheide zeigte, dürfte vor allem die Industrie des Kreises den Vorteil gehabt haben: Für neue Fachkräfte konnte Wohnraum requiriert werden, und für viele der Industriebeschäftigten wurde die Abgabe oder Aufteilung von Wohnraum verhindert.

Als um 1950 in der DDR die ärgste Notsituation überwunden war, galt nach verbreiteter Meinung und aufgrund der jüngsten Erfahrungen Industriearbeit als ein opportuner Weg zu einigermaßen auskömmlichen Lebensverhältnissen. Dafür hatten in den Jahren zuvor die SMAD und die SED die wichtigsten wirtschaftlichen und sozialpolitischen Zeichen gesetzt. Arbeitern wurde damit eine soziale Präferenz zuteil, die nicht nur ideologisch begründet war. Zwischen der Lebenslage gerade der Industriearbeiterschaft und der politischen Stabilität des Regimes bestand ein direkter Zusammenhang. Wenn trotz andauernder Mangellage, erheblichen Friktionen bei der Einführung von Leistungslöhnen, starken politischen Vorbehalten gegen die SED und trotz einer weitgehenden Ablehnung der deutschen Teilung und damit auch der DDR-Gründung, sich die Industriearbeiterschaft relativ ruhig verhielt, konnte die SED das zumindest als Teilerfolg verbuchen. Daß sie daraus falsche Schlüsse zog, steht auf einem anderen Blatt.

3. Die frühen fünfziger Jahre: Enttäuschte Alltagshoffnungen

Not kennt schon ihre Gebote. Auch dieses, daß die Notleidenden ihre Situation auf die Lebensweise der politischen Machthaber projizieren. Und – wie die Geschichte zeigt – tun sie das oft mit bitterem Humor. Davon zeugt auch das 1948 von Einwohnern der Lausitzer Industriegemeinde Lauta rezitierte Sprüchlein:

> „Komm Wilhelm Pieck, und sei unser Gast
> und gib uns, was Du uns versprochen hast.
> Doch nicht nur Rüben und auch Kohl,
> sondern was Du ißt und Grotewohl."[57]

In erstaunlich kurzer Frist gelangte Volkes Stimme, in diesem Falle vermittelt durch den SED-Landesvorstand Brandenburg, der Parteiführung der SED zur Kenntnis. Ob das auch mit jenem Liedtext geschah, der wenig später, zu Beginn der 1950er Jahre, in der DDR die Runde machte, läßt sich derzeit nicht belegen:

> „Tchia-tchia-tchia-tcho,
> Käse gibt es in HO,
> Schlange stehn'se bis nach Halle,
> wenn'se dran komm'n ist der Käse alle."[58]

---

[57] SAPMO-BA, ZPA IV 2/9.02/44: Information des SED-Landesvorstandes Brandenburg, 3. 7. 1948.
[58] Nach mündlicher Überlieferung aus Nordthüringen.

Beiden Produkten kritischer „Volksdichtung" war gemeinsam, daß sie die mangelhafte Lebensmittelversorgung aufs Korn nahmen. In einem Punkte unterschieden sie sich freilich: Während das erste einen Grundbedarf artikulierte, der vom Kohl- und Rübenverzehr als Alltagserscheinung ausging, stellte das zweite fest, daß es Käse zu kaufen gab – nur nicht genug. Dazwischen lag offenkundig eine Entwicklung, die Besserungen mit sich brachte, wenn diese sich auch quantitativ als unzureichend erwiesen.

Seitdem am 1. Januar 1949 in der SBZ der Zweijahrplan angelaufen war, um bis Ende 1950 in den wichtigsten Positionen der Industrie- und Agrarproduktion das Vorkriegsniveau zu erreichen, unternahm die SED einige kurzfristige Schritte zur Verbesserung der Versorgungslage. Es handelte sich neben einkommenswirksamen Leistungen, zu denen die Erhöhung der Unterstützung für Schwangere und die Erweiterung der Familienwochenhilfe[59], die DWK-Verordnung „Über die Erhaltung und die Entwicklung der deutschen Wissenschaft und Kultur, die weitere Verbesserung der Lage der Intelligenz und die Erhöhung ihrer Rolle in der Produktion und im öffentlichen Leben" (Kulturverordnung)[60], die erste Durchführungsbestimmung zur Lohnsteuer[61] oder auch die Senkung von HO-Preisen[62] zählten, besonders um die weitere Reduzierung der bewirtschafteten Versorgung. Das betraf z.B. Erleichterungen beim Kauf gewerblicher Gebrauchsgüter[63], die Aufhebung der Rationierung von Gemüse[64] und Tabakwaren[65], die Verordnung über die Verbesserung der Lebensmittelversorgung[66]. In die gleiche Richtung zielten auch die Verordnung über die Erhöhung der Produktion von Bedarfsgütern[67] und die Verordnung über den Aufkauf „freier Spitzen", d.h. über dem Ablieferungssoll liegender Mengen von Agrarerzeugnissen durch den Staat.[68]

Schon dieser grobe Überblick verdeutlicht, wie sehr die SED daran interessiert war, durch ein umfangreicheres Warenangebot den Beweis für die Richtigkeit ihrer Planwirtschaftspolitik zu liefern. Gewissermaßen zur Bestätigung hieß es in einem Beschluß des 3. Parteitages: „Seit Mitte des Jahres 1949 spiegeln sich die Erfolge unseres Wirtschaftsaufbaus immer stärker in der Verbesserung der materiellen Lage der Bevölkerung wider."[69] Die Verbesserung der allgemeinen Lebenslage, insbesondere natürlich die der „Werktätigen", gehörte zu den integrierenden Teilen der politischen Programmatik. Daß hierbei lineare Hochrechnungen dominierten, änderte nichts an der Ernsthaftigkeit der Absicht. Dabei stand die SED gleich doppelt unter Zeitdruck und Erfolgszwang: Einerseits sah sie sich mit der anlaufenden Nachkriegskonjunktur in Westdeutschland, dem „Wirtschaftswunder" konfrontiert, andererseits war für sie auch ein rückprojizierender Vergleich mit der Vorkriegszeit nicht unproblematisch:

---

[59] ZVOBl. I, Nr. 21/1949, S. 167.
[60] ZVOBl. I, Nr. 28/1949, S. 227.
[61] ZVOBl. I, Nr. 42/1949, S. 333.
[62] ZVOBl. I, Nr. 45/1949, S. 389; ZVOBl. I, Nr. 61/1949, S. 526.
[63] ZVOBl. I, Nr. 39/1949, S. 307.
[64] ZVOBl. I, Nr. 48/1949, S. 406.
[65] ZVOBl. I, Nr. 51/1949, S. 448.
[66] ZVOBl. I, Nr. 54/1949, S. 475.
[67] ZVOBl. I, Nr. 64/1949, S. 551.
[68] Gesetzblatt (GBl.) Nr. 12/1950, S. 79.
[69] Dokumente der Sozialistischen Einheitspartei Deutschlands. Beschlüsse und Erklärungen des Parteivorstandes, des Zentralkomitees und seines Politbüros und seines Sekretariats, Bd. III (Dokumente der SED, Bd. III), Berlin 1952, S. 112.

Bei wichtigen Nahrungsmitteln lag die DDR 1950 im Pro-Kopf-Verbrauch noch deutlich unter dem Vorkriegsniveau (Tabelle 26).

Tabelle 26
Pro-Kopf-Verbrauch an wichtigen Nahrungsmitteln 1936 und 1950

Erzeugnis	Maßeinheit	1936*	1950
Fleisch	kg	46,8	22,1
Butter (Produktgew.)	kg	8,5	5,4
Butter (Reinfettwert)	kg	7,0	4,2
Schlachtfette	kg	8,9	4,2
Eier	Stück	117,0	63,1
Trinkvollmilch	l	127,0**	71,7
Zucker (weiß)	kg	22,9	20,2
Mehl aus Brotgetreide	kg	103,4	120,4
Kartoffeln	kg	170,8	219,3

  * Reichsgebiet
 ** Dazu gehörte nicht Vollmilch, die zu Dauer-, Kondens- oder Trockenmilch bzw. in anderen Nahrungs-
    mitteln weiterverarbeitet wurde.
Quelle: Statistisches Jahrbuch der DDR (StJB) 1955, Berlin 1956, S. 103.

Doch ein Nachholbedarf ergab sich nicht allein aus diesen statistischen Werten. Sie markierten zwar die Positionen nach wie vor bestehenden Mangels, aber im Alltag wirkten sich nicht minder die über Jahre akkumulierten Ernährungsdefizite aus. Diese bewirkten z.B. einen erhöhten Bedarf an Fetten und Fleisch, dessen Befriedigung zu einem Politikum geworden war.

Die SED-Führung war sich dieser Situation durchaus bewußt, als sie auf dem 3. Parteitag im Juli 1950 eine Rationserhöhung für Fleisch und Fett ankündigte. Danach wurden ab 1. September z.B. auf die Lebensmittelgrundkarte je 450 g Fleisch und Fett zusätzlich ausgegeben. Auch die Rationen für Kinder vergrößerten sich um 300 bis 450 g.[70] Doch nur teilweise konnte die eigene Landwirtschaft den zu erwartenden Mehrverbrauch decken; den anderen Teil bezog die DDR auf der Grundlage zusätzlicher Liefer- und Kreditabkommen aus der Sowjetunion, Polen, Ungarn und der Tschechoslowakei.[71] Offenbar erwartete auch Stalin von einer Verbesserung der Lebenslage in seinem deutschen Besatzungsgebiet einige Vorteile, wobei es vor allem um eine politische Positionsverstärkung der SED, die soziale Ruhigstellung der Bevölkerung und um Leistungsanreize für Arbeiter und Angestellte gegangen sein dürfte.

Ähnlich motiviert, faßte das SED-Politbüro im Oktober 1950, unmittelbar vor den Einheitslistenwahlen zur Volkskammer, den Beschluß „Mehr und bessere Waren für die Versorgung der Bevölkerung", mit dem die Regierung beauftragt wurde, bis zum 31. Oktober besonders bei Lebensmitteln, Möbeln und Textilwaren für ein qualitativ verbessertes und im Sortiment umfangreicheres Warenangebot zu sorgen.[72] Obwohl dieser Beschluß im Detail recht unkonkret blieb, sprang die mit ihm verbundene Absicht förmlich ins Auge: Das Politbüro begrün-

---

[70] Vgl. Walter Ulbricht, Zur sozialistischen Entwickung der Volkswirtschaft seit 1945, Berlin 1959, S. 284; siehe auch GBl. Nr. 93/1950, S. 843.
[71] Ulbricht, Zur sozialistischen Entwicklung der Volkswirtschaft, a.a.O., S. 270.
[72] Vgl. Dokumente der SED, Bd. III, a.a.O., S. 232f.

dete sein Vorgehen demonstrativ damit, direkt auf Anfragen aus der Bevölkerung und auf Berichte aus Wählerversammlungen reagieren zu wollen. Es sei der Meinung, „daß die durch den großen Wirtschaftsaufschwung ermöglichten Verbesserungen der Versorgung in vollem Ausmaße unmittelbar der Bevölkerung zugute kommen müssen".[73]

Dieses Argument knüpfte fraglos an einem Grundmotiv der Aktivistenbewegung an und schien in seiner Einfachheit auch überzeugend zu sein; für die SED sollte es sich aber bald als höchst problematisch erweisen. Zunächst jedoch erfolgten weitere Schritte zur Erweiterung des Warenangebotes, die in mehreren Fällen auch mit Preissenkungen verbunden waren. Bereits im September 1950 wurden Kartoffeln und ab 1. Januar 1951 auch Hülsenfrüchte und Getreideprodukte von der Rationierung ausgenommen, ohne daß die bisherigen Kartenpreise erhöht worden wären.[74] Im Februar 1951 sorgte eine weitere Verordnung für die weitgehende Freigabe des Verkaufs von Textilien, verbunden mit einer Preissenkung.[75] Danach wurden im November alle Rationierungsbestimmungen für Zellstoff-Textilien sowie für Marmelade, Kunsthonig, Sirup und Seife aufgehoben.[76] Parallel zu diesem Abbau der Bewirtschaftung von Lebensmitteln und Textilien folgten im Verlaufe des Jahres 1951 fünf Preissenkungen aufeinander, so daß sich das Realeinkommen der Bevölkerung um ca. 25 % erhöhte.[77]

Für die Mehrheit der DDR-Bevölkerung brachten diese zentral angeordneten Maßnahmen gewiß Erleichterungen in der materiellen Lebenssituation. Doch die mit ihrer „Stalinisierung"[78] befaßte SED erlangte dadurch keinen nennenswerten Sympathiebonus. Allerdings gelang es ihr, für die Arbeiterschaft gewisse, wenn auch teilweise eher symbolische soziale Präferenzen zu setzen. Im allgemeinen erschienen die Jahre 1950/51 durch die verbesserte Versorgungslage in einem einigermaßen positiven Licht, das nicht zuletzt dem Projekt des ersten Fünfjahrplanes zu einem günstigeren Image verhalf.

Dieser Plan, vom 3. SED-Parteitag im Entwurf beschlossen, sah „die Hebung des materiellen Wohlstandes der Bevölkerung" als „eine der wichtigsten Aufgaben" vor.[79] Lohnerhöhungen, Preissenkungen und die vollständige Aufhebung der Rationierung von Lebensmitteln und Industriewaren sollte zur Lösung dieser Aufgabe beitragen. Gegenüber dem Stand von 1950 wurden beträchtliche Zuwachsraten des Pro-Kopf-Verbrauches angepeilt, so etwa bei Fleisch und Fleischwaren auf 315 %, bei Milch auf 420 %, bei Lederschuhen auf 203 %, bei Obertrikotagen auf 421 % und bei Seife auf 400 %.[80]

Solche Vorgaben mochten angesichts des nach wie vor kritischen Zustandes der Wirtschaft gewagt erscheinen, zumal die SED mit ihrer restriktiven Mittelstands- und Agrarpolitik bei der Erzeugung von Nahrungsmitteln und Gebrauchsgütern selbst Bremsen anzog. Auch die fortdauernden Reparationsbelastungen dürften das potentielle Warenangebot deutlich verringert haben.[81] Schließlich war es die im Fünfjahrplan vorgesehene Investitionsverteilung

---

[73] Ebenda.
[74] GBl., Nr. 126/1950, S. 1225.
[75] GBl., Nr. 24/1951, S. 135.
[76] GBl., Nr. 120/1951, S. 901.
[77] Winkler, Geschichte der Sozialpolitik, a.a.O. S. 277.
[78] Vgl. Helmut Bock, Partei – Staat – bürokratische Kaste. Zu einigen struktur-analytischen Aspekten des staatsmonopolistischen Sozialismus in der DDR, in: Zeitschrift für Geschichtswissenschaft (ZfG) 41 (1993), 1, S. 5–23; Jan Foitzik, Die stalinistischen „Säuberungen" in den ostmitteleuropäischen kommunistischen Parteien. Ein vergleichender Überblick, in: ZfG 40 (1992) 8, S. 737–749.
[79] Dokumente der SED, Bd. III, a.a.O., S.153.
[80] Ebenda, S. 154.
[81] Vgl. Rainer Karlsch, „Allein bezahlt?" Die Reparationsleistungen der SBZ/DDR 1945–53, Berlin 1993.

zugunsten der Schwerindustrie, die der Bevölkerungsversorgung enge Grenzen zog. Wenn die SED trotzdem den Versuch unternahm, „den Vorkriegslebensstandard der deutschen Bevölkerung zu erreichen und bedeutend zu überschreiten"[82], folgte sie zwar unverkennbar eigenen sozialpolitischen Vorstellungen, aber zugleich befand sie sich in einer Zwangslage, die kaum andere Möglichkeiten offenließ. Sie konnte nicht anders, als sich einem Sozialwettbewerb mit dem größeren deutschen Teilstaat zu stellen. Und sie tat das bereits am Beginn der 1950er Jahre aus einer Position des Aufholenmüssens heraus. Wie Wolfgang Stolper für 1952 berechnete, lag die Konsumquote (Konsum : Volkseinkommen) in der DDR mit 44 % deutlich unter jener der Bundesrepublik mit 58 %. Auf der Preisbasis von 1936 erreichte die DDR in diesem Jahr ein Pro-Kopf-Produkt von 915 Mark und einen Pro-Kopf-Konsum von rund 400 Mark. Westdeutschlands Vergleichswerte beliefen sich auf 1.375 bzw. rund 800 Mark.[83]

Dieser Rückstand erwies sich immer wieder als politisch höchst brisant. Es ging um weit mehr als um eine Konkurrenz von Haushaltsrechnungen.[84] Keineswegs zufällig wählte Walter Ulbricht dann auch in seinem Referat auf der 2. Parteikonferenz der SED im Juli 1952 genau diese Vergleichsebene, um anhand der Preis- und Lohnentwicklung in Westdeutschland zu zeigen, daß dort „das Realeinkommen der Werktätigen unaufhaltsam sinkt" und die Unternehmensgewinne wie auch die Arbeitslosigkeit anstiegen.[85] In der DDR hingegen würden „die demokratischen, wirtschaftlichen und kulturellen Fortschritte seit der Befreiung durch die Sowjetarmee den Charakter einer revolutionären Umwälzung" tragen.[86] Kein Zweifel bestehe, „daß nicht alle Schwierigkeiten auf der bisherigen Stufe unserer demokratischen und wirtschaftlichen Entwicklung gelöst werden konnten", aber auf dem „Wege der sozialistischen Entwicklung" werde man sie überwinden. Das ZK der SED schlage deshalb vor zu beschließen, daß in der DDR „der Sozialismus planmäßig aufgebaut wird".[87]

Ohne Zweifel markierte Ulbrichts lange Rede eine wichtige politische Weichenstellung, auf deren Hintergründe und Details hier nicht näher einzugehen ist.[88] Auffallend war jedoch, daß Konsumtion und Wohnen als sozialpolitische Aufgabenbereiche nur ganz knapp angesprochen wurden: Arbeiterwohnungen sollten besonders in den Industriezentren „unter Ausnut-

---

[82] Dokumente der SED, Bd. III, a.a.O., S. 153.

[83] Wolfgang Stolper, The Structure of the East German Economy, Cambridge/Mass. 1960, S. 437, 440.

[84] Vgl. Michael Wildt, Das Ende der Bescheidenheit. Wirtschaftsrechnungen von Arbeitnehmerhaushalten in der Bundesrepublik Deutschland 1950–1963, in: Tenfelde, Arbeiter im 20. Jahrhundert, a.a.O., S. 322–345; Jörg Roesler, Haushaltsrechnungen in der DDR 1949–1964. Ihre Entstehung und Entwicklung als Instrument der staatlichen Wirtschaftspolitik – Methodische Probleme ihrer Nutzung durch die Wirtschafts- und Sozialgeschichtsforschung, in: Zur Ökonomie des privaten Haushalts, Frankfurt/M. 1991, S. 85–97.

[85] Protokoll der Verhandlungen der II. Parteikonferenz der Sozialistischen Einheitspartei Deutschlands. 9. bis 12. Juli 1952 in der Werner-Seelenbinder-Halle zu Berlin (Protokoll der II. Parteikonferenz der SED), Berlin 1952, S. 39.

[86] Ebenda, S. 56.

[87] Ebenda, S. 58.

[88] Vgl. hierzu Gert-Joachim Glaeßner, Die andere deutsche Republik. Gesellschaft und Politik in der DDR, Opladen 1989, S. 64; Heinz Heitzer, Entscheidungen im Vorfeld der 2. Parteikonferenz der SED (Februar bis Juli 1952), in: Beiträge zur Geschichte der Arbeiterbewegung (BzG) 34 (1992), 4, S. 18–32; Christoph Kleßmann, Die doppelte Staatsgründung. Deutsche Geschichte 1945–1955, Bonn 1982, S. 263; Dietrich Staritz, Die Gründung der DDR. Von der sowjetischen Besatzungsherrschaft zum sozialistischen Staat, München 1984, S. 184; ders., Die SED, Stalin und der „Aufbau des Sozialismus" in der DDR. Aus den Akten des Zentralen Parteiarchivs, in: Deutschland Archiv 24 (1991), 7, S. 686–700.

zung aller örtlichen Reserven" gebaut werden, vorrangig aber werde mit dem Aufbau der Stadtzentren in einigen Städten begonnen.[89] Was den Handel angehe, müsse man zwar noch „eine ganze Reihe von Mängeln" überwinden, vor allem aber gehe es jetzt darum, die Sparsätze pro Kopf der Bevölkerung anzuheben. „Man muß das Sparen unter der Bevölkerung fördern, da das Wachstum der Spareinlagen die Hebung des Lebensstandards der Bevölkerung widerspiegelt, zu zusätzlichen Einkünften für die Bevölkerung durch Zinsen führt sowie die Mobilisierung der Mittel der Werktätigen für die Bedürfnisse des staatlichen Aufbaus fördert."[90]

Wer wollte, konnte aus diesen Bemerkungen heraushören, daß die SED im Begriff war, neben ihrer Wirtschafts- auch die Sozialpolitik umzusteuern. Um den Staatshaushalt zu entlasten, sollte offenbar der Wohnungsbau durch den Rückgriff auf lokale Potentiale verbilligt werden. Der Appell zum Sparen verstand sich hingegen als Versuch, erst einmal Kaufkraft stillzulegen. Beides ergab sich als Konsequenz aus den Mitte 1952 neuformulierten Zielen der Partei. Wenn auch bis heute umstritten ist, inwieweit die SED dabei auf Geheiß Moskaus agierte oder ob sie dabei eigene Karten spielte, zeigte die Verfahrensweise doch, daß die dabei angewandten Mittel und Methoden einen eher originären Zuschnitt aufwiesen.[91] Dennoch standen der Ausbau des Machtapparates der SED, die einsetzende Kollektivierung der Landwirtschaft, vor allem aber die nunmehr aktive Teilnahme der DDR an den sowjetischen Rüstungsanstrengungen in einem ursächlichen Zusammenhang mit der Politik Stalins bzw. seiner Nachfolger.[92] Dies alles bereitete der DDR-Wirtschaft zusätzliche Lasten, wobei nicht zu übersehen war, daß die zentralisierte Planwirtschaft besonders aufgrund ihrer Inflexibilität und der für sie charakteristischen hohen Lagerbestände selbst hohe Kosten verursachte.[93]

Offenbar in der Absicht, die politische Kontrolle über die DDR zu verstärken und wohl auch bestätigt durch das ZK-Plenum der KPdSU vom 16. Oktober 1952, postulierte die Führungsgruppe um Ulbricht auf der 10. Tagung des SED-Zentralkomitees im November 1952 eine Verschärfung des Klassenkampfes und die Notwendigkeit, den Aufbau des Sozialismus zu beschleunigen.[94] Alles das hatte etwas von einer „Augen-zu-und-durch"-Situation, in der sozialpolitische Rücksichten weit zurücktraten.

4. Die Krise von 1953 und der „Neue Kurs"

Aus der Perspektive des Normal-Konsumenten verschlechterte sich die Lage im zweiten Halbjahr 1952 spürbar. Eine Mißernte, deren Auswirkungen durch die beginnende Kollektivierung noch vergrößert wurden, verschärfte ohnehin vorhandene Engpässe.[95] Schon im

---

[89] Ebenda, S. 80f.
[90] Ebenda, S. 101.
[91] Vgl. Jörg Roesler, Der Handlungsspielraum der DDR-Führung gegenüber der UdSSR. Zu einem Schlüsselproblem des Verständnisses der DDR-Geschichte, in: ZfG 41 (1993), 4, S. 295.
[92] Vgl. Arnulf Baring, Der 17. Juni 1953, Köln 1965, S. 8f.
[93] Vgl. Christoph Buchheim, Wirtschaftliche Hintergründe des Arbeiteraufstandes vom 17. Juni 1953 in der DDR, in: Vierteljahreshefte für Zeitgeschichte 38 (1990), H. 3, S. 415–433, hier bes. S. 419.
[94] Vgl. Heinz Heitzer, Arbeiterprotest, Putsch oder Volksaufstand? Ursachen und Charakter des Juni-Konflikts 1953, in: Jochem Cerny (Hg.), Brüche, Krisen, Wendepunkte. Neubefragung von DDR-Geschichte, Leipzig 1990, S. 129f.
[95] Vgl. StJB 1955, a.a.O., S. 206–213.

Herbst 1952 vermochten die HO-Läden einen regelmäßigen Verkauf von Butter nicht mehr zu gewährleisten. Noch deutlichere Verknappungen traten indes im Frühjahr 1953 ein.[96] Besonders bei Butter, Margarine, Gemüse, Fleisch und Zucker weiteten sich Mangelerscheinungen, sehr wahrscheinlich auch wegen der gleichzeitig unter militärpolitischen Gesichtspunkten erfolgenden Aufstockung der Staatsreserve, rasch aus.[97] Auf der anderen Seite herrschte unwillkommener Überfluß: Besonders in der Textil- und Bekleidungsindustrie stapelten sich schwer oder gar nicht verkäufliche Warenbestände, die mit deutlichen Preisnachlässen angeboten werden mußten, um u.a. den anwachsenden Kaufkraftüberhang aufzufangen.[98] Kurz vor Weihnachten 1952 erfolgte deshalb nochmals eine Preissenkung um 15 bis 45 % für Textilien.[99]

Am 9. Dezember 1952 nahm das SED-Politbüro zur Preispolitik Stellung und kündigte einen Abbau der Preisstützungen für bisher hochsubventionierte Grundstoffpreise und deren Erhöhung an. Allerdings sollten diese Maßnahmen nicht auf die Konsumgüterpreise durchschlagen, sondern durch die Steigerung der Arbeitsproduktivität und mit Hilfe „einer allumfassenden strengen Sparsamkeit in der gesamten Wirtschaft und Verwaltung" kompensiert werden.[100] Die darauf aufbauenden „Grundsätze der Preispolitik" wurden am 6. Februar 1953 vom Ministerrat beschlossen und am 14. Februar bekanntgegeben.[101]

Kurz zuvor, am 3. Februar 1953, hatte das SED-Zentralkomitee einen Beschluß über das „Sparsamkeitsregime" gefaßt. Darin wurden zunächst die in der Wirtschaft der DDR verbreiteten Formen von Ineffizienz und Verschwendung kritisiert, um danach eine Reihe von Sofortmaßnahmen „vorzuschlagen": u.a. die Minimierung der Stillstandszeiten, Verkürzung von Bauzeiten, Senkung des Materialverbrauchs, Normenerhöhungen, Einhaltung der Lohnfonds und Bekämpfung des „Überstundenunwesens", Verkleinerung der Verwaltung, Einsparung von Umlaufmitteln und Reduzierung der Lagerbestände, im Handel die Senkung der Verluste und Kosten sowie die „Verbesserung der Verkaufskultur", Beseitigung „unberechtigter" Sozialversicherungsleistungen und Steuerermäßigungen.[102]

Für die Industriearbeiter ergaben sich daraus unvermeidbar Belastungen. Gewiß fielen diese geringer aus, als jene, mit denen sich etwa mittelständische Unternehmer, Handwerker, Bauern, Händler und andere Kleingewerbetreibende in existenzbedrohender Weise konfrontiert sahen, aber dennoch stellten sie die ohnehin bescheidene Lebenslage der Arbeiterschaft in Frage. Erstmals seit 1947 erfuhr die Verlaufskurve des Lebensstandards wieder eine Absenkung. Dabei ging es nicht nur um die größer werdenden Lücken im Warenangebot des Handels, auch häufigere Stromabschaltungen und ein unzulänglicher Berufsverkehr erschwerten die normale Lebenshaltung. Vor allem aber machten sich vielfach Nominal- und

[96] Vgl. Baring: Der 17. Juni, a.a.O., S. 34–36; Karl Wilhelm Fricke, Der Arbeiteraufstand. Vorgeschichte, Verlauf, Folgen, in: Ilse Spittmann/Karl Wilhelm Fricke (Hg.), 17. Juni 1953. Arbeiteraufstand in der DDR, Köln 1982, S. 8f.

[97] Dazu Otto Grotewohl, Über einige Fragen der Ernährung, in: ders., Im Kampf um die einige Deutsche Demokratische Republik, Bd. 3, Berlin 1954, S. 175–177.

[98] Vgl. Buchheim, Wirtschaftliche Hintergründe, a.a.O., S. 428.

[99] GBl., Nr. 176/1952, S. 1315.

[100] Dokumente der Sozialistischen Einheitspartei deutschlands. Beschlüsse und Erklärungen des Zentralkomitees sowie seines Politbüros und seines Sekretariats, Bd. IV (Dokumente der SED, Bd. IV, Berlin 1954, S. 198.

[101] GBl., Nr. 22/1953, S. 313.

[102] Dokumente der SED, Bd. IV, a.a.O., S. 267f.

Reallohneinbußen durch die Streichung von Lohnzuschlägen, die Reduzierung von Überstunden, durch Normenerhöhungen sowie durch Preissteigerungen und den Verlust von
Fahrpreisermäßigungen bemerkbar. Insofern existierte schon eine beachtliche „Sockel-Un-
zufriedenheit", als der Ministerratsbeschluß vom 28. Mai 1953 über die Erhöhung der Arbeitsnormen[103] offene Proteste und Unruhen auslöste.

Die Vorgeschichte und Geschichte des 17. Juni 1953 wurden bereits in zahlreichen Untersuchungen und Darstellungen behandelt, so daß an dieser Stelle auf eine Zusammenfassung
verzichtet werden kann, zumal das folgende Kapitel die Problematik unter konflikttheoretischen Gesichtspunkten erneut aufgreift. Allerdings scheint hier die Frage am Platze, weshalb
es nicht früher zum Konflikt kam. Denn seit dem Herbst 1952 hatten sich ja nicht nur die
beschriebenen materiellen Verschlechterungen akkumuliert, auch die gesellschaftliche Stimmungslage war unter dem Eindruck der verschärften politischen Restriktionen und der
vermehrten ideologischen Indoktrinationsversuche im Rahmen des „Karl-Marx-Jahres"[104]
von weiteren atmosphärischen Eintrübungen und Spannungen bestimmt. Wenn die Industriearbeiterschaft sich trotzdem sehr lange zurückhielt, mögen fehlende Organisation und
wohl auch Furcht vor Repressionen eine Rolle gespielt haben. Doch könnte es sich hier auch
ausgewirkt haben, daß Arbeiter – zumindest die der VEB und SAG-Betriebe – in den Jahren
zuvor gerade in Versorgungsfragen eine privilegierte Position einnahmen.

Mit diesem Stillhalten rechnete offenbar auch die SED-Führung. Ihre am 9. Juni 1953
eingeleitete Kurskorrektur setzte ausdrücklich eine Verbesserung der Lebenshaltung aller
Bevölkerungsschichten zum Ziel, war aber vor allem darauf angelegt, um die bisher verprell-
ten Intellektuellen, Bauern, Handwerker, Mittelständler und um „Republikflüchtlinge" zu
werben.[105] Erst nach dem 17. Juni wandte man sich verstärkt den Arbeitern zu. Auf seiner
14. Tagung am 21. Juni beschloß das Zentralkomitee, die Löhne für Arbeiter wieder nach den
Normen zu berechnen, wie sie am 1. April gültig waren; außerdem sollte die Ermäßigung für
Arbeiterrückfahrkarten, sofern deren Inhaber nicht mehr als 500 Mark verdienten, erneut
75 % betragen.[106]

Beim Status quo ante konnte es freilich nicht bleiben. Eine nachhaltige Stabilisierung der
politischen Lage erforderte dringend soziale Verbesserungen. Auffallend war dabei, daß die
SED im zweiten Halbjahr 1953 vor allem auf Lohnerhöhungen und Steuersenkungen setzte.
Im wesentlichen ging es hierbei um Lohnerhöhungen für Arbeiter der Lohngruppen I–IV in
den staatlichen Betrieben, um Erhöhung der Gehälter für das Personal der HO- und Konsum-
Verkaufsstellen, um die Aufhebung von Rückstufungen bei Löhnen und Gehältern[107] sowie
um die Senkung der Einkommenssteuertarife.[108]

Nachdem durch sowjetische Lebensmittellieferungen im Werte von 231 Millionen Rubeln
die Versorgung kurzfristig stabilisiert worden war, erfolgte Anfang August eine Preissenkung
für Reis, schwarzen Tee, Vitalade (ein Schokoladen-Ersatz), Wasch- und Feinseife, Kunst-
seide- und Perlon-Damenstrümpfe, Glühlampen und Schreibmaschinen.[109] Am 24. Oktober

---

[103] GBl., Nr. 72/1953, S. 781.
[104] Vgl. Sonja Eichhofer, Die ideologische Offensive der SED im Karl-Marx-Jahr 1953, in: BzG 15 (1973)
2, S. 262–282.
[105] Dokumente der SED, Bd. IV, a.a.O., S. 428–431.
[106] Ebenda, S. 443.
[107] GBl., Nr. 88/1953, S. 885, 887f.
[108] GBl., Nr. 89/1953, S. 889.
[109] GBl., Nr. 88/1953, S. 888.

kam es dann zu einer umfassenden Preissenkung für rund 12.000 Warenarten bei Lebens- und Genußmitteln sowie Verbrauchsgütern.[110] Für letztere wurden z.T. Teilzahlungskredite eingeräumt.

Diese Zugeständnisse im Versorgungsbereich waren zwar nicht völlig durch wirtschaftliche Leistungen abgedeckt, doch konnte man auch auf erhebliche Lagerbestände zurückgreifen. Was hier als kurzzeitiger Vorteil wahrgenommen wurde, geriet allerdings zu einem großen Problem, von dem es wenig später hieß: „Wir haben gegenwärtig in unserer Volkswirtschaft bedeutende Überplanbestände. Mehr als die Hälfte davon sind Überplanbestände des Groß- und Einzelhandels, also Verbrauchsgüter für die Bevölkerung. Gleichzeitig befinden sich in den Taschen der Werktätigen viele Millionen Mark, die sie nicht ausgeben, weil sie die Waren nicht bekommen, die sie gern haben wollen." Mit dieser grotesken Situation müsse man „sofort und radikal Schluß machen".[111]

Trotzdem hielt die Propaganda daran fest, die Planwirtschaft werde „die wirtschaftliche Überlegenheit unserer Arbeiter- und Bauernmacht gegenüber der Macht der Monopolherren in Westdeutschland beweisen".[112] Diese in einem redaktionellen Beitrag der „Einheit" enthaltene Behauptung wies allerdings wichtige Einschränkungen auf: Die umfangreiche Preissenkung ermöglichte größeren Bevölkerungskreisen zwar eine Erhöhung ihres Verbrauchs, wozu besonders die zusätzlichen Warenlieferungen aus der UdSSR und der Rückgriff auf die Staatsreserve beitrugen, doch gab es weiterhin erhebliche Sortimentslücken und Qualitätsmängel im Nahrungs-, Genußmittel- und Gebrauchsgüterangebot. Als wichtigste Voraussetzung, diese zu überwinden und die Versorgung insgesamt zu verbessern, wurde „die Steigerung der Kohle- und Energieerzeugung" bezeichnet.[113]

Dieser letzte Punkt machte ziemlich unmißverständlich darauf aufmerksam, daß in naher Zukunft eine erneute Umverteilung der Investitionen zugunsten der Grundstoffindustrie anstünde. Die konsumtiv wirksamen Sofortmaßnahmen des „neuen Kurses" würden sich – so die unterschwellige Botschaft – nicht einfach fortschreiben lassen. Sozialpolitisch blieb der SED tatsächlich kaum mehr, als auf Zeitgewinn zu setzen. Oder anders gesagt: Es ging darum, die sozialen Effekte des Produzierens zeitlich zu strecken. Recht treffend war deshalb der einer Zittauer Weberin zugeschriebene neue Wettbewerbsslogan: „So wie wir Werktätigen heute arbeiten, werden wir morgen leben." Wenn man heute die Voraussetzungen schaffe, „wird unsere Regierung morgen mehr und bessere Waren verteilen und die Politik der Preissenkungen fortsetzen können".[114] Gewissermaßen flankierend richtete sich zugleich eine heftige Polemik gegen das in Westdeutschland praktizierte Modell der sozialen Marktwirtschaft.[115]

Diese ständig vergleichende Sicht blieb auch künftig bestimmend, bis in Einzelheiten hinein. Auch der Margarineverbrauch war davon nicht ausgeschlossen: „Der Nährwert und Fettgehalt der westdeutschen Margarinesorten reicht an den unserer Erzeugnisse nicht heran. Es ist aber notwendig, den Geschmack, die Streichfähigkeit und das Aussehen unserer

[110] GBl., Nr. 111/1953, S. 1059.
[111] Wolfgang Berger/Gerhard Pfütze, Der wachsenden Kaufkraft muß eine steigende Produktion gegenüberstehen, in: Einheit 9 (1954), 7, S. 652.
[112] Wichtige wirtschaftliche Aufgaben des neuen Kurses, in: Einheit 8 (1953), 11, S. 1239.
[113] Ebenda, S. 1243.
[114] Aufruf der Weberin Frida Hockauf vom 29. September 1953, in: Tribüne, 1. 10. 1953.
[115] Vgl. u.a. Martin Weckwerth, Die „soziale Marktwirtschaft" – ein Betrug an den Werktätigen in Westdeutschland, in: Einheit, 8 (1953), 7, S. 920–929.

Margarine weiter zu verbessern. Weiterhin müssen endlich Fabrikmarken und eine solche Verpackung der Margarine geschaffen werden, die die Kauflust anregt und schon äußerlich die hohe Qualität unserer Margarine zum Ausdruck bringt."[116] Allerdings vermochten alle Anstrengungen, eine Schwerpunktverlagerung des Verbrauchs von der Butter hin zur Margarine zu erreichen, nur wenig zu bewirken. Wohl auch unter dem Gesichtspunkt eines inzwischen normativ gewordenen Nachholkonsums blieb der Butterverbrauch in der DDR besonders hoch.[117]

Es waren allerdings weniger die Menge noch die Qualität der Waren, die zu immer neuen deutsch-deutschen Vergleichen ermunterten, als vielmehr die propagandistische Verwertung der vielen Subventionspreise. Unbestreitbar spielten diese für die Lebenshaltung in der DDR eine große Rolle, wie der Anteil der zu Kartenpreisen gekauften Konsumgüter (einschließlich Werkküchenessen, Schulspeisung, Krankenhäuser usw.) 1954 zeigte: 85 Prozent der Butter, 65 Prozent des Fleisches, 85 Prozent der Milch, 80 Prozent des Zuckers und 93 Prozent der Kohlen.[118]

Tabelle 27
Preise einiger Waren im Jahre 1954

Waren	Einheit	Kartenpreis/Ost DM/Ost	Preis/West DM/West
Schweinefleisch, Kotelett	kg	2,86	5,28
Kalbfleisch	kg	3,38	5,02
Schinken, roh	kg	4,90	7,71
Butter	kg	4,20	6,12*
Schmalz	kg	2,60	3,62*
Margarine	kg	2,00 / 2,20	1,25/2,03
Eier, durchschnittl.	Stück	0,14	0,21*
Braunkohlenbriketts	Ztr.	1,80	3,39

* inländisches Erzeugnis

Quelle: Ernst Lange, Die Verbesserung der Lebenshaltung der Bevölkerung in der Deutschen Demokratischen Republik durch den neuen Kurs, in: Einheit 9 (1954), 10, S. 954.

Die Beibehaltung der Kartenpreise hatte durchaus auch politische Gründe, zumal die SED in der allmählichen Absenkung der überhöhten HO-Preise den Hauptweg zur Erhöhung des realen Einkommens sah.[119] Zwischen 1950 und 1955 sank auf diese Weise das Preisniveau

[116] Ernst Lange, Die Aufgaben der Lebensmittelindustrie bei der Durchführung des neuen Kurses, in: Einheit 9 (1954), 4, S. 367.
[117] Vgl. Jörg Roesler, Butter, Margarine und Wirtschaftspolitik. Zu den Bemühungen um die planmäßige Lenkung des Butter- und Margarineverbrauchs in der DDR zwischen 1950 und 1965, in: Jahrbuch für Wirtschaftsgeschichte, Teil 1/1988, Berlin 1988, S. 33–47.
[118] Ernst Lange, Die Verbesserung der Lebenshaltung der Bevölkerung in der Deutschen Demokratischen Republik durch den neuen Kurs, in: Einheit 9 (1954), 10, S. 954.
[119] Protokoll der Verhandlungen des IV. Parteitages der Sozialistischen Einheitspartei Deutschlands. 30. März bis 6. April 1954 in der Werner-Seelenbinder-Halle zu Berlin. 1. bis 4. Verhandlungstag (Protokoll des IV. Parteitages der SED, Bd. 1), Berlin 1954, S. 103.

aller angebotenen Nahrungsmittel und Industriewaren auf 54 % des Niveaus von 1950. Zwischen 1956 und 1960 betrug dieser Rückgang dagegen nur noch 5 %, was darauf hindeutete, daß das Instrumentarium der Preissenkungen weitgehend ausgereizt war.[120]

5. Die zweite Hälfte der 1950er Jahre: Lebenshaltung auf Vorschuß

Schon im Jahre 1955 verschob sich die Verwendung des im Inland verfügbaren Nationaleinkommens wieder deutlich zugunsten der Akkumulation, insbesondere zugunsten der Erweiterung industrieller Grundmittel. Ein Blick über den Gesamtzeitraum der 1950er Jahre zeigt dies als Grundtendenz an, in der sich der „neue Kurs" nur als kurzer und nicht einmal tiefer Einschnitt abhob (Tabelle 28).

Tabelle 28
Anteil der Akkumulation am Nationaleinkommen (in Prozent)

Jahr	Akkumulation	dav. mat. Produktion
1950	8,4	3,1
1951	9,7	3,4
1952	10,6	3,9
1953	12,3	5,3
1954	9,1	5,5
1955	12,3	7,5
1956	15,7	10,2
1957	16,9	9,8
1958	20,1	10,5
1959	20,0	11,6
1960	19,0	12,9

Quelle: StJB 1960/61, Berlin 1961, S. 184.

Allein für die Jahre 1954 und 1957 wurde eine Verlangsamung bzw. ein absoluter Rückgang der Aufwendungen für die materielle Produktion ausgewiesen. Ohne hier auf die Investitionsproblematik eingehen zu können, scheinen allein schon die Zeitpunkte aufschlußreich: In beiden Fällen gingen politische Krisen voraus, und in beiden Fällen wurden kurzfristig Mittel in den konsumtiven Bereich umgelenkt.

Doch trotz dieser Übereinstimmung unterschied sich die zweite Hälfte der 1950er Jahre für die Verbraucher erheblich von der vorangegangenen Zeit. Kennzeichnend wurde eine Aktivierung der Lohnpolitik, während es nur noch in zwei Fällen zu Preissenkungen kam. So wurden die Preise für Textilien, Schuhe und einige Industriewaren im Juni 1956 nochmals drastisch in einem Volumen von ca. einer Milliarde Mark pro Jahr herabgesetzt, und im Juli

---

[120] Vgl. Jörg Roesler, Privater Konsum in Ostdeutschland 1950–1960, in: Axel Schildt/Arnold Sywottek (Hg.), Modernisierung im Wiederaufbau: die westdeutsche Gesellschaft der 50er Jahre, Bonn 1993, S. 294f.

1958 trat eine Preissenkung für Milch, Molkereiprodukte, Schlachtfette und Schweinefleisch in Kraft, die einer Kaufkraft von ca. 400 Milionen Mark entsprach.[121]

Mit der am 28. Mai 1958 von der Volkskammer beschlossenen Abschaffung der Lebensmittelkarten[122] endete eine seit dem 27. August 1939 andauernde ununterbrochene Periode der Lebensmittelrationierung. In der DDR hatte sie über acht Jahre länger gedauert als in der Bundesrepublik, wo die Lebensmittelkarten am 10. Januar 1950 endgültig abgeschafft worden waren. Im Jahre 1958 fand die Aufhebung der Lebensmittelrationierung zwar nicht die uneingeschränkte Zustimmung der Bevölkerung, weil die neuen Preise etwas über den Kartenpreisen lagen, doch durch Ausgleichszahlungen für rund drei Millionen Beschäftigte in den unteren Lohngruppen wurde diese Mehrbelastung verhältnismäßig gut aufgefangen. Lohn- und Rentenerhöhungen sowie Preissenkungen führten im Verlaufe der 1950er Jahre zu einem wirtschaftlich nicht unproblematischen Kaufkraftüberhang, der sich vor allem im Anwachsen der Spareinlagen bemerkbar machte (Tabelle 29).

Tabelle 29
Spareinlagen bei den Kreditinstituten 1950 bis 1961. Insgesamt (in Millionen Mark und Prozent) und pro Kopf der Bevölkerung (in Mark und Prozent)

Jahr	Insgesamt	Prozent	Pro Kopf	Prozent
1950	1.270	100	69,07	100
1951	1.446	113,9	78,80	114,1
1952	2.024	159,4	110,60	160,1
1953	2.536	199,7	140,02	202,7
1954	3.701	291,4	205,59	297,7
1955	4.927	388,0	276,3	400,0
1956	6.062	477,3	344,36	498.6
1957	8.970	706,3	515,20	745,9
1958	11.244	885,4	649,73	940,7
1959	14.010	1.103,1	810,49	1.173,4
1960	17.053	1.342,7	902,12	1.436,4
1961	19.654	1.547,6	1.150,75	1.666,1

Quelle: StJB 1960/61, a.a.O., S. 247; StJB 1962, Berlin 1962, S. 230. (Die Prozentwerte für 1961 wurden vom Verf. auf die Basis 1950 umgerechnet.)

Diese weit über dem Wirtschaftswachstum liegenden Werte wirkten sich in doppelter Weise auf das Konsumentenverhalten aus. Neben dem verstärkten Zwecksparen zur Anschaffung von Fahrzeugen (vor allem Mopeds und Motorrädern) und Fernsehgeräten verlagerte sich die Kaufkraft anteilig stärker auf Genußmittel, Bekleidung und Möbel. Trotzdem stieg, worauf Jörg Roesler aufmerksam gemacht hat, der Verbrauch von Fleisch, Wurst und Butter unvermindert weiter an, ohne auf dem (außer bei Milch) inzwischen überschrittenen Vorkriegsniveau zu verharren. Während der Brotgetreide- und Zuckerverbrauch abnahm, erhöhte er sich – gegen den internationalen Trend – bei Kartoffeln weiter. Roesler hat wohl recht mit seiner Beobachtung, daß in diesem Falle die gestiegenen Einkommen zu einer den Bedarf überschreitenden Einkellerung von Kartoffeln verleiteten und ein erstes Signal für den später

---

[121] Winkler, Geschichte der Sozialpolitik, a.a.O., S. 292, 297.
[122] GBl. I, Nr. 33/1958, S. 413.

noch zunehmenden Verbrauch, Mißbrauch und Verderb von Lebensmitteln lieferten.[123] Die rasch gewachsene Kaufkraft überstieg in vielen Fällen die Möglichkeiten der Bedarfsdeckung, so daß sich der Eindruck des fortbestehenden Mangels eher noch vertiefte, obwohl das Handelsvolumen insgesamt zunahm (Tabelle 30).

Tabelle 30
Pro-Kopf-Verbrauch an Nahrungsmitteln 1950, 1955, 1960

Erzeugnis	Maßeinheit	1950	1955	1960
Fleisch	kg	22,1	46,3	57,1
Eier	Stück	63	122	201
Butter	kg	5,4	9,6	13,6
Gemüse	kg	·	46,5	64,4
Obst	kg	·	26,8	71,8

Quelle: StJB 1956, Berlin 1957, S. 203; StJB 1960/61, a.a.O., S. 235.

Da die Kaufkraft schneller anwuchs als die Erzeugung von Konsumgütern, kam deren Verteilung durchaus eine Mobilisierungsfunktion zu. In Orten oder Regionen, die zeitweise zu den Investitionsschwerpunkten der DDR-Wirtschaft gehörten, gab es auf zentrale Weisung hin zumeist eine relativ bessere Versorgung mit Mangelwaren. Die damit verbundene Absicht, die dort Beschäftigten zu hohen Arbeitsleistungen anzuhalten und neue Arbeitskräfte zu gewinnen, blieb gewöhnlich nicht ohne – zwiespältigen – Effekt. So liefen im Bezirk Cottbus unter den Bedingungen des Kohle- und Energieprogramms Produktion und Verbrauch deutlich auseinander: Die industrielle Bruttoproduktion wuchs von 1957 zu 1959 um 20 Prozent und die Arbeitsproduktivität stieg in der Industrie um 15,7 Prozent, doch parallel dazu erhöhte sich der Warenumsatz allein in den beiden Jahren 1958 und 1959 bei Industriewaren um 23,7 Prozent und bei Lebensmitteln um 27,6 Prozent.[124] Auch der Bestand an teureren technischen Erzeugnissen nahm zu (Tabelle 31).

Tabelle 31
Bestand an Fernsehern, Motorrädern und PKW im Bezirk Cottbus 1957 und 1960

Jahr	1957	1960
Fernseher	3.500	28.349
Motorräder	28.578	61.756
PKW	6.349	11.108

Quelle: BLHA, SED-Bezirksleitung Cottbus IV/1/23, unpag.: Protokoll der 5. Bezirksdelegiertenkonferenz der SED vom 16. bis 19. 6. 1960. Siehe auch StJB 1960/61, a.a.O., S. 12.

Weil – wie erwähnt – der Bezirk Cottbus zu dieser Zeit zugunsten der im Rahmen des Kohle- und Energieprogramms tätigen Arbeiter eine bevorzugte Belieferung mit Nahrungs-

---

[123] Roesler, Privater Konsum, a.a.O., S. 298.
[124] BLHA, SED-Bezirksleitung Cottbus IV/1/23, unpag.: Protokoll der 5. Bezirksdelegiertenkonferenz der SED vom 16. bis 19. 6. 1960. Referat.

und Genußmitteln, vor allem aber mit Industriewaren erfuhr[125], entstand unvermeidlich ein Einkaufstourismus aus weiter entfernt liegenden Gebieten. Im Falle der hier aufgeführten – sehr begehrten – Erzeugnisse grenzten Kundenlisten den Zugang jedoch auf orts- oder kreisansässige Personen oder, bei Direktbelieferung der Betriebe, auf Werksangehörige ein.

Die große Zahl von aus anderen Bezirken kommenden Bauarbeitern auf den verschiedenen Kraftwerksbaustellen und im Kombinat „Schwarze Pumpe" fiel offenbar auch beim Kauf von Nahrungs- und Genußmitteln stark ins Gewicht.[126] Das mochte gar nicht in erster Linie auf ihren Eigenverbrauch zurückzuführen sein; vielmehr betätigten sich viele von ihnen als Käufer im Auftrage heimischer Verwandter und Bekannter.

Wenn auch von einem sehr niedrigen Niveau aus, verbesserte sich die Lebenslage der in der DDR lebenden Menschen während der 1950er Jahre deutlich. Und doch endete das Jahrzehnt mit einem schroffen versorgungspolitischen Mißklang. Weder ein hinreichendes Gebrauchsgüter- und Ersatzteileangebot noch eine stabile Versorgung mit Nahrungs- und Genußmitteln konnten gesichert werden. Besonders der Engpaß bei Haushaltswaren, Küchengeräten und Kleineisenwaren fiel auf. In den Sortimentslisten von HO- und Konsumverkaufsstellen der Bezirke Leipzig und Potsdam waren z.B. 33 % der Haushaltswaren, 21 % der Elektroartikel und 6 % der Kurzwaren als Fehlpositionen ausgewiesen. In den Städten Halle, Leipzig und Potsdam ergaben Stichproben teilweise über 50 % Fehlpositionen.[127] Schließlich mußte das SED-Politbüro im Januar 1960 in einem Kommuniqué bei der Industrie die Produktion der „tausend kleinen Dinge" anmahnen sowie auf die Gewährleistung von Dienstleistungen und Reparaturen drängen.[128] Dazu sollten vor allem die „örtlichen Reserven" genutzt werden, was letztlich auf vielfache und aufwendige Flickschusterei hinauslief. Mit immer größer werdenden Sortimentslücken wirkte sich zunächst auch die Kollektivierung der Landwirtschaft für die Verbraucher aus. Um wenigstens die Industriearbeiterschaft ruhig zu halten, ordnete der Ministerrat im März 1960 die vorrangige Versorgung wichtiger Großbetriebe und von größeren Arbeiterwohngebieten mit Nahrungs- und Genußmitteln sowie mit Industriewaren an, was nach Lage der Dinge zu Lasten anderer Bevölkerungsgruppen ging.[129]

Auch in dieser Situation bestätigte sich, daß die SED-Führung es im eigenen Interesse vermeiden wollte, soziale Unzufriedenheit unter den Arbeitern über das noch beherrschbare Maß hinaus aufkommen zu lassen. Sie war eher dazu bereit, in anderen Bereichen der Gesellschaft Konflikte durchzustehen. So gesehen, profitierten die Arbeiter in der DDR langfristig vom 17. Juni 1953.

Kaum anders verhielt es sich beim Wohnungsbau, der zunehmend auf den Bedarf von Industriearbeitern zugeschnitten wurde. Bis zum Beginn der 1950er Jahre ging es zwar

---

125 SAPMO-BA, ZGA IG Bergbau, ZV-Sitzungen Nr. 41, unpag.: Protokoll der 5. ZV-Sitzung, 21./22. 6. 1956. Beschluß zur Verbesserung der Tätigkeit der IG Bergbau auf dem Gebiet der Arbeiterversorgung und des Bau- und Wohnungswesens (Entwurf); Nr. 44, unpag.: Protokoll der 7. ZV-Sitzung, 17./18. 1. 1957. Referat, S. 5–7.

126 BLHA, Bez. Ctb. Rep. 801, Bezirkstag und Rat des Bezirkes Cottbus, Nr. 2019, unpag.: Bericht über den Ablauf des ersten Fünfjahrplanes auf dem Gebiet des Handels, ungez., 16. 2. 1956.

127 Grete Wittkowski, Zu einigen Fragen der Versorgung mit den tausend kleinen Dingen, in: Einheit 15 (1960), 2, S. 264.

128 Vgl. Beschlüsse und Erklärungen des Zentralkomitees sowie seines Politbüros und seines Sekretariats, Dokumente der Sozialistischen Einheitspartei Deutschlands, Bd. VIII (Dokumente der SED, Bd. VIII), Berlin 1962, S. 15–20.

129 Winkler, Geschichte der Sozialpolitik, a.a.O., S. 91.

vorrangig um die Instandsetzung kriegsbeschädigter Wohnungen, während sich der Wohnungsneubau bis 1956 nur wenig über die 30.000er Marke hinaus entwickelte.[130] Von einem Arbeiterwohnungsbau im umfassenderen Sinne konnte nicht die Rede sein, auch wenn etwa die Berliner Stalin-Allee als Modell dafür propagiert wurde.[131] Doch im November 1952 erhielten die bei den BGL in der „volkseigenen" oder ihr gleichgestellten Wirtschaft gebildeten Wohnungskommissionen das Recht, Vorschläge für die Wohnungsvergabe zu unterbreiten.[132] Zu den ersten Stabilisierungsmaßnahmen nach dem 17. Juni 1953 gehörten die Freigabe zusätzlicher Wohnungsbauinvestitionen[133] und im Rahmen der „Verordnung über die weitere Verbesserung der Arbeits- und Lebensbedingungen der Arbeiter und die Rechte der Gewerkschaften"[134] Zusagen für die Förderung des Eigenheimbaus von Arbeitern und für die Bildung von Arbeiter-Wohnungsbau-Genossenschaften (AWG). Im März 1954 lagen dann eine Verordnung über die Finanzierung der AWG und ein Musterstatut vor.[135]

Nach etwas zögerndem Anlauf erwiesen sich die AWG als eine tragfähige Lösung. Allerdings blieben sie nicht Arbeitern allein vorbehalten. Für AWG-Wohnungen mußten zudem, nach Größe der Wohnung und nach Einkommen gestaffelt, Genossenschaftsanteile erworben und manuelle Eigenleistungen erbracht werden.[136] Aus diesem Grunde bevorzugten auch viele Arbeiter nach Möglichkeit kommunale Wohnungen, deren Miete nur unwesentlich höher war als die genossenschaftliche Nutzungsgebühr. Andererseits hatten AWG-Wohnungen aus staatlicher Perspektive gleich mehrere Vorteile: Sie waren billiger zu bauen; es konnte Kaufkraft abgeschöpft werden; sie schienen geeignet, unwillkommene Fluktuation zu mindern.

In der zweiten Hälfte der 1950er Jahre nahm die Zahl der jährlich neugebauten Wohnungen relativ rasch zu[137], wobei sich der Anteil von AWG-Wohnungen auf über 50 % erhöhte. Befanden sich unter den im Jahre 1955 insgesamt 32.800 neuen bzw. instandgesetzten Wohnungen erst 3.200 in den Händen der AWG, so ereichte deren Zahl im Jahre 1961 bei insgesamt 92.000 Wohnungen immerhin schon 54.000.[138] Nimmt man einen stellenweise recht umfangreichen Werkwohnungsbau, wie etwa in „Stalin-Stadt" (seit 1961 zusammen mit Fürstenberg als Eisenhüttenstadt) und Hoyerswerda[139], hinzu, so ergibt sich ein Bild, das Arbeiter in der Konkurrenz um die Mangelware Wohnung in einer vorteilhafteren Position als die meisten anderen Beschäftigtengruppen zeigt. Allerdings sollten Durchschnittswerte nicht darüber hinwegtäuschen, daß die Chancen, eine neue Wohnung zu erhalten, auch für Arbeiter ungleich verteilt waren. Im hier betrachteten Zeitraum konzentrierte sich der Wohnungsbau auf einige größere Städte sowie auf Standorte der Grundstoffindustrie und des Maschinenbaus, erfaßte also weite Gebiete der DDR in nur geringem Maße oder gar nicht.[140]

---

130 StJB 1956, a.a.O., S. 327.
131 Vgl. Thomas Topfstedt, Städtebau in der DDR 1955–1971, Leipzig 1988, S. 171 (Anm. 107).
132 GBl., Nr. 158/1952, S. 1187.
133 GBl., Nr. 83/1953, S. 845.
134 GBl., Nr. 129/1953, S. 1219.
135 GBl., Nr. 27/1954, S. 253, 256.
136 Vgl. Musterstatut der Arbeiter-Wohnungsbau-Genossenschaften, Berlin 1954.
137 Vgl. Topfstedt, Städtebau, a.a.O., S. 10f.
138 StJB 1962, a.a.O., S. 376.
139 Vgl. Topfstedt, Städtebau, a.a.O., S. 26–41.
140 Berlin und der Bezirk Cottbus nahmen fast über den gesamten Untersuchungszeitraum hinweg, bezogen auf die Einwohnerzahl, Spitzenpositionen im Wohnungsbau ein. Siehe u.a. StJB 1970, Berlin 1970, S. 158.

Doch selbst wo Neubauten entstanden, bedeutete das noch keineswegs eine Entspannung der Wohnungssituation. Die im Januar 1957 auf einer Zentralvorstandssitzung der IG Bergbau getroffene Feststellung, daß es Bezirke gebe, „wo die Anzahl der Wohnungen, die wegen Baufälligkeit gesperrt werden mußten, fast die Zahl der neugebauten Wohnungen erreicht", spiegelte eine generelle und langfristige Erscheinung wider. Um so wichtiger war es, wenn man argumentieren konnte, daß „in Anbetracht unserer Produktionsaufgaben und der Arbeitskräftelage" die Interessen „unserer Kumpel . . . entsprechend berücksichtigt werden".[141]

Wie sich die Industriearbeiterschaft in den 1950er Jahren unter den widersprüchlichen Versorgungsverhältnissen verhielt, läßt sich kaum in einer pauschalisierenden Aussage zusammenfassen. Bei allen Nivellierungstendenzen in der Lebenshaltung differierten die alltäglichen Lebensbedingungen lokal und regional teilweise erheblich. Insofern muß jede Annäherung an dieses Thema fragmentarisch bleiben. Fraglos aber wurde die 1950/51 eintretende Entspannung der Versorgung mit Lebensmitteln und Bekleidung als eine Erleichterung bei der alltäglichen Lebensbewältigung wahrgenommen. Doch das blieb eine sehr relative Erfahrung, denn nach wie vor erforderten allein schon die nötigen Einkäufe einen beträchtlichen Zeit- und Kraftaufwand. Beschwerden der Bevölkerung vermittelten einen ungefähren Eindruck von der Gewichtung ihrer Sorgen und Nöte (Tabelle 32).

Tabelle 32
Analyse der zentralen Beschwerdestelle beim Rat des Kreises Cottbus für das II. Quartal 1952

Abteilungen	Zahl der Beschwerden	davon berechtigt
Verwaltung	4	3
Inneres	18	8
Landwirtschaft	58	37
Wohnraumlenkung	82	62
Soziales	19	11
Gesundheitswesen	17	7
Handel u. Versorgung	40	21
Erfassung	37	18
Wirtschaft u. Arbeit	58	30
Volksbildung	13	8
Sonstige Beschwerden	155	85
Insgesamt	501	290

Quelle: BLHA, Ld. Br. Rep. 250, Landratsamt Cottbus, Nr. 78, unpag: Analyse der zentralen Beschwerdestelle beim Rat des Kreises Cottbus für das II. Quartal 1952.

Die Beschwerdekategorien gaben einen Hinweis darauf, daß neben sozial- und arbeitsrechtlichen Fragen vor allem Versorgungs- und Wohnungsprobleme die Arbeiter beschäftigten. Mängel, die auf diesen Gebieten auftraten, wurden angesichts des allumfassenden politischen Machtanspruchs der SED und der von ihr verantworteten Wirtschaftsentwicklung mit einer gewissen Folgerichtigkeit dem Regime angelastet. Dessen Repräsentanten, die jede Verbesserung der Lebenslage als Beweis für die Richtigkeit ihrer Politik ausgaben, dürften

---

141 SAPMO-BA, ZGA IG Bergbau, ZV-Sitzungen Nr. 44, unpag.: Protokoll der 7. ZV-Sitzung, 17./18. 1. 1957. Referat, S. 17.

sich andererseits völlig im klaren gewesen sein, daß die verschiedensten Mangelerscheinungen das gesamte System in Mißkredit bringen konnten. Dem vermochte sich die SED im Verlaufe ihrer gesamten Geschichte nie zu entziehen, was nicht zuletzt darin seinen Ausdruck fand, daß sich selbst die obersten Führungsgremien immer wieder mit Versorgungslükken oder -engpässen auseinanderzusetzen hatten.[142]

Das war beispielsweise der Fall, als Walter Ulbricht auf der 35. ZK-Tagung im Oktober 1957 heftige Kritik daran übte, daß seit dem Jahre 1956 die Förderung der Konsumgüterproduktion nachgelassen habe. Er mahnte die Verantwortlichen der Industrie und des Handels, den „Gesichtspunkt der Beweisführung der Überlegenheit des sozialistischen Systems gegenüber dem Kapitalismus" zu berücksichtigen und die politische Verantwortung für die reibungslose Versorgung der Bevölkerung zu erkennen.[143]

Nicht zuletzt, weil die gesamte Versorgungsproblematik so stark politisch aufgeladen war, sah sich die SED-Führung einer ständig kritischen Stimmung in der Bevölkerung gegenüber. Mit größerer Sensibilität reagierte sie allerdings dann, wenn sich Unzufriedenheit in Betrieben und Arbeiterwohnvierteln über das normale Maß hinaus ausbreitete. Auch die Gewerkschaftsspitzen verhielten sich so. Beispielsweise übte sich der Zentralvorstand der IG Bergbau im Juni 1956 – also in einer Phase der rapiden Stimmungsverschlechterung in den Betrieben – in Selbstkritik: Man nehme „heute oft die tägliche Interessenvertretung beim Aufbau des Sozialismus zu leicht", behandele sie „sehr einseitig und kampagnemäßig". Aber man könne „große ökonomische Aufgaben wie die stetige Steigerung der Arbeitsproduktivität nur dann verwirklichen, wenn wir uns als Gewerkschaften darum kümmern, wie unsere Bergleute mit Lebensmitteln, Kleidung und anderen Bedarfsgütern versorgt werden, wenn ihre Wünsche auf Wohnraum u.a. berücksichtigt werden, die das Leben der Bergarbeiter und ihrer Familien verschönern. Und zum anderen, sorgen wir dafür, daß alles das, was an Nahrungsmitteln und Gebrauchsgütern zur Verfügung steht, unbürokratisch in die Hände der Bergleute gelangt, dann werden sie auch ihre ganze Kraft einsetzen für die Erfüllung und Übererfüllung unserer Pläne. Dann werden wir auch erreichen, daß sie viel mehr als bisher sich an der breiten Demokratisierung unseres gesellschaftlichen Lebens beteiligen."[144]

Dieses Beispiel läßt sich nicht ohne weiteres als gewerkschaftliche Klientelwirtschaft oder als Verteilungskampf interpretieren. Es spiegelt vielmehr direkt die wirtschaftspolitischen Schwerpunktsetzungen der SED wider. Unter den gegebenen Bedingungen hatten Gewerkschaften, oder – im kleineren Rahmen – auch BGL freilich nach dem Gesetz ganz gute Karten, um bei der Lösung sozialer Probleme aktiv zu werden. Allerdings haftete solchen Vorstößen, wie dem eben zitierten, zumeist etwas Propagandistisches und Plakatives an, dem Arbeiter oft mißtrauten. Dennoch gab es zumindest in Ansätzen auch Klientelverhältnisse, konnte sich ein eigenartiges Beziehungsgeflecht zwischen Repräsentanten des Regimes und Arbeitern herausbilden. Das war oft dann der Fall, wenn Funktionäre der SED, des FDGB oder auch der Staatsorgane zur Lösung eines – zumeist sozialen – Problems persönlich und direkt zugunsten einzelner Arbeiter oder auch Arbeitsgruppen bei entspechenden Dienststellen intervenierten. Beziehungen, wie sie hierbei möglich waren, trugen nicht selten Züge

---

[142] Vgl. Reinhold Andert/Wolfgang Herzberg, Der Sturz. Erich Honecker im Kreuzverhör, Berlin/Weimar 1990, S. 284f.

[143] Ulbricht, Zur sozialistischen Entwicklung der Volkswirtschaft, a.a.O., S. 632f.

[144] SAPMO-BA, ZGA IG Bergbau, Nr. 41, unpag.: Protokoll der 5. ZV-Sitzung, 21./22. 6. 1956. Rechenschaftsbericht.

einer karitativ eingefärbten Patronage. Ohne das Motiv echter Hilfsbereitschaft in Abrede zu stellen, schwang dabei jedoch auch die Absicht mit, das Image „der Partei" oder „der Gewerkschaft" zu verbessern.[145]

Solche Situationen finden sich in den Quellen relativ häufig dokumentiert, eigneten sie sich doch gut als Erfolgsnachweis für den eigenen Tätigkeitsbereich des „Patrons". Ein Beispiel dieser Art waren Briefe der Arbeiterin H. aus dem Auto-Werk Eisenach an die Kreistagsabgeordnete Sch. Diese war H. bei der Klärung einiger Finanzprobleme behilflich und hatte sich wohl auch für eine Verbesserung der Arbeitssituation eingesetzt. Gleichzeitig versuchte sie aber auch, H. politisch für die SED zu interessieren. Zwar wird nicht klar, ob das Erfolg hatte, doch reagierte H. in einem langen Brief mit förmlich überschäumender Dankbarkeit für „Liebe, Güte und wahre tiefe Freundschaft", die ihr entgegengebracht worden sei.[146]

Insgesamt jedoch schienen Arbeiter gegenüber der „Obrigkeit" auf genügend Distanz Wert zu legen. So zumindest lassen sich die zahlreichen Klagen von Funktionären deuten, die vergeblich versuchten, mit Arbeitern ins (politische) Gespräch zu kommen. Charakteristisch hierfür war auch das Untersuchungsergebnis einer „Brigade"[147] des ZK der SED, die im Jahre 1958 die „ideologische Arbeit" auf der Baustelle des Kraftwerkes Lübbenau analysieren sollte: „Ungenügend sind bisher die Fortschritte, mit Hilfe der Partei- und Gewerkschaftsarbeit bei allen Bauarbeitern Klarheit zu schaffen über die politische Bedeutung ihrer tagtäglichen Arbeit für die Stärkung unserer Arbeiter-und-Bauernmacht und besonders für die Erhaltung des Friedens. Für den unmittelbaren Zusammenhang der Arbeit des einzelnen Kollegen mit der Verbesserung unseres Lebensstandards ist das Verständnis breiter."[148]

Diese keinesfalls neue Einsicht hatte übrigens schon seit längerem zu Versuchen geführt, Arbeiter aktiv in die Kontrolle des Handels und der Wohnungsvergabe einzubeziehen, um sie über diesen Weg auch politisch im Sinne der SED zu aktivieren. So verfügte die IG Metall Ende 1956 über 4.460 Kontrolleure für Handel und Versorgung und 3.212 für Bau- und Wohnungswesen; bis Mitte 1957 wollte sie rund 25.000 ehrenamtliche Arbeiterkontrolleure gewinnen, davon 20.000 für Handel und Versorgung sowie 5.000 für Bau- und Wohnungswesen. Diese Bemühungen ließen sich keineswegs nur als Kosmetik begreifen; sie sprachen eher für die ernsthafte Absicht, auf dem Felde der Sozialpolitik für Arbeiter zugängliche Kontroll- und Mitsprachemöglichkeiten zu installieren. Deshalb begannen auch zur gleichen Zeit Kurse für Ökonomie und Sozialpolitik, an denen beauftragte Gewerkschaftsfunktionäre teilzunehmen hatten.[149] Der ganze Vorgang stand im Zusammenhang mit den Versuchen der SED- und der FDGB-Führung, systemkonforme und kontrol-

145 Hierfür ist der Begriff des „sozialistischen Paternalismus" geprägt worden. Vgl. Gerd Meyer, Sozialistischer Paternalismus. Strategien konservativen Systemmanagements am Beispiel der Deutschen Demokratischen Republik, in: Ralf Rytlewski (Hg.), Politik und Gesellschaft in sozialistischen Ländern. Politische Vierteljahresschrift 20 (1989), Sonderheft, S. 426.
146 Thüringisches Landeshauptarchiv, Weimar (TLHA), VEB AWE, Nr. 549, unpag.: Brief der Arbeiterin H. an die Abgeordnete Sch., 18. 8. 1959 (Abschrift).
147 Im Parteiapparat der SED wurde diese Bezeichnung häufig für Ad-hoc-Arbeitsgruppen verwendet. Es handelte sich nicht um die in der Industrie verbreiteten Arbeitsbrigaden.
148 SAPMO-BA, ZPA IV/2/603/57, unpag.: Brigadeeinsatz des ZK der SED. Arbeitsgruppe Lübbenau (undat.), wahrscheinl. erstes Hlbj. 1959.
149 SAPMO-BA, ZGA IG Metall, Nr. 67, unpag.: Protokoll der 6. ZV-Sitzung, 26./27. 2. 1957, Rechenschaftsbericht.

lierbare Beratungsinstanzen zu schaffen, in denen Arbeiter sich durch gewählte Vertreter artikulieren können sollten.[150]

Vor diesem Hintergrund lag schon Konsequenz darin, wenn sich die Staatliche Plankommission 1958 intensiv mit methodischen Fragen für „genaue Berechnungen des Lebensstandards" befaßte und dabei versuchte, den Warenumsatz nach der sozialökonomischen Struktur der Käufer zu analysieren.[151] Ein solcher Ansatz konnte im gegebenen Kontext nur sinnvoll sein, wenn die Sozialpolitik Präferenzen nach Klassen- und Schichtstrukturen beinhaltete, wie sie wenig später der 5. SED-Parteitag bekräftigte. Ausdrücklich war dort von „den politischen und wirtschaftlichen Interessen der Arbeiterklasse und der gesamten werktätigen Bevölkerung" die Rede. Hauptaufgabe sei eine schnelle Steigerung des Pro-Kopf-Verbrauchs an „allen wichtigen Lebensmitteln und Konsumgütern".[152] Die Unterscheidung von „Arbeiterklasse" und „gesamter werktätiger Bevölkerung" deutete zumindest die beabsichtigten sozialpolitischen Gewichtungen an.

Trotz aller wirtschafts- und sozialpolitischen Schaumschlägerei um die „ökonomische Hauptaufgabe" und danach um den „Siebenjahrplan" verfügten der ZK-Apparat, der FDGB-Bundesvorstand und die Staatliche Plankommission über ein recht genaues Bild von der sozialen Lage der Bevölkerung und besonders der Industriearbeiter. Obwohl letztere nicht über formelle Instrumentarien einer wirksamen Interessenartikulation und -durchsetzung verfügten, nutzten sie ein ebenso altes wie effektives Alternativmittel – das „Meckern".[153] Über ihre verschiedenen Informationskanäle erfuhr die politische Führungsspitze der DDR ziemlich genau, was und warum jeweils „gemeckert" wurde. Solche Informationen pflegten nicht selten versorgungspolitische Ad-hoc-Entscheidungen auszulösen.

Doch selbst wenn man „oben" genauere Kentnisse über die Lage „unten" besaß, hieß das noch lange nicht, daß damit schnelle sozialpolitische Reaktionen möglich wurden. Auf den mittleren Ebenen der Machthierarchie war eine Problemzone entstanden, die eine solche „Durchlässigkeit" recht wirksam verhinderte: Nicht hinreichend informiert, intellektuell oft überfordert, dafür aber doktrinär bis zur Unbeweglichkeit, hatte sich dort ein in Anlehnung an die entsprechende sowjetische Leitfigur als „Apparatschik" bezeichneter Funktionärstypus etabliert, der über relativ viel Macht innerhalb seines begrenzten Tätigkeitsbereiches verfügte. Wahrscheinlich – das ist rein spekulativ – befand sich dieser Typus auch innerhalb der „Apparate" in der Minderheit. Doch weil er oft Schlüsselstellungen einnahm, konnte er zum Auslöser erheblicher sozialer Spannungen werden.

Davon zeugte beispielsweise eine Diskussion, die am 12. Juli 1956 im Büro der SED-

150 Vgl. Dietrich Staritz, Die „Arbeiterkomitees" der Jahre 1956/58. Fallstudie zur Partizipations-Problematik in der DDR, in: Der X. Parteitag der SED. 35 Jahre SED-Politik. Versuch einer Bilanz. Vierzehnte Tagung zum Stand der DDR Forschung in der Bundesrepublik Deutschland, 9.–12. Juni 1981, Köln 1980, S. 65–74.
151 Bundesarchiv, Abteilung Potsdam (BA), ZStA E-1, Bl. 5f.: SPK. Methodische Richtlinien für die Ausarbeitung des Perspektivplanes 1961–1965 und bis 1975 (Entwurf), 11. 2. 1958.
152 Protokoll der Verhandlungen des V. Parteitages der Sozialistischen Einheitspartei Deutschlands. 10. bis 16. Juli 1958 in der Werner-Seelenbinder-Halle zu Berlin. 1. bis 5. Verhandlungstag (Protokoll des V. Parteitages der SED, Bd. 1), Berlin 1959, S. 69f.
153 Darauf machte in jüngster Zeit Mary Fulbrook aufmerksam. Vgl. Mary Fulbrook, Herrschaft, Gehorsam und Verweigerung. Die DDR als Diktatur. Vortrag auf der Konferenz „Die DDR als Geschichte", Potsdam, 6.–8. 6. 1993. Siehe dazu den Bericht von Peter Hübner: Die DDR als Geschichte. Ein Tagungsbericht,in: Internationale wissenschaftliche Korrespondenz zur Geschichte der deutschen Arbeiterbewegung (IWK) 29 (1993), 2, S. 226.

Bezirksleitung Cottbus geführt wurde. Ein anwesender Mitarbeiter des ZK hatte vorgeschlagen, angesichts der intensiven und für die SED problematisch werdenden Debatten um die Steigerung der Arbeitsproduktivität, Normen und Wirtschaftszweig-Lohngruppenkataloge im Senftenberger Braunkohlenrevier für „eine besondere Vergünstigung in Bezug auf die Lebensmittelversorgung" zu sorgen. Er wolle selbst mit dem zuständigen Minister Rücksprache nehmen, „um zu erreichen, daß einige Reserven freigemacht werden, um in diesen Kreisen von vornherein negative Diskussionen auszuschalten". Diesem offensichtlichen Versuch von sozialer Befriedungspolitik hielt der Wirtschaftssekretär der Bezirksleitung entgegen, daß die Kreise dieses Reviers ohnehin in der Pro-Kopf-Versorgung an der Spitze lägen. Und der 1. Sekretär der Bezirksleitung gab in seinem Schlußwort die Devise aus: „Betreffs der zusätzlichen Versorgung des Reviers Senftenberg ist zu bemerken, daß dies auf keinen Fall durchgeführt werden sollte. Der Aufbau des Sozialismus ist eben einmal mit Schwierigkeiten verbunden".[154]

Dabei übersah er freilich einen wichtigen Zusammenhang: Der Verzicht auf zusätzliche Lebensmittelversorgung stellte sich aus der Sicht der Bergarbeiterfamilien, die ja über eine beachtliche Kaufkraft verfügten, als Stagnation oder sogar – gegenüber anderen Regionen und Berufsgruppen – als relative Verschlechterung dar. Die Reaktionen waren entsprechend negativ und zwangen bald zu Korrekturen dieser Versorgungspolitik.

6. Versorgungskrisen und „Neues ökonomisches System": Modernisierung statt Butter?

Hätte die SED nach dem 13. August 1961 die sozialpolitische Praxis der 1950er Jahre fortgesetzt, wäre es naheliegend gewesen, den „Mauer"-Schock in der Bevölkerung durch eine spektakuläre lohn- oder preispolitische Aktion zu überwinden. Das geschah jedoch nicht. Statt dessen waren am 1. Dezember in der DDR über 70.000 „Arbeiterkontrolleure" der Gewerkschaften unterwegs, um die Versorgung der Arbeiter in den Betrieben zu überprüfen und dort auch Möglichkeiten für die zusätzliche Produktion von Konsumgütern ausfindig zu machen.[155]

Vermittelte dies schon insgesamt einen sehr angespannten Eindruck, so kam es noch schlimmer: Seit dem Herbst 1961 verschärfte sich die Versorgungslage nach einer Mißernte und im Gefolge der durch die Kollektivierung der Landwirtschaft verursachten Produktionsausfälle noch erheblich. Hohe Ertragsausfälle vor allem bei Getreide und Hackfrüchten führten auch zu drastischen Versorgungslücken bei Kartoffeln, Fleisch- und Milcherzeugnissen sowie Eiern.[156] Besonders schwerwiegende soziale Härten konnten zwar vermieden werden, indem der Einzelhandel Kundenlisten anlegte oder zu ähnlichen Formen eines Quasi-Rationierungssystems griff, doch sorgte der eigentlich kaum noch erwartete Einbruch in elementaren Bereichen der Lebensmittelversorgung für beträchtliche Unruhe unter der Bevölkerung.

[154] BLHA, BPA Cottbus, SED-Bezirksleitung IV/2/3/295, unpag.: Protokoll der 12. Sitzung des Büros der Bezirksleitung, 12. 7. 1956.
[155] Vgl. Winkler, Geschichte der Sozialpolitik, a.a.O., S. 304.
[156] StJB 1965, Berlin 1965, S. 324.

Unvermeidlich rückte das Thema ins Zentrum von Diskussionen, Fragen und Unmutsäußerungen der Arbeiter. Schon im November 1961 berichtete der 1. Sekretär der SED-Kreisleitung Senftenberg, also eines, wie oben erwähnt, ohnehin bevorzugt belieferten Kreises, vor dem Büro der Bezirksleitung Cottbus über die sich anbahnenden Probleme. Am Beispiel des Schwermaschinenbaus Lauchhammer glaubte er einen Widerspruch zu erkennen: „Nicht bei allen Kollegen kann die gute Arbeitsleistung auf die richtige Einstellung zum Staat der Arbeiter und Bauern zurückgeführt werden. Ein Teil der Belegschaft läßt sich ausschließlich von materiellen Erwägungen leiten. [. . .] Breiten und oft den beherrschenden Raum nehmen in der Diskussion der Kollegen Versorgungsschwierigkeiten ein. Ein Teil, darunter auch viele Arbeiter, machen von solchen Schwierigkeiten ihre Einstellung zur DDR und zum Sozialismus abhängig."[157] Die Kritik an der Versorgung, die offenbar nicht übermäßig freundliche Einstellung der Arbeiter zum SED-Regime kontrastierte mit guten Arbeitsleistungen, die allerdings weitestgehend durch materielle Erwägungen motiviert waren: Aus der Perspektive des politischen Funktionärs bot die „Arbeiterklasse" durchaus ein kompliziertes Bild. Während in der SED-Spitze zu dieser Zeit bereits darüber nachgedacht wurde, wie eine solche Interessenlage wirtschaftlich produktiv zu machen war, vermochten sich die nachgeordneten „Apparate" noch keineswegs in solch ungewohnter Dialektik zurechtzufinden.

Zusätzliche politische Brisanz erhielt die angespannte Versorgungslage durch das zeitlich parallele Produktionsaufgebot.[158] Arbeitern blieb es gewöhnlich unverständlich, wieso „in der gleichen Zeit für das gleiche Geld" gesteigerte Arbeitsleistungen mit einer Verschlechterung ihrer Lebenslage einhergehen sollten. Das beschäftigte sie, und deshalb wurden Versorgungs- und Lohnfragen vielerorts heftig diskutiert. Die Reaktionen der Industriearbeiterschaft waren uneinheitlich. Einerseits war es nicht ungewöhnlich, wenn ein entsprechender Verwaltungs-Bericht der VVB Braunkohle Cottbus neben dieser Unzufriedenheit ausdrücklich auf die gleichzeitig hohe Arbeitsbereitschaft aufmerksam macht.[159] Andererseits scheint es als Reaktion auf Produktionsaufgebot und Versorgungsmängel in einem stärker als üblichen Maße Arbeitszurückhaltung gegeben zu haben. So wurde in Betrieben der Metallindustrie der Slogan kolportiert: „Wie die Verpflegung – so die Bewegung", auch kritisierten Arbeiter, daß es „in der letzten Zeit viel Dokumente" gebe, „aber die Versorgung klappt nicht".[160] Während der Sommer- und Herbstmonate des Jahres 1962 gaben Beschäftigte der Braunkohlenindustrie zu bedenken: „Was ist bloß in der Landwirtschaft los; gebt uns mehr zu essen, dann können wir über den Plan diskutieren."[161]

Generell zeichnete sich eine einfache Konstellation ab, in der die Arbeiterschaft ihre Arbeitsleistung direkt von der Versorgungslage abhängig machte. Oder anders: Die SED, der FDGB und die „wirtschaftsleitenden Organe" sahen sich gezwungen, die Versorgungsfragen einigermaßen befriedigend zu lösen, wenn die Planvorgaben für die Industrie erfüllt werden sollten. Bemerkenswert blieb freilich, daß es bei aller Unzufriedenheit unter den Industriearbeitern nicht zu ausgedehnteren Protestaktionen kam. Im Gegenteil gab es viele Zeichen

---

157 BLHA, BPA Cottbus, SED-Bezirksleitung IV/2/3/441, unpag.: Protokoll der 41. Sitzung des Büros der Bezirksleitung, 30. 11. 1961. Bericht der Kreisleitung Senftenberg.

158 Vgl. dazu Kapitel 1.

159 BLHA, BPA Cottbus, SED-Bezirksleitung IV/2/3/471, unpag.: Protokoll der 20. Sitzung des Büros der Bezirksleitung, 13. 9. 1962. Bericht der VVB Braunkohle Cottbus.

160 SAPMO-BA, ZGA IG Metall, Nr. 103, unpag.: 13. ZV-Sitzung, 28./29. 11. 1962. Bericht über die Tagung der Arbeitsgruppe Schwarzmetallurgie.

161 SAPMO-BA, ZGA IG Bergbau, unpag.: 14. ZV-Sitzung, 4. 9. 1962, Bericht des Präsidiums.

einer Haltung, die zwischen „mißmutiger Loyalität"[162] und gemäßigter Affirmation oszillierte. Nicht Konflikte wurden gesucht, sondern Kompromisse und Arrangements bevorzugt. Allerdings war mitunter die Forderung nach Vorzugsbedingungen daran geknüpft: Auf manche bisherigen Privilegien pochend, erhoben einige Bergbaubelegschaften die Forderung nach Sonderverpflegung für körperlich schwer Arbeitende oder sie verlangten, wie im Kalibergbau, die Wiedereinführung von Deputaten.[163]

Die Auseinandersetzungen um Versorgungsprobleme blieb engstens mit der Diskussion von Lohn- und Arbeitszeitregelungen verquickt. Aber es ging noch um mehr. Gerade das Beispiel der Bergarbeiter zeigte, wie sehr sich deren Forderungen auch von ihrem Selbstverständnis als Berufsgruppe herleiteten. In der DDR-Gesellschaft hatten sie von Anfang an eine – zumindest nominell – privilegierte Stellung inne, die sie ungern aufgeben mochten. Ihres Sozialprestiges waren sich Bergarbeiter sehr wohl bewußt. Und aus dieser Sicht erwiesen sich deren Forderungen auch als Versuch, ihre volkswirtschaftliche Schlüsselrolle materiell honoriert und – was für sie vielleicht nicht weniger wichtig war – demonstriert zu sehen. Eine solche Haltung dürfte in der Führung der SED und insbesondere in Wirtschaftskreisen Überlegungen befördert haben, die spezifische Interessenlage der Industriearbeiterschaft für die Beschleunigung wirtschaftlichen Wachstums zu aktivieren. Im Jahre 1962 äußerte sich Walter Ulbricht mehrfach in dieser Richtung. So nannte er auf der 17. Tagung des ZK der SED am 5. Oktober 1962 einen wichtigen Grund, der das Verhalten der Bergleute wenigstens teilweise erklärte: „Das bisherige System der Planung wird dem Gesetz der Verteilung nach der Leistung und dem Prinzip der materiellen Interessiertheit nicht gerecht und läßt einen Widerstreit der persönlichen und gesellschaftlichen Interessen zu."[164] Für die hinter dieser Formulierung stehenden Reformabsichten dürfte die 1961 einsetzende Versorgungskrise sogar von einigem Nutzen gewesen sein, erzeugte sie doch einen politischen Druck, um die sozialen Interessen der Arbeiterschaft zumindest teilweise stärker zu berücksichtigen und als ein tragendes Element in das Konzept einer für notwendig gehaltenen Wirtschaftsreform einzuordnen.

Im Vergleich zu anderen Bereichen des alltäglichen Lebens behielt die Lebensmittelversorgung immer ein erhebliches Eigengewicht, zumal die Krise nicht kurzfristig überwunden werden konnte. Das Regime befand sich hierbei in einer Defensivposition, die in der Bevölkerung durchaus wahrgenommen wurde und die offenbar von Industriearbeitern auch genutzt wurde, um soziale Zugeständnisse zu erreichen. Auch hierbei erwies sich jene immer wieder anzutreffende Mischung aus Schweigen und „Meckern" als wirksam. Eine geradezu typische Situation dieser Art war im Sommer 1963 entstanden, als mit dem üblichen propagandistischen Aufwand Volkskammer- und Bezirkstagswahlen vorbereitet wurden. Ein darüber vom Rat des Bezirkes Cottbus angefertigter Bericht machte auf vier hauptsächliche Kritikpunkte aufmerksam: Erstens gebe es „keine genügende Wahlatmosphäre", was wohl damit zusammenhinge, daß die staatliche Leitungstätigkeit vielen Kritiken ausgesetzt sei. Zweitens halte die Unzufriedenheit über fortdauernde Versorgungsengpässe, vor allem bei Brot, Gemüse und Fisch an. Drittens erweise sich die Infrastruktur der neuen Wohngebiete als unzurei-

---

162 Der Begriff stammt von Alf Lüdtke. Vgl. Alf Lüdtke, „Helden der Arbeit" – Mühen beim Arbeiten. Zur mißmutigen Loyalität von Industriearbeitern in der DDR, in: Hartmut Kaelble/Jürgen Kocka/Hartmut Zwahr (Hg.), Sozialgeschichte der DDR, Stuttgart 1994, S. 188–213.
163 SAPMO-BA, ZGA IG Bergbau, unpag.: 14. ZV-Sitzung, 4. 9. 1962, Referat.
164 Walter Ulbricht, Zum neuen ökonomischen System der Planung und Leitung, Berlin 1967, S. 43.

chend; vor allem fehlten Einrichtungen zur Kinderbetreuung und Verkaufsstellen. Viertens schließlich hätte eine Reihe von Funktionären für Unruhe gesorgt, weil sie die Ergebnisse der Wirtschaftskonferenz des ZK der SED und des Ministerrates vom Juni 1963[165] als Aufforderung zur Lohnsenkung interpretierten, „was gleichzeitig bedeuten würde, auf das Lebenshaltungsniveau der anderen sozialistischen Staaten zurückzugehen".[166]

Der Bericht verdeutlichte, wie sehr die Versorgungsproblematik in einen umfassenderen Kontext eingebunden war. Kritik an fehlendem Gemüse verband sich mit der Überzeugung von beachtlichem Unvermögen der Staatsorgane. Zugleich geriet deren Tätigkeit in einen Zusammenhang mit drohenden lohnpolitischen Konflikten. Ein kaum entwirrbares Problem-Konglomerat sorgte also für die im Bericht monierte schlechte Stimmungslage. Deren Schwerpunkte, auch anhand von kritischen Flugblättern lokalisierbar, befanden sich in den Kreisen Forst, Guben, Hoyerswerda, Senftenberg, Spremberg, mithin also in regionalen „Hochburgen" der Industriearbeiterschaft.[167]

Aber der Bericht deutete noch etwas anderes an: Bei allem Mißbehagen fühlten sich wohl alle Beteiligten in einer Situation, von der sie ahnten, daß es schlechtere Varianten gab. Ein Gleichziehen mit sowjetischen Lebensverhältnissen geriet mehr und mehr zur abschreckenden Vision. Bereits Ende 1961, als die SED-Führung demonstrativ Anlehnung an die UdSSR suchte, wurde in DDR-Betrieben die besorgte Frage laut, ob denn eine solche Orientierung richtig sei, „da doch der Lebensstandard z.T. in der DDR höher ist als in der Sowjetunion".[168] Man war sich bewußt, daß es sich, wenn man schon im sowjetischen Hegemonialbereich bleiben mußte, materiell in der DDR immer noch am besten lebte. Es lag eine geschichtliche Ironie darin, wenn sich die schlechten, en detail einer Mehrheit der Bevölkerung allerdings nicht sehr genau bekannten, Existenzbedingungen in der Sowjetunion als ein Punkt erwiesen, von dem die SED zumindest indirekt und sehr relativ profitierte. Die Überlegung, daß es schlechter gehen könnte, wirkte systemstabilisierend und erhöhte die Neigung zum gesellschaftspolitischen Arrangement.

Die problematische Versorgungslage und die schwache Infrastruktur hatten Konseqenzen für die Frauenbeschäftigung. Zwar erreichte die DDR bereits in den 1950er Jahren eine hohe Frauenerwerbsquote, doch scheint die seit 1960 zunehmend angespanntere alltägliche Lebenssituation immer mehr Frauen zu Teilzeitarbeit bewogen zu haben. Allein im ersten Quartal 1961 nahm die Zahl der verkürzt Arbeitenden um 24.000 zu. Darunter befanden sich 14.000 Produktionsarbeiter, vor allem wohl Arbeiterinnen. Gegenüber 1960 lag der Gesamtanstieg bei 60 %; bei Produktionsarbeitern indes bei 70 %.[169]

Fehlende Kinderkrippen- und Kindergartenplätze, Unzulänglichkeiten des Handelsnetzes, darunter die erwähnten Versorgungslücken, sowie Schwächen im öffentlichen Verkehrssystem galten in zeitgenössischen Einschätzungen dafür als ausschlaggebend. Über die „sozialistische Wohnstadt" Hoyerswerda hieß es z.B. 1961: „Man schimpft so viel auf die Inaktivität

---

[165] Vgl. Das neue ökonomische System der Planung und Leitung der Volkswirtschaft in der Praxis. Diskussion. Schlußwort, Berlin 1963.

[166] BLHA, BPA Cottbus, SED-Bezirksleitung IV/A/2/3/037, unpag.: Protokoll der 16. Sitzung des Sekretariats der Bezirksleitung, 29. 8. 1962. Bericht des Rates des Bezirkes Cottbus.

[167] Ebenda.

[168] SAPMO-BA, ZGA FDGB-Bundesvorstand, Nr. 6877, unpag: Protokoll der 11. BV-Tagung, 26./27. 10. 1961. Diskussionsbeitrag des stellv. FDGB-Vorsitzenden des Bezirkes Karl-Marx-Stadt, S. 72.

[169] BA, ZStA E-1, Nr. 1475, Bl. 18: Redemanusript Bruno Leuschners für eine Beratung im Politbüro des ZK der SED am 21. 6. 1961.

der Frauen, und dabei sind sie in den meisten Fällen viel aktiver als die Männer. Leider aber müssen sie ihre Aktivität dort beweisen, wo es heute eigentlich nicht mehr nötig sein dürfte, z.B. in der Frage der Versorgung, der Unterbringung ihrer Kinder in den Krippen, Horten usw. Gebt einmal Obacht, was das für eine Hetzjagd ist, abends in Hoyerswerda-Neustadt beim Einkauf. Schaut sie einmal an, die Frauen, mit welcher Ausdauer und Aktivität sie um die Unterbringung ihrer Kinder in Kinderkrippen, Horten und Kindergärten kämpfen. Stellt Euch mal dazu, wenn unsere Frauen nach Feierabend Wäsche waschen, weil in den Wäschereien die Kapazitäten nicht ausreichen."[170]

Nun mag die hier geschilderte Situation in der ersten großen Plattenbau-Siedlung der DDR ihre Eigenheiten gehabt haben, doch sehr viel wich die Lage in anderen Industriegebieten davon nicht ab. Tatsächlich lastete die alltägliche familiäre Lebensbewältigung gerade wegen der zahlreichen Versorgungsengpässe besonders auf den Frauen.[171] Die SED versuchte sich mangels real verfügbarer sozialer Disponiermasse zumindest in atmosphärischer Entspannung. Kurz hintereinander folgten ein Kommuniqué des Politbüros „Die Frauen, der Frieden und der Sozialismus" am 16. Dezember 1961, am 5. und 6. Januar 1962 eine Frauenkonferenz des ZK der SED, am 1. März 1962 eine Vereinbarung zwischen FDGB, Demokratischem Frauenbund Deutschlands (DFD) und der „Volkssolidarität" über die Unterstützung berufstätiger Frauen bei der Hausarbeit und Kinderbetreuung. Am 19. April beschloß der Ministerrat auf der Grundlage des Politbüro-Kommuniqués Förderungsmaßnahmen für „Frauen und Mädchen".[172] Ohne die Ergebnisse solch eines Aktionismus zu unterschätzen[173] - sie bewirkten durchaus manche Erleichterung für berufstätige Frauen -, vermochten sie auf dem Versorgungssektor kaum etwas zum Besseren zu wenden.

Wie es der FDGB-Vorsitzende Warnke im Mai 1962 vorführte, hoffte man auf diesem Gebiete noch immer durch Erklären und Überzeugen zu Rande zu kommen: „Wir müssen begründen, warum wir nach dem 13. August 1961 die Ökonomie immer besser und konsequent zur Anwendung bringen." Damit war gemeint, man brauche nicht mehr so viele soziale Rücksichten zu nehmen, auch wenn „... manchen Menschen ... die Zusammenhänge zwischen ihren individuellen Wünschen und den volkswirtschaftlichen Möglichkeiten noch nicht klar" seien. Allerdings kam auch Warnke nicht umhin einzugestehen, daß die SED wirtschafts- und sozialpolitisch mit dem Rücken an der Wand stand: „... wir haben einen Teil dessen verbraucht, was wir zur Erneuerung und Ausweitung unserer Produktion brauchten, um unseren Lebensstandard in Zukunft erhöhen zu können".[174]

Dieser Lage entsprach die Praxis kurzatmiger Improvisation. So erlangte die im Mai 1963 gegründete „Arbeiter-und-Bauern-Inspektion"[175], die u.a. auch die Aufgaben der seit 1948 bestehenden „Zentralen Kommission für staatliche Kontrolle" und der „Arbeiterkontrolle" des FDGB übernahm, eine gewisse Bedeutung, um Unregelmäßigkeiten im Handel oder bei

---

[170] BLHA, BPA Cottbus, SED-Kreisleitung Schwarze Pumpe, Nr. IV/4/13/1646, unpag.: Protokoll der Kreisleitungssitzung vom 7. 6. 1961. Diskussionsbeitrag Wittwer.

[171] Vgl. Gerhard Lippold, Arbeiter in Hoyerswerda, (unveröffentl. Manuskript).

[172] GBl. II, Nr. 32/1962, S. 295.

[173] Ausführlicher dazu Gisela Helwig, Frau und Familie in beiden deutschen Staaten, Köln 1982; Staatliche Dokumente zur Förderung der Frau in der Deutschen Demokratischen Republik. Gesetzesdokumentation, 2. erw. Aufl. Berlin 1975.

[174] SAPMO-BA, ZGA FDGB-Bundesvorstand, Nr. 6879, unpag.: Protokoll der 13. BV-Tagung, 11. 5. 1962. Schlußwort Herbert Warnkes, S. 126–129.

[175] GBl. II, Nr. 40/1963, S. 261.

der Wohnungsvergabe zu korrigieren. Doch zu einer nachhaltigen Besserung der Lage vermochte auch sie nicht beizutragen.

Unter den Bedingungen des „Neuen ökonomischen Systems" versuchte die SED den Verbrauch stärker auf technische Konsumgüter zu lenken, nicht nur um die Nachfrage nach Nahrungs- und Genußmitteln zu mindern, sondern auch um Kaufkraft abzuschöpfen. Bereits auf dem 6. Parteitag im Januar 1963 kritisierte Ulbricht, „daß die Bevölkerung der DDR gegenwärtig wesentlich mehr Geld für Nahrungs- und Genußmittel ausgibt als für Industriewaren". Die Relation betrage 55:45 und sei damit der westdeutschen Relation gegenüber genau umgekehrt, mithin „für uns ungünstig". Vor allem sei der Butter- und Fleischverbrauch zu hoch, je Kopf „immer noch erheblich höher als in Westdeutschland". Die Wissenschaft habe festgestellt, daß zu hoher Butterverbrauch nur die Arteriosklerose begünstige. Er selbst esse nicht so viel Butter, meinte Ulbricht, „weil ich nicht nur die Adenauer-Regierung, sondern auch noch manche andere Regierung in Westdeutschland überleben möchte". Kurz: Die Lage sei so, daß es Schwierigkeiten bei der Lebensmittelversorgung gebe, während der Handel auf überhöhten Beständen an Textilien und einigen technischen Industriewaren sitzenbliebe. Der Ausweg hieß: „Durch eine bessere, qualitäts- und sortimentsgerechte Produktion industrieller Konsumgüter sowie durch eine gesündere Lebensweise und die systematische Steigerung der kulturellen Bedürfnisse der Menschen muß es gelingen, nicht nur die Struktur unseres Warenfonds, sondern auch die Struktur des Verbrauchs den Bedingungen und Möglichkeiten eines modernen Industriestaates besser anzupassen."[176]

So verschroben die Argumentation auch streckenweise war, hatte die SED-Führung damit doch wichtige industriegesellschaftliche Trends erfaßt und suchte sie nun in der DDR umzusetzen. Schon die Zielstellung, die Buttererzeugung bis 1970 lediglich auf 106 % zu steigern, dafür aber bei PKW die Produktion auf 290 % zu bringen, sprach für diese Absicht.[177] Bemerkenswert war aber noch etwas: In der Einsicht, daß sich die Lebenslage der Bevölkerung eben nicht mit hinreichender Sicherheit über zentrale Pläne und notfalls mit dirigistischen Eingriffen der Partei oder der Regierung steuern ließ, versuchte die SED ihre Vorstellung von Sozialpolitik zu flexibilisieren, zugleich aber an deren Produktionsorientierung festzuhalten. Zeichen für diese Absicht setzten im Jahre 1963 die Bildung eines Instituts für Sozialpolitik und bis Mitte der 1960er Jahre eine zunehmende öffentliche Diskussion sozialpolitischer Fragen.[178] Auf dem 7. SED-Parteitag hieß es gewissermaßen resümierend, Sozialpolitik habe die Aufgabe, „solche Arbeits- und Lebensbedingungen zu schaffen, die der Entwicklung aller Bürger und der Erhaltung und Förderung der Arbeitskraft dienen. In der Sozialpolitik unserer Gesellschaft spiegelt sich die Entwicklung echter Solidarität aller ihrer Mitglieder wider. Sie kann deshalb nicht nur Sache des Staates sein, sondern muß immer mehr auch zu einem Anliegen der Arbeitskollektive und jedes Bürgers werden." Es gehe dabei um die Förderung der Familie, um Hilfe für Alte und Kranke. „Zunehmende Bedeutung erlangt die Sozialpolitik in den Betrieben. Sie soll den Werktätigen bei der Meisterung der sozialen Probleme der technischen Revolution helfen, zur ständigen Verbesserung der

---

[176] Protokoll der Verhandlungen des VI. Parteitages der Sozialistischen Einheitspartei Deutschlands. 15. bis 21. Januar 1963 in der Werner-Seelenbinder-Halle zu Berlin. 1. bis 3. Verhandlungstag (Protokoll des VI. Parteitages der SED, Bd. 1) Berlin 1963, S. 153.

[177] Ebenda, S. 154.

[178] Vgl. Winkler, Geschichte der Sozialpolitik, a.a.O., S. 108; Gerhard Tietze: Grundfragen der Sozialpolitik, Bernau 1965.

Arbeitsbedingungen im Betrieb beitragen und die Bildung fester Arbeitskollektive unterstützen."[179] Damit fand eine in der Mitte der 1960er Jahre geführte sozialpolitische Diskussion in der DDR einen vorläufigen Abschluß.[180] Unverkennbar stand das hier formulierte Verständnis von Sozialpolitik in jener Kontinuitätslinie, durch die seit den ausgehenden 1940er Jahren soziale Aufgaben zunehmend in die Betriebe hineinverlagert wurden. Auch insofern blieben Industriearbeiter die ersten Adressaten von Sozialpolitik.

Auf dem erwähnten Parteitag im Jahre 1967 vermochte die SED auf eine Stabilisierung der Lebensmittelversorgung zu verweisen. Bei Obst und Gemüse, Milch und Molkereiprodukten, Feinbackwaren, Geflügel, Kaffee, Wein und Sekt hatte sich das Angebot deutlich verbessert, doch bestanden auch weiterhin Sortimentslücken. Zunehmend gelangten pflegeleichte Textilien in den Handel. Die Ausstattung der Haushalte mit technischen Geräten nahm erheblich zu.[181] Das „NÖS" löste unzweifelhaft einen Modernisierungsschub aus.

Tabelle 33
Pro-Kopf-Verbrauch an Fleisch und Milcherzeugnisse 1962 und 1966

Erzeugnis	Maßeinheit	1962	1966
Fleisch	kg	55,3	59,5
Butter	kg	12,0	13,0
Eier	Stück	181	206
Trinkvollmilch	l	87,1	102,9

Quelle: Protokoll des 7. Parteitages der SED. Beschlüsse und Dokumente, (Bd. 4), Berlin 1967, S. 120

Am Beispiel der Butter wurde zwar sichtbar, daß Ulbrichts Mäßigungsappelle die Verbraucher wenig beeindruckten, doch war nicht zu übersehen, wie schnell sich die verstärkte Produktion technischer Konsumgüter auf den Alltag auswirkte. Allerdings stieg auch die Nachfrage enorm an und konnte nicht hinreichend befriedigt werden. Es blieb bei der inzwischen schon geläufigen Praxis, einen Teil solcher Erzeugnisse gar nicht erst in den Einzelhandel zu bringen, sondern direkt an Betriebe zu liefern, die den Verkauf an die Belegschaft organisierten. Wie das Beispiel des Braunkohlenwerkes Geiseltal-Mitte bei Halle zeigte, verstärkte sich diese Tendenz mit dem Beginn der „NÖS"-Periode noch: Von 1960 bis 1963 erhielt das Werk 107 PKW, 286 Kühlschränke und 346 Waschmaschinen zum Verkauf an die Beschäftigten. 1964 waren es dann 50 PKW, 145 Kühlschränke und 200 Waschmaschinen.[182] Daneben konnten die Belegschaftsmitglieder natürlich auch das Einzelhandelsangebot nutzen, so daß ihr jährlicher Versorgungsgrad mit technischen Konsumgütern deutlich über dem Durchschnitt lag.[183] Insgesamt wurden auf diesem Gebiet gerade in der „NÖS"-

---

[179] Protokoll der Verhandlungen des VII. Parteitages der Sozialistischen Einheitspartei Deutschlands. 17. bis 22. April 1967 in der Werner-Seelenbinder-Halle zu Berlin. 1. bis 3. Verhandlungstag (Protokoll des 7. Parteitages der SED, Bd. 1), Berlin 1967, S. 239f.

[180] Vgl. Winkler, Geschichte der Sozialpolitik, a.a.O., S. 108.

[181] Vgl. Protokoll des 7. Parteitages der SED. Beschlüsse und Dokumente, (Bd. 4), Berlin 1967, S. 120f.

[182] SAPMO-BA, ZGA IG Bergbau-Energie, Nr. 74, unpag.: Protokoll der 4. Zentralvorstandssitzung, 21./22. 10. 1964, S. 4f.

[183] Vgl. StJB 1972, Berlin 1972, S. 354.

Periode bemerkenswerte Fortschritte erreicht (Tabelle 34), für die der Verbraucher jedoch – zum Zwecke der Kaufkraftabschöpfung – sehr hohe Preise zu zahlen hatte.[184]

Tabelle 34
Bestand an technischen Konsumgütern pro 100 Haushalte 1955–1970

Ware	1955	1960	1965	1970
PKW	0,2	3,2	8,2	15,6
Motorräder und -roller	10,8	12,7	16,5	19,4
Mopeds	·	·	16,1	22,3
Radios	77,1	89,9	86,5	91,9
Fernseher	1,2	16,7	48,5	69,1
Kühlschränke	0,4	6,1	25,9	56,4
Waschmaschinen	0,5	6,2	27,7	53,6

Quelle: StJB 1968, Berlin 1968, S. 191

Solche Zahlen mochten beigetragen haben, Ulbricht und die ihm nahestehenden „NÖS"-Leute in der Überzeugung von der Effizienz der Wirtschaftsreform zu bestärken und sie zu einem riskanten industriellen Investitionsprogramm zu ermutigen, das sich besonders auf Elektrotechnik, Elektronik und Gerätebau konzentrierte und dort von 1969 bis 1971 zu einer enormen Erhöhung der Investitionen führte.[185] Gleichzeitig sank der Anteil des für Konsumtion verwendeten Nationaleinkommens 1970 auf einen Tiefpunkt von insgesamt 76,0 %, bei der individuellen Konsumtion sogar auf 66,8 % ab.[186] Die Mittel flossen seit 1969 in 88 zusätzliche Automatisierungsvorhaben, insbesondere in die Entwicklung und Herstellung elektronischer Datenverarbeitungsgeräte und in die Petrolchemie. Teure Prestigebauten in den Zentren einiger Bezirksstädte kamen hinzu. Auch sorgten zwei strenge Winter 1969/70 und 1970/71 sowie der Dürresommer 1969 für unvorhergesehene Aufwendungen aus dem Staatshaushalt, u.a. für den Import von Lebensmitteln.[187]

Die Lage war gewiß schwierig, doch ein Zusammenbruch der DDR-Wirtschaft stand zu diesem Zeitpunkt nicht bevor.[188] Wesentliche Leistungsdaten sahen sogar recht günstig aus, und Jörg Roesler mag in der Annahme recht behalten, daß reale Schwierigkeiten durch die Honecker-Fraktion im SED-Politbüro gezielt hochgespielt worden sind, um Ulbrichts Ablösung herbeizuführen.[189] Indes wurden die von den „NÖS"-Reformern bewußt in Kauf genommenen Schwachstellen in der Energieerzeugung und bei der Herstellung von Kon-

---

184 Im Jahre 1967 kostete z.B. ein Fernsehgerät mit 59 cm Bildröhre 2.050 Mark, ein Wasch-Halbautomat 1.200 Mark, ein 140-Liter-Kühlschrank 1.350 Mark, eine Kleinschreibmaschine 430 Mark. StJB 1968, Berlin 1968, S. 433. Die durchschnittlichen monatlichen Arbeitseinkommen von Arbeitern in der staatlichen Industrie betrugen zu dieser Zeit 653 Mark. Ebenda, S. 191.

185 Ebenda, S. 46f.

186 Ebenda, S. 42.

187 Willi Stoph, Zum Entwurf des Volkswirtschaftsplanes 1971. Aus der Rede auf der 14. Tagung des ZK der SED. 9.–11. Dezember 1970, Berlin 1970, S. 14.

188 Vgl. Jörg Roesler, Das Neue Ökonomische System – Dekorations- oder Paradigmenwechsel?, Berlin 1993, S. 39.

189 Vgl. ebenda; ders., Der Handlungsspielraum der DDR-Führung gegenüber der UdSSR, a.a.O., S. 297; siehe auch Gerhard Naumann/Eckhard Trümpler, Von Ulbricht zu Honecker. 1970 – ein Krisenjahr der DDR, Berlin 1990.

sumgütern zu einem Hauptargument für den Machtwechsel.[190] Nicht allein Engpässe in der Lebensmittelversorgung und beim Angebot technischer Gebrauchsgüter fielen hierbei ins Gewicht, auch Mangel von Ersatzteilen, die Unterversorgung mit Dienstleistungen und in ganz erheblichem Maße die überhöhten Preise für neue Produkte sorgten für Unruhe in der Bevölkerung.

Bereits im Januar 1971 wurde deshalb der Machtantritt Honeckers mit der Zusage von Preissenkungen, Lohn- und Rentenanhebungen und der Bereitstellung von zusätzlichen Warenkontingenten vorbereitet.[191] Im Blick waren dabei im besonderen Maße mittlere und untere Schichten der Industriearbeiterschaft, in denen die SED-Spitze um politische Zustimmung warb und Rückhalt suchte. Die Direktive zum Fünfjahrplan 1971–1975 formulierte hierzu grundsätzlich: „Entsprechend dem entscheidenden Beitrag der Arbeiterklasse an der Schaffung des Nationalreichtums ist ihr Anteil an der Verteilung des Nationaleinkommens weiter zu steigern."[192] Ein im November 1971 gemeinsam vom SED-Politbüro und vom Ministerat gefaßter Beschluß über das Einfrieren der Verbraucherpreise für Konsumgüter[193] und ein im April 1972 folgender Beschluß des ZK der SED, des FDGB-Bundesvorstandes und des Ministerrates über sozialpolitische Maßnahmen auf den Gebieten der Renten, der Sozialfürsorge, der Förderung berufstätiger Mütter, junger Ehen, der Geburtenentwicklung sowie zur Verbesserung der Wohnverhältnisse für Arbeiter und Angestellte[194] blieben durchaus nicht ohne Wirkung. Sie trugen dazu bei, das Verhältnis zwischen Arbeiterschaft und Regime zumindest in den ersten Jahren der Amtszeit Honeckers zu entspannen. Diese primär auf die „Ruhigstellung" der Arbeiter abzielende Sozialpolitik wurde in den 1970er und 1980er Jahren zu einer tragenden Komponente von „Reformvermeidungspolitik".[195]

7. Wohnungsbau für Arbeiter in den 1960er Jahren

Wenn Erich Honecker im Mai 1973 mit Genugtuung darauf verwies, daß seit seinem Amtsantritt rund 230.000 Wohnungen gebaut oder modernisiert wurden und rund 60 % der Neubauwohnungen an Produktionsarbeiter vergeben worden seien[196], geschah das wohl auch, um gegenüber der Ära Ulbricht eine positive Wende im Wohnungsbau herauszustellen. Für Honecker stellte der Wohnungsbau das „Kernstück" der Sozialpolitik dar, und mit der „Lösung der Wohnungsfrage als soziales Problem bis 1990" wollte er sehr wahrscheinlich

[190] Stoph, Zum Entwurf des Volkswirtschaftsplanes 1971, a.a.O., S. 30.

[191] Vgl. 15. Tagung des ZK der SED, 28. 1. 1971. Hermann Axen, Aus dem Bericht des Politbüros, Berlin 1971, S. 14–18.

[192] Protokoll der Verhandlungen des VIII. Parteitags der Sozialistischen Einheitspartei Deutschlands. 15. bis 19. Juni 1971 in der Werner-Seelenbinder-Halle zu Berlin. 4. und 5. Beratungstag (Protokoll des 8. Parteitages der SED, Bd. 2), Berlin 1971, S. 380.

[193] Neues Deutschland, 19. 11. 1971, S. 1.

[194] Dokumente der Sozialistischen Einheitspartei Deutschlands. Beschlüsse und Erklärungen des Zentralkomitees sowie seines Politbüros und seines Sekretariats, Bd. XIV (Dokumente der SED, Bd. XIV), Berlin 1977, S. 81–91.

[195] Vgl. Sigrid Meuschel, Überlegungen zu einer Herrschafts- und Gesellschaftsgeschichte der DDR, in: Geschichte und Gesellschaft 19 (1993), H. 1, S. 12.

[196] Erich Honecker, Zügig voran bei der weiteren Verwirklichung der Beschlüsse des VIII. Partetages der SED. Aus dem Bericht des Politbüros an das ZK der SED. 9. Tagung des Zentralkomitees, 28./29. 5. 1973, Berlin 1973, S. 47.

seine Herrschaftsperiode krönen. Tatsächlich hatte Ulbricht auf diesem Gebiet eine besonders schlechte Bilanz hinterlassen (Tabelle 35).

Tabelle 35
Fertiggestellte Wohnungen 1961–1971

Jahr	Neubau	darunter AWG-Wohnungen	Um- und Ausbau
1961	85.580	54.109	6.429
1962	80.139	50.654	7.110
1963	69.321	40.300	6.647
1964	69.345	30.520	7.270
1965	58.303	20.965	9.859
1966	53.366	15.458	11.912
1967	59.107	16.955	17.211
1968	61.863	14.987	14.124
1969	56.547	13.924	13.764
1970	65.786	13.564	10.302
1971	65.021	11.238	11.114

Quelle: StJB 1972, a.a.O., S. 179.

Nicht allein rückläufige bzw. stagnierende Neubauzahlen kennzeichneten die Situation. Mehr als andere Bevölkerungsgruppen traf der gleichzeitige Rückgang des genossenschaftlichen Wohnungsbaus die Industriearbeiter. Denn gerade hier waren ihre Chancen, eine Wohnung zu erhalten, vergleichsweise gut gewesen.

Zwar hatte die SED-Führung bereits 1956 auf der 3. Parteikonferenz kritisch feststellte, daß in der DDR „zu teuer und zu langsam" gebaut wurde, weshalb das Wohnungsbauprogramm im ersten Fünfjahrplan nur zu 89,1 Prozent erfüllt worden war. Nachdem sich das in der Berliner Stalin-Allee praktizierte Konzept „Paläste für Arbeiter"[197] als baupolitische Sackgasse erwiesen hatte, stellte sich jetzt die Forderung nach „Industrialisierung und Typisierung" des Bauens.[198] Damit nahm die SED Abschied von einer bereits liebgewonnenen Utopie und setzte auf einen preisgünstigen Massenwohnungsbau, mit dem hohe quantitative Zuwachsraten zu erreichen waren. Im Oktober 1957 sprach sich das ZK der SED auf seiner 33. Tagung für komplexe und rationelle Baulösungen aus.[199] Ausdrücklich wurde dabei auf die Wohnstadt Hoyerswerda beim Kombinat „Schwarze Pumpe" als ein anregendes Beispiel verwiesen.[200]

Bewußt versuchte man sich von westlichen Modellen des Städtebaus[201] abzuheben und lehnte deshalb „Zeilenbau" oder „ein unharmonisches Durcheinander von Hochhäusern und Einfamilienhäusern" weitgehend ab. Favorisiert wurde hingegen die Anlage von „Wohnkomplexen", d.h. eine Mischung aus Wohn- und „Gesellschafts"-Bauten mit dazwischenliegenden Grünanlagen. „Die Häuser sollen in der Regel als vierstöckige Häuser gebaut werden, mit

---

[197] Vgl. Lothar Bolz, Von Deutschem Bauen. Reden und Aufsätze, Berlin 1951.

[198] Protokoll der Verhandlungen der 3. Parteikonferenz der Sozialistischen Einheitspartei Deutschlands. 24. März bis 30. März 1956 in der Werner-Seelenbinder-Halle zu Berlin. 1. bis 4. Verhandlungstag (Protokoll der 3. Parteikonferenz der SED, Bd. 1), Berlin 1956, S. 35.

[199] Ulbricht, Zur sozialistischen Entwicklung der Volkswirtschaft, a.a.O., S. 621f.

[200] Ebenda, S. 623.

[201] Vgl. Schulz, Wohnungspolitik, a.a.O., S. 483–506.

den technischen Einrichtungen, die der Frau die Arbeit erleichtern."[202] Es ging nicht um Wohnungsbau schlechthin, sondern um Wohnungsbau für Arbeitskräfte.

Dementsprechend konzentrierte sich das Baugeschehen auf solche Industriestandorte, wo neue Betriebe entstanden oder Erweiterungsinvestitionen erfolgten. Anfang der 1960er Jahre handelte es sich um Schwedt, Finow, Schwarze Pumpe/Hoyerswerda, Lübbenau, Vetschau, Guben, Leuna, Lützkendorf, Buna, Riesa und Hettstedt.[203] Im Grunde war das weniger traditioneller Städtebau, als vielmehr Industriesiedlungsbau, wobei zunehmend die Montage von Fertigteilen zum Zuge kam. Ziel sei es, so der Vorsitzende der IG Bau-Holz, „eine maximale Unterbringung zu sichern", was bedeute, „wir werden eine große Anzahl kleiner und mittlerer Wohnungen bauen".[204]

Gewiß wirkte sich auf diesen baupolitischen Kurs die angespannte Lage der DDR-Wirtschaft aus, und den besonders seitens der AWG geäußerten Wünschen nach größeren Wohnungen und lockerer Bebauung konnte so kaum entsprochen werden. Dennoch blieb die Entscheidung ambivalent. Ungeachtet ihrer architektonischen Problematik waren Neubauwohnungen, von denen bereits um die Mitte der 1960er Jahre weit über 80 % in Montagebauweise errichtet wurden[205], sehr begehrt. Das lag nicht zuletzt an ihrer technischen Ausstattung (Tabelle 36).

Tabelle 36
Ausstattungsmerkmale neugebauter Wohnungen (in Prozent)

Jahr	Zentral-heizung	Warmwasser	Bad bzw. Dusche	Balkon bzw. Loggia
1960	8,9	17,5	99,1	37,4
1965	42,1	77,3	99,6	52,4
1970	73,8	98,8	99,3	69,1

Quelle: StJB 1972, a.a.O., S. 180.

Insgesamt hing der Wohnungsbau sehr stark von der geplanten industriellen Entwicklung der Orte und Regionen ab, wobei die Industrie zugleich das ausschlaggebende Wort über Standorte und Detaildispositionen führte. So verfügte die Leitung des Braunkohlenreviers Senftenberg bereits seit 1956 über das Recht, entsprechend dem Perspektivplan der Kohleindustrie und nach der Lage der Tagebaue, Brikettfabriken und Kraftwerke die Standorte des Wohnungsbaus festzulegen.[206] Auch in den 1960er Jahren nahmen besonders Großbetriebe sehr weitgehend Einfluß auf das Baugeschehen.[207]

---

[202] Ebenda.
[203] SAPMO-BA, ZGA FDGB-Bundesvorstand, Nr. 6880, unpag.: Protokoll der 14. BV-Tagung, 25.–27. 7 1962. Diskussionsbeitrag des Vorsitzenden der IG Bau-Holz, S. 178.
[204] Ebenda, S. 182.
[205] StJB 1968, Berlin 1968, S. 233.
[206] BLHA, BPA Cottbus, SED-Bezirksleitung IV/1/14, unpag.: Protokoll der 3. Bezirksdelegiertenkonferenz der SED, 9.–11. 3. 1956. Antwort des Vorsitzenden des Rates des Bezirkes Cottbus auf eine Anfrage.
[207] Vgl. Ein Werk des Sozialismus, der Freundschaftund der Jugend. Geschichte des VEB Petrolchemischen Kombinat Schwedt, Stammbetrieb von 1959 bis 1981, Berlin 1985, S. 130f.; Halle-Neustadt – Entwicklungsetappen einer Planung, in: deutsche architektur 18 (1969), 10, S. 594f.; zum Beispiel Hoyerswerda vgl. Thomas Topfstedt: Städtebau, a.a.O., S. 34–36.

Solch eine Praxis war nicht nur für die betreffenden Betriebe vorteilhaft, weil sie damit über ein probates Mittel der Arbeitskräfteanwerbung verfügten; sie verbesserte auch die Chancen der dort schon Beschäftigten, im Umkreis der Arbeitsstelle eine Wohnung zu erhalten. Die Kehrseite der Medaille bestand freilich in der zumindest teilweise bewußten Vernachlässigung der Altstädte. Der Grundsatz, beschädigte Häuser nur wiederherzustellen, wenn dies billiger als der Neubau war[208], setzte die schon erwähnte Entwicklung der 1950er Jahre fort, diesmal freilich scheinbar begründet – und mit verheerenden Folgen. Ganze Arbeiterviertel, so etwa Berlin-Prenzlauer Berg, Karl-Marx-Stadt (Chemnitz)-Kassberg oder Leipzig-Plagwitz wurden dem Verfall ausgesetzt. Ein Ergebnis war, daß der Druck der Wohnungsuchenden auch dort zunahm, wo vorrangig für bestimmte Betriebsbelegschaften gebaut wurde.

Diese Situation trat beispielsweise in den benachbarten Städten Hoyerswerda und Spremberg des Lausitzer Braunkohlenreviers ein. Die erstere galt in der zweiten Hälfte der 1950er und in den 1960er Jahren als Zentrum des Wohnungsbaus in der DDR; im zweiten Falle wurde der Wiederaufbau der zu 70 % zerstörten, aber auf Kohlelagerstätten errichteten Stadt Spremberg eingestellt. Eine Mitte der 1950er Jahre verfügte prinzipielle Bausperre wurde erst 1967 aufgehoben.[209] So war es kein Wunder, wenn wohnungsuchende Einwohner Sprembergs nach Hoyerswerda drängten und damit zu einem immer wieder aufbrechenden Konflikt zwischen der Stadtverwaltung und der Direktion des Kombinates „Schwarze Pumpe" beitrugen. Für ca. 15.000 der aus allen Teilen der DDR kommenden Beschäftigten wurden Wohnungen benötigt. Deshalb sahen die Planungen vor, von den in Hoyerswerda zunächst zu bauenden 11.320 Wohnungen 7.800 für das Kombinat bereitzustellen. Allerdings standen Ende 1961 insgesamt nur 3.800 Wohnungen zur Verfügung, von denen das Kombinat 2.682 erhalten sollte. Doch waren letztere zum Teil schon durch staatliche Organe der Stadt und des Kreises an schon lange Ortsansässige oder auch an Einwohner Sprembergs vergeben worden, so daß für 1.500 bis 2.000 Werksangehörige die Wohnungen fehlten. Das Kombinat kam jedoch auch dadurch in Schwierigkeiten, daß viele der Neueingestellten nur gekommen waren, um – was sie natürlich für sich behielten – Tauschwohnungen für die Rückkehr in die Herkunftsorte zu erhalten. Gravierend fiel die wachsende Diskrepanz zwischen der Schaffung neuer Arbeitsplätze und dem zurückbleibenden Wohnungsbau ins Gewicht. Viel Kritik löste auch der sehr hohe Anteil kleiner Wohnungen mit einem oder anderthalb Zimmern aus.[210]

Anders als in der Kohlenindustrie gelang es im Rahmen des Chemieprogramms weitgehend, „die Standorte der neu zu errichtenden Werke . . . unter Berücksichtigung der regionalen Arbeitskräftebilanzierung fest(zu)legen".[211] Das hieß auch, man vermochte in größerem Umfange das vorhandene Wohnraumpotential zu nutzen. Freilich war industriebezogener Wohnungsneubau nicht zu vermeiden, und mancherorts, wie in Guben, Halle-Neustadt und Schwedt nahm er umfangreiche Formen an. Sein Schwerpunkt lag eindeutig im Bezirk Halle, wo eine schon relativ gut ausgebaute Infrastruktur genutzt werden konnte.[212]

---

[208] Vgl. Ulbricht, Zur sozialistischen Entwicklung der Volkswirtschaft, a.a.O., S. 625.

[209] Vgl. Hannelore Neumann, Die Entwicklung der Stadt Spremberg unter der Arbeiter-und-Bauern-Macht, in: Geschichte und Gegenwart des Bezirkes Cottbus (Niederlausitzer Studien), H. 14, (Cottbus 1980), S. 55.

[210] SAPMO-BA, ZPA IV 2/603/64, unpag.: Schreiben des Direktors des Kombinats Schwarze Pumpe an die Abt. Grundstoffindustrie des ZK der SED. 16. 3. 1963.

[211] SAPMO-BA, ZPA IV 2/603/69, unpag.: Entwicklung der chemischen Industrie bis 1965. Vorlage Bruno Leuschners für das SED-Politbüro, 26. 9. 1958.

[212] Ebenda.

Doch solche Schwerpunktbildungen zogen auch unerwünschte Folgen nach sich. Sie wirkten wie „schwarze Löcher", die die ohnehin zu knappen Baukapazitäten aufsogen. So konnte im Bezirk Cottbus der industriezweiggebundene Wohnungsbau im IV. Quartal 1958 immerhin zu 90,4 % gegenüber dem Plan verwirklicht werden, weil man Arbeitskräfte, Maschinen und Material aus dem allgemeinen Wohnungsbauprogramm abzog, das dann allerdings nur zu 64 % erfüllt wurde.[213] Eine umgekehrte Situation war 1960 beim Bauprogramm der chemischen Industrie im Bezirk Halle zu beobachten, wo man zugunsten eines besonderen Landbauprogramms für die neugegründeten LPG Abstriche vornehmen mußte.[214]

Wenn dieses letzte Beispiel auch zeigt, wie zeitweise aus politischen Gründen auch andere Prioritäten gesetzt werden konnten, so blieben Industriearbeiter in der Wohnungsfrage gegenüber anderen Beschäftigtengruppen langfristig in einer etwas vorteilhafteren Position. Das galt auch für jene Perioden der Ära Ulbricht, in denen der Wohnungsbau deutlich gedrosselt war. Trotzdem wohnte dem quantitativen Mangel an Wohnraum, wie auch dem in weiten Bereichen schlechten qualitativen Zustand der Gebäude ein erhebliches soziales Konfliktpotential inne. Auffallend war allerdings, daß es in diesem ganzen Zeitraum nur eine nennenswerte wohnungspolitische Neuregelung gab: Am 3. Mai 1967 beschloß der Ministerrat eine Verordnung, nach der Familien mit vier und mehr Kindern durch die Bereitstellung geeigneten Wohnraumes und durch Mietzuschüsse unterstützt werden sollten.[215] Daß die Wohnungsfrage in den sozialpolitisch relevanten Diskussionen und Forderungen industrieller Betriebsbelegschaften nicht an vorderer Stelle rangierte, dürfte auf die sehr unterschiedlichen Wohnsituationen der Beschäftigten zurückzuführen sein.

Im Gegensatz zu Löhnen, Normen und Arbeitszeitregelungen, die alle angingen, war das Wohnen auch im Selbstverständnis von Industriearbeitern eine eher individuelle Angelegenheit. In Wohnungsfragen entwickelte man zudem eine bemerkenswerte Duldsamkeit, die vielleicht auch damit zusammenhing, daß besonders in kleineren und mittleren Orten noch enge intergenerative Familienbeziehungen bestanden, die einen Wegzug nicht eben beförderten. Außerdem trug wohl auch die Brigadestruktur der Belegschaften dazu bei, daß bei einem Weggang die Lösung der internen Sozialkontakte als Verlust erfahren wurde.

Selbst ungünstige Wohnverhältnisse waren zumeist kein hinreichender Grund, den Wohn- und Arbeitsort zu wechseln, zumal die Großbaustellen nicht unbedingt als attraktive Alternative erschienen. Zum Zuzug in die Investitionszentren entschlossen sich in der Mehrzahl jüngere Menschen, die im Begriff waren, einen eigenen Haushalt aufzubauen. So wurde es immer schwerer, ausgebildetes technisches Personal mit Berufserfahrung für die neuen Werke zu gewinnen, weil gerade diese Gruppierung in ihren Wohnorten bereits feste soziale und auch regional-mentale Wurzeln geschlagen hatten.[216] Auch war festzustellen, daß es in Kreisen und Bezirken seitens der zuständigen staatlichen Behörden intensive Bemühungen

213 BLHA, BPA Cottbus, SED-Bezirksleitung IV/2/3/346, unpag: Bericht des FDGB-Bezirksvorstandes Cottbus über den Wettbewerb in IV/1958.
214 SAPMO-BA, ZPA IV 2/603/72, unpag.: Vorlage des Bezirksbaudirektors und des Hauptdirektors des Bau- und Montage-Kombinates Halle für die SED-Bezirksleitung, Juli 1960.
215 GBl. II, Nr. 38/1967, S. 249
216 SAPMO-BA, ZPA IV 2/603/72, unpag.: Die Erfüllung des Chemieprogramms erfordert höhere Verantwortung im Staatsapparat und in den Partei- und Massenorganisationen. Vorlage für das Politbüro, 15. 3. 1960.

gab, die Abwanderung von Arbeitskräften, insbesondere von Fachleuten, zu begrenzen bzw. zu verhindern. Als der Ministerrat 1960 Auflagen an die Räte der Bezirke erteilte, um Personal für die neugeschaffenen Industriearbeitsplätze zu gewinnen, blieben die Ergebnisse weit unter den Erwartungen.[217]

Nachlassende Migrationsbereitschaft der Arbeiter, aber auch der Angestellten, charakterisierte den hier betrachteten Zeitraum. Waren z.B. im Jahre 1953 noch 870.804 Personen an der Binnenwanderung über Kreisgrenzen hinweg beteiligt, so reduzierte sich diese Zahl bis 1960 bereits auf 622.445 und lag 1970 bei 270.459.[218] Sicher hatte diese Entwicklung sehr komplexe Gründe, die generell mit dem Schwinden sozialer Mobilität und mit Erstarrungstendenzen der DDR-Gesellschaft zusammenhingen[219], doch gehörte wohl auch das Wohnverhalten dazu. Offenbar gab eine Mehrheit der Indstriebeschäftigten der Lösung von Wohnungsproblemen im Heimatort den Vorzug, selbst wenn sie zeitlich noch nicht absehbar war. Dem kam die Förderung des genossenschaftlichen Wohnungsbaus entgegen, der auch solche Betriebe, die nicht unmittelbar in einen Prozeß der Industriezweigförderung einbezogen waren, in die Lage versetzte, Teile ihrer Kernbelegschaft außerhalb der kommunalen Kontingente mit Wohnraum zu versorgen. Doch auch dann blieb Wohnraum ein Mangelgut, und gewisse Positionsvorteile von Industriearbeitern unter den Wohnungsuchenden erwiesen sich immer wieder als höchst relativ.

8. Konsumtion und Wohnen zwischen tagespolitischem Pragmatismus und Sozialutopie

Unternimmt man den Versuch, die Konsumtionsmöglichkeiten und die Wohnbedingungen der Industriearbeiterschaft für den Zeitraum zwischen 1945 und 1970 quantitativen wie auch qualitativen Kriterien zu messen und als Verlaufskurve graphisch darzustellen, würde sich zweifellos ein deutlicher Anstieg zeigen lassen, der freilich von zeitweiligen Abschwüngen und Stagnationsphasen unterbrochen war. Im Vergleich zu anderen Bevölkerungs- bzw. Beschäftigtengruppen, den Angestellten vor allem, würden sich wohl von Fall zu Fall leichte Tempo- und Positionsvorteile der Industriearbeiter ergeben.

Im Zeichen dominanter sozialer Nivellierungsprozesse glichen sich Verbrauchsmöglichkeiten und -gewohnheiten, wie auch die Art der Lebensführung allmählich an. Es handelte sich hierbei durchaus um gewollte Effekte der SED-Gesellschaftspolitik. Als Gesamtprozeß waren diese Vorgänge höchst widersprüchlich. Sie folgten einerseits den Makrotrends entwickelter Industriegesellschaften; andererseits aber beherrschte ein Dauertrend zur Stagnation die DDR-Gesellschaft. Beides schien im Auto der Marke „Trabant" symbolhaft vereinigt zu sein: In wachsenden Stückzahlen gebaut und damit einer viel stärkeren westlichen Entwicklung hin zum Individualverkehr folgend, gelangte das Fahrzeug über mehr als 30 Jahre mit nur unwesentlichen technischen Veränderungen in den Handel.

---

[217] BA, ZStA E-1 1214, Bl. 11, 16: SPK-Bericht über die Einflußnahme der örtlichen Staatsorgane auf die planmäßige Versorgung der Volkswirtschaft mit Arbeitskräften, April 1961.

[218] StJB 1972, a.a.O., S. 446.

[219] Vgl. u.a. Rainer Geißler, Die ostdeutsche Sozialstruktur unter Modernisierungsdruck, in: APZ, B 29–30/1992, S. 15–28.

Vor diesem Hintergrund bildeten sich bis Mitte der 1960er Jahre relativ feste Formen der Lebensführung heraus, so daß sich „das Alltagsleben ... in seinen Grundstrukturen über längere Zeiträume im wesentlichen auf die gleiche Art und Weise wiederholt(e)".[220] Der Industriearbeiteralltag galt dabei als wichtiger Maßstab. Doch gerade von ihm ging ein besonders starker sozialer Forderungsdruck auf das Regime aus. Dieser verringerte sich nicht etwa mit einer Verbesserung der Lebenslage, sondern die sozialen Erwartungen wurden umfangreicher und drängender. Gewiß hatte auch die SED selbst solche Erwartungen geweckt, aber sie vermochte diese weder hinreichend zu erfüllen, noch deren Eigendynamik sozialpolitisch zu kontrollieren. Vor allem aber gelang es ihr nicht, mit der immer im komparativen Blickfeld liegenden Entwicklung der Wirtschaft und der Lebensverhältnisse in Westdeutschland Schritt zu halten.

Ulbricht versuchte diesen Bedingungen Rechnung zu tragen, indem er den Sozialismus zur „relativ selbständige(n) sozialökonomische(n) Formation in der historischen Epoche des Übergangs vom Kapitalismus zum Kommunismus im Weltmaßstab"[221] erklärte, die also selbst noch Übergangscharakter tragen und somit manche Unzulänglichkeit historisch erklären sollte. Dabei war er offenbar bereit, im Interesse eines wirtschaftlichen Modernisierungsprozesses sozialpolitisch eher bremsend zu agieren und politische Risiken einzugehen. Honecker hingegen versuchte genau dies zu umgehen, indem er im Zeichen der „Einheit von Wirtschafts- und Sozialpolitik", vor allem die Industriearbeiterschaft und die jüngere Generation sozial präferierte und die sozialen Bedürfnisse „der Menschen" zum entscheidenden Ausgangspunkt der Planung erhoben sehen wollte.[222]

In beiden Fällen konnte die SED-Führung nicht verhindern, daß der soziale Erwartungshorizont der Bevölkerung immer näher rückte und den Charakter stets präsenter tagespolitischer Forderungen annahm. Daran hatte die Sozialpolitik einen unverkennbaren Anteil: Sie holte im Rahmen der zentralen Planung soziale Zielprojektionen zwangsläufig in scheinbar erreichbare Nähe.[223] Die von der SED repräsentierte Sozialutopie büßte in dem Maße an Überzeugungs- und Mobilisierungskraft ein, wie sich herausstellte, daß sie ihre eigenen wirtschaflichen Voraussetzungen auszehrte.

---

[220] Gerhard Lippold, Die Lebensführung und Lebensorientierung sozialer Gruppen im Blickfeld von Zeitbudgetuntersuchungen, in: Berliner Journal für Soziologie, 3 (1993), 3, S. 346.

[221] Vgl. Walter Ulbricht, Die Bedeutung des Werkes „Das Kapital" von Karl Marx für die Schaffung des entwickelten gesellschaftlichen Systems des Sozialismus in der DDR und den Kampf gegen das staatsmonopolistische Herrschaftssystem in Westdeutschland, Berlin 1967, S. 38.

[222] Erich Honecker, Schlußwort auf der 4. Tagung des ZK der SED, in: ders., Reden und Aufsätze, Bd. 1, Berlin 1975, S. 410.

[223] Vgl. Gert-Joachim Glaeßner, Am Ende des Staatssozialismus. Zu den Ursachen des Umbruchs in der DDR, in: Hans Joas/Martin Kohli (Hg.), Der Zusammenbruch der DDR. Soziologische Analysen, Frankfurt/M. 1993, S. 70–92.

KAPITEL 4

Arbeitskonflikte in DDR-Betrieben:
Die Realität des Unmöglichen

Löhne, Normen, Arbeitszeit, Arbeits- und Lebensverhältnisse der Industriearbeiterschaft erwiesen sich im Verlaufe der modernen Arbeitergeschichte immer wieder als jene Hauptfelder, auf denen Interessenkonflikte mit Unternehmern und teils auch mit dem Staat ausgefochten wurden. In einem jahrzehntelangen Prozeß haben sich in Industriegesellschaften westlichen Typs entsprechende Regularien der Konfliktaustragung herausgebildet, sind Lösungsvarianten weitgehend institutionalisiert worden.[1] Den Ritualen von Tarifauseinandersetzungen bis hin zum Streik, wie sie in der Bundesrepublik Deutschland geläufig wurden[2], stand in der DDR nichts Vergleichbares gegenüber. Und dennoch gab es selbst unter dem SED-Regime Arbeitskonflikte, wie sich auch Formen ihrer Regulierung entwickelten.[3] Auf diesem Gebiete sind noch eingehende Forschungen vonnöten, um ein hinreichend detailliertes und differenziertes Bild zu gewinnen. Möglich scheint es indessen, anhand von Fallstudien Arbeitskonflikte auf wesentliche Verlaufs- und Strukturmerkmale hin zu untersuchen.

---

[1] Vgl. die Beiträge zu den USA, Japan, Schweden, Neuseeland, Australien und Spanien, in: Benjamin Martin/Everett M. Kassalow (Eds.), Labor Relations in Advanced Industrial Societies. Issues and Problems, Washington/New York 1980; Wolfgang Däubler (Hg.), Arbeitskampfrecht, Baden-Baden [2]1987; Gerhard A. Ritter, Der Sozialstaat. Entstehung und Entwicklung im internationalen Vergleich, München [2]1991, S. 176–183.

[2] Vgl. Friedrich Kübler (Hg.), Zur Verrechtlichung von Wirtschaft, Arbeit und sozialer Solidarität. Vergleichende Analysen, Baden-Baden 1984; Manfred Löwisch, Entwicklung des Arbeitskampfrechts in Deutschland und seinen westlichen Nachbarstaaten von 1945 bis zur Gegenwart, in: Hans Pohl (Hg.), Die Entwicklung des Arbeitskampfrechts in Deutschland und in seinen westlichen Nachbarstaaten, Referate und Diskussionsbeiträge des 4. wissenschaftlichen Symposiums der Gesellschaft für Unternehmensgeschichte e.V. am 7. Dezember 1979 in Hannover, Wiesbaden 1980, S. 34–52.

[3] Vgl. Siegfried Mampel, Arbeitsverfassung und Arbeitsrecht in Mitteldeutschland, Köln 1966. Zu den in der DDR bestehenden Möglichkeiten der Regelung von Arbeitsrechtstreitigkeiten vgl. Johannes Frerich/Martin Frey, Handbuch der Geschichte der Sozialpolitik in Deutschland, Bd. 2: Sozialpolitik in der Deutschen Demokratischen Republik, München 1993, S. 123–125.

1. Auseinandersetzungen um die Betriebskollektivverträge 1951/52

Auf einer erweiterten Bundesvorstandssitzung des FDGB referierte Walter Ulbricht am 3. April 1946 über „Die Rolle der Gewerkschaftsfunktionäre in den Wirtschaftsorganisationen" und ließ bei der Gelegenheit recht deutlich anklingen, welche Veränderungen für das traditionelle gewerkschaftliche Selbstverständnis ins Haus stünden. Durch die Enteignung der „großen Werke" und der „Großgrundbesitzer" sei es möglich, „unter Führung der sozialistischen Einheitspartei und der Gewerkschaften die demokratische Weiterentwicklung vollständig zu sichern. Das ist unser Weg. Daraus ergeben sich Konsequenzen für die Gewerkschaften."[4] Tatsächlich geschah das schneller, als es viele Gewerkschafter wahrhaben wollten.

Zwei im September des gleichen Jahres gefaßte Beschlüsse des FDGB-Vorstandes ließen erkennen, wie sich ein charakteristischer Zwiespalt auftat: Einerseits beschloß man die Einführung einer Streik-, Gemaßregelten-, Sterbegeld- und Unfallsterbegeldunterstützung, stellte also offenbar Konflikte in Rechnung. Andererseits wurden die Betriebsräte, die nach Artikel 8 des vom Alliierten Kontrollrat erlassenen Betriebsrätegesetzes verpflichtet waren, mindestens einmal im Jahr vor einer Generalversammlung der Arbeiter und Angestellten ihres Betriebes einen Tätigkeitsbericht zu geben, ermahnt, sich in diesem Bericht „mit dem Produktionsplan des Betriebes, vor allem mit der Aufgabe der weiteren Entfaltung der Produktion" zu befassen.[5]

Im November 1946 nahm der FDGB-Vorstand bei nur einer Stimmenthaltung den Entwurf einer Streikordnung an. Darin hieß es: „Der Streik ist die stärkste Waffe der Gewerkschaftsbewegung zur Vertretung der Interessen zur Besserung der wirtschaftlichen und sozialen Lage der Werktätigen, wie sie sich aus den Grundsätzen und Forderungen des FDGB ergeben. Das Streikrecht wird von der Gewerkschaftsbewegung im Kampf gegen das kapitalistische Unternehmertum und die Begleiterscheinungen der kapitalistischen Verhältnisse angewandt. Das Streikrecht gehört zu den entscheidenden gewerkschaftlichen Grundrechten, über deren Anwendung sie nach den Grundsätzen des demokratischen Bestimmungsrechtes selbst entscheiden."[6]

Die Stoßrichtung „gegen das kapitalistische Unternehmertum" bedeutete im Grunde schon eine Einengung des Streikrechts. Auf derselben Tagung verdeutlichte Ulbricht nämlich, daß es um die „Frage der Enteignung der Trusts, Syndikate, Kartelle und anderer monopolistischer Organisationen" ging und um „die Übergabe dieser Betriebe in die Hände des Volkes". Deshalb spreche man auch von einem Mitbestimmungsrecht der Gewerkschaften und Betriebsräte in der Wirtschaft und verstehe darunter „die Mitwirkung in den Wirtschaftsorganen, in Selbstverwaltungsorganen, Industrie- und Handelskammern, sowie in staatlichen und privaten Unternehmungen".[7] Eindeutig stand hierbei eine Begrenzung des

---

[4] SAPMO-BA, ZGA FDGB-BV 6799, unpag.: Protokoll der erweiterten BV-Sitzung vom 2./3. 4. 1946. Referat Walter Ulbrichts.

[5] SAPMO-BA, ZGA FDGB-BV 6800, unpag.: Beschlüsse der Vorstandssitzung vom 26./27. 9. 1946.

[6] Ebenda, Entwurf der Streikordnung des FDGB, angenommen auf der Vorstandssitzung vom 28./29. 11. 1946.

[7] Ebenda, Referat Ulbrichts, S. 1f.

„kapitalistischen Unternehmertums" im Vordergrund, nicht so sehr die Austragung von Interessenkonflikten mittels Streiks.

Trotzdem blieb das Zustandekommen einer Streikordnung des FDGB ein bemerkenswerter Vorgang, zumal eine Differenz zu dem am 19. September 1946 vom Parteivorstand der SED gefaßten Beschluß „Die Grundrechte des deutschen Volkes" bestand. Dort war nämlich von einem Recht auf Arbeit die Rede, nicht jedoch vom Streikrecht.[8] Dieses fand auch keinen Eingang in den „Entwurf einer Verfassung für die Deutsche Demokratische Republik", den der Parteivorstand am 14. November 1946 beschloß. Hier hieß es im Artikel 14: „Das Recht, Vereinigungen zur Förderung der Lohn- und Arbeitsbedingungen zu bilden, ist für jedermann gewährleistet. Alle Abreden und Maßnahmen, welche diese Freiheit einzuschränken oder zu behindern suchen, sind rechtswidrig und verboten. Die anerkannten Gewerkschaften stehen unter dem Schutz der Republik."[9]

Offenbar auch, um sich Aktionschancen in den westlichen Besatzungszonen offenzuhalten, rüttelte der FDGB vorläufig nicht am Streikrecht. Deshalb fand die oben zitierte Streikordnung als Anlage 4 im Januar 1947 Eingang in den Satzungsentwurf des FDGB[10] und fand schließlich Aufnahme in den Artikel 14 der DDR-Verfassung: „Das Recht, Vereinigungen zur Förderung der Lohn- und Arbeitsbedingungen anzugehören, ist für jedermann gewährleistet. Alle Abreden und Maßnahmen, welche diese Freiheit einschränken oder zu behindern suchen, sind rechtswidrig und verboten. Das Streikrecht der Gewerkschaften ist gewährleistet."[11]

Doch wenige Monate, nachdem dieses Verfassung in Kraft getreten war, fehlte dieser wesentliche Punkt in dem am 19. April 1950 von der Provisorischen Volkskammer angenommenen „Gesetz der Arbeit zur Förderung und Pflege der Arbeitskräfte, zur Steigerung der Arbeitsproduktivität und zur weiteren Verbesserung der materiellen und kulturellen Lage der Arbeiter und Angestellten". Statt dessen hieß es dort im § 4: „(1) In unserer neuen demokratischen Ordnung, in der die Schlüsselbetriebe dem Volke gehören, wird das Mitbestimmungsrecht der Arbeiter und Angestellten als die entscheidende Kraft im Staate, in der Führung der Wirtschaft durch die demokratischen staatlichen Organe verwirklicht. (2) Die freien deutschen Gewerkschaften sind in den Betrieben und Verwaltungen die gesetzlichen Vertreter der Arbeiter und Angestellten zum Schutze ihrer Arbeitsrechte und Interessen in der Produktion, auf dem Gebiete des Arbeitsschutzes, der Einhaltung der im Gesetz festgelegten Arbeitsbedingungen und des Lohnes."[12]

Damit waren bereits grundsätzliche Positionen des sozialistischen Arbeitsrechts abgesteckt.[13] Für die weitere Diskussion nicht unerheblich, fand bereits hier das Postulat von der

---

[8] Vgl. Dokumente der Sozialistischen Einheitspartei Deutschlands. Beschlüsse und Erklärungen des Zentralsekretariats und des Parteivorstandes, Bd. I (Dokumente der SED, Bd. 1), Berlin 1951, S. 91–97.

[9] Entwurf einer Verfassung für die Deutsche Demokratische Republik. Beschluß einer außerordentlichen Tagung des Parteivorstandes der Sozialistischen Einheitspartei Deutschlands am 14. November 1946 in Berlin, Sonderbeilage der Einheit, 1 (1946), 7, S. 14.

[10] SAPMO-BA, ZGA FDGB-BV 6801, unpag.: Satzungsentwurf des FDGB, 8. 1. 1947.

[11] Die Verfassung der Deutschen Demokratischen Republik. Hg. vom Amt für Information der Regierung der DDR, o.O.o.J., S. 13.

[12] Das Grundgesetz der Arbeit. Wortlaut des Gesetzes und Rede des Ministerpräsidenten Otto Grotewohl (= Dokumente der DDR, H. 7), o.O.o.J., S. 29.

[13] Ausführlicher dazu Mampel, Arbeitsverfassung, a.a.O.; Bernd Rüthers, Arbeitsrecht und politisches System, Frankfurt/M. 1973.

Übereinstimmung gesellschaftlicher, kollektiver und individueller Interessen seinen Nieder-schlag.[14] Das Hauptargument lautete, daß der Staat und die staatlichen Unternehmen unter der politischen Herrschaft der Arbeiterklasse keine anderen Interessen haben könnten als die Arbeiter selbst. So mußten sich auch Arbeitskämpfe erübrigen, denn sie hatten nach dieser These keinen Adressaten. Ein Streik gegen sich selbst wäre sinnlos.

Diese Argumentationskette folgte dem politischen Selbstverständnis der SED-Führung und zumindest auch jener Teile der FDGB-Spitze, die in einer kommunistischen Tradition standen. Wie die Auseinandersetzungen im FDGB-Bundesvorstand um die künftige Rolle der Gewerkschaften in der DDR erkennen ließen, handelte es sich dabei durchaus nicht um eine taktische Finte. Den wohl überzeugendsten Beweis lieferten die betreffenden Funktio-näre selbst: Ihre Enttäuschung und Ratlosigkeit, wenn sich die Arbeiter nicht theoriekonform verhielten, waren zweifellos echt. Insofern lag auch Konsequenz darin, daß sich die Gewerk-schaftsführung mehrheitlich – nach heftigen inneren Auseinandersetzungen – auf dem 3. Bundeskongreß vom 30. August bis 3. September 1950 in Berlin definitiv zur politischen Unterordnung unter die SED bekannte.[15]

Diese Position schloß auch den Verzicht auf Arbeitskämpfe im allgemeinen und Streiks im besonderen ein. Trotzdem blieb das Streikrecht bis 1968 in der Verfassung der DDR festge-schrieben. Erst im Text der neuen, am 8. April 1968 in Kraft getretenen Verfassung kam es nicht mehr vor. Allerdings nahmen nach dem schon erwähnten Gesetz der Arbeit vom 19. April 1950 auch die später folgenden Arbeitsgesetze der DDR keinen Bezug mehr auf ein Streikrecht.[16]

Dabei gab es bereits zum Zeitpunkt der endgültigen politischen Festlegung des FDGB im Jahre 1950 gerade in der „volkseigenen" Industrie der DDR eine ganze Reihe von Konfliktfel-dern und Streitpunkten. Hatten schon die Hennecke-Kampagne und die Bemühungen um die Einführung von Leistungslöhnen vor 1950 erhebliche soziale Spannungen und Konflikt-potentiale in den verstaatlichten Betrieben sichtbar werden lassen, so kam es ausgerechnet im zeitlichen Umfeld des Arbeitsgesetzes von 1950 und des 3. FDGB-Kongresses zur Zuspit-zung der schon bestehenden Gegensätze. Der Beginn erschien eher harmlos: Auf der Grundlage des Arbeitsgesetzes erging am 8. Juni 1950 eine Verordnung über Kollektivver-träge, die den Abschluß von Tarifverträgen regelte und die Aufgaben der Gewerkschaften beim Abschluß und der Durchsetzung von Betriebsverträgen bzw. -vereinbarungen defi-nierte.[17] Zwischen Betriebsleitungen und Gewerkschaften sollten Verträge abgeschlossen werden, deren Inhalt sehr weitgehend durch die Wirtschaftspläne und das Arbeitsgesetz vorgezeichnet und damit kanalisiert wurde. Eine – wenn auch nur relativ – unabhängige Interessenvertretung der Belegschaften konnte unter diesen Voraussetzungen kaum mehr zustande kommen.

Auf den vom 3. FDGB-Kongreß beschlossenen Grundsätzen für Kollektivverträge basierte eine am 15. Februar 1951 veröffentlichte Regierungsverordnung über den Neuabschluß von

---

14 Vgl. Friedrich Kunz u.a., Sozialistisches Arbeitsrecht – Instrument zur Verwirklichung der Einheit von gesellschaftlichen, kollektiven und persönlichen Interessen, Berlin 1980.

15 Vgl. Protokoll des 3. Kongresses des FDGB, Berlin 1950, S. 521–540.

16 Vgl. Gesetzbuch der Arbeit der Deutschen Demokratischen Republik vom 12. April 1961, Berlin 1961; dazu auch das zweite Gesetz zur Änderung und Ergänzung des Gesetzbuches der Arbeit vom 23. 11. 1966 (GBl. I, Nr. 15/1966, S. 111–124) und das Arbeitsgesetzbuch der DDR vom 16. 6. 1978 (Arbeitsge-setzbuch der Deutschen Demokratischen Republik mit Einführungsgesetz. Textausgabe, Berlin 1977).

17 GBl. Nr. 66/1950, S. 493.

Kollektivverträgen in „volkseigenen" und gleichgestellten Betrieben.[18] Danach waren für die Industriezweige Rahmenkollektivverträge (RKV) abzuschließen, in die sich die Betriebskollektivverträge (BKV) einzupassen hatten.

All dem lag – je nach dem politischen Standort des Betrachters – ein Konstruktionsfehler oder ein überaus geschicktes Verfahren zugrunde. Bereits 1948 hatte Walter Ulbricht die hier einfließenden Vorstellungen zur Konfliktregulierung verdeutlicht: „Unter den Bedingungen der fortschrittlichen demokratischen Staatsordnung besteht die Aufgabe der Gewerkschaften darin, bei Meinungsverschiedenheiten mit Organen der Wirtschaft oder anderen Organen durch rechtzeitiges Erkennen der Differenzfragen eine Verständigung herbeizuführen."[19] Wenn auch Konfliktvermeidung ein keinesfalls abwegiges Argument war, so zielte das Verfahren doch generell auf ein Ausklammern von Konflikten, so daß schließlich auch die nötigen Regulative fehlten, weil sie irrelevant erschienen.

Wie die praktischen Konsequenzen aussehen sollten, versuchte Walter Ulbricht am 9. April 1951 auf einer Sitzung des Sekretariats des SED-Zentralkomitees zu verdeutlichen: In den RKV werde „von den Produktionsaufgaben in der betreffenden Industrie, der Anwendung der neuen Arbeitsmethoden und der damit verbundenen Festsetzung der Löhne und Gehälter entsprechend dem Leistungsprinzip" ausgegangen. In den BKV „kommt das neue arbeitsrechtliche Verhältnis zum Ausdruck, das aus der Pflicht der Arbeiter besteht, die Arbeitsnormen innerhalb einer bestimmten Arbeitszeit zu erfüllen, während der volkseigene Betrieb die Pflicht der Bezahlung nach der Menge und der Qualität der Arbeit und die Befriedigung der materiellen, gesundheitlichen und kulturellen Bedürfnisse der Arbeiter und Angestellten im Rahmen des Planes zu erfüllen hat". Die neuen Verträge würden darauf basieren, „daß es in diesen Betrieben keine Ausbeutung mehr gibt und deshalb ein neues Verhältnis der Arbeiter, Angestellten und der technischen Intelligenz zur Arbeit herbeigeführt wurde".[20]

Unverkennbar standen solche Überlegungen im Zusammenhang mit dem von der SED verfolgten Prozeß der Machtmonopolisierung und mit dem Fünfjahrplan. Sie stießen jedoch in eine sehr brisante Lohn- und Normendiskussion hinein, was im FDGB-Bundesvorstand schon Anfang 1951 mit einer gewissen Besorgnis registriert wurde.[21] Allerdings befaßte sich der Bundesvorstand erst im September ausführlicher mit dieser Frage.

Zu diesem Zeitpunkt schien die Situation ambivalent. So berichtete der Vorsitzende der Abteilung Arbeit und Löhne beim FDGB- Bundesvorstand, Otto Lehmann, die Mehrzahl der BKV sei gut vorbereitet „in Diskussionen, Versammlungen und Seminaren besprochen, durch Hunderte und mehr Vorschläge und Ergänzungen von Arbeitern und Angestellten erarbeitet und dann einstimmig angenommen" worden.[22] In einer Reihe von Betrieben, darunter auch Großbetriebe wie die Leuna-Werke und der Schwermaschinenbau Magdeburg, verhielten sich aber „einzelne Gruppen von Arbeitern" ablehnend. Ein Grund dafür sei, daß diese Arbeiter das bei manchen Gewerkschaftsfunktionären üblich gewordene „Kommandie-

---

[18] GBl. Nr. 22/1951, S. 117.

[19] Walter Ulbricht, Gewerkschaften und Zweijahresplan, Berlin 1948, S. 12.

[20] Dokumente der Sozialistischen Einheitspartei Deutschlands. Beschlüsse und Erklärungen des Parteivorstandes, des Zentralkomitees sowie seines Politbüros und seines Sekretariats, Bd. III (Dokumente der SED, Bd. 3), Berlin 1952, S. 450.

[21] Vgl. Otto Lehmann, Lohnpolitik und Kollektivverträge, Berlin 1951.

[22] SAPMO-BA, ZGA FDGB-BV 6812, unpag.: Protokoll der 6. BV-Sitzung, 21./22. 9. 1951. Referat Otto Lehmanns, S. 10.

ren" auf solche Weise zurückwiesen, ein anderer liege darin, daß die Lohnpolitik nicht verstanden werde.[23]

Lehmann argumentierte weiter, die Abschlüsse von BKV fänden unter den Bedingungen einer verschärften Klassenauseinandersetzung statt und ablehnende Haltungen seien z.T. auf das Wirken westlicher Agenten und ehemaliger Nazis zurückzuführen. Gerüchte und Verleumdungen würden verbreitet, zu den „hinterhältigsten Methoden" zähle aber, wenn, wie in einem Teerverarbeitungswerk bei Weißenfels, Zitate von Marx, Engels und Lenin bemüht würden, um zu zeigen, daß der BKV „ein Mittel zur Ausbeutung und Unterdrückung der Arbeiterklasse ist".[24]

In Lehmanns Ausführungen offenbarte sich eine Tendenz zur Kriminalisierung von Gegnern der BKV-Kampagne. Fraglos wurde die Haltung der betroffenen Arbeiter davon beeinflußt, wobei sich, wie ein Mitarbeiter des Büros Warnke feststellte, drei Positionen herauskristallisierten: Die erste sei durch „einstimmige, begeisterte Annahme" gekennzeichnet; die zweite dadurch, daß einer ursprünglichen Ablehnung dann im zweiten Anlauf doch noch die Zustimmung folgte; die dritte indes sei eine resignierende Reaktion auf „eine diktatorische Arbeit der BGL". In einigen Betrieben wie der Baumwollspinnerei Chemnitz, vielfach auch bei der Post, hätten die Beschäftigten erklärt: „Nun stimmt doch endlich zu, damit wir unsere Ruhe haben."[25]

FDGB-Vorsitzender Warnke demonstrierte in seinem Schlußwort, wie man in einzelnen Fällen die Zustimmung zum BKV erlangte. Nachdem der Vertrag z.B. in den Leuna-Werken abgelehnt worden war, führten Gewerkschaftsfunktionäre drei Wochen lang Diskussionen in den verschiedenen Werksteilen. Der Kulturdirektor, der Personalleiter, der 1. Parteisekretär sowie der 1. und 2. BGL-Vorsitzende verloren bei der Gelegenheit ihre Posten. Danach sei der BKV angenommen worden.[26]

Dennoch sah sich Warnke zu dem Eingeständnis gezwungen: „Das neue Verhältnis zur Arbeit ist noch nicht so stark, wie wir angenommen haben. Beweis: Die Stellungnahme bestimmter Schichten der Arbeiterklasse gegen den Betriebskollektivvertrag wandte sich vor allem gegen solche Punkte, die das Leistungssystem verankerten, wie 90 % (Lohn – P.H.) bei Betriebsstörungen; Karenzzeit; kein Sonntagszuschlag mehr, wenn ein freier Tag gegeben wird; Prämiensystem usw. Das bedeutet also, daß man das neue Verhältnis zur Arbeit noch nicht in allen Punkten begriffen hatte und noch nicht in so großem Umfange, wie wir angenommen hatten."[27]

Doch es ging nicht nur um mangelnde Einsicht und überzogene Erwartungen. Die BKV-Auseinandersetzungen rissen den schon bestehenden Graben zwischen der FDGB-Hierarchie und den Arbeitern noch viel weiter auf. Warnke erfaßte das sehr präzise: „Die schlimmsten Schlappen haben wir dort erlebt, und sie noch nicht überwunden, wo der Betriebskollektivvertrag formell angenommen wurde, fast ohne Diskussion in den Versammlungen. Diskutiert wurde dort auch, aber dort sind sie schon so weit weg, daß sie nicht mehr mit uns, sondern nur untereinander diskutieren, und das kommt durch unsere schlechten Arbeitsmethoden."[28] Die Spannungen gaben schon Anlaß zur Sorge, denn „. . ., wenn Ihr in

23 Ebenda, S. 12, 28.
24 Ebenda, S. 23.
25 Ebenda: Diskussionsbeitrag von Harry Krebs, S. 1.
26 Ebenda: Schlußwort Herbert Warnkes, S. 8.
27 Ebenda.
28 Ebenda, S. 10.

die Betriebe kommt, so findet man dort eine Ablehnung, teilweise sogar einen Haß gegen Instrukteure und warum?, weil sie nicht helfen, keine Ratschläge geben können. Sie schnüffeln überall herum und gehen dann wieder und dann kommt von oben plötzlich ein Holzhammer gesaust".[29]

Diese ausführlicheren Zitate mögen einen Eindruck von der angespannten Atmosphäre vermitteln, in der die BKV-Kampagne ablief, doch zugleich zeigten sie, wie sehr die Gewerkschaftsführung auf die Vorstellung fixiert war, man müsse den Arbeitern nur alles richtig und geduldig erklären. Auch wenn herauszuhören war, man habe von den Arbeitern vielleicht zuviel erwartet, schien es in den oberen Kreisen der SED- und FDGB-Apparate nicht den geringsten Selbstzweifel an der grundsätzlichen Richtigkeit der eigenen Politik zu geben.

Auf der anderen Seite war das Verhalten der Arbeiter unter zwei Aspekten besonders bemerkenswert: Einwände gegen die BKV wurden vor allem mit der Sorge um den Lohn begründet. Wo Vorschläge zum BKV gemacht wurden, bezogen diese sich in der Regel auf ganz konkrete Sachzusammenhänge der eigenen Arbeit oder des unmittelbaren Arbeitsumfeldes. Man ließ sich kaum auf politische Diskussionen ein. Wo solche jedoch aufbrachen, präsentierte sich ein für das Regime alarmierendes Bild.

Die Jenaer Zeiß-Werke gehörten in diese Kategorie. Unter den Großbetrieben der DDR waren sie der letzte, in dem gegen Ende 1951 ein BKV unterzeichnet wurde. Nachdem der BKV zunächst von 75 % der Belegschaft abgelehnt worden war, wurden zunächst ganze Gruppen von Instrukteuren für den Einsatz im Werk vorbereitet, „und zwar wochenlang".[30] So geschult, begannen sie einen insgesamt neunwöchigen Einsatz, über den ein Teilnehmer berichtete: „Es kam immer wieder darauf an, daß es uns gelang, die Mehrheit der Belegschaft von der Wirtschaftlichkeit zu überzeugen. Wir hatten mit 300 Kollegen stundenlang Einzeldiskussionen, dadurch haben wir die Kollegen für uns gewonnen."[31]

Das war etwas geschönt. Tatsächlich konnte man von 300 ausgesuchten Belegschaftsmitgliedern nach sechs- bis siebenstündigen Einzeldiskussionen, für die die „besten Instrukteure" eingesetzt worden waren, 50 dazu bewegen, die BKV-Kampagne nunmehr aktiv zu unterstützen.[32] Wesentlich dabei war aber, daß man die Situation nicht frontal anging, sondern selektiv – divide et impera – sollte der Widerstand überwunden werden.

Dieser erwies sich als unerwartet zäh. Nach sechs bis acht Stunden Dauer mußten Belegschaftsversammlungen ergebnislos abgebrochen werden. Den Instrukteuren, denen nebenbei auch Prügel angedroht wurden, hielt man entgegen: „Lieber den Kapitalismus als den Kommunismus. Ihr fühlt Euch doch nur stark, weil Ihr die ganze rote Armee hinter Euch habt." Mit letzterer wollten viele Zeiß-Beschäftigte aber wohl noch weniger zu tun haben. Gerüchte und wohl auch genauere Informationen über Gewalttaten sowjetischer Soldaten dienten ihnen als Argument, um die Einführung „sowjetischer Arbeitsmethoden" abzulehnen. Solche Diskussionen beeindruckten die Instrukteure offenbar sehr. Im Bericht hieß es dazu: „Alles wurde in einer solchen Feindschaft vorgebracht und die Versammlung klatschte lebhaft Beifall, daß man die Tendenz des Klassenfeindes spürte."[33]

---

[29] Ebenda, S. 12.
[30] SAPMO-BA, ZGA FDGB-BV 6813, unpag.: Protokoll der 7. BV-Sitzung, 28.–30. 11. 1951. Diskussionsbeitrag von Lorenz, IG Metall, S. 5.
[31] Ebenda, S. 4.
[32] Ebenda, S. 5.
[33] Ebenda, S. 2f.

Wenn schließlich auch im Jenaer Zeiß-Werk ein BKV-Abschluß zustande kam, so dürften ausschlaggebend gewesen sein, daß die Beschäftigten es an einem bestimmten Punkt der Auseinandersetzung vorzogen, „ihre Ruhe zu haben". Daß die Belegschaft nach solchen Diskussionen, worüber die Instrukteure berichteten, plötzlich von den Vorteilen des BKV überzeugt gewesen sein sollten, erscheint höchst unwahrscheinlich. Dagegen sprach auch, und nicht nur im Falle des Zeiß-Werkes, daß der Streit um Löhne und Normen auch nach Abschluß der BKV unvermindert andauerten. Es mag überraschen, wenn Situationen wie die hier geschilderte nicht zu Arbeitsniederlegungen eskalierten. Auch wenn es solche während der BKV-Kampagne gegeben hat, blieben sie doch Ausnahmen. Hinter der viel häufiger zu beobachtenden Zurückhaltung der Arbeiter dürfte vor allem die Überlegung gestanden haben, daß ein offener Arbeitskonflikt in der gegebenen Situation kaum als Streik auszutragen war, ohne in höchst gefährlicher Weise politische Schlagseite zu bekommen. Unter der Devise des zugespitzten Klassenkampfes öffnete der Artikel 6 der DDR-Verfassung unter dem Vorwand der „Boykotthetze gegen demokratische Einrichtungen und Organisationen"[34] für Repressalien Tür und Tor. Diesem Risiko, das wohl zwischen 1950 und 1953 besonders groß war, mochte sich kaum ein Arbeiter aussetzen.

Als für die Lage exemplarisch konnte eine Belegschaftsversammlung im Kaltwalzwerk Oranienburg gelten, über die Herbert Warnke berichtete: „Die Rechenschaftslegung von Betriebsleitung und BGL über die Erfüllung des Kollektivvertrages erfolgte am 16. Januar 1952. Die Versammlung war zwar gut besucht, die Kollegen haben aber nicht zu diskutieren gewagt. Warum nicht? Weil die Kollegen auf Grund der Atmosphäre im Betrieb glauben, man dürfte die Betriebsleitung nicht kritisieren, sonst hätte das schlimme Folgen für die Kritiker."[35] Dieses charakteristische Motiv des Schweigens sollte in der Geschichte der DDR-Arbeiterschaft noch häufig anzutreffen sein. Gewiß spielte Angst vor wie auch immer gearteten Sanktionen dabei eine Rolle, aber das Schweigen hatte auch etwas Widerstrebendes, teils wohl auch Resigniertes. Es gab noch andere, diffusere und daher schwerer faßbare Formen der Verweigerung: Man gab nichts für die häufigen Spendensammlungen oder entrichtete keine Gewerkschaftsbeiträge. Im Zeiß-Werk zahlten z.B. lediglich 40 % der FDGB-Mitglieder ihre Beiträge.[36]

Solche Erfahrungen trugen mehr oder weniger dazu bei, daß zumindest der FDGB-Bundesvorstand bei der Vorbereitung der BKV für 1952 zu einer vorsichtigeren Gangart neigte. So mußte Otto Lehmann im Februar 1952 zugeben, daß es Beispiele gab, „wo sich Arbeiter gegen die Festsetzung von Arbeitsnormen mit vollem Recht zur Wehr gesetzt haben".[37] Tatsächlich scheint es in nicht wenigen Fällen zu „Nachbesserungen" der BKV gekommen zu sein, wodurch sich die Atmosphäre etwas entspannte und es im Lohn- und Normenbereich zu tragfähigen Arrangements kam. Wenn dies erreicht wurde, wie es etwa im Bergbau der Fall war, konnte mit deutlichen Mehrheiten für den Abschluß der BKV gerechnet werden. Eine große Anzahl der Beschäftigten, „die sich bisher abwartend verhielten",

34 Die Verfassung, a.a.O., S. 11.
35 Herbert Warnke; Rottet den Bürokratismus in den Betrieben aus. Referat des Vorsitzenden des FDGB Kollegen Herbert Warnke vor dem 8. Plenum des Bundesvorstandes des FDGB vom 6. bis 8. Februar 1952 und Entschließung zum Referat, Berlin 1952, S. 15.
36 SAPMO-BA, ZGA FDGB-BV 6813, unpag.: Protokoll der 7. BV-Sitzung, 28.–30. 11. 1951. Diskussionsbeitrag Lorenz', IG Metall, S. 4.
37 SAPMO-BA, ZGA FDGB-BV 6817, unpag.: Protokoll der 9. BV-Sitzung, 9. 5. 1952. Referat Otto Lehmanns, S. 8.

akzeptierte dann den BKV als eine Art – nicht allzu ernst zu nehmende – Geschäftsgrund-lage.[38]

Auf diese Weise gelang es zwar, die Situation in den Betrieben zu beruhigen. Doch wesentliche Ziele der BKV-Kampagne wurden dabei verfehlt. So berichtete Otto Lehmann im Mai 1952, als die realen Effekte der BKV allmählich deutlicher sichtbar wurden, daß sich weder Betriebsleitungen noch Belegschaften konsequent an die in den Verträgen enthaltenen Verpflichtungen hielten.[39] Vor allem aber wurden die lohn- und normenpolitischen Ziele nicht erreicht: „In der Weiterentwicklung und Festigung des Leistungsprinzips in der Entloh-nung besteht der Hauptmangel neben dem Fehlen der Wirtschaftslohngruppenkataloge in der absolut unzureichenden Erfüllung der eingegangenen Verpflichtungen zur Ausarbeitung und Einführung technisch begründeter Arbeitsnormen."[40]

Formal waren die BKV eingeführt worden, doch in der betrieblichen Realität konstituierte sich damit offenbar eine Scheinwirklichkeit, bestimmt für den Umgang mit den übergeordne-ten Partei-, Gewerkschafts- und staatlichen Leitungen. Betroffen registrierte der inzwischen zum Leiter der Abteilung Rationalisierungswesen im Ministerium für Schwerindustrie aufge-stiegene Adolf Hennecke: „Uns nützen nichts oder nur sehr wenig diese schönen Berichte, die wir im Zentralvorstand und auch im Staatssekretariat erhalten, wenn wir nicht erreichen, daß die Belegschaften wirklich mit innerer Anteilnahme am Wettbewerb beteiligt sind."[41]

Ulbricht, der zugleich Mitglied des FDGB-Bundesvorstandes war, beharrte auch nach solchen Erfahrungen auf der Macht der Ideologie und der politischen Erziehung. Es käme darauf an, im Betrieb bei der Beratung der Betriebskollektivverträge die Rolle der Arbeiter-klasse klar herauszuarbeiten. „Was ist das für ein Staat? Wer bestimmt in der Wirtschaft?"[42] Daß diese Fragen, wie er meinte, in weiten Kreisen der Arbeiterschaft nicht richtig beantwor-tet wurden, kreidete der Generalsekretär der SED einem Teil der Gewerkschaftsfunktionäre an, weil sie eine neutrale Haltung einnähmen.[43]

Diese im Mai 1952 gehaltene Diskussionsrede Ulbrichts erwies sich vor allem deshalb als aufschlußreich, weil er darin einerseits ein recht realistisches Bild von der Situation in den staatlichen Betrieben zeichnete: „Wir stehen noch auf der alten Basis und nicht auf der Basis des Fortschritts."[44] Zugleich aber befürwortete er einen intransigenten politischen Kurs: „Die Feinde Deutschlands werden uns nur respektieren, wenn wir stark sind."[45] Beide markierten einen Widerspruch, den die Betriebsfunktionäre der SED und des FDGB alltäglich irgendwie zu kompensieren hatten. Obwohl sie das auf unterschiedliche Weise taten, also etwa den Hardliner hervorkehrten oder sich hinter ihre Schreibtische zurückzogen, um von den Arbeitern möglichst verschont zu bleiben, scheint letztlich für den betriebsinternen Bedarf eine Politik des Arrangements und des „Durchwurstelns" die besseren Erfolgsaussichten versprochen zu haben. Insofern zahlte sich das Einlenken der Arbeiter bei den BKV letztlich

[38] SAPMO-BA, ZGA IG Bergbau 28, unpag.: Protokoll der Zentralvorstandssitzung, 16. 5. 1952. Referat des Präsidiums, S. 5f.
[39] SAPMO-BA, ZGA FDGB-BV 6817, unpag.: Protokoll der 9. BV-Sitzung, 9. 5. 1952. Referat Otto Lehmanns, S. 7.
[40] Ebenda, S. 8.
[41] Ebenda: Diskussionsbeitrag Adolf Henneckes, S. 1.
[42] Ebenda: Diskussionsbeitrag Walter Ulbrichts, S. 1.
[43] Ebenda, S. 4.
[44] Ebenda, S. 5.
[45] Ebenda, S. 3.

dadurch aus, daß sich das Terrain für künftige soziale Forderungen und Auseinandersetzungen „vor Ort" günstiger gestaltete. Damit wurden für die Arbeitswelt der DDR sehr wichtige Weichen gestellt. Es entstanden informelle Mechanismen der Konfliktregulierung, die das Regime im eigenen Interesse letztlich tolerieren mußte.

2. Arbeitskonflikte in der DDR: Fallbeispiele

Die Frage nach Arbeitskämpfen und Streiks in der DDR hat sich bisher auf die Geschichte des 17. Juni 1953 konzentriert, wozu ohne Zweifel der spektakuläre und komplexe Charakter dieses Ereignisses beigetragen hat. Obwohl Forschungen dazu bis 1989 unter einem sehr restriktiv gehandhabten Quellenzugang litten, entstanden vor allem auf der Basis von Zeitzeugenberichten und vielen verstreuten Pressebeiträgen bereits in den Jahren zuvor in Westdeutschland wichtige Arbeiten.[46] In der DDR selbst hielt sich die offizielle Geschichtsschreibung bis zum Schluß weitgehend an die bereits 1953 formulierte These, beim 17. Juni habe es sich um einen „faschistischen Putschversuch" gehandelt. Auch der Verf. kann sich nicht freisprechen, diesem Postulat bis zu einem bestimmten Punkt unkritisch gefolgt zu sein.[47] Späte Bemühungen um eine Korrektur dieses falschen Bildes durch einige DDR-Historiker erwiesen sich als zu zaghaft und eben – zu spät.[48] Neuere Arbeiten schöpfen verständlicherweise extensiv aus den nunmehr zugänglichen Quellen.[49] Auch einige Oral-History-Studien nahmen sich der Thematik an.[50] Interessante Projektionen auf den 17. Juni

---

[46] Siehe dazu Stefan Braut, Der Aufstand. Vorgeschichte, Geschichte und Deutung des 17. Juni 1953, Stuttgart 1953; Ilse Spittmann/Karl-Wilhelm Fricke (Hg.), 17. Juni 1953. Arbeiteraufstand in der DDR, Köln 1982; Arnulf Baring, Der 17. Juni 1953, Bonn 1957 und Stuttgart ²1983; Axel Bust-Bartels, Der Arbeiteraustand am 17. Juni 1953. Ursachen, Verlauf und gesellschaftspolitische Ziele, in: Aus Politik und Zeitgeschichte (APZ), B 25/1980, S. 24.-54.

[47] Vgl. Peter Hübner, Ein Labyrinth, in dem es nur falsche Wege gibt, in: Frankfurter Allgemeine Zeitung, 8. 9. 1993, S. 36.

[48] Vgl. Jochen Czerny (richtig: Jochem Černy – P.H.), Altes und Neues über den 17. Juni 1953, in: Das unverstandene Mentekel – Der 17. Juni 1953. Materialien einer Tagung. Hg. vom Brandenburger Verein für politische Bildung e.V., Potsdam 1993, S. 59.

[49] Ohne Anspruch auf auch nur annähernde Vollständigkeit vgl. vor allem Gerhard Beier, Wir wollen freie Menschen sein. Der 17. Juni 1953: Bauleute gingen voran, Köln 1993; Torsten Diedrich, Der 17. Juni 1953 in der DDR. Bewaffnete Gewalt gegen das Volk, Berlin 1991; Manfred Hagen, DDR – Juni '53. Die erste Volkserhebung im Stalinismus, Stuttgart 1992; Angelika Klein, Die Arbeiterrevolte im Bezirk Halle, Hefte 1-4, Potsdam 1993; Armin Mitter, Die Ereignisse im Juni und Juli 1953 in der DDR. Aus den Akten des Ministeriums für Staatssicherheit, in: APZ B 5/1991, S. 31–41; ders./Stefan Wolle, Untergang auf Raten. Unbekannte Kapitel der DDR-Geschichte, München 1993; Heidi Roth, Der 17. Juni 1953 im damaligen Bezirk Leipzig. Aus den Akten des PDS-Archivs Leipzig, in: Deutschland Archiv (DA) 24 (1991), 6, S. 573–584; dies., Die SAG-Betriebe und der 17. Juni 1953, in: DA 26 (1993), 5, S. 531–536; Udo Wengst, Der Aufstand am 17. Juni 1953 in der DDR. Aus den Stimmungsberichten der Kreis- und Bezirksverbände der Ost-CDU im Juni und Juli 1953, in: Vierteljahreshefte für Zeitgeschichte (VfZ) 41 (1993), 2, S. 277–321.

[50] Vgl. Lutz Niethammer/Alexander v. Plato/Dorothee Wierling, Die volkseigene Erfahrung. Eine Archäologie des Lebens in der Industrieprovinz der DDR. 30 biographische Eröffnungen, Berlin 1991; Dagmar Semmelmann, Schauplatz Stalinstadt/EKO. Erinnerungen an den 17. Juni 1953, H. 1-2, Potsdam 1993; dies., Zeitzeugen über den 17. Juni 1953 in Berlin, in: hefte zur ddr-geschichte, Nr. 7, Berlin 1993, S. 26–55.

vermitteln zudem die Brecht-Biographie von Werner Mittenzwei[51] und Stefan Heyms Autobiographie.[52] Eine umfassendere Konfliktgeschichte der DDR-Gesellschaft oder eine Streikgeschichte der Arbeiter steht jedoch gegenwärtig noch aus.[53]

Es gab in der DDR für Arbeitsniederlegungen keine Regularien. Die streikenden Arbeiter waren in der Regel völlig auf sich allein gestellt. Um so wichtiger dürfte eine Beantwortung der Frage sein, ob in solchen Arbeitskonflikten nicht doch generellere Verlaufs- und Strukturmerkmale ausfindig zu machen sind. Dazu werden im folgenden einige Beispiele von Arbeitsniederlegungen eingehender zu betrachten sein. Bewußt wurden hierzu einige zeitlich weit auseinanderliegende Fälle ausgewählt.

Als erstes Beispiel soll eine Arbeitsniederlegung vorgestellt werden zu der es am 28. Mai 1953 in der Finsterwalder Maschinen GmbH („Fimag") kam.[54] Am 23. Mai 1953 nahm der Werkleiter dieses Maschinenbaubetriebes an einer Tagung teil, zu der die Hauptverwaltung Elektromaschinenbau des Ministeriums für Allgemeinen Maschinenbau nach Leipzig eingeladen hatte. Hier wurde ihm und anderen Werkleitern der Beschluß des SED-Zentralkomitees vom 14. Mai 1953 über Normenerhöhungen erläutert.[55] Danach erhielt der Werkleiter eine schriftliche Anleitung samt Arbeitsanweisung ausgehändigt, in der seinem Betrieb eine Normzeitsenkung von 22 % vorgeschrieben wurde. Zugleich war er an eine Entschließung gebunden, nach der bis zum 27. Mai „in breiter Campagne allen Genossen (d.h. den SED-Mitgliedern des Betriebes – P.H.) die Maßnahmen zu erläutern sind und sie im Kampf um die Steigerung der Arbeitsproduktivität zu unterstützen (sind)".

In einer Beratung mit dem Parteisekretär und dem BGL-Vorsitzenden des Betriebes legte der Werkleiter für den 26. Mai folgenden Terminplan fest, nach dem dann verfahren wurde:
– Um 8 Uhr fand eine „Konferenz mit den Spitzenfunktionären des Betriebes" statt, um ihnen die Aufgabenstellung zu erläutern. Parallel dazu beriet der Direktor für Arbeit mit den Normen-Bearbeitern Einzelheiten der Normzeitsenkung.
– Um 11 Uhr kam die Leitung der Betriebsparteiorganisation unter Hinzuziehung einiger weiterer SED-Mitglieder in erweitertem Kreis zusammen, um den Beschluß zu diskutieren und Argumente für seine Durchsetzung zu formulieren. Die Beratung beschloß, noch am selben Tage eine Parteiversammlung durchzuführen und für den folgenden Tag eine „Aktivtagung" einzuberufen. (An solchen „Aktivtagungen" hatten üblicherweise neben den Betriebsfunktionären das technische Leitungspersonal sowie Meister und Leiter von Arbeitsbrigaden teilzunehmen.)
– Um 16 Uhr begann dann die erwähnte Parteiversammlung, an der 70 SED-Mitglieder teilnahmen. Unter ihnen befanden sich zwölf Produktionsarbeiter, die im Leistungslohn

---

[51] Werner Mittenzwei, Das Leben des Bertolt Brecht oder der Umgang mit den Welträtseln, Bd. 2, Berlin 1986, S. 506–510.

[52] Stefan Heym, Nachruf, Frankfurt/M. 1990, S. 559–606.

[53] Vgl. dazu die wichtigen Untersuchungen von Axel Bust-Bartels, Herrschaft und Widerstand in den DDR-Betrieben, Frankfurt/M. und New York 1980; Klaus Ewers, Der Konflikt um Lohn und Leistung in den volkseigenen Betrieben der SBZ/DDR. Ein historisch-soziologischer Beitrag zur innerbetrieblichen Lohngestaltung - von 1945/46 bis zu den langfristigen Folgewirkungen des 17. Juni 1953. Sozialwiss. Diss., Universität Osnabrück 1987.

[54] BLHA, Bez. Ctb. Rep. 930, SED-Bezirksleitung Cottbus IV/2/3/189, Bl. 238–241: Protokoll, ungez., 29. 5. 1953.

[55] Vgl. Dokumente der Sozialistischen Einheitspartei Deutschlands. Beschlüsse und Erklärungen des Zentralkomitees sowie seines Politbüros und seines Sekretariats, Bd. IV (Dokumente der SED, Bd. 4), Berlin 1954, S. 410–415.

standen, also von der Normenerhöhung direkt betroffen waren. Angestellte bildeten die
Mehrheit der Versammelten. Der Werkleiter referierte zum Thema: „Was müssen wir tun
zur Durchführung des ZK-Beschlusses im Betrieb".

Am folgenden Tag, dem 27. Mai, begann um 8 Uhr die „Aktivtagung" mit 85 Teilnehmern,
unter ihnen die Betriebs- und Abteilungsleiter, Meister, TAN-Bearbeiter, Technologen und
Brigadiers. Ihr Ziel war es, eine endgültige Aufschlüsselung der Normen auf die einzelnen
Abteilungen und Arbeitsgruppen zu erreichen. Für 12 Uhr sahen BGL und AGL eine
gemeinsame Sitzung vor, und um 16 Uhr sollte schließlich eine Beratung mit allen Gewerkschaftsfunktionären des Betriebes stattfinden.

Kurz nach Beginn wurde die „Aktivtagung" durch die Mitteilung unterbrochen, daß
„Arbeitskollegen der Abteilungen Montage und Ankerwickelei, Schichterei und teilweise
Dreherei und Metallbearbeitung ihre Arbeit niederlegten". Daraufhin einigten sich die
Tagungsteilnehmer, sofort für 9.30 Uhr eine Versammlung mit den Produktionsarbeitern
einzuberufen. Unterdessen berichtete ein Mitarbeiter der Montageabteilung, daß die dort
Beschäftigten den BGL-Vorsitzenden sprechen möchten. Dieser kam dem nach, „und auto-
matisch setzte bei seinem Erscheinen aus allen Abteilungen der Zustrom der Kollegen ein".

Der ganze Hergang wies durchaus keine anarchischen Züge auf. Klar umrissen war der
Gegenstand der allgemeinen Erregung, man wußte worum es ging – und insgeheim nahmen
wohl die meisten Beteiligten an, daß man irgendwie zum Status quo ante zurückfinden
müßte. Der Bericht fährt fort: „Es wurde erregt diskutiert, und die Kollegen waren bereits
informiert über die Kennziffern, die nach dem Schlüssel des Ministeriums für Allgemeinen
Maschinenbau für die Betriebsabteilungen aufgestellt wurden. Nach harter Diskussion wurde
den Kollegen zur Kenntnis gegeben, dass eine Aktivtagung und BGL-Sitzung stattfindet, um
eingehend die Maßnahmen, die durchzuführen sind, zu beraten." Dem „Hinweis" des BGL-
Vorsitzenden, „sofort die Arbeit aufzunehmen", folgten nur „einige Kollegen", d.h. eine
Mehrheit der Belegschaft bestand auf einer sofortigen Klärung der sie bewegenden Fragen
oder zumindest auf einer entsprechenden Zusage der Betriebsleitung. Um diesem Verlangen
Nachdruck zu verleihen, entschloß sich ein Teil der Beschäftigten zu einer demonstrativen
Geste: „Nach der Frühstückspause um 8.45 Uhr gingen die Abteilungen Montage und
Ankerwickelei geschlossen vor das Verwaltungsgebäude und auf den Sportplatz, und die
anderen Abteilungen folgten zum Teil aus Neugier. Nur einzelne Abteilungen wie Stanzerei,
Gussputzerei, Lehrwerkstatt, Werkzeugbau, Tischlerei, Rohrleger, ein Teil der Schweißerei
und ein Teil der Spulenwickelei arbeiteten weiter. Von den Kollegen, die sich auf dem
Sportplatz versammelten, wurden die Elektrokarrenfahrer abgestoppt und an der Weiterfahrt
verhindert. Die Rohrleger, (3 Kollegen) die auf dem Sportplatz eine Reparatur durchführten,
wurden am Weitergehen gehindert und mussten ihre Rohre ablegen und gingen dann wieder
zur Werkstatt zurück. Die Kollegen verlangten eine Belegschaftsversammlung, teilweise
ertönten Rufe wie: ,Wir machen es genau wie in Bitterfeld, wir marschieren geschlossen wie
Kjellberg und Feintuch (beides Industriebetriebe in Finsterwalde – P.H.) zum Marktplatz und
demonstrieren, Kjellerg streikt auch.' Es sammelten sich in zeitlicher Folge rund 250 Kollegen an."

Ihnen gab der Werkleiter bekannt, daß um 9.30 Uhr eine Versammlung mit den Produktionsarbeitern stattfinden werde. Auf dieser, deren Leitung der BGL-Vorsitzende übernahm,
hielt der Werkleiter eine knapp halbstündige Ansprache, mit der er versuchte, die Normenerhöhung zu begründen. Bis auf einige ablehnende Zwischenrufe verlief die Versammlung

relativ ruhig. Inzwischen hatten sich der Sekretär für Wirtschaft der SED-Kreisleitung und der Vorsitzende der Kreis-Partei-Kontrollkommission eingefunden, die aber nicht das Wort ergriffen.

In der Diskussion meinte ein Betriebsangehöriger, „Genosse I.", diese Versammlung erinnere ihn an Kundgebungen „vor 1933, in denen sie gegen den Faschismus und gegen Krieg gesprochen haben und daraufhin von den faschistischen Teilnehmern durchs Fenster geworfen wurden". Dem folgten „ein allgemeines Gelächter und Zwischenrufe wie: ‚Das kann Dir auch passieren, wenn Du nicht aufhörst, das wollen wir nicht hören, bleibe bei der Sache'".

Der BGL-Vorsitzende sah indes seine Hauptaufgabe darin, „Ruhe und Ordnung zu bewahren", während der Werkleiter aufmerksam machte, daß „durch die Arbeitsniederlegung die Produktionserfüllung gefährdet wird, und er dementsprechend das Ministerium für Allgemeinen Maschinenbau unterrichten muss". Die Streikenden verlangten darauf, er und der BGL-Vorsitzende möchten zum Ministerium fahren, um von dort Sachverständige „zur Überprüfung ihrer bestehenden Normen mit in den Betrieb zu bringen". Nachdem dies, „um die Kollegen wieder an die Arbeit heranzuführen", zugesagt worden war, wurde die Versammlung beendet. „Die Kollegen nahmen ihre Arbeit wieder auf. Die 2. und 3. Schicht wurde ordnungsgemäss ohne Produktionsverlust durchgeführt. Bewußte Schäden an Betriebsmitteln und Produktion erfolgten nicht."

In einem Schlußpassus geht das Protokoll auf die vermeintlichen Ursachen dieser Arbeitsniederlegung ein: Die Tätigkeit der Parteiorganisation sei unzureichend gewesen; auch habe es Verunsicherung der Arbeiter gegeben, weil im Beschluß des Zentralkomitees von einer zehnprozentigen Normenerhöhung die Rede gewesen sei, das Ministerium aber eine 22-prozentige Normzeitsenkung angeordnet habe. Zudem gebe es Anzeichen, „dass vermutlich im Betrieb einige Kollegen Verbindung zu den ehemaligen Kapitalisten . . . haben". Die Untersuchungen seien „von der zuständigen Stelle eingeleitet worden". Ferner habe sich ausgewirkt, daß die Betriebsparteiorganisation der SED ungenügend „gegen das Versöhnlertum, gegen den Sozialdemokratismus und gegen das parteischädliche Verhalten einiger Genossen" gekämpft habe. Aus diesen Gründen wurden zwei Parteimitglieder, darunter der „Genosse I.", eingesetzt, „um mit den Genossen der einzelnen Abteilungen über ihr Verhalten und über die Ursachen zu sprechen und ihnen gleichzeitig Aufklärung über den Beschluß des ZK zu geben". Im Tone der Erleichterung vermerkte das Protokoll schließlich: „Am 28. 5. wurden keine Störungen von den Arbeitskollegen vorgenommen, und der Produktionsablauf ging auf vollen Touren weiter."

Die Suche nach Verantwortlichen blieb indes wenig erfolgreich. Sowohl im Hinblick auf den „Fimag"-Streik wie auf die Arbeiterniederlegung der benachbarten Kjellberg-Schweißelektrodenfabrik konstatierte die Abteilung Arbeit und Berufsausbildung des Rates des Bezirkes Cottbus: „Die Arbeitsniederlegung in beiden Betrieben fand nacheinander am 27. und 28. Mai statt und erfaßte den größten Teil der Belegschaft. Sie dauerte wegen der aufgezwungenen Belegschaftsversammlung, die sich aus dem Zustand ergab, zwei bis drei Stunden. Einige Drahtzieher haben es erreicht, die Situation auszunutzen und viele Unzufriedene aufzuwiegeln. Sie selber sind nach den bisherigen Feststellungen im Hintergrund geblieben."[56]

---

[56] BLHA, Bez. Ctb. Rep. 801, Bezirkstag und Rat des Bezirkes Cottbus 394, unpag.: Rat des Bezirkes Cottbus. Abt. Arbeit und Berufsausbildung. Aktennotiz, 28. 5. 1953.

Als zweites Beispiel sei der Streik einer Brigade im Steinkohlenwerk Oelsnitz am 23. September 1961 angeführt.[57] Über ihn berichtete die Abteilung Grundstoffindustrie des ZK der SED: „Am Sonnabend trat in der Nachmittagsschicht um 18 Uhr ein Hauerkollektiv von 6 Personen in den Streik. Der Steiger A. ging zu diesem Zeitpunkt in diese Brigade, um eine neue Norm festzulegen. Diese Norm wurde 3 Tage vorher mit dem Brigadeleiter zusammen ausgearbeitet und vom Brigadeleiter unterschrieben. Die Brigade weigerte sich, nach dieser Norm zu arbeiten und verließ den Arbeitsort, um auszufahren." Die durchschnittliche Normerfüllung der Brigade lag im September immerhin bei 180,2 Prozent.

Der Bericht fährt fort: „Am 25. 9. früh wurde die Brigade zu einer Aussprache geladen, zu der sie auch erschien, in der ihr von Vertretern der Werkleitung, Parteileitung und BGL die Schädlichkeit ihrer Handlungsweise klargemacht wurde. Alle 6 Brigademitglieder bereuten ihre Handlung und sagten, daß sie sich der Tragweite nicht bewußt waren und sie durch zusätzliche Produktionsverpflichtungen ihre Fehler wettmachen wollen. Während dieser Schicht fuhr der verantwortliche Normarbeiter ein und diskutierte nochmals mit der Brigade über ihre Norm. Dabei wurde von der Brigade ihre eigene Norm überprüft und überrechnet und eine Norm von 10,2 m³ ausgerechnet, während die neue Norm, die sie am Sonnabend abgelehnt hatten und wegen der sie in den Streik getreten sind, 8,5 m³ betrug. Die Brigade erklärte sich heute sofort mit der Norm von 8,5 m³ einverstanden."

Im Ergebnis eines Disziplinarverfahrens erhielt die Brigade einen Verweis, und ihre Untertageprämie wurde wegen Störung des Produktionsablaufes reduziert. Der Wortführer war seit 1948 im Werk beschäftigt und sei, so der Bericht, schon mehrfach negativ aufgefallen. Im Jahre 1957 wäre er schließlich aus der SED ausgeschlossen worden. Nach dem Streik halte man die Einsetzung eines neuen Brigadiers und eine Verstärkung der Brigade durch SED-Mitglieder für erforderlich.

Beiden hier vorgestellten Arbeitsniederlegungen war ein relativ moderater Ausgang eigen. Daß ein solcher durchaus nicht die Regel war zeigt ein drittes Beispiel, das sich im Mai 1960 im Büromaschinenwerk Sömmerda zugetragen hatte und worüber der stellvertretende Vorsitzende des FDGB-Bezirksvorstandes Erfurt vor dem FDGB-Bundesvorstand berichtete:[58] In diesem Werk habe der „Klassengegner schwache Punkte" gefunden. Weil monatelang keine Versammlungen durchgeführt worden wären, die Ständige Produktionsberatung und ihre Ausschüsse nur auf dem Papier stünden und die Gewerkschaftsvertrauensleute keine richtige Anleitung erfahren hätten, sei es dazu gekommen, daß in der Revolverdreherei und in der Zahnradfräserei „einzelne Elemente ... provokatorische Forderungen" stellten.

Am 16. Mai verlangten diese „Elemente" aufgrund der schwierigen Arbeitsbedingungen eine höhere Schmutzzulage, außerdem forderten sie wegen der besonders großen Lärmbelästigungen sechs statt der bisher gewährten drei Tage Sonderurlaub. Bei diesen rein sozialen Punkten blieb es jedoch nicht. Aus der Sicht des Berichterstatters geriet das Faß dadurch zum Überlaufen, daß die Arbeiter „ihre Auffassung dazu, was in der Welt alle friedliebenden Menschen jetzt beschäftigt, von der Realisierung dieser Forderungen abhängig" machten. Damit waren wohl der am 17. April 1960 von der SED als Offener Brief veröffentlichte „Deutschlandplan des Volkes" und die Haltung der DDR gegenüber den vom 16. bis 18. Mai

57 SAPMO-BA, ZPA IV 2/603/50, unpag.: Bericht der Abt. Grundstoffindustrie des ZK der SED über einen Streik im Steinkohlenwerk Oelsnitz am 23. 9. 1961, dat. 26. 9. 1961.
58 SAPMO-BA, ZGA FDGB-BV 6868, unpag.: Protokoll der 4. BV-Tagung, 24./25. 5. 1960. Diskussionsbeitrag des stellv. Vorsitzenden des FDGB-Bezirksvorstandes Erfurt, S. 89–92.

in Paris stattfindenden – ergebnislosen – Vorbesprechungen zu einer Gipfelkonferenz der Regierungschefs Frankreichs, Großbritanniens, der UdSSR und der USA gemeint. Als die Betriebsleitung diese Forderungen der Metallarbeiter zurückwies, gaben elf von diesen, „aufgefordert von eben diesen Elementen", ihre FDGB-Mitgliedsbücher an den Gewerkschaftsvertrauensmann zurück. Der Vorgang wurde zum Ausgangspunkt für eine Art Großoffensive politischer Funktionäre: „Wenn in dieser mechanischen Abteilung einige 30 Funktionäre als Agitatoren nach gründlicher Vorberatung eingesetzt wurden, dann nur von dem Gesichtspunkt, eine gründliche politisch-ideologische Auseinandersetzung vorzubereiten, um dann in den Versammlungen diese Elemente zu entlarven und politisch zu argumentieren und die klassengegnerische Argumentation zu zerschlagen."

Es ging also zunächst um die Isolation der Wortführer. Die Arbeiter sollten dahin gebracht werden, sich von der Handlungsweise „einiger verhetzter Elemente" zu distanzieren. Nach zweistündiger Diskussion sei geklärt worden, daß ein eingesetzter (nicht gewählter) Brigadier und ein Einrichter das Einsammeln der FDGB-Mitgliedsbücher veranlaßt hätten. Die Versammlung, auf der sich auch einige Arbeiter äußerten, „die leichtfertigerweise ihr Mitgliedsbuch aus der Hand gegeben haben", hätte allerdings deutlich gemacht, daß die zwei „Provokateure" bei den durchweg jungen Arbeitern über „einen gewissen Einfluß" verfügten.

Möglicherweise wurde gerade dieser Einfluß zum Verhängnis: Der Brigadier und der Einrichter seien – so der Bericht – daraufhin aus der Brigade und aus der Gewerkschaft ausgeschlossen worden. Ungesagt blieb, wer das beantragte. Diesem Schritt folgte die fristlose Entlassung beider, „wobei die Sicherheitsorgane dabei noch eine bestimmte Aufgabe zu lösen haben", wie es mit drohendem Unterton hieß. Nebenbei fand auch Erwähnung, daß der Schichtmeister, der gleichzeitig als Gewerkschaftsvertrauensmann fungierte, sich während der ganzen Diskussion passiv verhielt. Dies genügte, um seine sofortige Ablösung als Schichtmeister herbeizuführen und die Entbindung von seiner Gewerkschaftsfunktion in die Wege zu leiten.

Dieses Beispiel zeigt, wie schnell und zielgerichtet ein relativ unbedeutender sozialer Konflikt politisch umzudeuten war. Schon die Sprache des Berichterstatters war darauf angelegt, die sozialen Forderungen als ungerechtfertigt erscheinen zu lassen und ihre Träger als „Verführer" der Arbeiter politisch zu diffamieren. Die Gefahr, politischen Vorwürfen ausgesetzt zu werden, über deren Folgen sich nur spekulieren ließ, dürfte im geschilderten Falle die Arbeiter zum Nachgeben veranlaßt haben. Und darin lag die beabsichtigte Hauptwirkung. Es ging vor allem um Abschreckung, gar nicht so sehr um die Bestrafung der „Elemente".

3. Strukturen und Abläufe von Arbeitsniederlegungen: Versuch einer Annäherung

Trotz aller Unterschiede, die im Umfang, in den Voraussetzungen, Abläufen und Ergebnissen von Arbeitskonflikten zu beobachten sind, gab es wohl eine Art Standardkonstellation, die in vielfältigen Varianten immer wieder ähnliche Grundstrukturen aufscheinen ließ. Selten waren Streiks mit mehreren hundert Beteiligten, die allerdings – soweit es die Quellen erkennen lassen – ihren Ausgangspunkt immer in einzelnen Betriebsabteilungen hatten und sich dann spontan ausweiteten. Typisch waren eher kleine, mit Blick auf einen bestimmten

Streitpunkt schnell ausgelöste und kurzfristige Protestaktionen. Schon ein Blick auf eine Reihe von Arbeitsniederlegungen während des Jahres 1961 vermag charakteristische Merkmale zu erfassen:[59]

- In der Kettenfabrik Barchfeld, Werk III, legten am 1. Februar 1961 35 Beschäftigte für 90 Minuten und am 2. Februar nochmals für 30 Minuten die Arbeit nieder. Als Grund wurden Auseinandersetzungen um Normen angegeben.
- Am 29. April 1961 kam es in der Zeit von 9.00 bis 14.00 Uhr zur Arbeitsniederlegung von 20 Arbeitern im VEB Draht- und Federnwerk Karl-Marx-Stadt, Werk Wilischthal. Sie protestierten damit gegen eine Entscheidung der Werkleitung, je Arbeiter 15–20 Mark Prämie zu zahlen, während für jeden Angestellten 150–200 Mark vorgesehen waren.
- Weil im April durch unkontinuierlichen Materialfluß Lohneinbußen von ca. 50 Mark pro Arbeiter eingetreten waren, ließen am 6. Mai 1961 im VEB Ziehwerk Lugau, Kreis Stollberg 27 Beschäftigte von 6.00–7.20 Uhr die Arbeit ruhen.
- Mit einem Streik wollten Mitarbeiter der Abteilung Großmechanik des VEB „7. Oktober" am 13. Mai 1961 in Berlin eine Neuordnung der Arbeitszeit erzwingen. Die 45-Stunden-Woche sollte als Fünftage-Woche ausgelegt werden.
- Am 7. Juni 1961 legten im VEB „Fortschritt-Werk" Neukirch elf Angehörige einer Jugendbrigade von 5.30–7.00 Uhr die Arbeit nieder, um die Beseitigung gesundheitsschädigender Arbeitsbedingungen zu veranlassen.
- Am 12 Juli 1961 verließen sechs Arbeiter der Spätschicht in der Gießerei des VEB Apollo-Werk Gößnitz, Kreis Schmölln, um 19.30 Uhr ihren Arbeitsplatz, weil Unklarheiten über Normen bestanden.
- In den „Industriewerken" Ludwigsfelde protestierten sechs Arbeiter am 19. und 20. Juli 1961 mit Arbeitsniederlegungen von jeweils zwei Stunden gegen Lohngruppeneinstufungen, die sie für ungerechtfertigt hielten, weil jedem von ihnen Lohnminderungen bis zu 100 Mark drohten.
- Am 30. Juli 1961 versuchten 16 Arbeiter im VEB Simson Suhl durch einen von 6.20–7.20 Uhr dauernden Kurzstreik die Zahlung einer Wettbewerbsprämie zu bewirken.
- Mit einer einstündigen Arbeitsniederlegung protestierten am 5. Dezember 1961 im VEB Keramische Werke Neuhaus-Schierschnitz 43 Arbeiterinnen gegen die mangelhafte Be- und Entlüftung in der Werkhalle.

Als Konfliktgegenstände traten in erster Linie Lohn- und Normenfragen hervor; mit deutlichem Abstand folgten Arbeitsbedingungen und Arbeitszeitregelungen. Generell ist eine Priorität solcher Probleme zu erkennen, die direkt mit dem Arbeitseinkommen zusammenhingen. Für den zumeist spontanen Charakter der Arbeitsniederlegungen spricht, daß diese häufig am Beginn einer Schicht erfolgten. Zudem erstreckten sie sich in der Regel auf Beschäftigtengruppen, in denen man sich untereinander kannte. Letzteres gibt vielleicht auch einen Hinweis darauf, daß Arbeitsniederlegungen nicht unbedingt kollektive Entscheidungen vorausgehen mußten. Eher standen wohl erste Diskussionen am Vortage, Gespräche auf dem Weg von der oder zur Arbeitsstelle im Vorfeld, wobei es zu einem Aufschaukeln der Mißstimmung kam und sich die Arbeiter in der Notwendigkeit einer demonstrativen Aktion gegenseitig bestätigten und ermutigten. Zweifellos bedurfte es beim Umschlag vom Diskutie-

---

[59] SAPMO-BA, ZGA FDGB-BV 22/184/5034, unpag.: Aufstellung besonderer Vorkommnisse im Jahre 1961.

ren zum Handeln wenn schon nicht akzeptierter Führungspersönlichkeiten, so doch einzelner Arbeiter, deren Meinung in der jeweiligen Arbeitsgruppe oder Brigade etwas galt und die
die anderen in ihrer Entscheidung zu beeinflussen vermochten. Die Zustimmung zu einem
Streik, von der alle Beteiligten gewußt haben dürften, daß sie persönliche Risiken barg, wurde
wahrscheinlich durch den zumeist rein sozialen und sehr oft auch defensiven Charakter der
Forderungen erleichtert.

Vieles spricht überhaupt dafür, daß Arbeiter in der DDR nicht zu leichtfertigen Aktionen
neigten. Die einem Arbeitskonflikt vorgelagerte Hemmschwelle lag, worauf viele Einzelbei-
spiele hindeuten, ziemlich hoch. Vor allem die insgesamt relativ geringe Anzahl von Arbeits-
niederlegungen, die Jahr für Jahr in der DDR registriert wurden, bietet einen Beleg hierfür.
Das gilt auch, wenn man eine deutlich höher Anzahl von nichtregistrierten Streiks annimmt.
Daran änderte auch nicht viel, daß nicht selten „Alkoholgenuß als Ausgangspunkt für
Arbeitsniederlegungen" wahrgenommen wurde.[60] In diesem Punkt schien sich in einem
Jahrhundert Industriegeschichte wenig geändert zu haben: Mehr oder minder heimliches
Schnaps- und Biertrinken gehörte dazu.[61] Doch dürfte ein linearer Zusammenhang zwischen
dem durchschnittlichen Blutalkoholspiegel der Arbeiter und der Streikhäufigkeit nicht festzustellen sein. Trotzdem sollte im Einzelfall nicht ausgeschlossen werden, daß der Streit
zwischen Arbeitern und Vorgesetzten unter Alkoholeinwirkung schneller und heftiger aus-
brach, als wenn die betriebliche Prohibition eingehalten worden wäre.

Daß die Mehrheit der Arbeiter im Konfliktfall recht vorsichtig agierte, schien nicht so sehr
auf die Sorge um den Verlust des Arbeitsplatzes zurückzugehen, als vielmehr auf die Furcht
vor politischen, d.h. polizeilichen und gerichtlichen Pressionen.[62] Diese Vorsicht ließ es
offenbar auch ratsam erscheinen, nach Möglichkeit keine einzelnen Personen als Streik-
oder Wortführer zu exponieren. Gewiß gelang das nicht immer, wie etwa die Beispiele
der Brigadestreiks im Steinkohlenwerk Oelsnitz und im Büromaschinenwerk Sömmerda
zeigen.

Wie berechtigt solche Vorsicht war, geht aus den Anstrengungen überbetrieblicher Instanzen der SED und des FDGB hervor, „Rädelsführer" ausfindig zu machen. So schienen diese
sich im Falle der Ablehnung des BKV durch große Teile der Belegschaft in den Jenaer Zeiß-
Werken zwar sicher, daß der „Klassenfeind" versuche, „über die verschiedenen Agenten
Verwirrung in Zeiß hineinzutragen". Und dennoch mußten die verantwortlichen Funktionäre
schließlich bekennen: „Wir haben nicht einen einzigen Klassenfeind entlarvt."[63] Auch beim
„Fimag"-Streik im Mai 1953 war das Bemühen zu erkennen, Schuldige zu finden. Doch zu
mehr als Vermutungen über Kontakte nach Westdeutschland reichte es auch hier nicht.[64]
Wenn im Falle des Oelsnitzer Brigadestreiks ein Wortführer benannt werden konnte, dürfte
das eher daran gelegen haben, daß es sich um den Brigadier selbst handelte, der zudem in

---

[60] Ebenda.
[61] Vgl. Alf Lüdtke, Eigen-Sinn. Fabrikalltag, Arbeitererfahrungen und Politik vom Kaiserreich bis in den
      Faschismus, Hamburg 1993, S. 98f.
[62] Wie sich eine solche Furcht unter dem Eindruck offener politischer Repression aufbauen konnte, zeigt
      z.B. ein Zeitzeugenbericht, den Dagmar Semmelmann dokumentierte. Vgl. Dagmar Semmelmann,
      Zeitzeugen über ihren 17. Juni 1953 in Berlin, a.a.O., S. 37–41.
[63] SAPMO-BA, ZGA FDGB-BV 6813, unpag.: Protokoll der 7. BV-Sitzung, 28.–30. 11. 1951. Diskus-
      sionsbeitrag von Lorenz, IG Metall, S. 4.
[64] BLHA, Bez. Ctb. Rep. 930, SED-Bezirksleitung Cottbus IV/2/3/189, Bl. 240: Protokoll, ungez., 29. 5.
      1953.

Unfrieden aus der SED geschieden war. Bemerkenswert blieb aber auch hier, daß sich die ganze Brigade geschlossen zur Verantwortung für die Arbeitsniederlegung bekannte.[65]

Solche Gruppensolidarität vermochte die Position der Arbeiter erheblich zu stärken. Soweit zu sehen ist, richteten sich Repressionen immer nur gegen einzelne oder sehr kleine Untergruppen. Die größere Gruppe bot hingegen einen gewissen Schutz. Insofern war es naheliegend, wenn Sprecher der Arbeiter jeweils nach kurzem Auftritt in die sicher begrenzte, aber doch vorhandene Anonymität des „Kollektivs" zurückkehrten oder es gar vorzogen, nur die Argumente zu liefern, die andere dann aussprachen.

Das Verhalten der an Arbeitsniederlegungen beteiligten Arbeiter war vor allem pragmatisch. Sie reagierten prophylaktisch auf politische Risiken, die gewissermaßen als Schatten über dem unmittelbaren Gegenstand des Konflikts lagen. Wie die vorgestellten Beispiele zeigten, war jede der von den Arbeitern erhobenen Forderungen zugleich eine Kritik an bestimmten Details der sozialen Realität. Weil aber das SED-Regime mit seinem totalitären Anspruch, alle Bereiche des gesellschaftlichen Lebens leiten und lenken zu wollen, dafür sorgte, daß auch solche Kritik zugleich einen politischen Charakter bekam, ergab sich eine eigenartige Konfliktkonstellation. Aus der Perspektive der Partei- und Gewerkschaftsapparate erschien es sinnvoll – wenn ein innerbetrieblicher Konflikt schon nicht zu verhindern war –, diesen gar nicht erst als Konflikt zu definieren und ihn möglichst unauffällig auf dem Wege „unpolitischer" Arrangements aus der Welt zu schaffen. Für Arbeiter eröffneten sich so Gelegenheiten zur ebenso wirksamen wie diffizilen Interessenwahrnehmung.[66]

Sowohl in der SED- und FDGB-Führung wie auch in der Arbeiterschaft führten erste Erfahrungen des gegenseitigen Umgangs schon in den ersten Jahren der DDR zu der Auffassung, daß es ratsam sei, Arbeitskonflikte möglichst gar nicht erst als Konflikte in Erscheinung treten zu lassen und sie dafür unauffällig im jeweiligen Betrieb zu lösen. Grundvoraussetzung war allerdings, daß alle Forderungen mit demonstrativ unpolitischem Gestus vorgetragen und verhandelt wurden. Das traf in der Regel auf beide Konfliktparteien zu und beförderte normalerweise schnelle Kompromisse. Auch resultierte hieraus allmählich eine zunehmend gewichtigere Position von Arbeitsgruppen oder Brigaden. Wenn sich die Situation der Industriearbeiterschaft in der DDR auch in wesentlichen Punkten von der im „Dritten Reich" unterschied, war es jedoch auffallend, wie sehr die in der NS-Zeit zu beobachtende Tendenz zu einer Art „Tarifpolitik auf eigene Faust"[67] sich in der DDR wiederholte. Dafür dürfte eine starke Kontinuität sozialer Interessenlagen der Arbeiter maßgebend gewesen sein. Der Vergleich der Ursachen und Anlässe von Arbeitskonflikten zeigt, daß dabei Löhne und Arbeitsbedingungen sowohl im „Dritten Reich" wie in der DDR mit weitem Abstand an der Spitze lagen.[68]

Ein Versuch, Arbeitskonflikte in der DDR in Form einer stilisierten Verlaufskurve darzustellen, muß unvermeidlich problematisch bleiben. Mit allem Vorbehalt ließen sich dabei vielleicht die folgenden Stationen markieren:

---

[65] SAPMO-BA, ZPA IV 2/603/50, unpag.: Bericht der Abt. Grundstoffindustrie des ZK der SED über einen Streik im Steinkohlenwerk Oelsnitz am 23. 9. 1961, dat. 26. 9. 1961.

[66] Vgl. dazu Kapitel 5.

[67] Detlev Peukert, Volksgenossen und Gemeinschaftsfremde. Anpassung und Aufbegehren unter dem Nationalsozialismus, Köln 1982, S. 134.

[68] Vgl. Günter Morsch, Streik im „Dritten Reich", in: Vierteljahreshefte für Zeitgeschichte (VfZ). 36 (1988), 4, S. 649–689, bes. S. 687.

1. Als Ausgangspunkt war üblicherweise eine gravierende Interessendifferenz festzustellen, wobei es besonders um Löhne, Normen, Arbeitszeit und Arbeitsbedingungen ging. Offensive Forderungen waren eher selten; zumeist ging es um die Abwehr drohender sozialer Verschlechterung.

2. Diskussionen darüber fanden zunächst im engsten Kreis der betroffenen Arbeiter statt und bildeten das eigentliche Forum, in dem Forderungen formuliert wurden, die man an die Betriebsleitung herantragen konnte. In manchen Situationen traten Sprecher auf, oft die Arbeitsgruppen- oder Brigadeleiter. Vielfach waren die Arbeiter jedoch auch um ein kollektives Auftreten bemüht, um keinen einzelnen zu exponieren.

3. Beschwerden und Proteste wurden zunächst und zumeist erst an die unmittelbaren Vorgesetzten gerichtet, also an die Meister oder Abteilungsleiter. Normalerweise gehörten auch die Basisfunktionäre der SED und des FDGB zu jenen, die entsprechende Forderungen unterstützten.

4. Über die unmittelbaren Vorgesetzten, die sehr oft auf seiten der Arbeiter standen, wurden deren Forderungen in der Regel an die Werkleitung, die BGL und die Parteileitung weitergegeben. Diese bemühten sich zumeist gemeinsam um eine überzeugende Reaktion, oft in Form einer Gegenargumentation.

5. Wurde erkennbar, daß die Forderungen nicht oder zu großen Teilen nicht erfüllt werden würden, war das üblicherweise der Zeitpunkt, an dem sich Arbeiter zu spontanen Arbeitsniederlegungen entschlossen. Das geschah meist in der Absicht, weitere Gespräche mit der Betriebsleitung zu erzwingen. Gewöhnlich war das auch jene Phase, in der auf beiden Seiten eine gewisse Konzeptionslosigkeit sichtbar wurde, die sich jedoch oft zugunsten pragmatischer Lösungen auswirkte.

6. Verhandlungen im eigentlichen Sinne waren selten zu beobachten. Oft wurden Versammlungen einberufen, auf denen die Argumente ausgetauscht oder mehr noch gegeneinander vorgetragen wurden. Zumeist reagierten die Werkleitungen mit abwiegelnden Angeboten. Ihr Hauptaugenmerk galt üblicherweise zwei Punkten: schnelle Wiederaufnahme der Arbeit und Zusicherung, daß die Arbeiter keine Einkommenseinbußen hinnehmen mußten. Das erwies sich als die geläufigste Kompromißformel. Bei ihrer Anwendung griff man auf betriebliche Mittel zurück, auch um den Konflikt möglichst intern zu lösen. Beide Seiten blieben nach Möglichkeit um eine Entpolitisierung des Konflikts bemüht, wenngleich übergeordnete Instanzen in der Analyse der Vorgänge zu einer um so heftigeren Politisierung neigten.

7. Die Wiederaufnahme der Arbeit erfolgte, soweit zu erkennen ist, zumeist unter der Zusage, keine Sanktionen gegen die Streikenden zu verhängen. Umgekehrt, so läßt sich auch beobachten, kam es im Anschluß an Arbeitsniederlegungen mitunter zu Loyalitätsgesten, indem Arbeiter sich zu dieser oder jener Mehrleistung verpflichteten.

In solchen Bahnen bewegte sich ein Streik im allgemeinen. Die Szene wurde dabei erkennbar von dem Wunsch beherrscht, die strittigen Punkte im Rahmen eines Arrangements zu regeln. Hierfür gab es durchaus Möglichkeiten, und offenbar wurden diese auch durch die jeweils zuständigen Gremien der Wirtschaft, der SED und des FDGB bewußt offengehalten, weil auch diese nicht an eskalierenden Konflikten interessiert sein konnten. Dennoch schwebte über allem die ständige Gefahr massiver Repression. Im Bericht über den „Fimag"-Streik deutete sich das mit der Bemerkung an, daß gegen „einige Kollegen", bei denen man Kontakte zu den ehemaligen Besitzern in Westdeutschland vermutete, „von der zuständigen

Stelle" Untersuchungen eingeleitet seien.[69] Das waren dann während der ersten 1950er Jahre häufig jene Gelegenheiten, wo gezielt nach der NS-Vergangenheit von Beschäftigten gefragt wurde, um eventuell Rückschlüsse auf eine „faschistische Provokation" ziehen zu können. Beim Streik der Oelsnitzer Brigade fand dagegen eine vergleichsweise milde Form der Repression Anwendung, nämlich die Kürzung der Förderprämie, die kollektive Selbstkritik und die – angekündigte – Ablösung des Brigadiers. Es gab jedoch auch Fälle, wie das Sömmerdaer Beispiel zeigt, wo die Leitungsfunktionäre des Betriebes und der übergeordneten Instanzen Arbeiterforderungen mit rigorosen Abschreckungsmethoden zurückzuweisen suchten.

Arbeitskonflikte gerieten offenbar regelmäßig in eine gefährliche Eigendynamik, wenn sich ihrer erst einmal politische Funktionäre aus den hauptamtlichen Apparaten annahmen. Deshalb mochte es durchaus verständlich erscheinen, wenn Betriebsleitungen, BGL und Betriebsfunktionäre der SED möglichst nach internen Regelungen suchten. Freilich stand ihrem mehr oder minder pragmatischen Vorgehen häufig entgegen, daß sie gehalten waren, von „oben" kommende Weisungen durchzusetzen. Die ohnehin auch in den „volkseigenen" Betrieben vorhandene „Kragenlinie" wurde dadurch nur noch kräftiger nachgezogen. Darin lag die Gefahr, daß sich beide Seiten – Betriebsfunktionäre und Arbeiter – nicht hinreichend genau über die jeweils anderen Argumente informieren konnten und daß demzufolge die ohnehin begrenzten Möglichkeiten eines betriebsinternen Konfliktmanagements nicht zu nutzen waren. Das war in der Regel jener Punkt, der eine Intervention durch die Apparate heraufbeschwor.

Die oben vorgestellten Beispiele weisen auf den Umstand hin, daß Betriebsleitungen zögerten, „von oben" angeordnete Maßnahmen durchzusetzen, von denen man annehmen konnte, daß es zum Konflikt kommen würde. Und wenn man schon handeln mußte, dann wurden erst einmal die unteren Chargen der betrieblichen Leitungshierarchie vorgeschickt. Im Falle der „Fimag" etwa ließ die Direktion erst einmal drei Tage verstreichen, ehe sie Beratungen zu den Normenerhöhungen einleitete. Eine Belegschaftsversammlung war ursprünglich gar nicht vorgesehen, sondern letztlich sollten Meister und Brigadiere ihren Untergebenen die Gründe und den Umfang der Normenerhöhungen mitteilen. Auch die Oelsnitzer Häuer-Brigade sah sich mit derartigem Vorgehen konfrontiert: Hier war es ein Steiger, der – nachdem er drei Tage zuvor mit dem Brigadier darüber gesprochen hatte – die unangenehme Aufgabe übernahm, die Bergarbeiter über die höhere Norm zu unterrichten.

Dennoch konnten sich Betriebsleitungen kaum aus einem einmal offenen Konflikt heraushalten. Um so mehr mußte ihnen daran gelegen sein, potentielle Konfliktherde so einzugrenzen. Dieses Kalkül blieb nicht ganz ohne Erfolg. Die große Mehrzahl von Arbeitsniederlegungen blieb tatsächlich auf einzelne Brigaden oder Meisterbereiche beschränkt. Dennoch war es wohl unvermeidlich, daß betriebliche „Leitungskader" im Konfliktfall in eine prekäre Position gerieten. Ein im Jahre 1958 von einer „Brigade" des SED-Zentralkomitees verfaßter Bericht über die Situation einiger sächsischer Maschinenbaubetriebe deutete das an: „Eine schwache Stelle in der betrieblichen Leitungstätigkeit ist die Arbeit vieler mittlerer Leitungsfunktionäre, wie Betriebsleiter, Abteilungsleiter und Meister. Die zumeist ungenügende politische und fachliche Qualifikation dieser Leitungskader ist die Ursache dafür, daß die konkrete

---

[69] BLHA, Bez. Ctb. Rep. 930, SED-Bezirksleitung Cottbus IV/2/3/189, Bl. 240: Protokoll, ungez., 29. 5. 1953.

Aufgabenstellung bis zum Arbeitsplatz auf der Grundlage der täglichen Planerfüllung sehr oft fehlt. Aus Mangel an Vertrauen in die mittleren Leitungskader ziehen die leitenden Funktionäre zu sehr bestimmte Aufgaben auf sich und versuchen, diese dann infolge auftretender Überlastung administrativ zu lösen."[70]

Das traf teilweise gewiß zu. Doch bleibt zu fragen, ob damit die Situation hinreichend beschrieben war. Ohne an dieser Stelle darauf eingehen zu können, was sich zwischen den oberen Rängen der Hierarchie abspielte, erscheint die Position der mittleren „Leitungskader" tatsächlich als ein wichtiger Zugang, um ein Bild vom Entstehen innerbetrieblicher Konflikte gewinnen zu können.[71] Daß diese Position, wie in dem Bericht erwähnt, vielfach unter mangelnder politischer und fachlicher Qualifikation ihrer Inhaber litt, steht außer Zweifel. Auch mochte Unbeholfenheit im Umgang mit den Arbeitern eine Rolle gespielt haben, und sicher war auch die politische Argumentations- und Überzeugungsfähigkeit nicht auf der Höhe. Aber dennoch vermitteln die Quellen den Eindruck, als ob bewußt an der sich auch in DDR-Betrieben etablierenden „Kragenlinie" eine soziale Soll-Bruchstelle geschaffen worden wäre.

Zwar sollte man hier keinen Fall eines sozialistischen Social-Engineering annehmen, doch war es schon auffallend, wenn seit 1953 in den Berichten des SED-Apparates deutlich häufiger als vorher die Kritik am ideologischen „Zurückbleiben" größerer Teile der Arbeiterschaft mit dem Hinweis auf Mängel in der Tätigkeit der Betriebsfunktionäre verbunden wurde. Damit war vor allem das technische Personal gemeint, eine Gruppierung, die häufig als Träger von „Konzernideologie" in Mißkredit geriet. Auch die Meister traf dieser Vorwurf. Hier wurde ein Kanal vermutet, durch den Konflikte genährt werden konnten. So argumentierte der Vorsitzende der IG Chemie im Juli 1953, nachdem ein Vierteljahr zuvor in Westdeutschland die Farbenwerke Hoechst gegründet worden waren, daß in der Tradition der IG Farben „ganz bestimmte Verbindungen" zu den Leuna- und Buna-Werken bei Halle unterhalten würden, „die natürlich auch in die Arbeiterschaft hineingetragen werden". Es gebe dabei „ganz bestimmte Dinge . . ., an die diese westlichen Monopolisten anknüpfen, um die Arbeiter in unseren Betrieben irrezuführen und für sich auszunutzen".[72]

Wenn sich solche Vorbehalte besonders gegen das untere und mittlere technische Leitungspersonal richteten, hing das wohl auch damit zusammen, daß den politischen Funktionären häufig die Fachkompetenz fehlte, um dessen Tätigkeit richtig beurteilen zu können. Dieses Manko nahmen Führungskreise der SED und des FDGB durchaus wahr, was im Verlaufe der 1950er Jahre zu vermehrten Anstrengungen führte, den Partei- und Gewerkschaftsfunktionären eine ausreichende technische und wirtschaftliche Qualifikation zu vermitteln.[73] Vielfache und sich wiederholende Klagen ließen jedoch erkennen, daß dieses Ziel

---

[70] SAPMO-BA, ZGA FDGB-BV 45/150/6132, unpag.: Material der Arbeit einer ZK-Brigade zur Herstellung eines richtigen Verhältnisses zwischen Arbeitsproduktivität und Durchschnittslohn und die sich daraus ergebenden Vorschläge in den 18 Maschinenbaubetrieben von Karl-Marx-Stadt 1958, undat.

[71] Ausführlicher dazu Peter Hübner, Um Kopf und Kragen. Zur Geschichte der innerbetrieblichen Hierarchien im Konstituierungsprozeß der DDR-Gesellschaft, in: Mitteilungen aus der kulturwissenschaftlichen Forschung 16 (1993), 33, S. 210–232.

[72] SAPMO-BA, ZGA FDGB-BV 6823, Bl. 88: Protokoll der 14. BV-Sitzung 13.–15. 8. 1953 (Teil 14./15. 8.). Diskussionsrede des Vorsitzenden der IG Chemie.

[73] Protokoll der Verhandlungen der 3. Parteikonferenz der Sozialistischen Einheitspartei Deutschlands. 24. März bis 30. März 1956 in der Werner-Seelenbinder-Halle zu Berlin. 1. bis 4. Verhandlungstag (Protokoll der 3. Parteikonferenz der SED, Bd. 1), Berlin 1956, S. 77.

nicht ohne weiteres zu erreichen war und die Fachausbildung der hauptamtlichen Funktionäre auch weiterhin zu wünschen übrig ließ. Noch in der „NÖS"-Periode wurden entsprechende Qualifizierungsanstrengungen für dringend geboten gehalten.[74]

Obwohl die SED mit ihrem Parteiapparat parallel zu Staatsorganen und Wirtschaft über eine eigene Leitungsstruktur verfügte, die ständig in diesen Bereichen nicht nur die politischen Leitlinien vorgab, sondern auch in Detailfragen wirksam intervenieren konnte, vermochte sie diesen Strukturvorteil in den Betrieben nicht voll auszuschöpfen. Noch 1960, als die SED in ihren offiziellen Dokumenten kaum eine Gelegenheit ausließ, sich über die Steigerung der Arbeitsproduktivität zu äußern, informierte die ZK-Abteilung Grundstoffindustrie über Zustände, die den totalen politischen Machtanspruch der Partei in ein merkwürdiges Licht rückten: Ein Erfahrungsaustausch mit Parteisekretären habe gezeigt, daß eine Reihe von ihnen die „politisch-ideologische Lage im Betrieb" nicht einschätzen könne. „Charakteristisch ist, daß der größte Teil der Parteisekretäre die Ökonomie ihrer Betriebe nicht beherrscht und zugleich auf Grund ungenügender fachlicher und ökonomischer Kenntnisse nicht mit den Kennziffern der Betriebspläne arbeiten können."[75] Es dürfte wohl recht häufig vorgekommen sein, daß in Industriebetrieben weder der Parteisekretär noch der BGL-Vorsitzende in der Lage waren, die Unterlagen für den Produktionsplan richtig zu lesen.[76]

Das Kompetenzdefizit vieler Funktionäre hatte eine wichtige Nebenwirkung: Sie mieden zunehmend den direkten Kontakt mit Arbeitern oder begrenzten ihn auf die Kategorie sogenannter „Vorzeigearbeiter", die sich z.B. als Aktivisten hervorgetan hatten, der SED nahestanden oder ihr angehörten, auf jeden Fall auf solche, die als loyal gelten konnten. Ende 1955 kritisierte der später abgelöste Sekretär des SED-Zentralkomitees, Gerhart Ziller, man tue so, als gebe es nur den Teil der Arbeiterklasse, der auf den Kongressen auftrete.[77] Besonders Basisfunktionäre der Gewerkschaften sahen sich Vorwürfen ausgesetzt. Diesen hielt der Kandidat des Politbüros der SED, Paul Verner, auf dem 5. Parteitag vor, eine ganze Reihe von ihnen leide unter zwei Krankheiten: „Sitzeritis und Angst vor den Massen".[78]

Nun beschworen diese „Krankheiten" gewiß nicht unmittelbar Konflikte herauf, doch konnte es nicht ausbleiben, daß sich damit auch die Fähigkeit der Betriebs-, Gewerkschafts- und Parteileitungen reduzierte, aufkommende Unzufriedenheit unter den Belegschaftsmitgliedern rechtzeitig zu registrieren. Doch selbst wenn sie das vermochten, fehlte ihnen häufig die Fähigkeit, aufkommende Arbeitskonflikte nach Gegenstand und Zielrichtung hinreichend präzise zu bestimmen.

---

[74] Vgl. Protokoll der Verhandlungen des VII. Parteitages der Sozialistischen Einheitspartei Deutschlands. 17. bis 22. April 1967 in der Werner Seelenbinder-Halle zu Berlin. Beschlüsse und Dokumente (Protokoll des 7. Parteitages der SED, Bd. 4), Berlin 1967, S. 222–225.

[75] SAPMO-BA, ZPA IV 2/603/38, unpag.: Einschätzung der Kurzlehrgänge an der Sonderschule des ZK in Brandenburg mit den Parteisekretären aus den Industriezweigen Kohle, Engergie, Kali und aus dem Bereich der Staatlichen Geologischen Kommission durch die Abt. Grundstoffindustrie beim ZK der SED, 15. 6. 1960.

[76] SAPMO-BA, ZGA IG Metall/Metallurgie 82, unpag.: Protokoll der 5. ZV-Tagung, 15. 9. 1959. Diskussionsbeitrag des Leiters der Abt. Maschinenbau beim ZK der SED.

[77] SAPMO-BA, ZGA FDGB-BV 6834, unpag.: Protokoll der 21. BV-Tagung, 2.–4. 12. 1955. Diskussionsbeitrag Gerhart Zillers, S. 64/2.

[78] Protokoll der Verhandlungen des V. Parteitages der Sozialistischen Einheitspartei Deutschlands. 10. bis 16. Juli 1958 in der Werner-Seelenbinder-Halle zu Berlin. 6. bis 7. Verhandlungstag (Protokoll des 5. Parteitages der SED, Bd. 2), Berlin 1959, S. 890.

Unter Arbeitern verfestigte sich der Eindruck, daß es wenig Sinn habe, mit den Funktionä-
ren zu sprechen, und daß diese darauf auch gar keinen Wert legten. In den Augen eines
Arbeiters aus dem Stahlwerk Riesa stellte sich das so dar: „Ja, wir ringen täglich um unsere
Aufgaben, um die Planerfüllung. Aber es ist gleich, wer in den Betrieb kommt, sei es der
Werkleiter, sei es der Betriebsleiter, sei es sonst jemand – wer erkundigt sich nach uns
Kumpeln? Sie erkundigen sich nur nach dem Stand der Planerfüllung, keiner von ihnen
spricht uns als Kumpel an, wie es uns geht, welche Schwierigkeiten wir haben."[79]

In vielen Variationen durchzog dieses Motiv die Arbeitergeschichte der DDR. Der Kontrast zwischen der propagandistischen Floskel von der Arbeiter-und-Bauern-Macht und der
Realität in den Betrieben bot immer erneut Reibungsflächen. Allerdings scheint es, daß sich
auch die Wirtschaftsfunktionäre von direkten Gesprächen mit Arbeitern zurückhielten, teils
weil sie mit Routineaufgaben überhäuft waren, teils wohl auch, weil sie Kontroversen aus
dem Wege gehen wollten, die immer auch politisch eingefärbt waren. Dazu stellte die
Abteilung Leitende Parteiorgane des SED-Zentralkomitees im September 1960 über staatliche Leiter im Bereich der Grundstoffindustrie fest: „Der Arbeitsstil in den staatlichen
Organen ist oftmals davon gekennzeichnet, daß für die politische Führungsarbeit des Industriezweiges wenig Zeit aufgewandt wird. Die Genossen treten vielmehr als Leiter der
Produktion und der Materialwirtschaft auf und sind sich zu wenig bewußt, daß sie politische
Leiter der jeweiligen Wirtschaftsbereiche sind. Sie nehmen zu wenig Gelegenheit, die politischen Grundlagen vor den Mitarbeitern und Belegschaften zu erläutern und verbinden das
nur beiläufig mit den Aufgaben der Leitung der Produktion."[80]

Das Phänomen des sich Zurückziehens, der bewußten Selbstisolierung war vor allem
Ausdruck eines Bemühens um Distanz zu den Arbeitern und ihren Arbeitsplätzen. Unver-
meidbare Kontakte wurden oft auf ein Mindestmaß beschränkt. So konstatierte der Zentralvorstand der IG Metall im März 1956, daß man den Arbeitern „die von Partei und Regierung
gestellten Aufgaben" richtig erläutern müsse. „Aber in unseren Betrieben gibt es eine solche
Praxis, daß in 10-Minuten-Versammlungen, während der Mittags- oder Frühstückspause,
wichtige Fragen vor den Arbeitern behandelt werden ... Viele unserer Gewerkschaftsfunktionäre wollen sich auch gar nicht auseinandersetzen. Sie scheuen offene Auseinandersetzungen geradezu. Die überwiegende Tätigkeit der Funktionäre spielt sich in den Büros ab. Es
gibt nur einen ungenügenden Kontakt mit den Mitgliedern. Zahlreiche Funktionäre in den
Leitungen unserer Industriegewerkschaft haben eine schwache Verbindung mit den Arbeitern."[81]

Im Jahre 1958 machte das gleiche Gremium darauf aufmerksam, daß die relative Isolation
der Gewerkschaftsleitungen in den Betrieben das Aufbrechen von Konflikten begünstigen
konnte: „Es muß festgestellt werden, daß ein Teil der Leitungen nicht von Beginn der
Versammlungen (zum BKV 1958 – P.H.) an eine ganz genaue Kenntnis über die im Betrieb
geführten Diskussionen hatte. Dadurch war zu verzeichnen, daß überspitzten Forderungen
nicht rechtzeitig entgegengetreten wurde, nicht sofort allen Funktionären die Argumente in

---

[79] SAPMO-BA, ZGA IG Metall 88, unpag.: Protokoll der 5. ZV-Sitzung, 11.–13. 10. 1960. Diskussions-
     beitrag Schönberners.
[80] SAPMO-BA, ZPA IV 2/603/13, unpag.: Auswertung der Seminare mit leitenden Funktionären des
     Staatsapparates im Bereich der Grundstoffindustrie durch die Abt. Leitende Parteiorgane des ZK der
     SED, 28. 9. 1960.
[81] SAPMO-BA, ZGA IG Metall 61, unpag.: Protokoll der 3. ZV-Sitzung, 14./15. 3. 1956, Referat.

die Hand gegeben wurden, um solche Tendenzen zu zerschlagen. So gab es in einigen Betrieben und zwar in allen Bezirksbereichen Forderungen nach Zusatz- und Treueurlaub, Treueprämie, Haushaltstag für alle Frauen und Bezahlung der Feiertage im Durchschnittslohn."[82]

Ähnliche Vorhaltungen wurden auch dem technischen Leitungspersonal gemacht. Ein besonderer Schwerpunkt der Kritik lag während des ganzen hier zu betrachtenden Zeitraums bei der ungenügenden und zu langsamen Verwirklichung von Verbesserungsvorschlägen der Arbeiter. Doch scheint sich bei technischen Fachkräften eine Attitüde herausgebildet zu haben, die der eigenen Lage durchaus angemessen war: Schlecht bezahlt, aber für alle wesentlichen Punkte der Produktion verantwortlich, sah man keinen Anlaß, sich deutlich über den eigenen unmittelbaren Aufgabenbereich hinauszubewegen. Dazu berichtete ein Gewerkschafter aus dem VEB Berliner Werkzeugmaschinenfabrik im Februar 1962 auf einer Zentralvorstandssitzung der IG Metall: Es gebe häufige Kritik der Arbeiter an schlechter Produktionsorganisation und der zu langsamen technischen Erneuerung des Maschinenparks. Seine Hauptsorge liege darin, „daß wir weder von der Wirtschafts- noch von der Gewerkschaftsleitung auf die im Werk zu lösenden Probleme orientiert werden. Die technische Leitung arbeitet sehr eigenbrötlerisch und hat wenig Verbindung mit den Arbeitern. Bei guter Zusammenarbeit könnten in unserem Betrieb noch viel höhere Ergebnisse erzielt werden."[83]

Wenn Arbeiter die Abwesenheit von Vorgesetzten, Partei- oder Gewerkschaftsfunktionären kaum als Nachteil empfanden, gab es doch zwei Bereiche, wo das nicht zutraf. Bei betriebsorganisatorischen Störungen suchten Arbeiter in der Regel ziemlich energisch klärende Diskussionen, und wenn sie technische Vorschläge eingereicht hatten, erwarteten sie bald eine Reaktion. Beides hing offensichtlich mit Löhnen und Prämien zusammen. Kam man hierbei nicht voran, war zunächst Verweigerung die Reaktion. Wie aus einem Bericht über das Kraftwerk Vockerode hervorgeht, konnten sich schon hierbei erhebliche Zuspitzungen ergeben. Dort weigerte sich der größte Teil der Arbeiter, Verbesserungsvorschläge auch nur einzureichen, „da entweder Ablehnung erfolgt oder die Bearbeitung verschleppt wird, bis ein leitender Kader den Vorschlag einbringt".[84] Daß sich angesichts solcher Praktiken unter den Arbeitern Resignation ausbreitete, war naheliegend. Im Einzelfalle konnte das freilich fatale Folgen haben, wie sie im Juli 1961 im VEB Steinkohlenwerk „August Bebel", Zwickau, drastisch demonstriert wurden. Eine große Kippenrutschung hatte das Flußbett der Mulde abgeriegelt. Wie die Untersuchungskommission feststellte, waren den Haldenarbeitern Vorzeichen dafür schon früher aufgefallen, ohne daß sie etwas unternommen hätten. Im Bericht der Kommission hieß es weiter: „Die Aussprachen mit den Haldenarbeitern ergeben einen mangelnden Kontakt der technischen Leitung des Betriebes mit den Kollegen des Haldenbetriebes. Die Haldenarbeiter brachten zum Ausdruck, es habe keinen Zweck, in den Produktionsberatungen irgendwelche Bedenken gegen die Verstürzung der Berge zu äußern, weil doch nicht auf sie gehört worden wäre. Ihrerseits sind die Erscheinungen am Haldenfuß und das Absetzen der Haldenmassen schon seit längerer Zeit bekannt."[85]

---

[82] SAPMO-BA, ZGA IG Metall 74, unpag.: Protokoll der 9. bzw. 1. ZV-Sitzung, 13./14. 3. 1958, Referat.

[83] SAPMO-BA, ZGA IG Metall 97, unpag.: Protokoll der 10. ZV-Sitzung, 9./10. 2. 1962. Diskussionsbeitrag Heintzes.

[84] SAPMO-BA, ZPA IV 2/603/59, unpag.: Bürovorlage der Abt. Wirtschaft der SED-Bezirksleitung Halle. 7. 3. 1960.

[85] SAPMO-BA, ZPA IV 2/603/52, unpag.: Bericht der Untersuchungskommission „Haldenrutschung im Bereich des VEB Steinkohlenwerk ‚August Bebel', Zwickau", 23. 8. 1961.

Mag dieses Beispiel auch besonders spektakulär wirken, so war doch unverkennbar, wie sich in der gesamten staatlichen Industrie eine Tendenz zur gegenseitigen Abschirmung bzw. auch Isolierung von Arbeiterschaft und Leitungspersonal allmählich verstärkte. Es dürfte kein Einzelfall gewesen sein, wenn in dem im Bezirk Halle gelegenen Kraftwerk Zschornewitz nachgewiesen werden konnte, daß die dort beschäftigten Arbeiter weder den Betriebsleiter noch den Parteisekretär kannten.[86]

Besondere Spannungen zwischen „oben" und „unten" entstanden dann, wenn Leitungsentscheidungen das soziale Gerechtigkeitsgefühl der Arbeiterschaft verletzten. In dem erwähnten Kraftwerk Zschornewitz beispielsweise nahmen die Führungskräfte die Behebung einer Havarie zum Anlaß, um sich selbst relativ hohe Prämien zu verordnen. So erhielten der Betriebsleiter 500, der Hauptingenieur 300 und der BGL-Vorsitzende 250 Mark. Pikanterweise überließ man auch dem FDGB-Kreisvorsitzenden noch 250 Mark. Die Prämien der Arbeiter beliefen sich hingegen auf lediglich 80 bis 100 Mark.[87]

Diese vergleichsweise harmlose Selbstbevorteilung kollidierte in eklatanter Weise mit einer egalitaristischen Grundstimmung, wie sie unter den Arbeitern des Kraftwerkes verbreitet war. In deren Perspektive erschienen Lohn- und Prämiendifferenzierungen innerhalb einer Betriebsbelegschaft, einer Arbeitsgruppe oder Brigade in einem eher zweifelhaften Licht.

Viele Lohnkonflikte entstanden unter dem Eindruck drohender Lohneinbußen. Doch zugleich ging es immer auch um die relative Höhe von Arbeitseinkommen. Einerseits waren Arbeiter bestrebt, Lohnminderungen abzuwehren. Andererseits verglichen sie aber auch die Arbeitslöhne untereinander, konstatierten die Unterschiede zwischen den verschiedenen Lohngruppen und zwischen den Tarifen der einzelnen Industriezweige, wobei sie häufig auf Diskrepanzen stießen, die sie zumindest teilweise als ungerecht empfanden. Das traf insbesondere dann zu, wenn die Lohnrelationen dem Sozialprestige der jeweiligen Tätigkeit nicht angemessen schienen.

Beispiele dieser Art boten wiederholt die Bergarbeiter, die in der DDR zu den umworbensten Berufsgruppen zählten. Auch bei den Löhnen befanden sie sich im oberen Bereich der Tarife. Dennoch waren Mitteilungen wie diese keine Seltenheit: „Die Unzufriedenheit der Steinkohlenkumpel über Unzulänglichkeiten in der Entlohnung führte zu einem spürbaren Absinken der Arbeitsmoral und -disziplin."[88] Die Gründe für diese Unzufriedenheit hatten alle einen Vergleich zum Ausgangspunkt: 1. Die Bergarbeiter beschwerten sich, daß sie bei den im Steinkohlenbergbau üblichen Normen eine durchschnittliche Erfüllung von 120–130 % erreichten, während die Beschäftigten anderer Industrien auf bis zu 200 % kamen. So wurde vorgerechnet, daß ein Beschäftigter mit der Lohngruppe V im Leichtmaschinenbau je Stunde 3,40 Mark verdiente. Für diesen Stundenlohn mußte ein qualifizierter Steinkohlenhäuer eine Normerfüllung von 126 % erreichen. 2. Die „Wismut"-Betriebe des Uranbergbaus zahlten Zuschläge von 20, 40 und 10 %, was im Steinkohlenbergbau nicht der Fall war, obwohl die dortigen Arbeitsbedingungen als ungünstiger und schwerer galten. Auch das erschien als offenkundige Ungerechtigkeit. 3. Moniert wurde auch, daß mit der Verkürzung der Arbeits-

[86] SAPMO-BA, ZPA IV 2/603/59, unpag.: Bürovorlage der Abt. Wirtschaft der SED-Bezirksleitung Halle. 7. 3. 1960.
[87] Ebenda.
[88] SAPMO-BA, ZPA IV 2/603/49, unpag.: Vorschläge zur Durchführung von Maßnahmen in der Steinkohlenindustrie zur Realisierung des Ministerratsbeschlusses vom 31. März 1957, ausgearbeitet von der Kommission Steinkohle der Abt. Grundstoffindustrie des ZK der SED, 10. 12. 1957.

zeit eine Umstellung des Lohnsystems einherging, so daß die Schichtlöhne nicht mehr täglich bekannt waren. Traditionsgemäß erfuhren Bergarbeiter jedoch ihre Schichtlöhne und konnten sie vergleichen. In diesen Fragen „kam es in den Monaten April bis Juli 1957 zu lebhaften Auseinandersetzungen zwischen den Produktionsarbeitern und den leitenden Funktionären der Betriebe sowie der Hauptverwaltung."[89]

Gerade die Vergleiche zwischen Industriezweigen bzw. Betrieben machten die allgemeine Unsicherheit auf dem Lohn- und Normengebiet sichtbar. Sie ließ sich auch nicht auf administrativem Wege beheben, da die Industrie selbst für immer neues Konfliktpotential sorgte. Darauf wiesen Ende 1956 die Ökonomen Fritz Müller und Alfred Lange hin: „Bei einem so fehlerhaften Produktionsrhythmus, wie in den vergangenen Jahren, kann es nicht ausbleiben, daß viele Werktätige verärgert werden und resignieren. Sie wollen mit allen Kräften an der Erfüllung ihres Planes arbeiten, finden aber dazu an ihrem Arbeitsplatz nicht die erforderlichen objektiven Voraussetzungen. Nicht zuletzt werden sie durch die mit dem Produktionsrückgang im I. Quartal in Verbindung stehenden Lohnausfälle empfindlich getroffen. Andererseits werden die Arbeiter im III. und IV. Quartal oft durch Überstunden belastet, um den eingetretenen Planrückstand aufzuholen. Die Tatsache, daß wir in den vergangenen Jahren in nicht genügendem Maße den Anlauf des neuen Volkswirtschaftsplanes gesichert haben, führte zu Verärgerungen und Unzufriedenheit."[90]

Solche Turbulenzen beeinträchtigten die Realeinkommen vieler Arbeiter und lösten bei ihnen Abwehrhaltungen gegenüber allen neuen Lohn-, Normen- und Prämienvarianten aus. Von hier aus erklärt sich auch, daß die meisten Konflikte bis hin zur Arbeitsniederlegung eher defensive Ziele verfolgten. Doch durch die teilweise recht drastischen Verwerfungen zwischen den einzelnen Wirtschafts- und Industriezweigen begründete ein Einkommensvergleich durchaus auch Forderungen.

Das geschah beispielsweise im Jahre 1957, als der Ministerrat am 11. Mai eine Verordnung über die Bildung von Betriebsprämienfonds sowie von Kultur- und Sozialfonds in „volkseigenen und gleichgestellten Betrieben" erließ.[91] Ein offizielles Ziel der Verordnung war es, den BGL bei der Gewährung von Prämien größere Mitsprachemöglichkeiten einzuräumen und die sofortige Prämierung besonderer oder einmaliger Arbeitsleistungen zu regeln. Indes schien eine nicht geringe Zahl von Wirtschaftsleitern und Gewerkschaftsfunktionären zu befürchten, daß lohnrelevante Veränderungen an einer Stelle das gesamte Lohnsystem ins Wanken bringen konnten. Mit großer Zurückhaltung gingen sie deshalb an die Ausarbeitung der Betriebsordnungen. Schon bald registrierte die Abteilung Arbeit und Löhne beim FDGB-Bundesvorstand: „Politisch-ideologisch ist die Aufklärungsarbeit der Gewerkschaften und der verantwortlichen Wirtschaftsfunktionäre noch völlig unzureichend. Es gibt nur ganz vereinzelt gute Beispiele, während in den meisten Betrieben mehr oder weniger technisch-organisatorisch an den Betriebsprämienordnungen gearbeitet wird."[92]

Auch wenn das zutreffen mochte und die Prämienordnungen dazu noch in einer Reihe von Fällen ohne Beteiligung von Arbeitern formuliert worden waren[93], ging es eigentlich um

[89] Ebenda.
[90] Fritz Müller/Alfred Lange, Den reibungslosen Anlauf des Volkswirtschaftsplanes 1957 sichern, in: Einheit 11 (1956), 10, S. 957.
[91] GBl. I, Nr. 36/1957, S. 289.
[92] SAPMO-BA, ZGA FDGB-BV 45/39/3973, unpag.: Information der Abt. Arbeit und Löhne, 13. 8. 1957.
[93] Ebenda, Information der Abt. Organisation-Kader, Statistik/ Information des FDGB-BV, 11. 7. 1957.

andere Fragen. Bereits Mitte Juni 1957 war nämlich die Diskussion um die Prämienordnungen in einer Reihe von Baubetrieben der Bezirke Erfurt, Dresden, Halle, Karl-Marx-Stadt, Leipzig und Schwerin in Lohnforderungen umgeschlagen. Auch hierbei bildete ein Vergleich den Ausgangspunkt: Die Arbeiter verlangten eine Angleichung an die Tarife der metallverarbeitenden Industrie. Zusätzlich kam es zu Spannungen wegen der unterschiedlichen Prämienhöhen für Arbeiter und Angestellte.[94] Hier wirkte sich der sonst eher latente Egalitarismus der Arbeiterschaft offen aus. Höhere Prämien für Angestellte wurden von ihr nicht akzeptiert. Auch aus der Werftindustrie berichteten Gewerkschaftsfunktionäre von ähnlichem Verhalten. Dort forderten Arbeiter zudem noch die Senkung der Gewerkschaftsbeiträge auch für Leistungslohnempfänger, wobei sie als Begründung anführten, daß auch die Prämien für die „Intelligenz" nicht beitragspflichtig seien, während Arbeiter für Leistungszuschläge bezahlen müßten.[95] Solche Spannungen führten sogar zu Streiks. Am 22. Januar 1958 legten beispielsweise in der Schuhfabrik Meißen ca. 700 Arbeiter für eine halbe Stunde die Arbeit nieder. Im Bericht darüber hieß es: „Die Ursache dafür liegt besonders in der Prämienordnung, d.h. in den zu hohen Prämien für den Personenkreis des Teiles 1."[96] Damit waren Angestellte gemeint.

Auf solches „Sektierertum" reagierten die für Arbeiterpolitik zuständigen Führungskreise der SED und des FDGB mit wiederholter Kritik, freilich ohne die damit verbundene soziale Spannung nachhaltig zu reduzieren. Es komme darauf an, erklärte etwa der FDGB-Spitzenfunktionär Otto Lehmann im Dezember 1957, „eine verstärkte gründliche Aufklärungsarbeit über das Leistungsprinzip durchzuführen, sich mit falschen schädlichen Ideologien der Gleichmacherei und der Heraushohlens, die da und dort noch vertreten werden, auch Erscheinungen des Sektierertums, auseinanderzusetzen und die Verwirklichung des Leistungsprinzips zur Sache der gesamten Arbeiterkasse zu machen".[97]

In gewisser Weise leistete der SED-Apparat dem „Sektierertum" durch das stets spürbare Mißtrauen gegen die „alte" und in den Betrieben vor allem gegen die „technische Intelligenz" Vorschub. Die „Kragenlinie" drohte dann manchmal zur „Frontlinie" zu werden. So konnte es vorkommen, daß Arbeiter sich zu einer solch makabren Aktion hinreißen ließen, wie sie Mitte 1959 aus einem Dessauer Industriebetrieb bekannt wurde, „wo man einem Angehörigen der Intelligenz einen Bremsklotz um den Hals hing, ihn durch den Betrieb führte und damit diesen Kollegen als sogenanntes abschreckendes Beispiel hinstellte, ihn damit als Bremsklotz bei der Erfüllung der betrieblichen Aufgaben charakterisieren wollte".[98]

Auch wenn es sich hier um ein extremes Beispiel handelte, stand es doch in einem Zusammenhang mit den im allgemeinen weit weniger spektakulären Dauerspannungen entlang der „Kragenlinie". Es war ein soziales Spannungspotential, das vor allem von der Arbeiterseite ausging. Gerade mit Blick auf die technischen und kaufmännischen Angestellten kam es immer wieder zu egalitaristischen Forderungen, wovon vor allem die permanente Lohndiskussion betroffen war. Obwohl die Funktionärshierarchie auf diese Tendenz regelmä-

---

[94] Ebenda, Bericht der IG Bau-Holz, 15. 6. 1957.
[95] Ebenda, Bericht des FDGB-Bezirksvorstandes Rostock, 24. 6. 1957.
[96] Ebenda, Information des FDGB-Bezirksvorstandes Dresden, 24. 1. 1958.
[97] SAPMO-BA, ZGA FDGB-BV 6849, unpag.: Protokoll der 29. BV-Tagung, 5./6. 12. 1957. Referat Otto Lehmanns, S. 39f.
[98] SAPMO-BA, ZGA IG Metall 15, unpag.: Protokoll der Zentraldelegiertenkonferenz der IG Metall, 30. 9.–2. 10. 1959. Referat von Herbert Dönitz.

ßig mit Kritik an der „Gleichmacherei" reagierte, änderte sich kaum etwas. Die sozialen Geplänkel an der Kragenlinie waren zwar unerwünscht, doch dürften sie gesellschaftliches Konfliktpotential an anderen Stellen auch reduziert haben.

4. Wege zur Deeskalation innerbetrieblicher Konflikte

In der wirtschaftlichen Situation der DDR-Industrie erwies sich ein Punkt, der eigentlich eine Schwachstelle war, als vorteilhaft: Der künstlich erhöhte Arbeitskräftebedarf konnte innerbetriebliche Konflikte zumindest mildern. Vielfach war zu beobachten, daß Arbeiter, bevor sie sich auf lange Streitigkeiten um Löhne, Normen, Prämien, Arbeitszeiten, Arbeitsbedingungen usw. einließen, lieber die Arbeitsstelle wechselten.[99] Fluktuation erwies sich in solchen Fällen als ein verschleierter Konflikt, bei dem Arbeiter das Feld räumten, um anderswo eine Arbeit anzunehmen, die ihren Erwartungen eher entsprach.[100]

Die Bedingungen hierfür wurden in den ausgehenden 1950er Jahren sogar günstiger, als sie es bislang schon waren. In dieser Zeit kam es in der DDR zu einer Verknappung der verfügbaren Arbeitskräftereserven.[101] Zu den Ursachen zählten der extensive Ausbau von Arbeitsplätzen in der Industrie wie auch das Nachrücken geburtenschwacher Jahrgänge in die Berufsausbildung, der Ausfall von zwei Jahrgängen, bedingt durch die Einführung der zehnklassigen polytechnischen Oberschule, und schließlich noch die verstärkte Werbung junger Männer für die NVA. „Zum dominierenden Faktor der Bevölkerungsbewegung"[102] wurde jedoch die erneut zunehmende Abwanderung von Angehörigen gerade der beruflich aktivsten Jahrgänge nach Westdeutschland, wobei es sich genau genommen ebenfalls um eine Fluktuation handelte, mit der Konflikte umgangen wurden.

Entgegen allen Bemühungen um Arbeitskräfteplanung verlief die Arbeitskräftebewegung in der DDR eher spontan. Welche Interessen dahinter standen, verdeutlichte u.a. eine Analyse, die von der Staatlichen Plankommission für das III. Quartal 1958 angefertigt wurde:[103] Die Fluktuation machte danach in diesem Zeitraum 60–75 % des gesamten Belegschaftswechsels aus.[104] Daran beteiligt waren 118.200 oder 5,1 % aller in der staatlichen Industrie Beschäftigten. Ihr Wechsel in andere Betriebe verursachte einen Arbeitsausfall von ca. 136.000 Tagen.[105]

Den Hauptanteil an der Fluktuation hatten un- und angelernte Arbeitskräfte im Alter von

---

99 Zu Arbeitskräftelenkung und Fluktuation in der DDR vgl. Ralf R. Leinweber, Das Recht auf Arbeit im Sozialismus. Die Herausbildung einer Politik des Rechts auf Arbeit in der SBZ/DDR 1945/1961. Mit einem Vorwort von Rainer Rilling (= Schriftenreihe für Sozialgeschichte und Arbeiterbewegung; 33), Marburg 1983, S. 72–164.

100 Vgl. Katharina Belwe, Zu den Hintergründen der Fluktuation in der DDR, in: DA 13 (1980), 6, S. 601–611.

101 Vgl. Horst Rademacher, Die Arbeitskräfteressourcen unserer Gesellschaft und ihr rationeller Einsatz, in: Einheit 15 (1960) 1, S. 51–64.

102 Frerich/Frey, Handbuch, Bd. 2, a.a.O., S. 76.

103 Bundesarchiv, Abteilung Potsdam (BA), ZStA E-1, Nr. 12652, Bl. 1–12: Bericht der SPK-Abt. Koordinierung und Planung der Arbeitskräfte über die Fluktuation der Arbeitskräfte in der sozialistischen Wirtschaft in III./1958. 30. 1. 1959.

104 Ebenda, Bl. 1.

105 Ebenda, Bl. 2.

18 bis 30 Jahren, aber auch junge Facharbeiter (in der Kohlenindustrie bis 35 Prozent), Beschäftigte mit weniger als einem Jahr Betriebszugehörigkeit und Frauen.[106] Als wichtige Fluktuationsursachen ermittelten die SPK-Experten „Mängel in der Arbeitsmoral" und soziale Probleme. Beides zusammen soll bei 10–20 % der Fluktuationsfälle eine Rolle gespielt haben. Unzufriedenheit mit der Arbeitsorganisation, mit der Arbeitszeit und mit Arbeitsbedingungen galten für 20–40 % als Ursache. Lohnprobleme wurden mit einem Anteil von lediglich 8–15 % ausgewiesen. An größeren Industriestandorten mit weiten Einzugsgebieten kamen in nennenswertem Umfange Schwierigkeiten bei der Wohnraumversorgung als Grund hinzu.[107]

Wie der folgende Überblick zeigt, war die Fluktuation in der Bauindustrie und in der Leichtindustrie, letztere mit vielen Frauenarbeitsplätzen, besonders stark:

Fluktuationsfälle auf 1.000 Beschäftigte im III. Quartal 1958[108]

Staatliche Industrie insgesamt	51
Zentralgeleitete Industrie	46
Örtlichgeleitete Industrie	66
Kohle/Energie	36
Berg- und Hüttenwesen	39
Chemie	43
Maschinenbau	40
Leichtindustrie	54
Zentralgeleitete Bauindustrie	147

Die dem SPK-Bericht beigefügten Vorschläge zur Einschränkung der Fluktuation plädierten besonders für eine Konsolidierung der „Produktionskollektive" und für soziale Maßnahmen.[109] Beides wurde offenbar auch als Konfliktprophylaxe betrachtet. Fluktuationsgründe wichen oft von Ort zu Ort und von Betrieb zu Betrieb erheblich voneinander ab, doch tendierten sie zu Schwerpunktbildungen, die sich ihrerseits häufig auch als Konfliktpunkte erwiesen. Selbst bei relativ kleinen Betrieben fanden sich die allgemeinen Relationen häufig bestätigt. So gliederten sich die Fluktuationszahlen im VEB Braunkohlenwerk Kulkwitz 1961 nach folgenden Schwerpunkten: Arbeitsbedingungen 16; Lohnverhältnisse 13; Verkehrs- und Wohnverhältnisse 5; gesundheitliche Gründe 10; familiäre Gründe (hinter denen sich vielfach auch Wohnungsfragen verbargen) 26; DDR-Flucht 4; sonstige Gründe 15.[110]

Die Verfügbarkeit bzw. Nichtverfügbarkeit einer Wohnung beeinflußte das Fluktuationsgeschehen erheblich. Ein Beispiel bot der Steinkohlenbergbau. Da die Erschöpfung der wenigen Lagerstätten absehbar war und damit auch die Schließung der Werke, wurden für diese auch kaum noch Wohnungen gebaut. Fehlende Aussicht auf eine Wohnung sorgte beispielsweise im Zwickauer Steinkohlenwerk „Martin Hoop" im Jahre 1960 dafür, daß etwa die Hälfte

---

[106] Ebenda, Bl. 4.
[107] Ebenda, Bl. 5–9.
[108] Ebenda, Bl. 3.
[109] Ebenda, Bl. 10–12.
[110] Staatsarchiv Leipzig (StAL), VEB BKW Kulkwitz 175, unpag.: Fluktuation 1961, undat.

von von insgesamt 1.225 Abgängen auf Wohnungsuchende entfiel.[111] Umgekehrt konnte man an den Wohnungsbauschwerpunkten der größeren industriellen Investitionsvorhaben sehen, wie sich die Fluktuation verminderte. Exemplarisch hieß es in einem Bericht von der Baustelle des Kraftwerkes Lübbenau: Während „bis zum September 1960 die Fluktuation sehr hoch war, hat sich der Zustand nach der Einführung des einheitlichen Montageabkommens und einer besseren Lösung des Wohnungsproblems verbessert".[112] Wohnungsbau erfüllte unverkennbar eine sozial moderierende Funktion und kompensierte wohl auch, zumindest zeitweise, manche Konfliktsituation. Gleiches traf für den umfassenderen Prozeß der Fluktuation überhaupt zu.

Schließlich wäre noch zu fragen, ob Ausnahmesituationen wie Havarien oder Unfälle Industriearbeiter zu sozialen und vielleicht auch politischen Protesten veranlaßten. Aus einer ganzen Anzahl anhand der Quellen zu belegender Beispiele läßt sich zeigen, daß in solchen Fällen normalerweise viele Gerüchte und Vermutung, gen über Verantwortlichkeit, Schuld und Versäumnisse die Runde machten, doch war nirgendwo festzustellen, daß sich daraus Protestaktionen entwickelt hätten.

Als z.B. am 22. Januar 1960 im Steinkohlenwerk „Karl Marx" in Zwickau eine Grubenkatastrophe 123 Menschenleben forderte, kursierten einerseits schwere Vorwürfe gegen die Werkleitung, andererseits war auch von Sabotage die Rede. Beides bestätigte sich im Nachhinein nicht, doch war auffallend, daß die eingesetzten Hilfsgruppen und Kommissionen, unter denen sich nicht wenige SED- und FDGB-Funktionäre befanden, durch professionelles Vorgehen bei den Bergarbeitern und der Stadtbevölkerung eher Pluspunkte verbuchten.[113]

Hier mögen Solidarisierungseffekte eine Rolle gespielt haben, wie sie in Ausnahmesituationen nicht ungewöhnlich blieben. Auch dürften manche der Verantwortungsträger – was bei Katastropheneinsätzen verschiedenster Art immer wieder zu beobachten ist – einen „Macher"- oder „Krisenmanager"-Bonus verbucht haben. Wie dem auch sei, es bleibt ein bemerkenswertes Phänomen, daß Katastrophenfälle oder Havarien die betrieblichen Hierarchien nicht in erkennbarer Weise durch Belegschaftsproteste schwächten.

Allerdings mögen Vorwürfe auch deshalb eher zurückhaltend geäußert worden sein, weil sowohl in den 1950er und – wenn auch etwas gemildert und allmählich nachlassend – in den 1960er Jahren sehr schnell von Sabotage ausgegangen wurde. Es gehörte zur Routine von Havarieuntersuchungen, nach eventuellen NS-Belastungen oder auch nach anderen „klassenfeindlichen" Motiven zu fragen. Beispiele dieser Art sind vielfältig. Als z.B. im Januar 1960 aufgrund eines plötzlichen Kälteeinbruchs für die Energieversorgung der DDR eine außerordentlich prekäre Lage entstand, wurde im Großkraftwerk Berzdorf, so das offizielle Untersuchungergebnis, durch systematische Fehlbedienung im Rohrnetz verhindert, daß die Turbinenkapazität voll ausgefahren werden konnte. In einem Informationsbericht hob die ZK-Abteilung Grundstoffindustrie hervor, daß die Belegschaftszusammensetzung im Kraftwerk

111 SAPMO-BA, ZPA IV 2/603/50, unpag.: Analyse zum Jahresfinanzkontrollbericht 1960 des Industriezweiges Steinkohle. Febr. 1961.
112 SAPMO-BA, ZPA IV 2/603/60, unpag.: Protokoll einer Beratung der Kontrollgruppe Energie (Abt. Grundstoffindustrie, Sektor Energie), 11. 10. 1960.
113 SAPMO-BA, ZPA IV 2/603/51, unpag.: Bericht des Vorsitzenden der IG Bergbau über die Grubenkatastrophe am 22. Februar 1960 in der 1. Abteilung des Steinkohlenwerkes „Karl Marx" in Zwickau, 29. 2. 1960; Bericht der Abteilung Organisation des ZK der SED über die politische Massenarbeit der Stadtleitung Zwickau und die Stimmung der Bevölkerung zum Grubenunglück im Karl-Marx-Schacht, 23. 2. 1960; Ausarbeitung der Abteilung Grundstoffindustrie des ZK der SED, 18. 3. 1960.

und im dazugehörigen Braunkohlenwerk solche Störaktionen begünstigte: „Ca. 45 % sind ehemalige Großbauern, frühere Mitglieder der NSDAP, Beamte, Lehrer und ehemalige Umsiedler, die sich mit der Umsiedlung noch nicht abgefunden haben, und ähnliche Elemente."[114] Der Einwand erfahrener Techniker, die Störanfälligkeit liege an der unzureichenden Qualität der Industrieausrüstungen, wurde gleichzeitig als „falsche Meinung" zurückgewiesen.

Die Einwirkung des „Klassengegners" galt als fixe Größe. Und gerade in wirtschaftlichen Schlüsselbereichen herrschte ein ständiges Mißtrauen politischer Funktionäre gegenüber den Fachleuten, auf die man aber schlecht verzichten konnte. Deshalb wurden entsprechende Risikogruppen möglichst schon vorab identifiziert. In der Werkleitung des VEB Energieversorgung Halle stellte man auf diese Weise fest, daß von 33 Beschäftigten in der Abteilung „Lastverteilung" zehn ehemalige „Konzernangehörige", sechs Offiziersdienstgrade der Wehrmacht und drei NSDAP-Mitglieder waren. In der Abteilung „Netze" befanden sich unter 32 Beschäftigten zehn ehemalige NSDAP-Mitglieder und 16 „Konzernmitarbeiter". An sich mochte das niemanden überraschen, der mit der Geschichte der Energiewirtschaft einigermaßen vertraut war, und so war es wohl doch mehr eine andere Relation, die gefährlich wirkte: In der Abteilung „Kraftwerke" blieben die drei Mitglieder der SED unter 60 Beschäftigten eine kleine Minderheit.[115]

Industriearbeiter registrierten solche Beispiele von „revolutionärer Wachsamkeit" aus einer unverkennbaren Distanz. Das waren Dinge, die oberhalb der „Kragenlinie" abliefen und in die man sich im eigenen Interesse besser nicht einmischte. Man vermied durch demonstrative Zurückhaltung, in solche Auseinandersetzungen hineingezogen zu werden. Im Grunde zeigten dieses Verhalten und die weitestgehende Begrenzung von Arbeitskonflikten auf ihre soziale Dimension, daß die Arbeiterschaft in deutlicher Mehrheit die politischen Machtverhältnisse, die sie zumeist kritisch oder doch zumindest skeptisch beurteilte, als fait accompli hinnahm. Weil andererseits die SED-Führung der politischen Machtfrage absolute Priorität beimaß, ergab sich die Möglichkeit eines Interessenarragements.[116]

Stand das Verhalten der Industriearbeiterschaft stark unter dem Vorzeichen der Alltagsbewältigung und des „Durchkommens", so waren die Vertreter der politischen und wirtschaflichen „Apparate" in der Regel um das frühzeitige Abblocken innerbetrieblicher Konflikte bemüht. Gelang das nicht, so blieb im Grunde nur die Wahl zwischen harter repressiver Reaktion und moderateren Mitteln des Beschwichtigens, Versprechens und nicht zuletzt des erwähnten Arrangements. Auf der Skala der Reaktionsmöglichkeiten verschob sich der Schwerpunkt im Verlaufe der 1950er Jahre in die Richtung der Kompromißlösungen.

Symptomatisch für den Versuch, Arbeitskonflikte zu entschärfen und Arbeiter nicht als politische Gegner erscheinen zu lassen, war die im Januar 1960 auf der 2. Tagung des FDGB-Bundesvorstandes formulierte Position seines Präsidiums. Hier wurde die Kritik besonders gegen die Betriebsgewerkschaftsleitungen gerichtet. Diese, so hieß es, „helfen nicht immer schnell und kompromißlos Mängel in der Arbeitsorganisation, bürokratisches Verhalten von

---

[114] SAPMO-BA, ZPA IV 2/603/59, unpag.: Information der Abt. Grundstoffindustrie des ZK der SED, 19. 1. 1960.

[115] SAPMO-BA, ZPA IV 2/603/59, unpag.: Bürovorlage der Abt. Wirtschaft der SED-Bezirksleitung Halle, 2. 3. 1960.

[116] Vgl. Peter Hübner, Balance des Ungleichgewichtes. Zum Verhältnis von Arbeiterinteressen und SED-Herrschaft, in Geschichte und Gesellschaft 19 (1993), 1, S. 15–28.

Wirtschaftsfunktionären, Herzlosigkeit und Administrieren, besonders auf dem Gebiet der Lohn- und Normenfragen, die eine Verletzung der Sorge um den Menschen darstellen, zu beseitigen. Dadurch entstehen oftmals in einzelnen Betrieben Konflikte, oder nennen wir es offen Arbeitsniederlegungen, die nicht schnell und gründlich, wie es in unseren sozialistischen Betrieben sein muß, gelöst werden. [...] Diese Konflikte beruhen letztlich auf ein ungenügendes Vertrauen, auf ein ungenügendes Klassenbewußtsein und das noch nicht richtige Erkennen (sic!), daß die Arbeiterklasse die Macht in den Händen hat. Unsere gewerkschaftlichen Leitungen sollten dafür sorgen, daß solche Konflikte schnell beigelegt werden, weil sie von den Klassenfeinden gegen die Interessen der Arbeiterklasse ausgenutzt werden."[117]

Noch deutlicher wurde der FDGB-Vorsitzende Warnke im März 1961. Ebenfalls auf einer Bundesvorstandstagung erklärte er, daß im Jahre 1960 insgesamt 166 Arbeitsniederlegungen, darunter 61 im Bezirk Dresden, 22 im Bezirk Halle, 18 im Bezirk Karl-Marx-Stadt und 12 im Bezirk Magdeburg, registriert worden seien, ergänzte aber, dies wären „längst nicht alle".[118] Der Schwerpunkt der Arbeitskonflikte habe mit 57 Fällen im Bereich der IG Bau-Holz gelegen, gefolgt von den Bereichen Metall mit 45 und Textil mit 25.

Obwohl Warnke Streiks auch auf das Wirken „gegnerischer" Agenten zurückführte, war doch sein Bemühen deutlich, die Bedeutung solcher Konflikte herunterzuspielen: „Die Ursachen sind fast immer: Fehler in der Leitung, selten überspitzte Forderungen, die gab es auch in einigen Fällen, aber das war die Minderheit. Meistens wurden diese Konflikte dadurch hervorgerufen, daß Gewerkschafts- und Wirtschaftsleitungen nicht mit den Menschen arbeiten, daß sie entweder administrativ die Normen änderten, die Wirtschaftsleitungen, die Gewerkschaft sagte nichts dazu, oder daß die und die Vorschläge auf Verbesserung der Arbeitsorganisation oder auch Vorschläge in sozialer Beziehung, Einrichtungen, im Arbeitsschutz nicht beachtet wurden, bis den Kollegen die Geduld riß. Also diese Konflikte waren überflüssig und an einer Reihe von diesen Konflikten ist deutlich sichtbar gewesen, wie der Gegner dann diese Differenzen ausgenutzt hat, um einen Konflikt herbeizuführen, wie er direkt abgetastet hat, um zu sehen, wie kann er verbreitern im einzelnen Betrieb, wo der Konflikt war, oder sogar durch Telefonanruf in anderen Betrieben: Dort und dort streiken sie bereits, was macht ihr? usw. usw."[119]

Manches an dieser Sicht mochte widersprüchlich wirken. Immerhin wurde klar, daß es in DDR-Betrieben Arbeitskonflikte gab und daß sie nicht vom „Gegner" inszeniert wurden. Differenzen und Konflikte waren demnach vor dem „Gegner" da. Unklar blieb hingegen, wer der „Gegner" war, welche politischen Ziele mit solchen zumeist relativ kleinen Streikaktionen verfolgt werden sollten und wie Informationen über Streiks überhaupt von Betrieb zu Betrieb gingen. Der zentrale Punkt in Warnkes Rede war jedoch eindeutig: Arbeitskonflikte paßten nicht in die gesellschaftspolitische Landschaft der DDR, und wenn man sie bereits im Vorfeld verhindern konnte, sollte das geschehen – mit raschen, unspektakulären und punktuellen Arrangements zwischen Arbeitern und Betriebsleitungen. Allein schon der Umstand, daß die Gesamtzahl der Streiks in der Gewerkschaftszentrale gar nicht bekannt war, sprach für sich.

---

[117] SAPMO-BA, ZGA FDGB-BV 6865, unpag.: Protokoll der 2. BV-Tagung, 27.–29. 1. 1960. Bericht des Präsidiums.

[118] SAPMO-BA, ZGA FDGB-BV 6872, unpag.: Protokoll der 7. BV-Tagung, 1./2. 3. 1961. Schlußwort Herbert Warnkes, S. 206.

[119] Ebenda, S. 207.

Offenbar dachte man dort auch nicht daran, sich ein genaueres Bild zu verschaffen. Indirekt wurde damit bestätigt, daß in den Betrieben der DDR soziale Auseinandersetzungen und Konfliktlösungen vielfach intern abliefen. Das bot den übergeordneten staatlichen und gewerkschaftlichen Stellen die Möglichkeit, solche Konflikte auf innerbetriebliche Fehler oder Mißverständnisse zurückführen zu können, sie also zu entpolitisieren. Darin lag aber auch für Arbeiter und Betriebsleitungen eine Chance, für soziale Streitfälle und Forderungen innerhalb des Betriebes und mit betrieblichen Mitteln nach einem Interessenausgleich zu suchen. Alles das blieb freilich unformalisiert, schlecht berechenbar und risikobehaftet.

KAPITEL 5

Alltägliche Arrangements:
Klassenentbildung und Utopieverlust

Über einen längeren Zeitraum, bis ins letzte Jahr ihrer Existenz, stellte sich die DDR als einer der zehn führenden Industriestaaten der Welt dar. Daran mag zu zweifeln sein.[1] Im einzelnen wird es der Wirtschaftsgeschichtsschreibung vorbehalten bleiben, Leistungen und Defizite der zentralisierten Planwirtschaft kritisch zu beleuchten. Doch wie auch immer die Wertungen ausfallen mögen, dürfte die Frage Aufmerksamkeit verdienen, wie es kam, daß über einen Zeitraum von 40 Jahren zwischen 1949 bis 1989 7,3 und 8,5 Millionen Berufstätige, darunter ein von 4,9 auf 7,5 Millionen wachsender Arbeiter- und Angestelltenanteil[2], größtenteils willig ihrer Arbeit nachgingen und unter oft schwierigen Bedingungen Beachtliches geleistet haben. Ein anderes Problem ist es, wie wirtschafts- und sozialpolitisch mit diesem Ergebnis verfahren wurde.

Es gab in der DDR ein Arbeitsengagement, das sich nicht vollständig aus den strukturellen Voraussetzungen der Gesellschaft und ihres Wirtschaftslebens erklären läßt. Zu fragen ist, welche Kräfte, Motive und Interessen hierbei im Spiele waren. Sigrid Meuschel hat hierzu eine interessante These formuliert:

„Weil die Parteiherrschaft alle politischen, ökonomischen, rechtlichen und sonstigen gesellschaftlichen Ressourcen monopolisierte, um ihre eigenen Ziele durchzusetzen, baute sie außerpolitische und unabhängige Institutionen und Regelungsmechanismen ab. Dieser machtpolitisch durchgesetzten Verschmelzung von Politik, Wirtschaft und Recht, der Indienstnahme von Wissenschaft, Kunst und Mitwirkungsformen der ‚sozialistischen Demokratie' korrespondierte insofern ein Prozeß der Entdifferenzierung, als bereichsspezifische (‚eigensinnige') Rationalitätskriterien des Handelns in verschiedenen sozialen Teilbereichen sich nicht mehr zur Geltung bringen konnten. Damit fehlten zugleich relevante Determinanten der strukturellen Verankerung unterschiedlicher Interessen. Die derart ihrer institutionalisierten Eigenständigkeit und strukturierten Vielfalt beraubte Gesellschaft war - entsprechend der Logik des Erwerbs und der Sicherung der Macht der Partei - nichts anderes als die Kehrseite der Prärogativen der Partei. Die Gesellschaft war gleichsam stillgestellt, eine eigensinnige Rationalität und Handlungsdynamik konnte aus sozialen Subsystemen kaum hervorgehen. Es sei denn, die Partei selbst beschloß, zumindest einigen Teilbereichen ‚von

---

[1] Vgl. Günter Mittag, Um jeden Preis. Im Spannungsfeld zweier Systeme, Berlin und Weimar 1991.
[2] Statistisches Jahrbuch der Deutschen Demokratischen Republik 1990, Berlin 1990, S. 17.

oben' eine partielle Autonomie wieder zuzugestehen, oder gesellschaftliche Akteure versuchten, sie ,von unten' durchzusetzen."[3]

Gewiß findet sich diese Beobachtung bestätigt, wenn Meuschel die „NÖS"-Periode als den Versuch einer Dynamisierung von oben und den Herbst 1989 als Beispiel einer Dynamisierung von unten verstehen wissen will. Dennoch erscheint solch ein zu großdimensionierter Interpretation geeigneter strukturanalytischer Ansatz insofern problematisch, als er die in der DDR-Gesellschaft durchaus anzutreffende Rivalität unterschiedlicher Interessen eher überdeckt als sichtbar macht.

So würde es z.B. schwerfallen, die vielen innerbetrieblichen Auseinandersetzungen um Löhne, Normen und Arbeitszeit zu verstehen, wenn nicht Voraussetzungen angenommen werden dürften, unter denen etwa Arbeiter ihre Interessen artikulieren und teilweise auch durchsetzen konnten. Die folgenden Bemerkungen sind ein Versuch, diesem Problem am Beispiel der Produktions- bzw. Arbeitsbrigaden in der Industrie etwas detaillierter nachzugehen.

1. Die Entstehung von Produktionsbrigaden

Die Geschichte der Produktionsbrigaden wie auch der Entstehung, Funktion und Entwicklung des Brigadesystems überhaupt wurde in der DDR weitgehend im Zusammenhang mit ihrer Rolle bei den Produktionswettbewerben behandelt. Einen zweiten Schwerpunkt bildeten Arbeiten zur Kampagne „Brigaden der sozialistischen Arbeit" sowie damit zusammenhängende ideologie- und kulturhistorische Aspekte.[4] Eine ganze Anzahl Einzelstudien widmete sich vor allem der Funktion der Brigaden im industriellen Milieu.[5] Allerdings blieb die hier aufgeworfene Fragestellung, die ja sehr eng mit dem Problem der Arbeiter-Interessenvertretung zusammenhing, im Hinblick auf ihre politische Brisanz nahezu unberücksichtigt. Arbeiten aus dem Bereich der westdeutschen DDR-Forschung problematisierten die Geschichte der Brigaden vor allem unter dem Gesichtspunkt des Arbeitsrechts und des soziali-

---

[3] Sigrid Meuschel, Überlegungen zu einer Herrschafts- und Gesellschaftsgeschichte der DDR, in: Geschichte und Gesellschaft (GG) 19 (1993) 1, S. 5f.

[4] Raumgründe erlauben nur einige knappe, keinesfalls vollständige Literaturhinweise. Vgl. Heinz Deutschland u.a., Geschichte des FDGB, Berlin 1982; Gottfried Dittrich, Die Anfänge der Aktivistenbewegung, Berlin 1987; Waltraud Falk (unter Mitarbeit von Horst Barthel), Kleine Geschichte einer großen Bewegung. Zur Geschichte der Aktivisten- und Wettbewerbsbewegung in der Industrie der DDR, Berlin 1966; Hubert Staroste, Zur Analyse der sozialistischen Brigadebewegung in der Industrie der DDR von 1959 bis 1971, Dissertation A, Humboldt-Universität Berlin 1984.

[5] Vgl. Georg Aßmann, Industriebetrieb und Lebensweise, in: Jahrbuch für Soziologie und Sozialpolitik 1980, Berlin 1980, S. 107–122; Wilfried Doering/Günter Kempe, Die Arbeitsbrigade im sozialistischen Industriebetrieb, Berlin 1959; Waltraud Falk, Zur Genesis der sozialistischen Intensivierung, in: Beiträge zur Geschichte der Arbeiterbewegung (BzG), 26 (1984) 4, S. 451–464, Wolfgang Mühlfriedel, Zu einigen Methoden der Analyse und Darstellung des Einflusses des wissenschaftlich-technischen Fortschritts auf die Industriearbeiter der DDR,in: Freiberger Forschungshefte. D 1, Studien zur Entwicklung der Arbeiterklasse in der DDR (= Beiträge zur Geschichte der Produktivkräfte; X), Leipzig 1976, S. 25–38; Jörg Roesler, Aufsicht und Kontrolle in den volkseigenen Industriebetrieben der DDR 1945 bis Anfang der sechziger Jahre, in: Jahrbuch für Wirtschaftsgeschichte 1984 (Teil 4), Berlin 1984, S. 9–31.

stischen Kollektivismus, aber auch – soweit das der beschränkte Quellenzugang zuließ – unter konflikttheoretischen Aspekten.[6]

Für die hier zu behandelnde Frage bewiesen einige ältere Untersuchungen von Fred Klinger, Siegfried Suckut und Dietrich Staritz, die sich ausdrücklich mit der Interessenvertretung für und durch Arbeiter in der SBZ/DDR befaßten, ihre Aktualität.[7] Auch einige neuere Arbeiten, von denen besonders jene Jörg Roeslers zu nennen sind, konnten auf einer seit 1989/90 deutlich verbesserten Quellenbasis das Bild von den Brigaden in DDR-Betrieben konkretisieren und um manche Details ergänzen.[8]

Produktionsbrigaden[9], wie sie in der SBZ/DDR um 1950 entstanden, gingen auf ein sowjetisches Vorbild zurück. Als „Stoßbrigaden" waren in der UdSSR bereits seit 1926/27 Gruppen von Arbeitern bezeichnet worden, die sich weit überdurchschnittliche Arbeitsleistungen zum Ziele setzten. Brigaden bildeten auch das wichtigste Strukturelement der 1935 entstandenen „Stachanow-Bewegung".[10] Als Organisationsform industrieller Arbeit erfüllten Brigaden gleich mehrere Funktionen: Sie dienten dem raschen Anlernen von zumeist aus der Landwirtschaft stammenden und vielfach noch nicht alphabetisierten Beschäftigten.[11] Auch bildeten sie neue Sozialisationskerne für diese massenweise und teils unter Zwang erfolgende

---

6 Katharina Belwe, Mitwirkung im Industriebetrieb der DDR. Planung, Einzelleitung, Beteiligung der Werktätigen an Entscheidungsprozessen des VEB (= Schriften des Zentralinstituts für sozialwissenschaftliche Forschungen der Freien Universität Berlin; 31), Opladen 1979; Axel Bust-Bartels, Herrschaft und Widerstand in den DDR-Betrieben. Leistungsentlohnung, Arbeitsbedingungen, innerbetriebliche Konflikte und technologische Entwicklung (= Campus-Forschung; 153), Frankfurt/M. 1980; Manfred Messing, Arbeitszufriedenheit im Systemvergleich. Eine empirische Untersuchung an Bau- und Montagearbeitern in beiden Teilen Deutschlands, Stuttgart 1978; Dieter Voigt, Montagearbeiter in der DDR, Darmstadt 1973.

7 Siegfried Suckut, Die Betriebsrätebewegung in der Sowjetisch Besetzten Zone Deutschlands (1945–48), Frankfurt/M. 1982; Dietrich Staritz, Die „Arbeiterkomitees" der Jahre 1956/58. Fallstudie zur Partizipations-Problematik in der DDR, in: Der X. Parteitag der SED, 35 Jahre SED-Politik, Versuch einer Bilanz, 14. Tagung zum Stand der DDR-Forschung in der Bundesrepublik Deutschland, 9.–12. Juni 1981, Köln 1981, S. 63–74; Fred Klinger, Die „Brigaden der sozialistischen Arbeit" im Kontext der „Syndikalismus"-Kritik, in: ebenda, S. 75–86.

8 Vgl. Wolfgang Eckelmann/Hans-Hermann Hertle/Rainer Weinert, FDGB-Intern. Innenansichten einer Massenorganisation der SED, Berlin 1990, bes. S. 50–53; Peter Hübner, Balance des Ungleichgewichtes. Zum Verhältnis von Arbeiterinteressen und SED-Herrschaft, in: GG 19 (1993), 1, S. 15–28; Jörg Roesler, Gab es sozialistische Formen der Mitbestimmung und Selbstverwirklichung in den Betrieben der DDR? Zur Rolle der Brigaden in der betrieblichen Hierarchie und im Leben der Arbeiter, in: Utopie kreativ, 3 (1993), 31/32, S. 122–139; ders., Inszenierung oder Selbstgestaltungswille? Zur Geschichte der Brigadebewegung in der DDR während der 50er Jahre (= hefte zur ddr-geschichte; 15), Berlin 1994; ders., Die Produktionsbrigaden in der Industrie der DDR. Zentrum der Arbeitswelt?, in: Hartmut Kaelble/Jürgen Kocka/Hartmut Zwahr (Hg.), Sozialgeschichte der DDR, Stuttgart 1994, S. 144–170.

9 Als Brigaden wurden zunächst Arbeitsgruppen bezeichnet, die mit der Gewinnung oder der Herstellung von Waren beschäftigt waren. Später weitete sich dieser Begriff auch auf andere Tätigkeitsbereiche aus. Im folgenden Text findet der Begriff „Produktionsbrigade" auf Arbeitsgruppen im industriellen Produktionsbereich Anwendung.

10 Hierzu besonders: Robert Maier, Die Stachanov-Bewegung 1935–1938. Der Stachanovismus als tragendes und verschärfendes Moment der Stalinisierung der sowjetischen Gesellschaft (= Quellen und Studien zur Geschichte des östlichen Europa; 31), Stuttgart 1990.

11 Vgl. Gottfried Dittrich, Methodologische Fragen eines stadialen Vergleiches der Geschichte des sozialistischen Wettbewerbs in der DDR und in der UdSSR, in: BzG 24 (1982), 5, S. 676.

Rekrutierung von Arbeitskräften aus einer vormodernen Agrargesellschaft heraus.[12] Vor allem aber schienen Brigaden als eine kollektive Arbeitsform geeignet zu sein, um die nötige Arbeitsdisziplin zu sichern und im Sinne der KPdSU als Anleitungs-, Erziehungs- und Kontrollinstrument zu dienen.[13]

Diese sowjetischen Erfahrungen dürften auch ausschlaggebend gewesen sein, als in der SBZ/DDR ebenfalls Arbeitsbrigaden aufkamen. Zwar verfügten deutsche Betriebe in der Regel über die Institutionen des Meisters und und der Meisterbereiche, doch gerieten diese nach 1945 in den Ruf, nicht auf der Höhe des angestrebten historischen Fortschritts zu stehen. Allerdings hatten sich bereits nach dem Ersten Weltkrieg im Zusammenhang mit dem Gruppenakkord Arbeitszusammenhänge herausgebildet, die gewisse Anklänge an die Brigadestruktur aufwiesen.[14]

Erste Brigadegründungen verzeichnete die Industrie zwischen dem Herbst 1947 und Ende 1948, wobei es sich zumeist um sogenannte Jugendbrigaden handelte.[15] Sie standen in einer sehr engen Beziehung zu den in den „volkseigenen" Betrieben durchgeführten Produktionsberatungen, deren Aufgabe darin gesehen wurde „unter Einbeziehung der Masse der Arbeiter, der technischen Intelligenz und der Angestellten" in jedem Betrieb „die fortschrittlichen Arbeitserfahrungen" zu besprechen und Maßnahmen gegen ungenügende Qualität, Maschinenstillstand usw. zu vereinbaren.[16]

Wenn es unverkennbar das Anliegen der ersten Brigadeinitiativen war, wie die sowjetischen „Stachanow"-Aktivisten mit besonders hohen Arbeitsleistungen hervorzutreten, waren sie und die Produktionsberatungen[17] doch auch geeignet, traditionelle betriebliche Hierarchien aufzuweichen. Auch die zeitgleichen Bemühungen der SED- und der FDGB-Führung, die Betriebsräte durch Betriebsgewerkschaftsleitungen (BGL) zu ersetzen, wurden durch Brigaden und Produktionsberatungen gestützt.[18]

Ihren eigentlichen Aufschwung nahm die Brigade-Kampagne im Jahre 1950. Dem war seit Mitte 1949 in einer Reihe von staatlichen Industriebetrieben die Bildung von Brigaden vorausgegangen, deren Mitglieder sich besonders für die Verbesserung der Arbeitsqualität einsetzen sollten und oft auch wollten. Die erste dieser Brigaden hatte am 6. Juli 1949 in den Halleschen Kleiderwerken ihre Arbeit aufgenommen. Ihr gehörten 16 Arbeiterinnen an; sie

---

[12] Vgl. Hans-Henning Schröder, Arbeiterschaft, Wirtschaftsführung und Parteibürokratie während der Neuen Ökonomischen Politik: Eine Sozialgeschichte der bolschewistischen Partei 1920-1928 (= Forschungen zur osteuropäischen Geschichte; 31) Wiesbaden 1982; ders., „Neue" Arbeiter und „neue" Bürokraten. Gesellschaftlicher Wandel als konstituierendes Element von „Stalinismus" in den Jahren 1928-1934, in: Vierteljahresschrift für Sozial- und Wirtschaftsgeschichte (VSWG) 72 (1986), 4, S. 494-496; dazu auch: Hartmut Kästner, Wirtschaftliche Ausgangspunkte für die sozialistische Industrialisierung der UdSSR, in: Jahrbuch für Wirtschaftsgeschichte, Teil 4/1987, Berlin 1987, S. 9-27.

[13] Weiterführende Hinweise hierzu bei Leo van Rossum, Western studies of Soviet labour during the thirties, in: International Review of Social Historiy, 35 (1990), S. 433-453.

[14] Vgl. Alf Lüdtke, Eigen-Sinn. Fabrikalltag, Arbeitsbeziehungen und Politik vom Kapitalismus bis zum Faschismus, Hamburg 1993, S. 376.

[15] Vgl. Horst-Otmar Henneberg, Zur Entwicklung und Organisation der Arbeitsbrigaden in der volkseigenen Industrie, Berlin 1955, S. 35.

[16] Ebenda, S. 400.

[17] Vgl. Aufruf des Geschäftsführenden Bundesvorstandes des FDGB zum Aufbauplan 234 am 13. 10. 1947, in: Aus der Arbeit des FDGB 1947-1949, Berlin 1950, S. 494f.

[18] Vgl. Suckut, Die Betriebsrätebewegung, a.a.O.

wurde von der bisherigen Einrichterin Luise Ermisch[19] geleitet. Anfang 1950 haben offiziellen Angaben zufolge bereits ca. 1.000 „Qualitätsbrigaden" existiert.[20] Bei der Kampagne zur Bildung dieser und weiterer Brigaden bezog sich der FDGB ausdrücklich auf sowjetische Beispiele.[21]

Den Brigaden gegenüber schien es in der Industriearbeiterschaft keine grundsätzlichen Vorbehalte gegeben zu haben. Zumindest ließ sich die quantitative Entwicklung so interpretieren: Im Mai 1950 sollen bereits ca. 6.000 und im Juni gar 16.445 Brigaden existiert haben.[22] Für Ende 1950 wurden sogar mehr als 98.000 Brigaden mit rund 663.000 beteiligten Arbeitern angegeben.[23] Auch wenn sich hinter solchen Zahlen viel Formalismus verbarg, der sogar den FDGB vor allzu durchsichtiger „Zahlenhascherei" zurückschrecken ließ[24], mußte unter Arbeitern im Hinblick auf Brigaden eine beträchtliche Erwartungshaltung bestanden haben. Sie wurden schnell zu einem akzeptierten Element industrieller Belegschaftsstrukturen.[25]

Wie sich bald zeigte, unterschied sich diese wesentlich von den Absichten der Initiatoren im FDGB-Bundesvorstand. Neben dem Ziel, durch Brigaden einen Produktivitätsschub zu erreichen, verfolgten SED und Gewerkschaften eindeutige politische Ziele. In ihrem Verständnis war die „Diktatur des Proletariats" auch als Erziehungsdiktatur zu verstehen. Ganz in diesem Sinne erklärte der stellvertretende FDGB-Vorsitzende, Rudi Kirchner, im November 1950: „Es muß unser Ziel sein, bis zum Ende des 5-Jahrplanes die überwiegende Masse der Produktionsarbeiter in Arbeitsbrigaden zu organisieren, den Geist der Aktivisten auf die Masse der Brigademitglieder zu übertragen, durch die kollektive Arbeit in den Brigaden und die mit ihr verbundene Erziehung zur kollektiven Verantwortung die individualistischen und Einzelgängertendenzen zu zerschlagen und die Brigade zu der Zelle der vollen Entfaltung der schöpferischen Kräfte der Arbeiter zu machen."[26]

Auf der anderen Seite spielten unter den Motiven der Arbeiter, wie im folgenden gezeigt werden soll, vor allem drei eine größere Rolle: 1. Man sah keinen großen Unterschied zu den bisherigen Strukturen kollektiver Arbeitszusammenhänge, zumal diese unter dem neuen Namen „Brigade" sehr oft erhalten blieben. Auch dürfte die Leistungserwartung, wie sie an die Brigaden gerichtet war, zumindest bei einem Teil der so Angesprochenen Eigenwertgefühl und Berufsstolz stimuliert haben. 2. Es gab ein verbreitetes Interesse an Prämierungen für zusätzliche Arbeitsleistungen, und im Brigadeverband schienen die Chancen dafür günstiger zu sein. 3. Besonders unter den aktiveren Arbeitern schien die Ansicht verbreitet zu sein, durch die Brigaden ein größeres Maß an betrieblicher Mitsprache zu erreichen.

Brigadebildungen erwiesen sich in der alltäglichen Praxis zwar als mehr oder weniger

---

19 Siehe dazu die Kurzbiographie Luise Ermischs in: DDR – Wer war wer? Ein biographisches Lexikon, Berlin 1992, S. 104; Aus der Geschichte der Aktivistenbewegung der DDR. Arbeiterporträts (Heinz Deutschland, Luise Ermisch), in: BzG, 21 (1979), 5, S. 752–755.

20 Vgl. Wolfgang Mühlfriedel/Klaus Wießner, Die Geschichte der Industrie der DDR bis 1965, Berlin 1989, S. 89f.

21 Vgl. Roesler, Inszenierung oder Selbstgestaltungswille? a.a.O., S. 8f.

22 Vgl. Geschichte des FDGB, a.a.O., S. 355.

23 Vgl. Roesler, Inszenierung oder Selbstgestaltungswille? a.a.O., S. 10.

24 Vgl. Protokoll des 3. FDGB-Kongresses, Berlin 1950, S. 75.

25 Vgl. Wilfrid Döring/Günter Kemper, Die Arbeitsbrigade im volkseigenen Industriebetrieb, Berlin 1959; Horst-Otmar Henneberg, Zur Entwicklung und Organisation der Arbeitsbrigaden in der volkseigenen Industrie, Berlin 1955.

26 Stiftung Archiv der Parteien und Massenorganisationen der DDR im Bundesarchiv (SAPMO-BA), ZGA FDGB-BV 6808, unpag.: Referat Rudi Kirchners auf der 2. BV-Tagung am 9./10. 11. 1950, S. 13f.

weitgehende Umstellungen bei der Gliederung von Arbeitsprozessen und in den Unterstellungsverhältnissen; sie blieben aber auch durch starke Kontinuitäten mit der bisherigen Arbeitsweise verbunden. Wie die Bildung von Brigaden vor sich gehen konnte, zeigt ein Beispiel aus dem Hydrierwerk Schwarzheide vom Dezember 1950. Im Bericht darüber findet sich vermerkt:

„Am 18. 12. 50 wurde für die Meistergruppe K. und am 13. 12. 50 für die Meistergruppen L., N. und Sch. eine Belegschaftsversammlung einberufen, die durch den AGL-Leiter (AGL= Abteilungs-Gewerkschaftsleitung – P.H.) Koll. F. eröffnet wurde. In einem Rechenschaftsbericht wurden die Erfolge und Mängel unseres Aktivistenplanes[27] erläutert und dabei auf die Notwendigkeit der Bildung von Brigaden hingewiesen. Nach der anschließenden Diskussion wurde die Wahl der Brigadeure (sic!) durch die AGL vorgenommen (gemeint sind wohl die Gewerkschaftsmitglieder der Abteilung – P.H.). Dabei ist zu bemerken, daß jede Brigade ihren Brigadeur selbst wählte."[28]

Vier der bisherigen Meisterbereiche gliederten sich nunmehr in sieben Brigaden von minimal sechs und maximal 20 Mitgliedern, wobei die bisherigen arbeitsorganisatorischen Unterstrukturen weitgehend bewahrt wurden.[29] Jede Brigade hatte „Aufgaben und Ziele" schriftlich zu fixieren, wofür es allerdings Mustertexte gab, an die man sich, wohl auch der Einfachheit halber, im wesentlichen hielt:

„1. Soweit im Leistungslohn gearbeitet wird, neue Normerstellung und Normerhöhung auf gesunder Grundlage nach dem Arbeitskatalog.
2. Die Qualität zu verbessern und zu steigern. Frauen zu qualifizieren.
3. Die Arbeitsproduktivität zu erhöhen, Wettbewerbe zu organisieren, Verbesserungsvorschläge anzuregen und durchzuführen, richtige Einhaltung und Ausführung der Arbeitszeit, Produktionsbesprechungen am Arbeitsplatz.
4. Überplanmäßige Selbstkostensenkung erzielen, Grund- und Hilfsstoffe einsparen, Werkzeuge und Maschinen schonend behandeln.
5. Unfallverhütung, Belehrung am Arbeitsplatz.
6. Ausnutzung der betrieblichen Reserven."[30]

Unverkennbar sollte mit den Brigaden im Zusammenhang mit der ihnen unterstellten erzieherischen Funktion auch ein Leistungs- und Rationalisierungsschub erreicht werden, wobei besondere Hoffnungen in die Übernahme sowjetischer Arbeitserfahrungen gesetzt wurden.[31] In dem hier vorgestellten Beispiel reichten solche Adaptionen von der Überprü-

---

[27] Aktivistenpläne sollten die besten Arbeitserfahrungen auch für die übrigen Belegschaftsmitglieder handhabbar machen. Dieser Versuch stand in engem Zusammenhang mit der Durchführung von Produktionsberatungen.

[28] Brandenburgisches Landeshauptarchiv (BLHA), Rep. 903, Synthesewerk Schwarzheide, Zugangsnr. 261, unpag.: Mitteilung der Betriebsuntergruppe Gaserzeugung und Reparatur an die Direktion des Werkes Schwarzheide, 18. 12. 1950.

[29] BLHA, Rep. 903, Synthesewerk Schwarzheide, Zugangsnr. 261, unpag.: Ausarbeitung der Abt.-Gewerkschaftsleitung B/G/R für den Aktivistenplan, 27. 12. 1950.

[30] Ebenda.

[31] Diese Entwicklung spielte ab 1950 eine große Rolle. Vgl. Bernhard Schwalbe, Sowjetische Arbeitserfahrungen sind Wege zum besseren Leben, in: Die Arbeit 5 (1951), 8, S. 412. Doch schon zuvor lebte das traditionelle betriebliche Vorschlagswesen wieder auf: Im Juli 1948 befahl der Oberste Chef der

fung der Arbeitsabläufe über die Verlängerung von Fahrzeuglaufzeiten bis zur persönlichen Maschinenpflege.[32] Eine genauere Betrachtung solcher Methoden läßt allerdings Widersprüche erkennen. So ergaben sich zwar aus Arbeitsplatz- und -ablaufanalysen durchaus Konsequenzen mit „fordistischen" Elementen, doch standen jenen viele Vorschläge entgegen, die nicht einer funktionalen Zergliederung und Aufteilung, sondern der Anlagerung von Nebentätigkeiten an die eigentliche Arbeitsaufgabe dienten. Verbreitung fand es beispielsweise, wenn Maschinen- oder Anlagenarbeiter sich verpflichteten, Vorbereitungs- und Hilfsarbeiten selbst zu übernehmen. Dahinter standen freilich weniger durchdachte und umfassende arbeitsorganisatorische Modelle als vielmehr ein eher spontanes Bemühen, Arbeitskräfte einzusparen und vielleicht auch das Qualitätsmotiv bei der eigenen Arbeit zu stärken.

Jörg Roesler hat darauf aufmerksam gemacht, daß besonders über diesen Weg die Mitbestimmungsproblematik bereits in die frühe Brigadekampagne Eingang fand.[33] Die von ihm angeführten Beispiele zeigen, daß es sich hierbei um Versuche handelte, die Qualitätskontrolle oder auch bestimmte Elemente der Arbeitsnormung in die Regie der Brigaden zu übernehmen.

Für solche Bestrebungen gab es klare Konzepte offensichtlich weder im FDGB-Bundesvorstand noch im ZK-Apparat der SED und auch nicht in der Industrie selbst. Aber gerade dadurch entstanden für die Brigaden Handlungsräume, die es ihnen ermöglichten, im Brigadevertrag, also in der Vereinbarung, die mit der Betriebsleitung abzuschließen war, auch manche Sonderbedingung und manches Sonderrecht festzuschreiben. So vermerkte beispielsweise ein Bericht aus dem schon erwähnten Werk Schwarzheide bereits 1951, daß die Belegschaft verstimmt sei, weil am „Tag der Aktivisten" keine Werkstatt-Brigade eine Prämie erhalten habe. Und weiter hieß es: „In der Fertigungswerkstatt wünscht die Belegschaft für die Weiterführung von Wettbewerben die Zusicherung eines Geldpreises für den Sieger."[34] Damit war die seit Jahren andauernde Lohndiskussion um eine wichtige Nuance reicher geworden.

Alles das mag dazu beigetragen haben, die Brigadekampagne in der Arbeiterschaft relativ bald akzeptabel zu machen. Ganz anders als bei dem zähen Widerstand gegen die Betriebskollektivverträge wichen anfängliche Erscheinungen von Verweigerung und hinhaltendem Abwarten schnell verbreiteter Zustimmung zu den Brigadebildungen: Schon um die Mitte der 1950er Jahre gehörte die Existenz von Brigaden zum normalen Arbeitsleben in der staatlichen Industrie der DDR. Ende 1956 waren hier (außer Ostberlin) 107.396 Brigaden mit 1.375.139 Beschäftigten registriert, die zugleich an Arbeitswettbewerben teilnahmen.[35]

Dieser quantitative Erfolg verhüllte jedoch zwei Tendenzen, die nicht so recht zu der Erwartung passen mochten, die Brigadestruktur bewirke von sich aus „fortschrittliches" Verhalten von Arbeitern. Gerade in der Krise von 1956 zeigte sich nämlich, daß der Schwer-

---

SMAD z.B., bei der DWK und bei den VVB Büros für Erfindungswesen einzurichten, um diese Aktivitäten zu koordinieren – und 5 % der Betriebsgewinne als Prämien zu verwenden. Vgl. Fritz Selbmann (u.a.), Volksbetriebe im Wirtschaftsplan. Der Auftakt in Leipzig. Bericht von der ersten Zonentagung der volkseigenen Betriebe am 4. Juli 1948, Berlin 1948, S. 17.

[32] BLHA, Rep. 903, Synthesewerk Schwarzheide, Zugangsnr. 311, unpag.: Bericht über die Einführung von Neuerer-Methoden für die Berichtszeit 1946–53. Abt. Arbeit. Werk Schwarzheide, 1. 12. 1953.

[33] Roesler, Inszenierung oder Selbstgestaltungswille, a.a.O., S. 14–18.

[34] BLHA, Rep. 903, Synthesewerk Schwarzheide, Zugangsnr. 232, Bl. 32: Stimmungsbericht der Technischen Gruppe Werkstätten und sonstige Betriebe des Werkes Schwarzheide, 4. 12. 1951.

[35] Statistisches Jahrbuch der DDR (StBJ) 1956, Berlin 1957, S. 183.

punkt vor allem kurzfristiger Arbeitsniederlegungen bei Brigaden zu finden war, die fast ausschließlich lohnrelevante Forderungen erhoben.[36] Brigaden nahmen also bereits zu diesem Zeitpunkt, wenn auch in sehr begrenzter Weise, die Interessenvertretung ihrer Mitglieder wahr. Damit hing eine zweite Tendenz zusammen: Nur etwa 13 % der in VEB Beschäftigten beteiligten sich an Wettbewerben von Arbeiter zu Arbeiter, exponierten sich also persönlich. Die Mehrheit, nämlich zwei Drittel aller Brigademitglieder – das entsprach rund einem Viertel aller im staatlichen Sektor der Industrie Beschäftigten – entschied sich für einen Wettbewerb von Brigade zu Brigade.[37]

Positiv interpretiert hieß das, die meisten Angehörigen von Brigaden bevorzugten „kollektive" Wettbewerbe. Indes gab es auch eine andere Interpretationsmöglichkeit. Brigaden fungierten über ihren Produktionszweck hinaus als ein Sozialzusammenhang von lebenspraktischer Bedeutung. Sie boten den Rahmen nicht nur für die tägliche Arbeit oder für Freizeitkontakte, sondern sie wurden auch zu einer Art von Körperschaften mit einem sozialen Schutzanliegen.

2. Erste Verselbständigungstendenzen in der Brigadestruktur

Wenn auch die Bildung von Brigaden zumeist auf äußeren Anstoß hin erfolgte, also kein drängender Wunsch der Arbeiter dahinterstand, deuteten doch manche Umstände darauf hin, daß Interessenlagen existierten, die die Mitgliedschaft in Brigaden als vorteilhaft erscheinen ließen. So zeichneten sich Tendenzen ab, Brigaden lediglich aus den „Leistungsträgern" der jeweiligen Arbeitsbereiche zu bilden, reine „Männerbrigaden" etwa.[38] Unverkennbar verband sich damit die Absicht, besonders leistungsfähige Arbeitsgruppen zu bilden, um im Hinblick auf Lohn und Prämien synergetische Effekte zu erzeugen. Bei der Bildung von „Frauenbrigaden" spielte demgegenüber – so scheint es – deren Funktion als Kommunikations- und Solidarzusammenhang eine größere Rolle.[39]

Daß Brigaden sich von vornherein und mit zunehmender Tendenz als Interessengruppen verstanden, wurde auch in der Konsequenz erkennbar, mit der sie an der traditionellen „Kragenlinie" festhielten. Meister, Technologen, Normensachbearbeiter usw. gehörten den Brigaden nicht an und galten wie Partei- und Gewerkschaftsfunktionäre als Außenstehende.[40] Diese Konstellation brachte Brigaden in eine Position, von der aus sie Interessen der beteiligten Arbeiter artikulieren und gegenüber den Werkleitungen mit entsprechenden Forderungen auftreten konnten. Damit füllten sie eine Lücke, die der FDGB mit seinen dauernden Attacken gegen das „Nurgewerkschaftertum" eines Teils seiner Basisfunktionäre aufgerissen

---

[36] SAPMO-BA, ZGA FDGB-BV 6842, unpag.: Protokoll der 25. BV-Tagung, 13./14. 12. 1956, Diskussionsrede Herbert Warnkes, S. 80.

[37] Vgl. StJB 1956, a.a.O., S. 183.

[38] Vgl. Roesler, Die Produktionsbrigaden, a.a.O.

[39] Vgl. Petra Clemens, Die „Letzten". Arbeits- und Berufserfahrungen einer Generation Niederlausitzer Textilarbeiterinnen, in: Jürgen Kocka (Hg.), Historische DDR-Forschung. Aufsätze und Studien (= Zeithistorische Studien; 1), Berlin 1993, S. 245–261.

[40] Vgl. Roesler, Die Produktionsbrigaden, a.a.O.

hatte. Anders gesagt: Es gab eine Entwicklung, durch die Brigaden auf quasigewerkschaftliche Aufgaben verwiesen wurden.

Das wirtschaftliche und soziale Gewicht von Brigaden dürfte innerhalb der Industriebetriebe zusätzlich vergrößert worden sein, weil die DDR-Wirtschaft nur in engen Teilbereichen zu großflächigeren Neuinvestitionen in der Lage war, während gleichzeitig in vielen Betrieben ein Maschinenpark verblieb, der längst hätte abgeschrieben sein müssen. Immerhin stieg in der zentralgeleiteten Industrie bis 1959 der „Technisierungsgrad" der Produktion auf 81,5 % und der Arbeit auf 54,0 % an.[41] Doch gerade das verbreitete Neben- und Durcheinander überalteter und relativ neuer Maschinen bot viel Raum für technische Improvisationen und Teilrationalisierung. Den Brigaden eröffnete sich hier ein weites Betätigungsfeld, das viele ihrer Mitglieder zu Einzel- oder Kollektivvorschlägen ermunterte. So wurden 1957 in der DDR pro Quartal rund 80.000 Verbesserungsvorschläge sowie über 1.000 Erfindungen und Gebrauchsmusteranmeldungen registriert.[42] Im Jahre 1961 erreichte die Zahl der Verbesserungsvorschläge und Erfindungen um die 140.000 pro Quartal[43] und näherte sich damit schon einem Pegel, der mit etwa 600.000 jährlich über längere Zeit recht stabil blieb.[44]

Unbestreitbar entsprang diesen Aktivitäten ein nicht unbedeutender wirtschaftlicher Nutzen. Wenngleich die hierfür zu erwartenden Prämien gewöhnlich nicht sehr hoch waren, boten sie doch einen Anreiz. In den Leuna-Werken wurden z.B. zwischen 1949 und 1954 für jeden der insgesamt 7.885 angenommene Verbesserungsvorschläge durchschnittlich 100 Mark gezahlt.[45] Die Verwendung solcher Prämien machte jedoch einen Trend zum Egalitarismus sichtbar, wie er nur in Arbeitszusammenhängen möglich war, in denen die Beschäftigten sich als soziale Gruppe begriffen. Vielfach wurden diese Prämien nämlich zur „kollektiven" Verwendung eingesammelt, wovon dann auch jene „Brigadekassen" gespeist wurden, auf die zurückzukommen sein wird.

Arbeitsbrigaden gelang es vielfach, obligate Wettbewerbsprämien einzufordern und so de facto zum Lohnbestandteil zu machen[46] oder, wie 1957 in einigen Bergbaubetrieben geschehen, Lohnforderungen zu stellen, von deren Erfüllung die „Ergebenheit zu unserer Republik" abhängig gemacht wurde.[47] Eindeutig stand die Lohnproblematik an vorderer Stelle des sozialen Interessenspektrums. Angesichts des stark zerklüfteten und durch tiefgehende Verwerfungen instabil gewordenen Tarifsystems lag es nahe, wenn der Interessenausgleich auf betrieblicher Ebene gesucht und häufig auch in Arrangements zwischen Betriebsleitungen und Brigaden gefunden wurde. Allem Anschein nach neigten in dieser Frage „Männerbrigaden" zu offensiverem Vorgehen. Die zu beobachtende geringere Zahl von Arbeitskonflikten in „Frauenbrigaden" oder, allgemeiner, Frauenarbeitsgruppen dürfte mit der dort stärkeren Fluktuation im Zusammenhang gestanden haben. Es mochte aber auch eine Rolle gespielt haben, daß im Zusammenhang mit der rasch ansteigenden Frauenbeschäftigung in der

---

[41] Mühlfriedel/Wießner, Die Geschichte der Industrie, a.a.O., S. 292.

[42] StJB 1957, Berlin 1958, S. 201.

[43] StJB 1962, Berlin 1962, S. 204.

[44] StJB 1970, Berlin 1972, S. 71.

[45] SAPMO-BA, ZGA FDGB-BV 6830, unpag.: Protokoll der 18. BV-Tagung am 25.–27. 11. 1954, Diskussionsbeitrag des stellv. BGL-Vorsitzenden der Leuna-Werke, S. 90.

[46] SAPMO-BA, ZPA IV 2/603/94, unpag.: Bericht über Stand und Organisation komplexer Wettbewerbe auf den Großbaustellen des Energieprogramms, ungez., undat. (1958).

[47] SAPMO-BA, ZGA IG Bergbau 45, unpag.: Protokoll der 3. ZV- Sitzung, 27./28. 6. 1957, Schlußwort des IG-Vorsitzenden Werner Lucas.

Industrie und dem damit verbundenen Ausbau innerbetrieblicher sozialer Infrastrukturen, von der Betriebsverkaufsstelle bis zu Frauenruheräumen, die Arbeiterinnen ihre Interessen stärker berücksichtigt fühlten, als das bei den primär lohnorientierten Männern der Fall war.

Immerhin führten diese teilweise Feminisierung der industriellen Arbeitswelt und der Ausbau sozialer Infrastrukturen in den Betrieben nicht allein zur Angleichung weiblichen Zeitverhaltens an industriegesellschaftliche Vorgaben und zur „Taylorisierung" von Hausarbeit.[48] Sie zeitigten auch bemerkenswerte Rückwirkungen: Gerade Brigademitglieder gingen dazu über, sich bei der Lösung täglicher Probleme der Lebenshaltung, vor allem bei der Versorgung mit Lebensmitteln, Kleidung und Dienstleistungen gegenseitig zu unterstützen. So wurde z.B. das Einkaufen während der Arbeitszeit allmählich zu einem Gewohnheitsrecht, von den Betriebsleitungen zwar kritisiert, aber nicht ernsthaft bekämpft. Anfänge dieser Praxis waren bereits um 1950 zu beobachten.

Die erkennbaren Verselbständigungstendenzen von Arbeitsbrigaden fielen kaum als betrieblicher Störfaktor ins Gewicht. In der Regel lernten es Betriebsleitungen schnell, die Brigadiere auch als Interessenvertreter zu akzeptieren und mit ihnen arbeitsorganisatorische, aber auch Lohnfragen zu beraten. Erst so wurden Kompromisse möglich. Exemplarisch war etwa, als sich im Jahre 1958 eine Arbeitsgruppe des ZK der SED einen Eindruck von der Lohn- und Normensituation in 18 Karl-Marx-Städter Maschinenbaubetrieben verschaffen wollte. Dabei stieß sie auf zwar funktionstüchtige, aber zugleich höchst labile Kompromißlösungen: „Um bei der Einführung neuer Normen die Lohnsicherheit zu gewährleisten und das Mißtrauen gegen die Arbeitsnormung von Seiten der Arbeiter zu beseitigen, wurde der technisch begründete Zeitaufwand ermittelt und zur Sicherung des Durchschnittslohnes ein Zeitzuschlag (Z) berechnet. So gelang es im VEB Großdrehmaschinenbau ‚8. Mai' durch aktive Mitarbeit der Produktionsarbeiter innerhalb von 6 Monaten 630 technisch begründete Arbeitsnormen nach dieser Methode auszuarbeiten, . . ."[49] Eine derartige Verfahrensweise fand in den Industriebetrieben der DDR weite Verbreitung. Der Kompromiß funktionierte.

Als jedoch Anfang 1962 seitens des Volkswirtschaftsrates auf einer Werkleitertagung des Maschinenbaus in Leipzig ein Vorstoß unternommen wurde, die Zeitzuschläge auf einige „begründete" Einzelfälle zu reduzieren, löste das Unruhe, Diskussionen und viele Anfragen aus. Ein solches Vorgehen stieß sogar im Parteiapparat auf Bedenken. Dessen Reaktion zeigte allerdings, daß er Kompromisse lediglich als Notlösungen betrachtete. In einem Brief machte die Abteilung Planung und Finanzen des ZK der SED den Vorsitzenden des Volkswirtschaftsrates darauf aufmerksam, daß sich „diese Orientierung . . . bei unserer gegenwärtigen Tarif-Normen-Lohnsituation nicht verwirklichen" lasse. Bei der sehr hohen durchschnittlichen Normenerfüllung in der Industrie wäre absehbar, daß „die Ausarbeitung von technisch begründeten Arbeitsnormen ohne Zeitzuschlag zu enormen Verdienstminderungen bei einem großen Teil der Arbeiter führen würde".

Diese durchaus berechtigte Überlegung mündete allerdings in einen Alternativvorschlag, der vorsah, den Zeitzuschlag aus der Vorgabezeit herauszulösen und an qualitative Kennziffern zu binden. Dadurch werde – meinten die Autoren – eine Orientierung auf Bestzeiten möglich. Wichtig war dabei folgende Überlegung: „Die Bestzeiten sind nicht von Instituten

[48] Gerlinde Petzoldt, „Freie Zeit – was nun?" Alltägliche Modernisierung in der Alltagsgesellschaft DDR, in: Mitteilungen aus der kulturwissenschaftlichen Forschung 16 (1993), 33, S. 156.
[49] SAPMO-BA, ZGA, FDGB-BV 6132, unpag.: Abschlußbericht über die Tätigkeit der Brigade des ZK in den achtzehn Maschinenbaubetrieben von Karl-Marx-Stadt, 30. 7. 1959.

ausgedachte ‚Traumzeiten', sondern sie existieren real und sind die Grundlage für die Bemessung der Arbeit einer bestimmten guten Brigde bzw. Abteilung in der Republik. Der große Vorteil besteht darin, daß sich die Arbeiter selbst überzeugen können, wie die Bestzeiten erreicht werden, d.h. mit welcher Arbeitsorganisation. Es zeigt sich, daß die Arbeiter meist daran interessiert sind, ihren Rückstand zu den Bestzeiten zu beseitigen, weil dieser Rückstand ihrer Klassenehre und ihrem Facharbeiterstolz widerspricht."[50]

Der ganze Vorgang macht auf das Nebeneinander von drei Perspektiven aufmerksam: Ausgangspunkt war das Zustandekommen eines Normenkompromisses zwischen den Arbeitern und den Leitungen der erwähnten Maschinenbaubetriebe. Die ersteren hatten Lohnsicherheit, die anderen Produktionssicherung im Blick. Ein Zurückstutzen des Kompromisses verlangten hingegen Wirtschaftsfunktionäre, die in großdimensionierten Planungskategorien dachten. Für eine sanftere Demontage des Kompromisses setzten sich hingegen die Mitarbeiter des ZK-Apparates ein, auch hier in der Erwartung, Arbeiter würden in der Anwendung von „Bestzeiten" ihre unmittelbaren Interessen entdecken.

Trotz dieser unterschiedlichen Interessenlagen neigten offenbar alle Seiten mehr oder minder notgedrungen einer prophylaktischen Konfliktregulierung zu. Allerdings erforderte das Beschreiten solcher Kompromißwege Zeit. Der Mangel an Zeit konnte zum Stolperstein werden. Für die hier untersuchten Jahre ist die Tendenz feststellbar, daß nicht wenige Entscheidungen unter Zeitdruck gefällt wurden und hektische Betriebsamkeit auslösten. Das führte selbst bei Maßnahmen, die voll im Interesse der Produktionsarbeiter lagen, zu Unklarheiten, Mißverständnissen, Reibereien und mitunter auch zu Konflikten.

Ein Beispiel hierfür war die am 5. September 1963 erlassene Schichtprämienverordnung.[51] Hier führten eine ungenügende Abstimmung zwischen den einzelnen VVB und daraus resultierende Unsicherheiten in der Handhabung der Schichtprämien sowie eine unklare Differenzierung der Prämien, der Wegfall von Nachtzuschlägen und mitunter auch der Entzug der Schichtprämie als Strafsystem dazu, daß viele Arbeiter der Neuregelung verständnislos gegenüberstanden und ihrer Unzufriedenheit in Beschwerden und Eingaben Luft machten.[52]

Doch trotz solch negativer Erfahrungen, die nicht zuletzt durch die Schwerfälligkeit der zentralen Apparate bedingt waren, erwiesen sich die Möglichkeiten, über die kurze Schiene innerbetrieblicher Arrangements Lösungen zu finden, immer wieder als einigermaßen effektive Kompromißvariante. Gewiß gab es auch hierbei Probleme genug; das Hauptproblem lag aber eher darin, daß damit die betrieblichen SED- und Gewerkschaftsfunktionäre an Einfluß- und Kontrollmöglichkeiten einbüßten. Beide waren für das Zustandebringen von Arrangements zwischen Brigaden und Betriebsleitungen eigentlich nicht erforderlich. Damit gelangte die Entwicklung von Brigaden an eine politisch definierte Wegmarke.

Im Juli 1958 unternahm die SED-Führung auf dem 5. Parteitag den Versuch, die Zügel anzuziehen. Mit ihrer scharfen Kritik an den Gewerkschaften, denen eine laxe und ängstliche Haltung vorgeworfen wurde[53], machte sie jedoch unfreiwillig darauf aufmerksam, daß es

---

[50] SAPMO-BA, ZPA IV 2/603/15, unpag.: Brief Gerhard Schürers (i.A. von Erich Apel) an den Vorsitzenden des Volkswirtschaftsrates, Alfred Neumann, 13. 2. 1962.

[51] GBl. II, Nr. 82/1963, S. 633–638.

[52] Bundesarchiv, Abteilung Potsdam (BA), ZStA E-1, 28850, Bl. 164–167: Information der Hauptabt. VI – Bevölkerungsfragen – der Kanzlei des Staatsrates, 4. 1. 1964.

[53] Vgl. Protokoll der Verhandlungen des V. Parteitages der Sozialistischen Einheitspartei Deutschlands. 10. bis 16. Juli 1958 in der Werner-Seelenbinder-Halle zu Berlin. 6. bis 7. Verhandlungstag (Protokoll des 5. Parteitages der SED, Bd. 2), Berlin 1959, S. 890.

Schwierigkeiten mit der Interessenwahrnehmung durch und für Arbeiter gab. In dieser Frage hatte man sich seit Ende 1956 auf sehr glattes Eis begeben.

Um der in der Herbstkrise 1956 aufkommenden starken Unruhe in der DDR-Arbeiterschaft zu begegnen, reagierte die SED-Spitze mit Teilzugeständnissen wie der kontrollierten Bildung von Arbeiterkomitees.[54] Diese sollten in Planungs-, Personal-, Produktions- und Prämienfragen ein Mitspracherecht erhalten[55], wobei allerdings jeder Gedanken an Selbstverwaltungsmechanismen entschieden zurückgewiesen wurde.[56] Trotzdem blieb die Angelegenheit für SED und FDGB mit erheblichen Risiken behaftet. Aus diesem Grund schlug FDGB-Chef Warnke schon Ende 1956 vor, nach sowjetischem Modell Ständige Produktionsberatungen in den VEB einzurichten, um darin die Arbeiterkomitees quasi aufzulösen.[57]

Es sollte nicht unerwähnt bleiben, daß diese Ständigen Produktionsberatungen der Form nach tatsächlich als Vertretungskörperschaften angelegt waren: Sie wurden von Betriebsbelegschaften oder Betriebsabteilungen mit mehr als 100 Beschäftigten für jeweils zwei Jahre gewählt und konnten 50 bis 100 Teilnehmer haben. Neben den Funktionären der SED, des FDGB, der FDJ und der Kammer der Technik sollten ihnen „verdiente, fachlich hoch qualifizierte und bei ihren Kollegen angesehene Arbeiter, Angestellte und Angehörige der betrieblichen Intelligenz" angehören.[58] Sie wurden ausdrücklich als „Organe der Gewerkschaften" bezeichnet. In der Praxis erwies sich freilich schon die Zuwahl als problematisch, vor allem aber waren diese Gremien für eine effektive Interessenvertretung gegenüber den Betriebsleitungen viel zu schwerfällig – und sollten es wohl auch sein.[59]

Nach dieser Episode mit den Arbeiterkomitees und den dabei gewonnenen Erfahrungen konnte es kaum überraschen, wenn die SED-Führung, ihrem politischen Selbstverständnis durchaus konsequent folgend, wieder mehr Gewicht auf die „Erziehung der Arbeiterklasse" legte. Walter Ulbricht unterbreitete auf dem 5. Parteitag ein ganzes Erziehungsprogramm, das in zehn „Gebote(n)" der neuen, sozialistischen Sittlichkeit" gipfelte.[60] Die Brigaden sahen sich ermahnt, nicht nur an Prämien interessiert zu sein, sondern auch sozialistisches Bewußtsein zu entwickeln[61]; man solle nun „wie Sozialisten arbeiten".[62] Die Forderungen nach Rationalisierung der Arbeit und nach Durchsetzung kollektiver Normen standen dabei dicht nebeneinander.[63]

Daß es mit solchen Appellen nicht sein Bewenden haben konnte, bewies deren Wirkungslosigkeit schon in den folgenden Monaten. So lag es nahe, die erwähnte Erziehungsabsicht vorerst in einem scheinbar prädestinierten Teilbereich zu realisieren – den Brigaden. Schon

54 Vgl. Staritz, Die „Arbeiterkomitees", a.a.O., S. 64.
55 Vgl. Ulrich Gill, Der Freie Deutsche Gewerkschaftsbund (FDGB), Opladen 1989, S. 216f.
56 Vgl. Staritz, Die „Arbeiterkomitees", a.a.O., S. 66.
57 Vgl. Eckelmann u.a., FDGB-Intern, a.a.O., S. 50.
58 Joachim Hoffmann, Die Ständigen Produktionsberatungen – wichtigste Form der unmittelbaren Teilnahme der Arbeiter an der Leitung der volkseigenen Betriebe, in: Einheit 14 (1959), 5, S. 608.
59 Vgl. Dieter Schulz, Zur Entwicklung von Ständigen Produktionsberatungen in sozialistischen Industriebetrieben der DDR von 1957/58 bis 1965, in: Zeitschrift für Geschichtswissenschaft (ZfG) 28 (1980), 9, S. 842–850.
60 Protokoll der Verhandlungen des V. Parteitages der Sozialistischen Einheitspartei Deutschlands. 10. bis 16. Juli 1958 in der Werner-Seelenbinder-Halle zu Berlin. 1. bis 6. Verhandlungstag (Protokoll des 5. Parteitages der SED, Bd.1), Berlin 1959, S. 161.
61 Ebenda, S. 162.
62 Ebenda, S. 84.
63 Ebenda, S. 85.

einige Formulierungen, wie sie auf dem 5. Parteitag zu hören waren, deuteten in diese Richtung, doch schienen weitergehende konzeptionelle Überlegungen zunächst nicht verfügbar. Erneut griff der FDGB-Bundesvorstand auf ein sowjetisches Beispiel zurück.

3. Die Kampagne „Brigaden der sozialistischen Arbeit"

Der Entschluß, die zu dieser Zeit in der UdSSR propagierten „Brigaden der kommunistischen Arbeit" in einer DDR-Variante nachzuahmen, fiel offenbar kurzfristig und im engsten Kreis: Am 15. Dezember 1958 übersandte der FDGB-Vorsitzende Herbert Warnke an Paul Verner, Sekretär des SED-Zentralkomitees, den Entwurf eines Diskussionspapiers über „Organisierung einer Bewegung für die Entwicklung von Brigaden der sozialistischen Arbeit", das am 22. Dezember in der Sekretariatssitzung des FDGB-Bundesvorstandes beraten werden sollte.[64] Im Begleitbrief wies er darauf hin, daß es in der UdSSR seit einigen Wochen eine „breite Bewegung" der „Brigaden der kommunistischen Arbeit" gebe. Der Bundesvorstand habe zunächst abgewartet, weil Inhalt, Breite und Tiefe dieser Bewegung nicht klar gewesen seien. Jedoch schienen jetzt der Wettbewerb zum zehnten Jahrestag der DDR „in Verbindung mit der Entwicklung des technischen Fortschritts, der eine hohe Qualifikation der Arbeiter erfordert, sowie die Stärkung des sozialistischen Bewußtseins auf der Grundlage der 10 Gebote der Ethik und Moral[65] ... besonders geeignet zu sein, eine solche Bewegung der ‚Brigaden der sozialistischen Arbeit' auszulösen".[66]

In einem merkwürdigen Kontrast standen die Kurzfristigkeit der Entscheidung und ihre Kopplung an eine der routinemäßigen Jahrestags-Wettbewerbskampagnen einerseits und eine auf längere Sicht angelegte Zielfunktion andererseits. Am 29. Dezember 1958 lag ein „Gemeinsamer Plan des Sekretariats des Bundesvorstandes des FDGB und des Sekretariats des Zentralrates der Freien Deutschen Jugend" vor, nach dem eine „Bewegung zur Erringung des Titels ‚Brigade der sozialistischen Arbeit'" ausgelöst werden sollte.[67] Doch sogleich gab es Irritationen: Offenbar in Kenntnis dieses Papiers hatte Ulbricht im Entwurf seines Neujahrsartikels den Satz aufgenommen: „Wir haben es hier mit der Bildung von Brigaden der sozialistischen Arbeit zu tun." Warnke wandte sich deshalb noch an diesem 29. Dezember 1958 in einem eiligen und persönlichen Brief an Ulbricht und schlug vor, nur von „Ansätzen oder Elementen" einer Brigadebewegung zu sprechen, andernfalls setze der Parteichef seine Autorität aufs Spiel. Bloße Verpflichtungen dürften nicht als schon gegebene Realität behandelt werden.[68]

Solche Vorsicht mochte zum guten Teil den bisherigen Erfahrungen mit den Brigaden geschuldet sein. Indes wurde der Start der Kampagne minutiös, einschließlich der ersten „spontanen" Zustimmungsbekundungen vorbereitet.[69] Am 3. Januar 1959 unterzeichneten Mitglieder einer Jugendbrigade aus dem Elektrochemischen Kombinat Bitterfeld einen

---

64 SAPMO-BA, ZGA FDGB-BV 3961, unpag.: Brief Herbert Warnkes an Paul Verner, 15. 12. 1958.
65 Gemeint sind die von Walter Ulbricht 1958 auf dem 5. Parteitag der SED verkündeten Grundsätze. Vgl. Protokoll des 5. Parteitages der SED, Bd. 1, a.a.O., S. 160f.
66 SAPMO-BA, ZGA FDGB-BV 3961, unpag.: Brief Herbert Warnkes an Paul Verner, 15. 12. 1958.
67 Ausführlich zitiert bei Roesler, Inszenierung oder Selbstgestaltungswille?, a.a.O., S. 31–33.
68 SAPMO-BA, ZGA FDGB-BV 3961, unpag.: Brief Herbert Warnkes an Walter Ulbricht, 29. 12. 1958.
69 Vgl. Roesler, Inszenierung oder Selbstgestaltungswille?, a.a.O., S. 34.

vorformulierten Wettbewerbsaufruf, in dem es hieß, man sei der Meinung, „daß es für die Durchsetzung des wissenschaftlich-technischen Fortschritts besonders notwendig ist, daß sich alle Werktätigen, vor allem die Jugend, ständig weiterqualifizieren, ihr kulturelles Bildungsniveau erhöhen und die sozialistische Gemeinschaftsarbeit in den Mittelpunkt ihres Schaffens stellen. Deshalb haben wir uns das Ziel gestellt, auf sozialistische Weise zu arbeiten und zu leben, um eine ‚Brigade der sozialistischen Arbeit‘ zu werden."[70]

Wenn die DDR-Presse diesen Aufruf erst am 7. Januar 1959 veröffentlichte, könnten vielleicht organisatorische Probleme dabei eine Rolle gespielt haben. Nicht ganz unwichtig war allerdings im Bericht der Gewerkschaftszeitung „Tribüne" eine redaktionelle Vorbemerkung, der zu entnehmen war, daß die Mitglieder der Bitterfelder Jugendbrigade „in diesem Jahr einen Wettbewerb um die ehrenvolle Bezeichnung ‚Brigade der sozialistischen Arbeit‘ zu führen" gedächten.[71] Das konnte als Hinweis verstanden werden, hier handele es sich um eine auf das Jahr 1959 begrenzte Aktion, zugeschnitten auf den zehnten Jahrestag der DDR.

Obwohl die Initiatoren der Kampagne es bewußt vermeiden wollten, daß deren qualitative Ansprüche einer „Zahlenjägerei" geopfert würden[72], nahm – nach anfänglichem Zögern – die Zahl der an diesem Wettbewerb teilnehmenden Brigaden sehr schnell zu. Am 15. Dezember 1959 waren bereits 59.364 solcher Brigaden mit 706.657 Mitgliedern registriert. Genau ein Jahr später waren es 130.074 Brigaden mit 1.669.208 Mitgliedern.[73] Doch mit dieser schnellen Entwicklung entglitt die Kampagne einer Kontrolle durch den hauptamtlichen Gewerkschaftsapparat. Schon im April 1959 konstatierte die Abteilung Gewerkschaften, Sozial- und Gesundheitswesen des Zentralkomitee der SED in einer internen Information über die laufenden Gewerkschaftswahlen: „Schwierigkeiten zeigen sich jetzt bei der Leitung und Verbreitung der Bewegung, weil es den zentralen Leitungen der Gewerkschaften sehr schwer fällt, sich einen konkreten Überblick zu verschaffen."[74] Es gebe Verwirrung und Hilflosigkeit.

Nicht viel anders sah man das im Bundesvorstand. Bereits im März 1959 hatte dessen Vorsitzender, Herbert Warnke, einen Zustand des Selbstlaufes beklagt; viele Funktionäre würden die Beschlüsse des Bundesvorstandes nicht ernst nehmen und überhaupt stehe „eine Reihe von Leitungen ... noch absolut daneben".[75] Auch wie sehr sich die befürchtete „Zahlen- und Effekthascherei" ausbreitete, bereitete Sorgen. So wußte etwa der Leiter der Abteilung Arbeit und Löhne im Bundesvorstand, Otto Lehmann, im Juli 1959 „viele leere Versprechungen, leere Anschlüsse an diese Bewegung" der Brigaden zu benennen.[76] In Einzelfällen hätte man feststellen müssen, „daß kaum die Hälfte (der offiziell gemeldeten Brigaden – P.H.) echt sich dieser Bewegung angeschlossen haben. Es gibt also gegenwärtig eine mächtige Tendenz der Zahlenhascherei."[77]

---

[70] Dokumente zur Geschichte der Freien Deutschen Jugend, Bd. 4, Berlin 1963, S. 291.

[71] Tribüne, 7. 1. 1959, S. 1.

[72] Vgl. Roesler: Inszenierung oder Selbstgestaltungswille?, a.a.O., S. 32.

[73] StJB 1960/61, Berlin 1961, S. 205.

[74] SAPMO-BA, ZPA IV 2/611/33, Bl. 12: Abteilung Gewerkschaften, Sozial- und Gesundheitswesen (Abt. GS). Information über den weiteren Verlauf der Gewerkschaftswahlen. 23. 4. 1959.

[75] SAPMO-BA, ZGA FDGB-BV 6860, Bl. 3: Protokoll der 35. Tagung des FDGB-BV, 11.–13. 3. 1959, Schlußwort Herbert Warnkes.

[76] SAPMO-BA, ZGA FDGB-BV 6861, unpag.: Protokoll der 36. Tagung des BV, 9.–11. 7. 1959, Rechenschaftsbericht, S. 25.

[77] SAPMO-BA, ZGA FDGB-BV 6861, unpag.: Protokoll der 36. BV-Tagung am 9.–11. 7. 1959, Referat Otto Lehmanns, S. 25f.

Doch zumindest in den ersten Monaten vermochten solche Feststellungen die gerade in den oberen Rängen der Funktionärshierarchien von SED und FDGB gepflegten geradezu euphorischen Erwartungen kaum zu dämpfen. Der Sekretär des FDGB-Bundesvorstandes, Rudi Kirchner, traf im März 1959 durchaus die entsprechende Tonlage: „In diesen sozialistischen Gemeinschaften[78], in diesen Brigaden, vollzieht sich also ein großer Prozeß der Erziehung, mit der wachsenden (sic!) Qualifikation unserer Menschen, ihre schöpferischen Talente und Fähigkeiten im Kampf um den technischen Fortschritt und eine hohe Arbeitsproduktivität noch mehr zur Entfaltung kommen. In diesen sozialistischen Gemeinschaften und Brigaden wachsen also praktisch Menschen mit solchen Fähigkeiten heran, die stürmisch dem Sieg des Sozialismus entgegenschreiten."[79] Damit erschienen Brigaden als geeignete Struktur, um die kombinierten ökonomischen Mobilisierungs- und politisch-moralischen Erziehungsziele erreichen zu können. Wohl zu keinem anderen Zeitpunkt der DDR-Geschichte befand sich die Gesellschaftspolitik der SED in ihren praktischen Entscheidungen so dicht an den eigenen sozialutopischen Vorgaben wie im Falle dieser Brigadenkampagne, die ihrerseits durchaus Querbezüge zum nicht minder utopieverpflichteten Siebenjahrplan aufwies.

Die Realität war nüchterner als solche Hoffnungen. Das hing auch damit zusammen, daß viele der in der Kampage engagierten, relativ niedrigrangigen Partei- und Gewerkschaftsfunktionäre im Umgang mit den Brigaden einfach überfordert waren. In der Regel zeigten sie sich froh, wenn diese sich ohne größere Debatten zum „Titelkampf" bereitfanden. Normal war es auch, daß sich nach dem Abschluß der „Brigadeverträge" kaum noch einer der Funktionäre um die Brigaden kümmerte. Das führte nicht nur dazu, daß die darin enthaltenen Verpflichtungen oft nicht sehr ernstgenommen wurden, sondern es verstärkte sich auch die Neigung, die Rechte der Brigaden großzügiger auszulegen.

Auch diese Tendenz trat bereits 1959 deutlich in Erscheinung. Um so mehr fiel ins Gewicht, daß parallel dazu ein Teil der SED-Betriebsorganisationen Positionsschwächungen hinnehmen mußte. Bei den zeitgleichen Gewerkschaftswahlen sank nämlich der Anteil von Parteimitgliedern in Gewerkschaftsfunktionen. Bei den Gruppenfunktionären ging er z.B. von 18,6 % auf 17,7 %, bei den Funktionären der Abteilungsgewerkschaftsleitungen (AGL) von 31,7 % auf 28,4 % zurück. Auch die Fluktuation der Funktionäre wurde stärker. Waren 1956/57 in den AGL 41,6 % der Funktionäre wiedergewählt worden, so lag dieser Anteil jetzt nur noch bei 32 %.[80] Solche – vorübergehende – Entwicklungen hatten nichts Dramatisches, zumal es gar nicht unerwünscht war, auch parteilose Gewerkschaftsfunktionäre zu wählen. Doch für die Entwicklung der Brigaden blieb es nicht ohne Bedeutung, wenn in stärkerem Maße neue und in der Regel weniger erfahrene Funktionsträger nachrückten. In einem Leitartikel der „Einheit" vom Dezember 1959 klang die Befürchtung an, daß den Gewerkschaftsfunktionären das Heft aus der Hand gleiten könnte. In der neuen Etappe der Entwicklung erhalte „die unmittelbare Vertretung der Arbeiterinteressen, die unmittelbare Verbesserung

---

78 Die „Gemeinschaften der sozialistischen Arbeit" waren unter Beteiligung von Arbeitern, Technikern, Ingenieuren und Wissenschaftlern besonders im betrieblichen Vorschlags- und Erfindungswesen engagiert.

79 SAPMO-BA, ZGA FDGB-BV 6859: Protokoll der 35. Tagung des FDGB-BV, 11.–13. 3. 1959, Rechenschaftsbericht des Präsidiums und des Sekretariats des BV, S. 5.

80 SAPMO-BA, ZPA IV 2/611/33, Bl. 14: Abt. GS. Vorlage für das Sekretariat des ZK der SED. 14. 5. 1959.

der Arbeits- und Lebensbedingungen eine immer größere Bedeutung", doch die Funktionäre nähmen die ihnen zustehenden Rechte nicht wahr.[81]

Zu den widersprüchlichsten Merkmalen der Brigadekampagne gehörte, daß sie sich in einer gewissen Spannung zu jenen Argumenten befand, die in diesen Jahren stärker auf die individuelle Leistungsmotivation zu setzen begannen. Der in diesen Brigaden verkörperte Kollektivismus schien nicht zuletzt unter dem Erziehungsaspekt jene Mitarbeiter der Abteilung Gewerkschaften und Sozialpolitik des ZK der SED zu bestätigen, die für eine kollektive Entlohnung und Prämierung von Brigaden[82] oder auch für deren direkte Verantwortung in der Produktion plädierten.[83] Aus dieser Richtung kamen auch erneute Vorstöße gegen die in den 1950er Jahren wieder stabilisierte Institution des Meisters. Die Meister in der Industrie seien „eher ein Hemmschuh als ein Förderer des Neuen" und stünden damit der Brigadebewegung im Wege.[84]

Dieser Rückenwind aus dem Parteiapparat ermöglichte es den Brigaden, einige Zeit relativ autonom zu agieren. Auf dem vom 26. zum 31. Oktober 1959 in Berlin tagenden 5. FDGB-Kongreß wurde ihnen – trotz manch kritischer Töne gegenüber dem FDGB – von Ulbricht bescheinigt, daß sie zeigten, „wie man arbeiten muß, damit der Sozialismus zum Sieg geführt wird".[85]

In diesem Sinne sorgte die SED zunächst mit einiger Konsequenz dafür, daß der innerbetriebliche Status der Brigaden bewußt und in Konkurrenz zu anderen Strukturen der Betriebshierachie angehoben wurde. Unfreiwillig und zunächst kaum bemerkt, nahm sie aber damit auch eine Reduzierung der Einflußmöglichkeiten von Gewerkschafts- und Parteileitungen in Kauf. Diesen Freiraum nutzten viele Brigaden, um in den Brigadeverträgen für sie vorteilhaftere Bedingungen durchzusetzen, wie etwa Bevorzugung bei der Materialbereitstellung, gesonderte Arbeitszeitregelungen, Kollektivprämien, zusätzliche Urlaubstage u.ä.

Tatsächlich standen Betriebs- und Gewerkschaftsleitungen diesen Vorgängen recht ratlos gegenüber. Vor allem dies mag dazu beigetragen haben, den ZK-Apparat aktiver werden zu lassen. Nach Ansicht der dort für Gewerkschaftsfragen zuständigen Funktionäre zeigten sich vor allem „die unteren Gewerkschaftsleitungen" zu schwach, um der Entwicklung entgegenzusteuern. Auch bemerkte man jetzt, daß die auf dem FDGB-Kongreß von Brigadeangehörigen gehaltenen Beiträge gezeigt hätten, „daß viele Konflikte in diesen Kollektiven auftreten und gelöst werden müssen".[86] Insbesondere das Thema der „Sonderrechte" ließ verstärkt Besorgnis aufkommen, es könnten innerhalb der Betriebsbelegschaften soziale Verwerfungen eintreten, die unkontrollierbare Entwicklungen heraufbeschworen.

Mehr noch irritierte aber wohl, daß die Brigaden dabei eigentlich gewerkschaftliche Funktionen an sich zogen. In dem Maße, wie das erkennbar wurde, wichen die anfänglichen euphorischen Erwartungen bei den Initiatoren der Kampagne skeptischen Stimmen. Eine im

---

[81] Die Entwicklung der Arbeiterklasse in der Deutschen Demokratischen Republik und ihre Gewerkschaften, in: Einheit 14 (1959), 12, S. 1611.

[82] SAPMO-BA, ZPA IV 2/611/7, Bl. 52: Abt. GS. Protokoll der Abteilungsberatung vom 11. 8. 1959.

[83] SAPMO-BA, ZPA IV 2/611/33, Bl. 461: Abt. GS. Bericht „Probleme, die sich aus der Diskussion auf dem 5. FDGB-Kongreß ergeben". 5. 11. 1959.

[84] Ebenda, Bl. 462.

[85] Protokoll des 5. FDGB-Kongresses, Berlin 1959, S. 359.

[86] SAPMO-BA, ZPA IV 2/611/33, Bl. 461: Abt. GS. Bericht „Probleme, die sich aus der Diskussion auf dem 5. FDGB-Kongreß ergeben". 5. 11. 1959.

Sektor Arbeitsökonomik der ZK-Abteilung Gewerkschaften und Sozialpolitik im April 1959 ausgearbeitete Analyse stellte beispielsweise fest: Das Bewußtsein vieler Arbeiter sei ungenügend entwickelt, „Reste des kapitalistischen Denkens" seien bei ihnen vorhanden. „Das zeigt sich dann in ungerechtfertigten Lohnforderungen, in der Tendenz, alles herauszuholen und so wenig wie möglich selbst zu geben und ganz drastisch in dem Ausspruch: ‚Ich muß doch meine Arbeitskraft so teuer wie möglich verkaufen!'"[87] Auch vor dem Hintergrund der offiziell propagierten gegenseitigen „sozialistischen Hilfe" der Brigaden setzten sich Lohndiskussionen fort. Dabei ging es besonders darum, jenen Arbeitern, die für kürzere oder längere Zeit in „schwächere" Brigaden überwechselten, um diese an das Niveau der „stärkeren" heranzuführen, Lohnsicherheit zu garantieren. Solche Forderungen wurden im ZK-Apparat kritisch registriert. Das Verlangen nach Lohnsicherheit impliziere, hieß es dort, daß es zwischen dem sozialistischen Staat und den Arbeitern antagonistische Widersprüche wie im Kapitalismus gebe, was natürlich nicht der Fall sei.[88]

In dieser Frage kam es zu jener schon im ersten Kapitel erwähnten Auseinandersetzung zwischen den ZK-Mitarbeitern und einigen Vertretern des Bundesvorstandes. Als intimer Kenner der Schwächen geltender Lohn- und Prämienregelungen warnte Otto Lehmann, vom Konzept der Lohnsicherheit abzugehen. In einem Positionspapier, das als „Gemeinsamer Standpunkt" der Abteilung Löhne und Arbeitsrecht im FDGB-Bundesvorstand formuliert war, machte er deutlich, wie sehr es – nicht zuletzt wegen der Entwicklung der Brigaden – auf Konfliktvermeidung im Lohnbereich ankäme. Der Grundsatz der Lohnsicherheit sei im zweiten Halbjahr 1953 entstanden und verfolge die Absicht, „die richtigen Relationen zur Arbeitsproduktivität und zum Durchschnittslohn nicht durch Senkung der Löhne herzustellen".[89]

Das traf sich durchaus mit aktuellen Forderungen aus der Industriearbeiterschaft, aktivierte aber auch die Kritik aus dem ZK-Apparat. Dessen Vertreter insistierten unverändert darauf, daß die Lohnsicherheit kein Thema sei. Es handele sich um ideologische Schwächen, wenn manche FDGB-Funktionäre darauf bestünden, Arbeitern, die zur „sozialistischen Hilfe" in andere Brigaden beordert wurden, den bisherigen Durchschnittslohn weiterzuzahlen. Man müsse von dieser Orientierung auf Verteilung und individuelle Konsumtion abkommen, denn solche Auffassungen zielten dem Wesen nach darauf, „das Klassenbewußtsein der Arbeiter mit Geld zu erkaufen".[90]

In einer Stellungnahme zum „Gemeinsamen Standpunkt" wiederholte die ZK-Abteilung ihre Argumente: „Eine solche Auslegung führt objektiv zum Revisionismus."[91] Denn „die Forderung nach Lohnsicherheit unter sozialistischen Produktionsverhältnissen" bedeute, „den sozialistischen Staat mit dem Ausbeuterstaat, mit dem Kapitalismus" gleichzusetzen.[92] Der Revisionismusvorwurf zwang Lehmann zwar Anfang August 1960 „Bereitschaft" zu

87 SAPMO-BA, ZPA IV 2/611/12, Bl. 9: Abt. GS. Sektor Arbeitsökonomik. Stellungnahme zur Disposition für die Auswertung der 29. Tagung des FDGB-BV, 5. 4. 1959.
88 Ebenda, Bl. 8.
89 SAPMO-BA, ZPA IV 2/611/46, Bl. 50–74: Otto Lehmann: Gemeinsamer Standpunkt zu drei aktuellen Problemen der richtigen Anwendung des sozialistischen Leistungsprinzips, 30. 6. 1960.
90 SAPMO-BA, ZPA IV 2/611/46, Bl. 145: Abt. GS. Beratungsniederschrift, 12. 8. 1960.
91 SAPMO-BA, ZPA IV 2/611/46, Bl. 33: Abt. GS. Stellungnahme zum Material des Genossen Lehmann und der Abteilung Arbeit und Löhne „Gemeinsamer Standpunkt . . .", 8. 7. 1960.
92 Ebenda: Bl. 36.

zeigen, „die Kritik aufzunehmen und zu verarbeiten"[93], doch war damit das von ihm benannte Problem nicht aus der Welt.

An der betrieblichen Basis zeigten sich indes immer deutlicher die ambivalenten Wirkungen jener im Zeichen des Siebenjahrplanes forcierten und wirtschaftspolitisch begründeten Forderung nach Arbeitsproduktivitätserhöhung. Einerseits bewahrten viele der nach Zeitnormen Arbeitenden mehr oder minder große Leistungsreserven, um sich gegen Lohneinbußen zu schützen, andererseits gerieten die Löhne besonders dann unter Druck, wenn die nach Normenerhöhungen zeitweilig bewilligten Zeitzuschläge wegfielen.

Selbst die Gewerkschaftsabteilung des ZK mußte nach einem Besuch auf Rostocker und Stralsunder Werften Anfang 1961 eingestehen, daß die Diskussion um Steigerung der Arbeitsproduktivität allgemein unter dem Gesichtspunkt eines generellen Lohnstopps gesehen werde.[94] Sogar drastische Lohneinbußen hatte man feststellen müssen: „Arbeiter in der Volkswerft wiesen anhand ihrer Lohnabrechnung nach, daß sie mit Einführung neuer Vorgabezeiten, die um die Hälfte der bisherigen gekürzt wurden, Minderverdienste im Januar von 100,– bis 135,– DM hatten und die Erreichung der Vorgabezeiten (Z.B. wurde eine Vorgabezeit für eine bestimmte Arbeit im Lüfterbau von 200 Stunden auf 91 Stunden reduziert.) selbst bei bestem Willen für unmöglich halten."[95]

Es war deshalb wenig verwunderlich, wenn mehr noch als die Forderungen nach erweiterten Mitspracherechten, Prämien oder auch arbeiterfreundlicheren Arbeitszeit- und Urlaubsregelungen das Bemühen um die Sicherung des Lohnniveaus Arbeitsbrigaden konsolidierte und in ihrem Streben nach möglichst großer Eigenständigkeit bestärkte.

Ungeachtet dessen waren es tatsächlich ganz besonders finanzielle Interessen, die für eine rasche Zunahme der Teilnehmerzahlen an der Brigadekampagne sorgten. Für den Erwerb des „Titels" waren Brigadeprämien ausgesetzt; im Wettbewerb stehende Brigaden vermochten oftmals, bedingt auch durch die erwähnten Vergünstigungen bei der Material- und Werkzeugbereitstellung, eine höhere Normerfüllung und damit höhere Löhne zu erreichen; oft zahlten Betriebe kollektive Leistungszuschläge bzw. waren Lohnformen wie der Objektlohn direkt auf die Brigadestruktur zugeschnitten. Selbst jene „kulturellen" Pflichtübungen, die vor der Verleihung des „Titels" zu absolvieren waren, konnten von Fall zu Fall eine gewisse Attraktivität entfalten. Gemeinsame Brigadeabende, Sportveranstaltungen, Buchlesungen, Theater- und Konzertbesuche oder auch das Führen von Brigadetagebüchern dürften trotz allem Formalismus, der solchen Aktivitäten innewohnte, zur Stabilisierung der Brigaden beigetragen haben.[96] Arbeitern wurde die Teilnahme schon dadurch erleichtert, daß für die Finanzierung weitestgehend Betriebe, Gewerkschaften und der Staatshaushalt aufkamen. Bei letzterem zog der Posten „Aktivistenbewegung und sozialistische Wettbewerbe" von ca. 22 Mio. Mark im Jahre 1959 auf fast 46 Mio. Mark im Jahr darauf kräftig an.[97]

---

[93] SAPMO-BA, ZPA IV 2/611/46, Bl. 77: Abt. GS. Information für Alfred Neumann über die Auseinandersetzung mit Gen. Otto Lehmann und der Parteigruppe Löhne-Arbeitsrecht im Bundesvorstand des FDGB auf der Präsidiumssitzung am 5. 8. 1960 und der Parteiaktivtagung im Apparat des Bundesvorstandes am 8. 8. 1960, 9. 8. 1960.
[94] SAPMO-BA, ZPA IV 2/611/48, Bl. 13: Abt. GS. Information, 20. 2. 1961.
[95] Ebenda: Bl. 14.
[96] Vgl. Günther Rüther, „Greif zur Feder, Kumpel. Schriftsteller, Literatur und Politik in der DDR 1949–1990, Düsseldorf 1991, S. 88.
[97] StJB 1960/61, a.a.O., S. 240.

4. Arbeitsbrigaden als soziale Substrukturen

Vor allem die Forderung vieler Brigaden in den Industriebetrieben nach der Gewährleistung einer kontinuierlichen Materialzufuhr und nach Mitsprache bei Rationalisierungsmaßnahmen sowie bei der Prämienvergabe geriet zum Streitpunkt. Dabei bestand zunächst Grund zu der Annahme, daß der FDGB solchem Verlangen aufgeschlossen gegenüberstünde. Unmittelbar bevor die Redaktion der Gewerkschaftszeitung „Tribüne", das Neuereraktiv[98] des FDGB-Bundesvorstandes und Vertreter des Amtes für Erfindungs- und Patentwesen der DDR am 28. April 1960 in Leipzig eine Diskussion der neuen, im Entwurf vorliegenden, Neuererverordnung duchführten, hatte der Sekretär des Neuereraktivs beim FDGB-Bundesvorstand, Rudi Rubbel, unter der Überschrift „Den Brigaden größere Rechte" in der „Tribüne" einen Beitrag veröffentlicht, in dem er zu bedenken gab, ob den Brigaden bei der Durchsetzung von Rationalisierungs- und anderen Verbesserungsvorschlägen und bei der Materialversorgung nicht sinnvollerweise mehr Mitsprache-, aber auch Entscheidungsmöglichkeiten und Verantwortung übertragen werden sollten.[99]

Es handelte sich freilich nicht um einen Alleingang, denn Rubbels Argumentation konnte sich ihrerseits auf einen Beitrag Erich Apels stützen, der, zu dieser Zeit Leiter der Wirtschaftskommission beim SED-Politbüro, am 3. März 1960 im „Neuen Deutschland" für eine „Verbindliche Festlegung neuer Normen nach Einführung neuer Technik durch die Brigaden selbst" plädiert hatte, auch sollten disziplinarrechtliche Kompetenzen von den Werkleitern auf die Brigaden übertragen werden. Generell, so Apel, sollten den Brigaden im Interesse ihrer stärkeren Beteiligung „an der sozialistischen Leitung des Betriebs ... größere Rechte gegeben werden".[100] Gewiß mochten solche Forderungen das Verhältnis zwischen Gewerkschaften und den VVB- sowie VEB-Leitungen einigermaßen strapazieren, aber gegen die ursprünglichen Intentionen der Brigadekampagne richteten sie sich in keiner Weise. Dennoch kam es nach der Veröffentlichung von Rubbels Artikel im ZK-Apparat und im FDGB-Bundesvorstand zu heftigen Kontroversen.[101]

Bemerkenswerterweise geriet aber nicht Apels, sondern nur Rubbels Artikel in die Kritik. Das mochte mit der Zeitdifferenz von fast zwei Monaten zu tun gehabt haben, in deren Verlauf über die Entwicklungen in den Brigaden recht widersprüchliche Informationen eingingen. Geradezu alarmierend wirkten Nachrichten über die Bildung von Brigaderäten, die in einigen großen Werken gewissermaßen als partei- und gewerkschaftsunabhängige Dachorganisationen entstanden. Bereits im Januar 1960 lösten erste derartige Anzeichen heftige Reaktionen im Parteiapparat aus, verbunden mit Versuchen, diese Entwicklung möglichst nachhaltig politisch zu disqualifizieren. Die SED-Bezirksleitung Dresden berichtete beispielsweise: „Im Fahrbetrieb des GKW (Großkraftwerk – P.H.) Berzdorf wurde vom Klassengegner neben Hetze und Verleumdung versucht, einen ‚Rat der Brigade' nach jugoslawischem Beispiel zu bilden. Als führende Köpfe waren solche Elemente tätig wie der Kollege F. (Zuwanderer aus Westdeutschland), Kollege O. (Ungarndeutscher und ehemaliger

---

[98] In der DDR kam der Begriff „Neuerer" in Anlehnung an die russische Bezeichnung „novator" in Gebrauch.
[99] Vgl. Rudi Rubbel, Den Brigaden größere Rechte, in: Tribüne, 27. 4. 1960, S. 3.
[100] Erich Apel, Was heißt sozialistisch arbeiten und leben?, in: Neues Deutschland, 2. 3. 1960, S. 3.
[101] Ausführlicher dazu Klinger, Die „Brigaden", a.a.O., passim.

SS-Angehöriger). Diese Kollegen wurden in ihren Brigaden entlarvt. Die Genossen der dortigen Parteigruppe hatten jedoch die Absicht dieser Elemente nicht gleich erkannt und z.T. die Vorbereitungen noch unterstützt."[102]

Auf zentraler Ebene schien man hingegen deutlich unsicherer zu sein als die Dresdener Bezirksleitung. Zu ersten stärkeren Reaktionen der für Gewerkschafts- und Sozialfragen zuständigen Funktionäre im ZK-Apparat der SED, aber auch im FDGB-Bundesvorstand kam es im Mai 1960. Mitte des Monats kritisierte das FDGB-Präsidium „die Orientierung einer Anzahl von Brigaden auf ‚Sonderrechte'" und kündigte an: „Inhalt und Rechte der Brigaden müssen auf der 4. Bundesvorstandssitzung klargestellt werden."[103]

Die ZK-Abteilung Gewerkschaften und Sozialpolitik führte am 20. Mai eine Beratung mit den Parteisekretären der Industriegewerkschafts- und Gewerkschafts-Zentralvorstände sowie mit den Instrukteuren für Gewerkschaften bei den Bezirksleitungen der SED durch, auf der anklang, daß die Gewerkschaft in den Betrieben von zwei Seiten her ausgehebelt zu werden drohte. Ein Vertreter der IG Chemie faßte zusammen: „Gewerkschaftsleitungen machen sich zu Stützen von bestimmten Wirtschaftsfunktionären". Und: „Unsere Vertrauensleute schweben in der Gefahr, neben der Brigadebewegung nebenherzulaufen. Sie spielen keine Geige bei dieser ganzen Sache. Im Mittelpunkt steht der Brigadier. Gewerkschaftsvertrauensmann und Parteigruppenorganisator spielen überhaupt keine Rolle dabei."[104] Das bedeutete nichts anderes, als daß die Gewerkschaften die von ihnen beanspruchte Funktion der Interessenvertretung nicht oder kaum wahrnahmen und die Brigaden in ein Organisationsvakuum hineinstießen. Wenn sich Gewerkschaftsfunktionäre gleichzeitig mit Wirtschaftsfunktionären liierten, bestätigte dieser Vorgang nur noch, daß sich Brigaden nicht in eine bestehende Interessenvertretung hineindrängten, sondern ein weitgehend freies Feld besetzten.

Ob es allein die dabei zutagetretenden spontanen Elemente waren, in denen die vom Funktionieren des „demokratischen Zentralismus" abhängige SED-Führung ein Gefährdungspotential erblickte, bleibt fraglich. Es scheint, als habe Walter Ulbricht noch andere Gefahren ausgemacht, wie er während eines Gespräches mit dem Sekretariat des FDGB-Bundesvorstandes zu erkennen gab. Ulbricht bezog sich dabei direkt auf Rubbels Artikel und ließ durchblicken, daß er für die „Fehlentwicklung" der Brigaden nicht diese, sondern den „Syndikalismus" in Funktionärskreisen verantwortlich machte. Die als Stichwortmitschrift überlieferten Bemerkungen enthielten diese Formulierung erstmals: „Brigaden der sozialistischen Arbeit dienen der Erziehung. – Gegen Zahlenhascherei und Jagd nach Titel kämpfen. – Gegen Überspitzungen, wie sie in der ‚Tribüne' und anderen Materialien und Beschlüssen zum Ausdruck kommen, auftreten. Veröffentlichungen wie in der ‚Tribüne' ohne Kenntnis des Präsidiums des Bundesvorstandes nicht zulässig. In fehlerhafter Brigadenentwicklung kommt Syndikalismus einiger Gewerkschaftsfunktionäre zum Ausdruck. – Fehler haben Ähnlichkeit mit Volkskommunen in China. – Fehler zeigen Unkenntnis der Beschlüsse und Entstellung des 5. FDGB-Kongresses. – Offen darüber im Bundesvorstand sprechen. 9. Plenum darf durch solche Verzerrungen nicht belastet werden, darum vorher Klarheit schaffen. –

---

[102] SAPMO-BA, ZPA IV 2/603/59, unpag.: Information der Abt. Organisation an die Abt. Grundstoffindustrie des ZK über einen Bericht der SED-Bezirksleitung Dresden vom 16. 1. 1960. 19. 1. 1960.
[103] SAPMO-BA, ZPA IV 2/611/38, Bl. 47: Abt. GS. Information an Alfred Neumann über die Präsidiumssitzung des FDGB-BV am 12./13. 5. 1960.
[104] SAPMO-BA, ZPA IV 2/611/23, Bl. 110: Abt. GS. Protokoll über die Beratung mit den Parteisekretären der ZV der IG/Gew. und Instrukteuren für Gewerkschaften bei den Bezirksleitungen. 20. 5. 1960.

Richtige Linie ausarbeiten.“[105] Warnke nahm die Kritik am FDGB auf und fügte hinzu: „Leitungsfehler entscheidende Ursache für Abdrängung von richtiger Linie des 5. FDGB-Kongresses. – Ständige Produktionsberatungen wichtiges Mittel der Hilfe für Brigaden. – Mehr Beachtung der Qualität der Brigaden. – Bekämpfung der einseitigen Orientierung im sozialistischen Wettbewerb auf Brigaden und Erschwerung der Einbeziehung der ganzen Klassen. – Höhere Qualität der Leitungs- und Erziehungsarbeit der Gewerkschaften zur Veränderung der Lage in und mit den Brigaden notwendig.“[106]

Der Hinweis auf die Ständigen Produktionsberatungen konnte nur als Versuch verstanden werden, die Verselbständigungstendenzen der Brigaden dadurch aufzufangen, daß deren Exponenten in solche institutionalisierten und durch die Betriebs-, Partei- und Gewerkschaftsleitungen kontrollierten Beratungen eingebunden wurden. Das gleiche Verfahren hatte Warnke schon 1956/57 beim Experiment mit den Arbeiterkomitees vorgeschlagen.[107]

Ulbricht zeigte sich offenbar von der prinzipiellen Richtigkeit der Brigadekampagne fest überzeugt, doch verhinderte er nicht, daß sich seine Kritik an den Funktionären sehr schnell zu einer Kritik an den Brigaden wandelte. Bereits in einer Information der Abteilung Gewerkschaften und Sozialpolitik über diese Beratung beim FDGB-Bundesvorstand schlug der Schwerpunkt in diese Richtung um. Zunächst hieß es darin: „Zur Entwicklung der sozialistischen Brigaden und Arbeits- und Forschungsgemeinschaften wies Genosse Ulbricht darauf hin, daß man keinesfalls die Initiative der Brigaden bremsen kann. Es gilt jedoch Tendenzen des Syndikalismus in den Leitungen und Unzulänglichkeiten bei der Organisierung der Produktion zu beachten.“ Dann aber standen die Brigaden im Zentrum der Kritik: „Die gegenwärtige Lage in der sozialistischen Gemeinschaftsarbeit und die synthikalistischen (sic!) Tendenzen in einigen Brigaden sind eine Entstellung der Beschlüsse des 5. FDGB-Kongresses.“[108]

Im Vorfeld der angekündigten 4. Bundesvorstands-Tagung bereitete das Sekretariat des Bundesvorstandes einen Entschließungsentwurf vor, in dem die Brigaden wegen ihrer Eigenmächtigkeiten heftig kritisiert wurden. Dies schien nun wiederum der ZK-Abteilung Gewerkschaften und Sozialpolitik zu weit zu gehen. In einer Stellungnahme zum Entschließungsentwurf registrierte sie das Umbiegen der Kritik sehr wohl und riet deshalb zu einer die Brigaden eher schonenden Gangart. Die Argumentation war wichtig und sei deshalb ausführlicher zitiert: Was „die Schwächen der sozialistischen Gemeinschaftsarbeit“ beträfe, die Ulbricht als „Syndikalismus“ bezeichnet hatte, habe man im FDGB „offensichtlich nicht ganz verstanden“, worum es ging. „Im vorliegenden Dokument entsteht der Eindruck, als ob die Brigaden an dieser Entwicklung schuld seien und sie sich gegen Recht und Gesetz stellen. Die Argumentation über die Einhaltung der Gesetzlichkeit ist eine halbe Drohung, aber das überzeugt nicht. Man muß doch vom Positiven ausgehen, der neuen Einstellung zur Arbeit

---

[105] SAPMO-BA, ZPA IV 2/611/12, Bl. 26f.: Abt. GS. Information an Alfred Neumann über die Aussprache Walter Ulbrichts mit dem Sekretariat des FDGB-Bundesvorstandes. 21. 5. 1960. Der Begriff „Syndikalismus“ tauchte hier im Zusammenhang mit den Brigaden erstmals auf. Öffentlich fand er im hier beschriebenen Zusammenhang, wie Klinger zeigte, zuerst in einer Rede Verwendung, die Ulbricht Ende Mai 1960 in Leipzig auf einer Bezirksdelegiertenkonferenz der SED hielt. Vgl. Klinger, Die „Brigaden“, a.a.O., S.79.

[106] SAPMO-BA, ZPA IV 2/611/12, Bl. 26f.: Abt. GS. Information an Alfred Neumann, 21. 5. 1960.

[107] Vgl. Staritz, Die „Arbeiterkomitees“, a.a.O., S. 73; Eckelmann u.a., FDGB-Intern, a.a.O., S. 50f.

[108] SAPMO-BA, ZPA IV 2/611/8, Bl. 156: Abt. GS. Information über die Aussprache des Sekretariats des FDGB-BV mit Walter Ulbricht. Aktennotiz über die Sektorenleiterberatung vom 23. 5. 1960.

usw., von der Tatsache, daß viele Gewerkschaftsleitungen nach der Bildung der Brigaden deren weitere Entwicklung dem Selbstlauf überlassen haben, die Wirtschaftsfunktionäre ungenügende Voraussetzungen zur Erfüllung der Verpflichtungen durchsetzten (Planaufschlüsselung usw.), so daß die Brigaden in Schwierigkeiten gerieten und einen Ausweg suchten. Heraus kam dann die Bildung eigener Leitungen durch Brigaderäte, die Forderung nach Selbständigkeit, weil sie von anderen zu wenig Hilfe erhielten, das Verlangen nach mehr Rechten, um mit den Schwierigkeiten in der Produktion fertigzuwerden usw. Insgesamt ist das doch ein Ausdruck mangelnder Führungsfähigkeit. Es ist auch eine Frage, ob es zweckmäßig ist, den Begriff Syndikalismus – ohne zu sagen, was man darunter versteht – in die Entschließung aufzunehmen. Unseres Erachtens wäre es zweckmäßiger zu zeigen, worin die Abweichungen bestehen. Die jetzigen Formulierungen sind dazu angetan, Unsicherheit zu schaffen und die Entwicklung zu verlangsamen."[109]

Das war freilich auch eine einseitige, wenngleich en detail durchaus stimmige, Interpretation. Zwar wurde das Versagen der verantwortlichen Funktionäre benannt; doch daß dahinter ein Versagen gewerkschaftlicher Interessenvertretung stand, ließ sich allenfalls erraten. Dabei ging es in den Brigaden primär und in sehr konkreter Weise um die Wahrnehmung sozialer Interessen. Ihr „Syndikalismus" war dafür zugleich Methode wie auch eine Tendenz zur Konstituierung neuartiger sozialer Substrukturen der inzwischen weitgehend entdifferenzierten DDR-Gesellschaft. Beides befand sich im Widerspruch zum Herrschaftskonzept des „demokratischen Zentralismus", worauf Fred Klinger besonders aufmerksam gemacht hat.[110]

5. An der Grenze der Kompromißfähigkeit: Das „Syndikalismus"-Phänomen

Vor diesem Hintergrund geriet die 4. FDGB-Bundesvorstandssitzung zu einer ersten massiven Abrechnung mit diesen in der Folge als „Syndikalismus" kritisierten Erscheinungen. Besonders heftig wandten sich Otto Lehmann und der Arbeitswissenschaftler Hans Thalmann unter Hinweis auf die Gefährdung des als unverzichtbar betrachteten „demokratischen Zentralismus" gegen solche Tendenzen.[111] Thalmann meinte zu Rubbels Artikel: „Da wird eben die Brigade schlechthin zu einer Leitungseinheit mit entsprechenden Vollmachten im Betrieb gestempelt und eine entsprechende Entwicklung propagiert. Das geht nicht."[112] Auf derselben Tagung gestand der Leiter der ZK-Abteilung für Gewerkschafts- und Sozialpolitik, Fritz Rettmann, ein, daß viele Brigaden der politischen Führung zu entgleiten drohten und Sonderrechte einforderten.[113] Die daraus erwachsende Anarchie gefährdete nach seiner

---

[109] SAPMO-BA, ZPA IV 2/611/38, Bl. 51f.: Abt. GS. Stellungnahme zum vorliegenden Entschließungsentwurf der 4. BV-Sitzung des FDGB über die Entwicklung der sozialistischen Wettbewerbsbewegung. 24. 5. 1960.

[110] Klinger, Die „Brigaden", a.a.O., S. 85f.

[111] Vgl. Otto Lehmann, Die Leitung des Wettbewerbs verbessern, in: Tribüne, 28. 5. 1960, S. 5; SAPMO-BA, ZGA FDGB-BV 6868, unpag.: Protokoll der 4. BV-Tagung, 24./25. 5. 1960, Diskussionsrede Hans Thalmanns, S. 27.

[112] Ebenda.

[113] Ebenda, Diskussionsrede Fritz Rettmanns, S. 123f.

Meinung Staat und Gewerkschaften.[114] Nicht ganz unwichtig war allerdings der Hinweis, daß eine zu heftige Kritik an den Brigaden doch besser zu vermeiden sei, denn die „Last dieser Diskussion" könne man sich vor dem nächsten ZK-Plenum nicht leisten.[115] Hier klang die Furcht vor unerwünschten politischen Weiterungen an. Der FDGB-Vorsitzende Warnke glaubte sogar deren Quelle zu erkennen: In einigen Betrieben gäbe es – unter Einfluß des jugoslawischen Selbstverwaltungs-Sozialismus – bereits Brigaderäte, „die . . . sozusagen die Macht dort an sich (reißen)".[116] Jetzt gelte es Schluß zu machen mit Überspitzungen und Erweiterungen der Brigadebewegung: „Nirgends ist das beschlossen worden."[117] Die Ergebnisse der Tagung faßte eine Entschließung zusammen, in der die Verletzungen des „demokratischen Zentralismus" sowie Erscheinungen des Syndikalismus und der Selbstverwaltung verurteilt wurden.[118]

Dem folgten zwei öffentliche Korrekturversuche. Zuerst äußerte sich Ulbricht im Juni 1960 dazu auf einer Bezirksdelegiertenkonferenz der SED, indem er sich gegen die Übertragung von Kompetenzen der Werkleiter auf die Brigaden wandte. „Eine Art jugoslawische Selbstverwaltung" vermutete er hinter alledem. Solcher „Syndikalismus" sei „unvereinbar mit der Linie der Partei". Auch die Schaffung von Brigaderäten lehnte er mit dem Bemerken ab, keine neuen Strukturveränderungen vornehmen zu wollen, zumal die Produktionsberatungen der richtige Weg seien.[119] Den zweiten Versuch unternahm die SED-Führung im Juli 1960, als das ZK auf seiner 9. Tagung einen Beschluß zur sozialistischen Gemeinschaftsarbeit im Maschinenbau und in der Metallurgie faße. Darin war von „unbedingter Einhaltung und Festigung des Prinzips der Einzelleitung und der persönlichen Verantwortung in den Industriebetrieben" die Rede. Auch sei es von besonderer Bedeutung, „die Ständigen Produktionsberatungen als gewählte Organe der Gewerkschaften . . . zu einer wirksameren Form der breiten Teilnahme der Werktätigen an der Leitung und Organisation der Produktion zu entwickeln".[120] Klar zu erkennen war die Absicht, Verselbständigungstendenzen auf diese Weise abzublocken sowie Mitbestimmungsforderungen in den Ständigen Produktionsberatungen zu kanalisieren und politisch zu entschärfen.

Die Empfindlichkeit, mit der man in den Spitzengremien der SED und des FDGB die „Syndikalismus"-Tendenzen wahrnahm, hing sicher zu einem Teil mit der Befürchtung zusammen, hier würden sich über Umwege das offiziell verpönte jugoslawische Selbstverwaltungsmodell Geltung verschaffen. Aber auch im Hinblick auf die von den chinesischen Kommunisten propagierten „Volkskommunen" waren offenbar Bedenken aufgekommen. Solche Kommunen, die auch in Arbeitsbrigaden untergliedert waren, entstanden seit 1958 in der Volksrepublik China, wo sie als paramilitärisch organisierte Produktionszusammenhänge der Maoistischen Politik des „Großen Sprungs" eine Basis bieten sollten.[121] Anfänglich hatte

114 Ebenda, S. 124f.
115 Ebenda, S. 128–130.
116 Ebenda, S. 204a.
117 Ebenda, Schlußwort Herbert Warnkes, S. 184.
118 Über die Entwicklung des sozialistischen Wettbewerbs. Entschließung der 4. Tagung des Bundesvorstandes des FDGB, in: Tribüne, 11. 6. 1960, S. 3.
119 Neues Deutschland, 10. 6. 1960, S. 5.
120 Durch sozialistische Gemeinschaftsarbeit zum wissenschaftlich-technischen Höchststand im Maschinenbau und in der Metallurgie. 9. Tagung des ZK der SED, Berlin 1960, S. 544.
121 Dazu ausführlich Bernhard Dressler, Zur „Sinisierung des Marxismus". Eine Untersuchung programmatischer Theorien über eine Bauernrevolution in China (Sozial- und wirtschaftswissenschaftliche Studien zu Ostasien; 2), Frankfurt/M. 1990.

die SED den chinesischen Bestrebungen einige Sympathien entgegengebracht und sogar, dem fernöstlichen Beispiel folgend, den eigenen Funktionären zeitweilige Tätigkeit „in der Produktion" verordnet. Doch nachdem die Führung der Kommunistischen Partei Chinas schon 1956 Distanz gegenüber den sowjetischen „Entstalinisierung" hatte erkennen lassen, wurden die 1958 einsetzenden chinesischen Experimente in Moskau mehr und mehr als Abweichung vom orthodoxen Marxismus wahrgenommen. Auch sah die KPdSU wohl ihren Führungsanspruch über die kommunistische Bewegung in Frage gestellt.[122] Das Heranreifen eines offenen Konflikts zwischen den beiden Großmächten bewog die SED zur Parteinahme für die Sowjetunion. Daß von den Brigaden in der DDR der Import chinesicher „Abweichungen" zu befürchten war, ist wohl kaum anzunehmen. Vielmehr dürfte Ulbricht 1960 nicht gezögert haben, den schon erkennbaren Fehlschlag der Volkskommunen[123] als Drohargument gegen den „Syndikalismus" zu wenden. Obwohl sich die SED 1960 noch mit Kritik an der chinesischen KP-Führung sehr zurückhielt, erschienen Ulbricht die Volkskommunen grundsätzlich als Sackgasse und Fehler. Hier war seine Bemerkung im Sekretariat des FDGB-Bundesvorstandes vom Mai 1960 eindeutig. Auch glaubte er wohl, der 1957 vom chinesischen Parteiführer Mao ausgelösten Diskussion über Widersprüche im Sozialismus entgegenwirken zu müssen.[124] Schließlich aber mögen Unsicherheiten im Parteiapparat selbst Anlaß zu energischerer Reaktion gegeben haben.

Nahezu zeitgleich mit dem Rubbel-Artikel war nämlich in der Zeitschrift „Arbeitsrecht" ein Beitrag des als Oberassistent am Institut für Arbeitsrecht der Leipziger Universität tätigen Roland Schmutzler erschienen, der ebenfalls mehr Rechte für die Brigaden einforderte.[125] Für die ZK-Abteilung Gewerkschaften und Sozialpolitik blieb es immerhin erwähnenswert, daß dieser Beitrag „im Auftrage der Abteilung Wissenschaft im Hause" geschrieben worden war.[126] Letztere hatte sich dabei offenbar von den erwähnten Ausführungen Erich Apels leiten lassen. Kurzfristig berief die ZK-Abteilung zum 23. Juni 1960 eine „Arbeitsberatung mit den Genossen Arbeitsrechtlern" ein, auf der Schmutzler zur Selbstkritik veranlaßt wurde. Diese verdeutlichte, wie stark sich die Auseinandersetzung auf machtpolitische Fragen reduzierte. Drei „Grundfehler" enthalte sein Artikel, meinte Schmutzler: Erstens gebe es darin ein „völliges Unverständnis für den Mechanismus des demokratischen Zentralismus", zweitens würden darin die Rolle der Partei und der Massenorganisationen und besonders das Verhältnis der Gewerkschaften zum Staat verkannt, und drittens wäre es „die Unterschätzung der bereits vorhandenen Rechte, die zur Forderung nach größeren Rechten für die Brigaden führte".[127]

Konnte man die Auseinandersetzung in diesem Falle noch weitgehend intern austragen, so

---

[122] Eine gute Übersicht bietet Hermann Weber, Konflikte im Weltkommunismus. Eine Dokumentation zur Krise Moskau – Peking, München 1964.

[123] Vgl. Jürgen Domos, Von der Volkskommune zur Krise in China, Duisburg 1964.

[124] Vgl. Mao Tse-tung, Über die richtige Lösung von Widersprüchen im Volke. Rede, gehalten am 27. Februar 1957 auf der 11. erw. Tagung der Obersten Staatskonferenz, Peking 1960.

[125] Vgl. Roland Schmutzler, Einige Probleme der Erhöhung der Eigenverantwortlichkeit der Brigaden der sozialistischen Arbeit und ihre weitere rechtliche Ausgestaltung, in: Arbeitsrecht, 5 (1960), 5, S. 136–139.

[126] SAPMO-BA, ZPA IV 2/611/38, Bl. 72: Abt. GS. Information an Alfred Neumann über die Sekretariatssitzung des FDGB-BV mit den IG- und Gewerkschaftsvorsitzenden, 27. 6. 1960.

[127] SAPMO-BA, ZPA IV 2/611/25, Bl. 122: Abt. GS. Bericht über die Arbeitsberatung mit Arbeitsrechtlern, 23. 6. 1960.

war das in vielen staatlichen Industriebetrieben nicht mehr der Fall. Hier ließen sich die
Brigaden kaum durch den „Syndikalismus"-Vorwurf beeindrucken. Mit ihren Forderungen
nach Selbstnormung, Stabilisierung der Produktionsabläufe, damit also auch besseren Lohn-
konditionen, wie auch nach der Übernahme disziplinarischer Befugnisse blieben sie nicht
ohne Erfolg. Wie Fred Klinger anhand von Belegen aus der DDR-Presse zeigte, ging die
veröffentlichte Meinung immer noch davon aus, es mit einer besonders progressiven Entwicklung zu tun zu haben.[128] Doch gerade auf der betrieblichen Ebene vermochten die
Leitungen, einschließlich der unteren Funktionärsschicht des FDGB und der SED diese
Vorgänge kaum genauer einzuordnen. Auch die Entschließungen der 4. Tagung des Bundes-
vorstandes und der 9. Tagung des ZK der SED zeigten nur sehr beschränkte Wirkung. Wie
der Bundesvorstand selbst, registrierte auch die zuständige ZK-Abteilung in dieser Zeit
„Unklarheiten" über „Entstellungen" der Brigadenkampagne, vor denen selbst führende
Gewerkschaftsfunktionäre nicht gefeit seien.[129] Solchen serienweise bekanntgewordenen
„Entstellungen" war gemeinsam, daß Brigaden sich nicht nur für günstigere Lohn- und
Arbeitszeitregelungen sowie für andere soziale Belange einsetzten, sondern ihre internen
Angelegenheiten zunehmend gegen Leitungseingriffe abzuschirmen begannen. Exempla-
risch wurden hierfür Brigaden aus dem Sachsenwerk Niedersedlitz oder auch aus dem Stahl-
und Walzwerk Riesa genannt. Auch Brigaden vom Bahnhof Weimar sorgten für Aufsehen,
weil sie gefordert hatten, das Disziplinarrecht auf die Brigaden zu übertragen.[130] In einigen
Betrieben wurden die Stempelkarten abgeschafft und an ihrer Stelle bis zum Arbeitsbeginn
Anwesenheitslisten ausgelegt. Zu spät Kommende mußten sich beim Brigadier oder Meister
melden.[131]

Solche Eingriffe in den Betriebsablauf waren dem Zentralvorstand der IG Bergbau Anlaß,
ein Argument vorzutragen, das sonst in der Öffentlichkeit tunlichst vermieden wurde. Die
Schaffung besonderer Rechte für Brigaden untergrabe nicht nur die Rolle der Gewerkschaften, die Brigaden seien schlicht inkompetent: „Die falschen Forderungen der Brigaden und
die Duldsamkeit der Leitungen sind auch deshalb gefährlich, weil die Brigaden den vielfältigen und komplizierten Arbeitsprozeß in unseren Bergbaubetrieben überhaupt nicht über-
schauen können. Den Überblick haben nur die zu diesem Zweck eingesetzten Leitungen und
die hierfür vorgesehenen Einrichtungen. Darunter verstehen wir die Werks- und Betriebsleitungen, die Betriebs- und Abteilungsgewerkschaftsleitungen und die Ständigen Produktionsberatungen als Organe der Gewerkschaften."[132] Die Vermischung betriebsorganisatorischer
Probleme mit denen der Interessenvertretung von Arbeitern war nicht untypisch in dieser
Debatte. Beides waren jedoch verschiedene Dinge.

Eigenartigerweise hakte sich die Auseinandersetzung um die Rechte der Brigaden an
einem Randphänomen fest. Sowohl im FDGB-Bundesvorstand als auch in der Gewerkschaftsabteilung des ZK war aufgefallen, daß sich Brigaden eigene Konten anlegten, auf die
die gemeinsamen Prämienmittel flossen. Unter einem kollektivistisch-edukativen Aspekt
mochte solchen Erscheinungen zwar Positives abzugewinnen sein, doch allmählich rückte

128 Klinger, Die „Brigaden", a.a.O., S. 79–82.
129 SAPMO-BA, ZPA IV 2/611/38, Bl. 69: Abt. GS. Information an Alfred Neumann über die Sekreta-
    riatssitzung des FDGB-BV mit den IG- und Gewerkschaftsvorsitzenden, 27. 6. 1960.
130 Ebenda, Bl. 68f.
131 SAPMO-BA, ZPA IV 2/611/7, Bl. 131f.: Abt. GS. Protokoll der Abteilungsberatung, 16. 5. 1960.
132 SAPMO-BA, ZGA IG Bergbau 56, unpag.: Protokoll der 4. ZV-Sitzung, 26./27. 7. 1960, Referat.

auch die ZK-Abteilung davon ab und akzeptierte die Wichtigkeit einer finanziellen Stimulie-
rung individueller Leistung. Erstmals äußerten sich die ZK-Funktionäre Anfang Juli 1960
dazu: Eine neue Erscheinung des „Syndikalismus" zeige sich „in letzter Zeit in der Bildung
von Brigadekonten oder -kassen. Die Mittel in diesen Kassen kommen aus Prämien für die
Brigademitglieder und aus Verbesserungsvorschlägen."[133] Die daraus resultierende Gefahr
sah man in folgendem: „Solche Konten und Kassen fördern nach unserer Auffassung das
Eigenleben und die Forderung nach größerer Selbständigkeit der Brigaden im Produktions-
prozeß. Andererseits wird das Leistungsprinzip verletzt."[134]

Zumindest letzteres war kaum von der Hand zu weisen, doch wesentlich mehr Sorgen
dürften den Kritikern die „Tendenzen eines eigenen Organisationslebens der Brigaden mit
entsprechender finanzieller Grundlage"[135] bereitet zu haben. Die als Beispiel angeführten
Brigaden aus Potsdam-Babelsberg waren sicher keine Einzelfälle: Sie hatten für ihre Mitglieder fünf zusätzliche Urlaubstage festgelegt und führten nur noch 50 % der Gewerkschaftsbeiträge an den FDGB ab – die andere Hälfte wanderte sehr wahrscheinlich in die Brigade-
kasse.[136] In der Filmfabrik Wolfen verfügte eine Brigade schon über 14.000 Mark auf ihrem
Konto. Aus dem Kreis Zschopau waren 48 Brigaden bekannt, die eigene Sparkassenkonten
eingerichtet hatten. In den Leuna-Werken erwarb eine Brigade aus Mitteln ihrer gemeinsamen Kasse ein Paddelboot samt Campingausrüstung.[137]

Aus einer auf Macht- und Systemsicherung fixierten politischen Perspektive gerieten auch
Brigadekassen zu Symbolen einer durch die Herrschaftsstrukturen nicht legitimierten Auto-
nomisierung von Brigaden. In der krisenhaften Situation der Jahre 1960/61, angesichts der
Fluchtwelle und des offenbar gescheiterten Siebenjahrplanes nahm die Machtelite jede
Erscheinung, die in irgendeiner Weise die Mechanismen des „demokratischen Zentralismus"
relativierte, als Bedrohung wahr.

In der Handlungsweise vieler Brigaden wurden nicht nur Kompetenzüberlagerungen
gesehen, vielmehr zeichnete sich auch eine Kompetenzaneignung durch Brigaden ab, die
bestehende Leitungsstrukturen in Frage stellte. Gerade darauf reagierte die 9. ZK-Tagung mit
ihrem Plädoyer für die Einzelleitung. Kurz zuvor hatte der FDGB-Vorsitzende Warnke den
Akzent allerdings etwas anders gesetzt, indem er sich scharf gegen „die einseitige Betonung
von rein ökonomischen und materiellen Faktoren im sozialistischen Wettbewerb und in der
Brigadebewegung" wandte und statt dessen „die sozialistische Erziehung" von Brigademit-
gliedern forderte.[138] Indirekt war das ein Hinweis, daß die FDGB-Führung nach wie vor im
Lohn-Normen-Bereich die gefährlichste Bruchstelle erblickte.

Die in beiden Entschließungen formulierten Absichten ließen sich freilich nicht im ersten
Anlauf realisieren. Offenbar hatte die Entwicklung der Brigaden nicht nur an Dynamik
gewonnen, es wurde auch immer deutlicher, daß Betriebsleitungen sich mit den Brigadieren,
den Vertretern der Brigaderäte oder auch anderen Brigade-Sprechern zu arrangieren began-

---

[133] SAPMO-BA, ZPA IV 2/611/38, Bl. 85: Abt. GS. Arbeitsmaterial für die Abteilungsmitarbeiter, 8. 7.
     1960.
[134] Ebenda. Bl. 86.
[135] SAPMO-BA, ZPA IV 2/611/46, Bl. 146: Abt. GS. Beratungsniederschrift, 12. 8. 1960.
[136] Ebenda.
[137] SAPMO-BA, ZPA IV 2/611/24, Bl. 21: Abt. GS. Information über ein Seminar des FDGB-BV mit den
     Vorsitzenden der Bezirksvorstände des FDGB und der Zentralvorstände der IG/Gew. sowie Abtei-
     lungsleitern des FDGB-BV, 21. 4. 1961.
[138] Herbert Warnke, Klassenerziehung und Brigadebewegung, in: Tribüne, 15. 7. 1960, S. 3.

nen. Im März 1961 illustrierte Herbert Warnke die Situation durch den Hinweis, daß in den letzten Wochen 700.000 bis 800.000 ehrenamtliche Gewerkschaftsfunktionäre gewählt worden wären; diese seien aber inzwischen „verschwunden". Dafür würden Brigadiere auftreten. Dies sei an sich nicht schlecht. „Falsch war nur, daß daneben der Vertrauensmann völlig verschwand."[139] Mit anderen Worten: Die Basisfunktionäre des FDGB waren zu einer „grande quantité négligeable" geworden.

Nicht ohne Interesse war allerdings eine Feststellung des Leiters der Abteilung Löhne beim Bundesvorstand, die erkennen ließ, daß die fortdauernden wirtschaftlichen Mißstände nicht nur die als problematisch empfundene Entwicklung der Brigaden mitverursachten, sondern sie Gewerkschaftsfunktionäre zu innerbetrieblichen Arrangements trieben, die durch Gesetze und Verordnungen kaum hinreichend gedeckt waren: „Aus der Mißachtung der Beschlüsse auf dem Gebiet der Arbeitsproduktivität und des Lohnes resultiert, daß besonders in den Betrieben eine Art ‚Stillhalteabkommen' zwischen den Wirtschaftsfunktionären und den Gewerkschaftsleitungen zu Stande gekommen ist und demzufolge kein energischer Kampf um die Durchsetzung des sozialistischen Leistungsprinzips geführt wurde."[140] Noch dramatischer sah das Mitglied des SED-Politbüros, Alfred Neumann, die Dinge. Er sprach gar von einer „Linie der Demoralisierung". Es gehe nur noch um Geld. „Aber damit kann man keinen Staat leiten und aufbauen."[141]

Um die Lage zu stabilisieren, reagierten das ZK der SED und der FDGB-Bundesvorstand auf dreierlei Weise: Erstens wurden die weitere Bildung von Brigaden abgebremst und ein Teil der bestehenden sogar aufgelöst[142]; zweitens sollte unter der Vorgabe einer qualitativen Entwicklung eine Reideologisierung der Brigaden in Angriff genommen werden[143], und drittens schließlich bemühten sie sich, die exponierten Brigadevertreter unter Kontrolle zu bekommen, indem diese in die Ständigen Produktionsberatungen eingebunden wurden.[144]

Einen straffen Kurs gegen die Brigaden mochten sich SED und FDGB – 1960/61 ohnehin unter starkem politischen Druck stehend – aber wohl auch nicht zumuten. So blieb vieles in der Schwebe. Und wenn es auch gelang, die als problematisch empfundenen Brigaderäte auf relativ sanfte Art zu eliminieren, so setzte auf der Basis der Brigaden ein Prozeß ein, der als unfreiwillige Koexistenz offizieller Gewerkschaftsstrukturen und „syndikalistischer" Substrukturen in den Betrieben begriffen werden konnte.

In der Praxis blieb die gegenseitige Abgrenzung gewiß unscharf und stark durch einzelne Personen beeinflußt, doch sind Hinweise nicht zu übersehen, wonach bei dieser Konstellation ein unterschwelliger, aber effektiver Mechanismus zur Regulierung sozialer Teilinteressen installiert werden konnte. Brigaden dürften dabei beträchtlichen Einfluß gehabt haben.

---

139 SAPMO-BA, ZGA FDGB-BV 6874, unpag.: Protokoll der 8. BV-Tagung, 27.–29. 3. 1961. Diskussionsbeitrag Herbert Warnkes, S. 136.
140 Ebenda, Diskussionsbeitrag Gerhard Muths, S. 39.
141 Ebenda, Diskussionsbeitrag Alfred Neumanns, S. 255.
142 In dem schon als Beispiel angeführten Treibstoffwerk Schwarzheide löste man zur „Verbesserung der Leitungstätigkeit" fast alle Brigaden auf und faßte sie erneut zu Meisterbereichen zusammen. BLHA, Rep. 903, Synthesewerk Schwarzheide, Zugangsnr. 2161, unpag.: Lohnanalyse, ungez., undat. (1961), S. 3.
143 Mit dieser Zielstellung formulierte das Präsidium des FDGB-Bundesvorstandes auf seiner Beratung vom 28./29. 7. 1960 einen „Offenen Brief an die Gewerkschaftsgruppen der Brigaden in den sozialistischen Betrieben", in: Tribüne, 9. 8. 1960, S. 1.
144 SAPMO-BA, ZGA FDGB-BV 6868, unpag.: Protokoll der 4. BV-Tagung, 24./25. 5. 1969, Schlußwort Herbert Warnkes, S. 184.

Eine Streik-Analyse, die der FDGB-Bundesvorstand für das dritte Quartal 1961 vornahm, zeigte z.B., daß Brigaden, die an der Kampagne „Brigaden der sozialistischen Arbeit" teilnahmen, in keinem Falle die Arbeit niedergelegt hatten.[145] Das bedeutete jedoch nicht, daß es dort keine Konflikte gegeben hätte und Gruppeninteressen nicht mehr durchgesetzt wurden. Wie die Debatte um die Forderung nach Sonderrechten gezeigt hatte, war das Gegenteil der Fall.

Auch am Beispiel des im September 1961 in Gang gesetzten – im ersten Kapitel bereits ausführlicher behandelten – „Produktionsaufgebotes"[146], das unter Vorgabe eines de-facto-Lohnstopps als „Hauptorientierungen" die volle Ausnutzung des Arbeitstages, die Schaffung eines „richtigen" Verhältnisses zwischen Arbeitsproduktivität und Lohn, Verbesserung der Qualität, „Störfreimachung" der Wirtschaft und die Einsparung von Material vorsah[147], zeigte sich die relativ starke Position von Brigaden. Obgleich das „Produktionsaufgebot" sehr schwer anlief und wegen seiner Lohnproblematik auf erhebliche Widerstände traf[148], waren es vor allem Brigaden, die sich auf Verpflichtungen einließen, nicht ganze Betriebsabteilungen und -bereiche.[149] Dabei dürfte es eine Rolle gespielt haben, daß Brigaden bzw. ihre Mitglieder aufgrund bisheriger Erfahrungen annehmen konnten, durch die mehr oder minder formale Beteiligung an solchen Kampagnen eigene Interessen besser wahrnehmen zu können, als wenn man sich außerhalb stellte und verweigerte.

Solche Überlegungen waren nicht unbegründet. Viele Einzelbeispiele deuteten darauf hin, daß zwischen Brigadevertretern und Betriebsleitungen häufig Normenkorrekturen ausgehandelt wurden, die den beabsichtigten Lohnstopp verhinderten. Bis Mitte 1962 verfestigte sich bei vielen verantwortlichen Funktionären der begründete Eindruck, daß die ideologisch-erzieherischen Impulse der Brigadekampagne rasch an Wirkung eingebüßt hatten und sich demgegenüber wirtschaftliche und soziale Fragen wieder stärker in den Vordergrund schoben.[150]

Inwieweit von den Brigaden herkommende Anstöße geeignet waren, um Argumente für eine Wirtschaftsreform zu unterstützen, die u.a. die „materielle Interessiertheit" der Beschäftigten leistungswirksam mobilisieren sollte[151], kann hier als Frage nicht weiterverfolgt werden. Die stark lohnfixierte Haltung der Brigaden jedoch übte zweifellos Einflüsse dieser Art aus. Bereits im November 1962 formulierte der FDGB-Bundesvorstand Überlegungen zur Neuakzentuierung der Produktionswettbewerbe, wobei unverkennbar Erfahrungen der Brigadediskussion einflossen: „Die Fragen des materiellen und moralischen Anreizes sind neu zu durchdenken und die Interessiertheit der Werktätigen zu heben. Neue Lohnformen mit neuem Anreiz müssen erarbeitet und entwickelt werden."[152]

145 SAPMO-BA, ZPA IV 2/611/39, Bl. 480: Abt. GS. Auszüge aus einer Analyse des FDGB-BV über „klassenfeindliche Tätigkeit" im III. Quartal/1961, 2. 11. 1961.
146 Vgl. Informationsmaterial des FDGB, Nr. 15, Berlin 1961, S. 2.
147 SAPMO-BA, ZPA IV 2/611/7, Bl. 262: Abt. GS. Protokoll der Abteilungsberatung, 2. 9. 1961.
148 Vgl. Eckelmann u.a., FDGB-Intern, a.a.O., S. 65–72.
149 SAPMO-BA, ZPA IV 2/611/48, Bl. 77: Abt. GS. Information über einige Fragen bei der Organisierung des Produktionsaufgebotes im Bereich der IG Metall Berlin, 24. 10. 1961.
150 SAPMO-BA, ZPA IV 2/611/24, Bl. 114–116: Abt. GS. Aktennotiz über die Beratung der Abt. am 25. 6. 1962 mit Vertretern gewerkschaftlicher Organe und Brigaden über die Entwicklung der Brigaden und Gemeinschaften der sozialistischen Arbeit, 28. 6. 1962.
151 Ausführlicher dazu Jörg Roesler, Zwischen Plan und Markt. Die Wirtschaftsreform in der DDR zwischen 1963 und 1970, Freiburg 1990, passim.
152 SAPMO-BA, ZPA IV 2/611/25, Bl. 147: Abt. GS. Vermerk betr. Beratung der Kommission „Führung des soz. Wettbewerbs in der Industrie" am 1. 11. 1962, 8. 11. 1962.

Die Brigadestruktur vermochte sich gerade durch ihre „syndikalistischen" Tendenzen gegen alle Versuche weitgehend zu behaupten, sie – wie ursprünglich vorgesehen – auf produktive und edukative Funktionen zu reduzieren. Bei alledem blieb der „Syndikalismus" aber doch eine systemimmanente Reaktion auf das Versagen der offiziellen Gewerkschaften als eigenständige Interessenvertretungen. Ein solches Defizit konnte durch Brigaden bzw. ihre Vertreter zwar nur partiell kompensiert werden, doch zeigte die weitere Entwicklung, daß sie diese Funktion nicht mehr ganz abgaben. Besonders spürbar blieb ihr Einfluß auf die Lösung von Alltagsproblemen, soweit diese auf betrieblicher Ebene zu verhandeln waren. Auf eine vertrackt-dialektische Art dynamisierte der „Syndikalismus" die Arbeitswelt in der DDR, artikulierte Arbeiterinteressen, schwächte aber auch die daraus erwachsenden Konflikte ab und ebnete Arrangements den Weg. Ob und inwieweit von hier Impulse für das Austarieren sozialer, wirtschaftlicher und politischer Interessen im gesellschaftlichen Gesamtkontext ausgingen, verdiente noch eingehendere Untersuchung.

Brigaden erwiesen sich auch in den folgenden Jahren als Heimstatt eines mitunter renitenten und von anarchischen Anwandlungen nicht freien „Eigensinns", durchaus in der Tradition des von Alf Lüdtke beschriebenen Phänomens.[153] Sie blieben in Ermangelung einer echten und wirksamen Interessenvertretung der DDR-Arbeiterschaft Strukturen, die in der Lage waren, wenigstens Gruppeninteressen zu artikulieren. Unter ihrem Druck mußte auch die FDGB-Spitze 1963 für lohnpolitische Korrekturen eintreten, die alle Versuche, Leistungssteigerungen bei gleichzeitigem Abbremsen oder Stoppen der Lohnentwicklung zu erreichen, beendeten.[154] Das mit der Einleitung des „Neuen ökonomischen Systems" 1962/63 im Zusammenhang stehende Einschwenken der SED auf ein nunmehr von einigen ideologischen Vorbehalten entlastetes Prinzip der „materiellen Interessiertheit"[155] kam wesentlichen Forderungen von Brigaden in der Industrie noch weiter entgegen.

Zweifellos lagen berechtigte Forderungen oft dicht neben solchen eher sozialutopischen Charakters. Aber wie auch immer sie im einzelnen zu beurteilen sein mögen, sie alle waren Produkte eines Prozesses, in dem Arbeiter die ihnen ursprünglich von oben verordnete Brigadestruktur als eine Gelegenheit begriffen, ihre Interessen direkt und relativ unbeeinflußt von den hauptamtlichen Funktionären des FDGB und der SED in den Betrieben zu artikulieren und besonders gegenüber den Betriebsleitungen für ihre Durchsetzung einzutreten.

6. Gesellschaftsgeschichtliche Konsequenzen

Dieser hier nur skizzierte Prozeß wirft schwierige Fragen nach gesellschaftsgeschichtlichen Konsequenzen auf. Interesse verdient in dem Zusammenhang die Argumentation Sigrid Meuschels: „Man kann wohl in bezug auf die DDR, wenn nicht von Industriegesellschaft, doch von einer auf industrielle Produktion konzentrierten Arbeitsgesellschaft sprechen. Im Alltagsleben und in der Freizeit, in der Organisationsstruktur der Partei, auch in der kollekti-

---

153 Vgl. Lüdtke, Eigen-Sinn, a.a.O., passim.
154 SAPMO-BA, ZGA FDGB-BV 6884, unpag.: Protokoll der 16. BV-Tagung, 27./28. 2. 1963, Schlußwort des stellv. FDGB-Vorsitzenden, Rolf Berger, S. 268.
155 Vgl. Walter Ulbricht, Zum neuen ökonomischen System der Planung und Leitung, Berlin 1967, S. 170f.

ven und individuellen Orientierung und im Selbstbewußtsein der Arbeitskräfte nahm der
Betrieb eine zentrale Rolle ein. Das Selbstbewußtsein war allerdings mit individuellen
Qualifikationen und Kenntnissen verbunden, deren nur eine sozialistische Plan- und Mangel-
wirtschaft bedarf."[156] Die Konstellation sei „modern und dennoch eine ‚Modernisierungsfalle‘" gewesen. Denn: „Die unter der Herrschaft der Partei entdifferenzierte und politisch
verfaßte Gesellschaft erwies sich als Hemmschuh für nahezu alle Innovationen, welche die
Parteiherrschaft in ihrer Machtvollkommenheit durchzusetzen sich anschickte."[157] Dem mag
man weitgehend folgen, zumal auch jüngere wirtschafts- und technikgeschichtliche Forschungen einen solchen Gesamtzusammenhang bestätigen.[158]

Freilich fehlt dem Bild von der „Modernisierungsfalle" vor dem Hintergrund der oben
umrissenen Problemfelder aus dem Bereich der Arbeitergeschichte einige Tiefenschärfe.
Allein schon das Beispiel der Produktionsbrigaden macht die Schwierigkeiten deutlich:
Einerseits entstanden sie in einem sozialutopischen Kontext, andererseits aber konterkarier-
ten sie denselben auf merkwürdige Weise. Im Grunde standen sie für einen Prozeß der
Redifferenzierung in der sozial weitgehend entdifferenzierten DDR-Gesellschaft.[159] Doch
wäre es wohl zu einfach, diese Entwicklung als schlichte – wenn auch nur tendenzielle –
Korrekturbewegung hin zu den westlichen Industriegesellschaften zu verstehen.

Gewiß, die Industrie der DDR verharrte innerhalb des hier betrachteten Zeitraumes und
teilweise auch darüber hinaus im Strukturzusammenhang der Hochindustrialisierung. Mit
der anfänglichen Übernahme des sowjetischen Industrialisierungsmodells erfuhr sie sogar
einen deutlichen Rückfall[160], um sich dann erst am Ende der 1950er Jahre wieder dem
Leitbild „deutscher Qualitätsarbeit" anzunähern.[161] Damit war aber auch der Kontext für
einen bestimmten Stil und Inhalt der Industriearbeit gegeben, ebenso für Werteorientierun-
gen der Arbeiter und ihr Alltagsverhalten. Alles das deutet einerseits auf die in der DDR
erkennbare Blockierung oder Verzögerung industriellen Wandels, andererseits aber auch auf
Stabilität und Weiterwirken industriegesellschaftlicher Zusammenhänge.

Zu fragen ist, welche Konsequenzen sich daraus für das Verhalten und die soziale Existenz
von Industriearbeitern, aber darüber hinaus auch für die DDR-Gesellschaft insgesamt ergaben. Von einer mentalitätengeschichtlichen Problemstellung ausgehend, hat Rudolf Woderich Hypothesen zur Rekonstruktion lebensweltlicher Strukturen formuliert und dabei vier
Aspekte betont:

---

[156] Sigrid Meuschel, Überlegungen zu einer Herrschafts- und Gesellschaftsgeschichte der DDR, a.a.O.,
S. 9.

[157] Ebenda.

[158] Vgl. Jörg Roesler, Einholen wollen und Aufholen müssen. Zum Innovationsverlauf bei numerischen
Steuerungen im Werkzeugmaschinenbau der DDR vor dem Hintergrund der bundesrepublikani-
schen Entwicklung, in: Jürgen Kocka (Hg.), Historische DDR-Forschung, a.a.O., S. 263–285.

[159] Vgl. Detlef Pollak, Das Ende der Organisationsgesellschaft: Systemtheoretische Überlegungen zum
gesellschaftlichen Umbruch in der DDR, in: Zeitschrift für Soziologie, 19 (1990), 4, S. 292–307.

[160] Zu dessen stilbeeinflussender Wirkung vgl. Robert Maier, Die Stachanov-Bewegung 1935–1938,
a.a.O.

[161] Vgl. Joan Campbell, Joy in Work, German Work: The National Debate, 1800–1945, Princeton 1989;
Alf Lüdtke, Deutsche Qualitätsarbeit: „Spielereien" am Arbeitsplatz und „Fliehen" aus der Fabrik:
Industrielle Arbeitsprozesse und Arbeiterverhalten in den 1920er Jahren – Aspekte eines offenen
Forschungsfeldes, in: Friedhelm Boll (Hg.), Arbeiterkulturen zwischen Alltag und Politik, Wien/
München 1986, S. 155–197.

1. Die Autarkie des Systems habe zu einer sich seit den 1970er Jahren noch verstärkenden nischenförmigen Konstitution lebensweltlicher Zusammenhänge geführt und damit Abschottung, Ausbau und Verfestigung „separater Gehäuse" bewirkt.[162]
2. Im soziokulturellen Raum der DDR bestimmten Konventionalität und Konformität die Lebensformen. Nicht so sehr der Druck des Regimes, sondern viel mehr geltende Sozialisationsmuster bestimmten die „Suche nach dem Schutz der anonymen Mitte".[163]
3. „Als verbindliche Rationalisierungsstrategie lebensweltlicher Befindlichkeiten fungierte das Syndrom der Normalität." Deren Schema sei nach Lage der Dinge DDR-zentriert gewesen.[164]
4. Ambivalenzen in den Werte- und Verhaltensmustern schlugen sich lebenspraktisch in der Dualität von „Anpassung und Eigensinn" um.[165]

Dem ist kaum zu widersprechen. Übereinstimmende Beobachtungen machten auch Alf Lüdtke, der hierfür die Formel von der „mißmutigen Loyalität" gebrauchte[166], oder Mary Fulbrook, die das Phänomen als Kombination von „Anpassung und Meckern" zusammenfaßte.[167] Doch offenbar war diese charakteristische Spannung von Anpassung/Loyalität und Eigensinn/Mißmut/Meckern keine originäre Erscheinung der DDR-Gesellschaft, wenn sie auch in ihrer konkreten Ausformung deren Spuren trug. Besonders Lüdtkes Forschungen zum Fabrikalltag und das in diesem Zusammenhang von ihm entwickelte Konzept des „Eigen-Sinns" verdeutlichen recht eindringlich die langfristige Existenz und relative große Stabilität des Arbeiterverhaltens im industriellen Milieu.[168]

Wichtig scheint indessen aber auch eine notwendige Unterscheidung: Eigensinn zeigt sich nach Lüdtke im „Versuch, Abstand von Zumutungen ‚von oben' wie ‚von nebenan' zu gewinnen, zumindest für Momente".[169] Die Grenze zum kalkulierten Widerstand blieb unklar und fließend. „Eigensinn unterschied sich von der Verfolgung der eigenen Interessen; er war nicht identisch mit der strategischen Optimierung der Effizienz des eigenen Verhaltens."[170]

Mit anderen Worten: Das Eigensinn-Konzept beweist eine überzeugende Fähigkeit, Arbeiterverhalten im industriellen Alltag als einen in all seiner Widersprüchlichkeit konsistenten Vorgang zu interpretieren; es erstreckt sich jedoch nicht auf jene Sphäre, in der es um die Konkurrenz der verschiedenen sozialen Interessen geht. Die Frage nach Handlungsspielräumen und Methoden, in denen und mit denen Industriearbeiter unter den politischen Bedingungen der SBZ/DDR ihre sozialen Interessen zu artikulieren und durchzusetzen versuchten, verweist auf die Schlüsselrolle von kleineren kollektiven Zusammenhängen, also von Arbeitsgruppen und Brigaden vor allem.

---

[162] Rudolf Woderich, Mentalitäten zwischen Anpassung und Eigensinn, in: Deutschland Archiv 25 (1991), 1, S. 28.

[163] Ebenda, S. 29.

[164] Ebenda.

[165] Ebenda, S. 30.

[166] Alf Lüdtke, „Helden der Arbeit" – Mühen beim Arbeiten. Zur mißmutigen Loyalität von Industriearbeitern in der DDR, in: Kaelble/Kocka/Zwahr, Sozialgeschichte der DDR, a.a.O., S. 188–213.

[167] Mary Fulbrook, Herrschaft, Gehorsam und Verweigerung. Vortrag, gehalten auf der Konferenz „Die DDR als Geschichte", Potsdam, 6.–8. Juni 1993. Vgl dazu Peter Hübner, Die DDR als Geschichte. Ein Tagungsbericht, in: Internationale wissenschaftliche Korrespondenz zur Geschichte der deutschen Arbeiterbewegung (IWK), 29 (1993), 2, S. 226.

[168] Lüdtke, Eigen-Sinn, a.a.O.

[169] Ebenda, S. 377.

[170] Ebenda, S. 142.

Deren Stellung innerhalb der industriellen Hierarchien und auch in der Gesamtgesellschaft erfuhr im Rahmen großflächiger sozialer Entdifferenzierungsprozesse eine indirekte Stärkung. Strukturell konnten sie durchaus als systemkonform gelten. Doch ihre Interessenlage wurde durch andere Schwerpunkte dominiert, als sie in der Gesellschaftspolitik der SED – theoretisch – gesetzt waren. Der oben beschriebene Weg der Arrangements höhlte deren sozialutopische Voraussetzungen zunehmend aus. Utopieverlust wurde auch für die SED zum Preis der Alltagsbewältigung.

Zwar ging die politische Führung der DDR nicht von einem Gesellschaftsmodell ab, in dessen Zentrum die nach Lenins Kriterien von 1919 definierte Arbeiterklasse stand[171], doch spätestens seit den 1970er Jahren zeigen sich sozial-praktische und wissenschaftliche Schwierigkeiten beim Umgang mit diesem besonders stark auf die traditionelle Industriearbeiterschaft fixierten Modell.[172] Ein Grund hierfür lag zwar in der Unzulänglichkeit der angewandten Definition selbst, als deren entscheidendes Kriterium nach wie vor das Eigentum an den wichtigsten Produktionsmitteln galt. Im sozial weitgehend entdifferenzierten Zustand der DDR-Gesellschaft erlangte der Begriff „Arbeiterklasse" damit einen Allgemeinheitsgrad, der die Definition selbst entwertete. Diese Schwierigkeiten waren u.a. daran zu erkennen, daß es in der DDR keinen offiziellen Ausweis über die Sozialstruktur der Bevölkerung gab.[173]

Allerdings enthebt das nicht von der Frage nach dem Zustand und der Entwicklung sozialer Strukturen innerhalb der Arbeiterschaft bzw. der Arbeiterklasse. Rainer Geißler hat die egalitäre Gesellschaftspolitik der SED berechtigt als die zentrale Ursache „der übermäßigen Nivellierung vertikaler (schichttypischer) Ungleichheiten" innerhalb der DDR-Gesellschaft bezeichnet, zugleich aber betont, daß „ArbeiterInnen und Genossenschaftsbauern" die „Nutznießer dieser Einebnung" gewesen seien.[174] Diese These findet auch in dem oben ausgebreiteten Quellenmaterial ihre Bestätigung.

Daraus läßt sich jedoch nicht ohne weiteres schlußfolgern, die Arbeiterschaft – insbesondere deren hier interessierender industrieller Teil – sei in einem aus der Hochindustrialisierungsphase überkommen und bis zum Ende des Untersuchungszeitraumes weitgehend konservierten Klassenzusammenhang verblieben. Das gilt auch dann, wenn man Michael Hofmann und Dieter Rink in der Feststellung folgt, daß sich in der DDR industriegesellschaftliche Strukturen in stärkerem Maße erhalten haben als in Westdeutschland und die DDR-Gesellschaft „in ihren wesentlichen Bereichen auf die Reproduktion dieser Strukturen ausgerichtet" war.[175]

171 Vgl. W. I. Lenin, Die große Initiative, in: Werke, Bd. 29, Berlin 1965, S. 410.
172 Vgl. Horst Handtke, Zur sozialgeschichtlichen Forschung in der DDR, in: ZfG, 34 (1986), 4, S. 291–302; Gottfried Dittrich (u.a.), Probleme einer Sozialgeschichte der Arbeiterklasse der DDR (1945–1985), in: Wissenschaftliche Zeitschrift. Karl-Marx-Universität Leizig. Gesellschaftswissenschaftliche Reihe 38 (1989), 5, S. 468–521; Peter Hübner, Sozialgeschichte in der DDR – Stationen eines Forschungsweges, in: BzG, 34 (1992), 3, S. 43–54.
173 Vgl. Gunnar Winkler (Hg.), Sozialreport 1990, (Manuskriptdruck), Teil 1, Berlin 1990, S. 75.
174 Rainer Geißler, Die ostdeutsche Sozialstruktur unter Modernisierungsdruck, in: Aus Politik und Zeitgeschichte. Beilage zur Wochenzeitung Das Parlament (APZ), B 29–30/1992, S. 17; zum komparativen Aspekt vgl. auch ders., Die Sozialstruktur Deutschlands. Ein Studienbuch zur sozialstrukturellen Entwicklung im geteilten und vereinten Deutschland, Opladen 1992, passim, hier bes. S. 109.
175 Michael Hofmann/Dieter Rink, Die Auflösung der ostdeutschen Arbeitermilieus. Bewältigungsmuster und Handlungsspielräume ostdeutscher Industriearbeiter im Transformationsprozeß, in: APZ, B 26–27/1993, S. 29.

Die Industriepolitik der SED entsprach in diesem Punkt ihrer Gesellschaftspolitik, beide bestimmt durch das Festhalten am traditionellen Industrialisierungskonzept und durch die Fixierung auf ein Klassenmodell, das der Hochindustrialisierungsphase entsprang.[176] Doch gerade die sich aus einem spezifischen Autarkiekonzept ergebenden Eigenheiten dieser Industriepolitik lösten offenbar eine Tendenz der sozialen Entwicklung aus, die der dominanten Kontinuitätslinie zwar nicht entgegenlief, diese aber in sich selbst brüchig werden ließ und fragmentierte.

Die von Hofmann/Rink konstatierte Rekonstruktion sozialer Netzwerke und Arbeitermilieus nach dem Zweiten Weltkrieg und ihre Bewahrung[177] scheint während der 1950er Jahre und auch bis in die 1980er Jahre hinein durch den autarkiepolitisch bestimmten und daher unausgewogenen Einsatz der Industrieinvestitionen sowie durch die damit unmittelbar zusammenhängende Schieflage der Lohnpolitik einerseits unterstützt und andererseits unterlaufen worden zu sein. Denn damit ging eine Verschiebung von Interessenlagen innerhalb der Industriearbeiterschaft einher, die für die Stabilität der Milieus nicht ohne Wirkung bleiben konnte.

Wenn etwa für Sachsen die Rekonstruktion von „zwei ganz unterschiedlicher Arbeitermilieus" nachgewiesen wird[178], bleibt doch die Frage, ob deren Stabilität nicht schon in der Phase des „Bewahrens" nachließ. Auch ist es vielleicht nicht ganz unproblematisch, die „Klientel der sozialistischen Großindustrie" in einer so scharfen Form von jener des „traditionsorientierte(n) Facharbeitermilieu(s)" abzugrenzen, wie Hofmann/Rink es tun.[179] Gewiß blieben Arbeitsbedingungen und allgemeinere Lebenszusammenhänge wichtige Integrationsfaktoren dieser Milieus, doch andere fielen weg.

Vor allem waren es der weitgehende Ausfall von Gewerkschaften als Interessenvertretungen und die Eliminierung der Betriebsräte, mit denen wichtige Integrationsfaktoren bereits in der Frühphase der SBZ/DDR verlorengingen. Das traf besonders jene Teile der Arbeiterschaft, die sich über die NS-Zeit hinweg mit der traditionellen Arbeiterbewegung verbunden fühlten und ein Selbstverständnis als soziale Klasse entwickelten, sich jedoch weder durch die SED noch durch den FDGB repräsentiert sahen. Ihre Möglichkeiten, sich frei von staatlicher Einbindung politisch zu engagieren und ihre sozialen Forderungen koordiniert und öffentlich zu artikulieren, ließen sich nicht reaktivieren. Damit war aber endgültig ein wichtiger Pfeiler für die Existenz einer sich selbst bewußten Arbeiterklasse weggebrochen.

Die von der SED errichtete „Diktatur des Proletariats"[180] konnte und sollte diesen Prozeß nicht umkehren, wenngleich die „Arbeiterklasse" zur sozialen Schlüsselkategorie des politischen Systems avancierte. Auf den ersten Blick mochte es den Anschein haben, als setzte sich so in sehr spezifischer Weise jener Strukturwandel fort, der die traditionelle Arbeiterklasse seit den 1920er Jahren erfaßte und dem eine tiefgreifende Modernisierung im industriellen und gewerblichen Bereich zugrunde lag.[181]

---

176 Vgl. Doris Cornelsen, Die Industriepolitik der DDR. Veränderungen von 1945 bis 1980, in: Der X. Parteitag der SED, a.a.O., S. 46–62.
177 Vgl. Hofmann/Rink, Die Auflösung der ostdeutschen Arbeitermilieus, a.a.O., S. 31.
178 Ebenda.
179 Ebenda.
180 Vgl. Karl-Heinz Schöneburg (u.a.), Errichtung des Arbeiter-und-Bauern-Staates der DDR 1945–1949, Berlin 1983, S. 19–22.
181 Vgl. Josef Mooser, Auflösung der proletarischen Milieus: Klassenbindung und Individualisierung in der Arbeiterschaft vom Kaiserreich bis in die Bundesrepublik Deutschland, in: Soziale Welt, 34 (1983),

Die hiermit verknüpfte Auflockerung von Binnenstrukturen der Arbeiterschaft und ihrer Milieus wurde in der DDR jedoch abgebremst. Unter dem Einfluß der bereits erwähnten Industriepolitik und eines „sozialistische Paternalismus"[182], der die Industriearbeiterschaft in eine – relative – sozialpolitische Vorzugsstellung brachte und ihr systemkonforme, loyalitätsstiftende Arrangements erleichterte, kam es zu einer Konsolidierung von Arbeitermilieus.[183] Es handelte sich dabei sowohl um das traditionelle Industriemilieu wie um das neue, aber ebenfalls traditionell orientierte Milieu der Großsiedlungen in Nähe der in den 1950er und 1960er Jahren aufgebauten Kombinatsbetriebe. Der Vorgang blieb freilich ambivalent, denn im Kontext gesamtgesellschaftlicher Entdifferenzierungsprozesse nahm für diese Milieus gewissermaßen deren sozialer Umgebungsdruck ab. Letztendlich dürfte das milieuinterne Integrationsvermögen dadurch geschwächt worden sein. Auch wenn Arbeitermilieus in der DDR im Vergleich etwa zur westdeutschen Gesellschaft einen bemerkenswert stabilen Eindruck machten, ließen dennoch auch ihre Kohäsionskräfte nach, teils im Ergebnis einer die ganze Gesellschaft erfassenden egalitären Politik der SED, teils wegen egalitaristischer Haltungen großer Teile der Arbeiterschaft selbst, teils auch durch demographische Faktoren wie Generationenwechsel und Abwanderung bzw. Flucht aus der DDR.

Die bereits in der NS-Zeit weit fortgeschrittene Entkopplung und teilweise Auflösung tragender Komponenten der historischen Arbeiterbewegung[184] setzten sich in der SBZ/DDR fort. Dieser komplexe Vorgang führte jedoch nicht unmittelbar zur Auflösung sozialer Klassenkonfigurationen. Erst, indem Arbeiter durch den weitgehenden Ausfall ihrer Interessenvertretungen Anlaß sahen, andere Formen direkter Interessenartikulation zu suchen und diese zunehmend als Arbeitsgruppen und Brigaden auch wahrnahmen, setzte dieser Prozeß ein. Dezentral und zumeist auch isoliert voneinander, konstituierten sich viele Arbeitsbrigaden oder auch die Belegschaften kleiner Betriebe zu sozial relativ homogenen Gruppen, die sich um kollektive Interessenwahrnehmung bemühten. Inwieweit sie Eigenschaften sozialer Räume annahmen, die jenen im Konzept von Pierre Bourdieu definierten entsprachen[185], ist hier nicht zu erörtern und bedarf wohl auch noch weitergehender Untersuchungen.[186]

Unwichtig scheint diese Frage aber schon deshalb nicht zu sein, weil sich der Gesamtprozeß, legt man Jürgen Kockas Begriff der „Klassenbildung" zugrunde, als Klassenentbildung

3, S. 270; ders.: Abschied von der „Proletarität": Sozialstruktur und Lage der Arbeiterschaft in der Bundesrepublik in historischer Perspektive, in: Werner Conze/M. Rainer Lepsius (Hg.), Sozialgeschichte der Bundesrepublik Deutschland. Beiträge zum Kontinuitätsproblem (= Industrielle Welt. Schriftenreihe des Arbeitskreises für moderne Sozialgeschichte. Hg. von Werner Conze; 34), Stuttgart 21985, S. 143–186; Peter Steinbach, Das Ende der Arbeiterkultur, in: Zeitgeschichte 19 (1992), 3/4, S. 76f.

[182] Gerd Meyer, Sozialistischer Paternalismus. Strategien konservativen Systemmanagements am Beispiel der Deutschen Demkratischen Republik, in: Ralf Rytlewski (Hg.), Politik und Gesellschaft in sozialistischen Ländern. Politische Vierteljahresschrift 20 (1989), Sonderheft, S. 426.

[183] Vgl. Christoph Kleßmann, Die Beharrungskraft traditioneller Milieus in der DDR, in: Festschrift für Hans-Ulrich Wehler, München 1991, S. 146–154.

[184] Vgl. Timothy W. Mason, Arbeiterklasse und Volksgemeinschaft, Opladen 1975; Ulrich Herbert, Arbeiterschaft im „Dritten Reich": Zwischenbilanz und offene Fragen, in: GG 15 (1989), 3, S. 320–360.

[185] Vgl. Pierre Bourdieu, Sozialer Raum und „Klassen". Leçon sur leçon. Zwei Vorlesungen, Frankfurt/M. 21991, S. 9–15.

[186] Wichtige Anstöße vermittelt Peter Alheit, Strukturelle Hintergründe kollektiver „Verlaufskurven" der deutschen Wiedervereinigung, in: Mitteilungen aus der kulturwissenschaftlichen Forschung 17 (1994), 34, S. 9–37, hier bes. S. 18–27.

darstellt. Wenn nämlich Klassenbildung als ein Bündel von vielfältig bedingten Dekorporierungsprozessen[187] zu verstehen ist, dann erfuhr die Industriearbeiterschaft in der DDR gerade im Umfeld der Bildung und Entwicklung von Arbeitsbrigaden so etwas wie eine Rekorporierung. Viele Umstände der Arbeiterexistenz in der DDR deuteten auf eine Klassenentbildung hin, die sich unter anderem Vorzeichen als in den Industriestaaten des Westens vollzog. Sie war keine Modernisierung, sondern eher ein Rückzug auf frühe Formen des Klassenbildungsprozesses.

Strukturgeschichtlich handelte es sich also durchaus nicht um Innovationen, wenn auch neu war, in welchem Maße sich Basisstrukturen der Industriearbeiterschaft als Ersatz für ausgefallene Komponenten der Arbeiterbewegung auf betrieblicher Ebene profilierten. Dieser Vorgang mochte auch mehr Reaktion als Aktion gewesen sein. Doch als im Verlaufe der politischen Machtmonopolisierung durch die SED, verbunden mit der Durchsetzung zentralisierter planwirtschaftlicher Instrumentarien der Wirtschaftslenkung und mit der sozialen Nivellierung der DDR-Gesellschaft, das in Jahrzehnten herausgebildete Gerüst sozialer Beziehungen und Funktionen gewissermaßen „durchsackte", fingen Betriebe sowie Arbeitsgruppen und Brigaden dessen Last wenigstens teilweise auf und rekonstruierten es, soweit es der jeweils eigene Bedarf erforderte.

Arbeiterschaft und politisches Regime standen in einer Sonderbeziehung, die nur dadurch möglich wurde, daß für beide ein Arbeitsparadigma als „Scharnier" zwischen „systemischen Zwängen und lebensweltlichen Vorstellungen" fungierte.[188] Ihm lag zugrunde, daß die SED einen sozialen Großkonflikt mit der Arbeiterschaft nicht bestehen konnte, aber auch nicht wollte, weil dieser unweigerlich zur Existenzkrise des Regimes geführt hätte. Der Arbeiterschaft hingegen waren dadurch Grenzen gesetzt, weil die Rahmenbedingungen des Kalten Krieges und der sowjetischen Blockpolitik politische Alternativen nicht eröffneten. So ging es um ein ständig erneutes Austarieren einer politisch-sozialen Interessenbalance, die nie ins Gleichgewicht zu bringen war.

Die Stärke der Arbeiterschaft lag dabei in den erwähnten Basisstrukturen; denn Brigaden z.B. konnte man zwar auflösen, doch entstanden an ihrer Stelle notwendigerweise neue Arbeitsgruppen. Von hier aus wurden jene Interessen formuliert und im größeren Umfange auch durchgesetzt, die Arbeiter in der DDR nicht anders als die Generationen vor ihnen verfolgten: Existieren und Durchkommen unter möglichst erträglichen Bedingungen. Die hierzu erforderlichen Anpassungsleistungen und Arrangements gründeten sich kaum auf politische Zielprojektionen und schon gar nicht auf die Programmatik von SED und FDGB, dafür waren sie Ergebnis alltäglicher Lebenstüchtigkeit oder von individuellen „Politiken des Privaten"[189].

[187] Vgl. Jürgen Kocka, Arbeitsverhältnisse und Arbeiterexistenzen. Grundlagen der Klassenbildung im 19. Jahrhundert (= Geschichte der Arbeiter und der Arbeiterbewegung in Deutschland seit dem Ende des 18. Jahrhunderts. Hg. von Gerhard A. Ritter; 2), Bonn 1990, S. 3, 521–525.
[188] Winfried Thaa, Die legitimatorische Bedeutung des Arbeitsparadigmas in der DDR, in: Politische Vierteljahresschrift 30 (1989), 1, S. 99.
[189] Lüdtke, Eigen-Sinn, a.a.O., S. 410.

Verzeichnis der Tabellen

Die geteilte Vergangenheit

Zum Umgang mit Nationalsozialismus und Widerstand in beiden deutschen Staaten

Herausgegeben von Jürgen Danyel

(Zeithistorische Studien, Band 4. Herausgegeben vom Forschungsschwerpunkt Zeithistorische Studien Potsdam)

1995. ca. 200 Seiten
Hardcover DM/sFr 58,– / öS 452,–

ISBN 3-05-002642-1

Aus dem Inhalt:

I. Der Umgang mit Nationalsozialismus und Widerstand in beiden deutschen Staaten und in Österreich

O. Groehler, Verfolgten- und Opfergruppen im Spannungsfeld der politischen Auseinandersetzungen in der SBZ und DDR; *J. Danyel,* Die Opfer- und Verfolgtenperspektive als Gründungskonsens? Zum Umgang mit der Widerstandstradition und der Schuldfrage in der DDR; *W. Benz,* Zum Umgang mit nationalsozialistischer Vergangenheit in der Bundesrepublik; *M. Lemke,* Instrumentalisierter Antifaschismus und SED-Kampagnepolitik im deutschen Sonderkonflikt 1960-1968; *H. Olbrich,* „ ... was wissen Se, was mir damals alles mitg'macht ham!" Österreich und seine nationalsozialistische Vergangenheit

II. Vergleichsperspektiven und Forschungsprobleme in der Diskussion

B. Faulenbach, Die doppelte „Vergangenheitsbewältigung". Nationalsozialismus und Stalinismus als Herausforderungen zeithistorischer Forschung und politischer Kultur; *N. Frei,* NS-Vergangenheit unter Ulbricht und Adenauer. Gesichtspunkte einer vergleichenden Bewältigungsforschung; *M. Zimmermann,* Die Erinnerung an Nationalsozialismus und Widerstand im Spannungsfeld deutscher Zweistaatlichkeit; *F. Klein,* Ein schlimmes gemeinsames Erbe kritisch und selbstkritisch auf beiden Seiten aufarbeiten; *W. Küttler,* Auf den Inhalt kommt es an. Zum Verhältnis von Zeitgeschichtsforschung und Geschichtsdiskurs im neuvereinigten Deutschland

III. Gedenkstätten- und Erinnerungsarbeit im historischen Kontext der Geschichte beider deutscher Staaten

G. Schwarz, Zur Gedenkstätte Ravensbrück; *B. Ritscher,* Die NKWD/MWD-„Speziallager" in Deutschland. Anmerkungen zu einem Forschungsgegenstand; *J. Zarusky,* Die KZ-Gedenkstätte Dachau: Anmerkungen zur Geschichte eines umstrittenen historischen Ortes; *G. Morsch,* Von Denkmälern und Denkmalen. Von Gedenkstätten und Zeithistorischen Museen; *F. Dingel,* Das Prinz-Albrecht-Gelände: Ein Ort deutscher Geschichte; *A. Leo,* „Stimme und Faust der Nation..." – Thälmann-Kult kontra Antifaschismus; *A. Timm,* Der politische und propagandistische Umgang mit der „Reichskristallnacht" in der DDR
Internationale Erfahrungen: *S. Milton,* Die Darstellung des Holocaust in den USA im Vergleich zu den beiden deutschen Staaten; *V. Blodig,* Die Gedenkstätte Theresienstadt gestern und heute

Akademie Verlag

Ein Unternehmen der VCH-Verlagsgruppe
Postfach · D-13162 Berlin